Iris Bosold / Peter Kliemann (Hg.)

»Ach, Sie unterrichten Religion?«

Iris Bosold / Peter Kliemann (Hg.)

»Ach, Sie unterrichten Religion?«

Methoden, Tipps und Trends

Calwer • Kösel

Bildnachweis: S. 52 © Gerhard Mester, Wiesbaden; S. 201 © Löwensteiner Cartoon Service, Tuttlingen; S. 298 © United Feature Syndicate, Inc. / kipkakomiks.de

Verlag und Autoren danken für die freundlich erteilten Abdruckgenehmigungen. Leider war es nicht möglich, alle Inhaber/innen von Urheberrechten zu ermitteln. Betroffene Personen sind gebeten, sich mit dem Verlag in Verbindung zu setzen.

Bibliografische Information Der Deutschen Bibliothek

Die Deutsche Bibliothek verzeichnet diese Publikation in der Deutschen Nationalbibliografie; detaillierte bibliografische Daten sind im Internet über http: / /dnb.ddb.de abrufbar.

ISBN 3–7668–3816–4 (Calwer)
ISBN 3–466–36614–3 (Kösel)

Umschlaggestaltung: Karin Sauerbier, Stuttgart
Satz und Herstellung: Karin Klopfer, Calwer Verlag
Druck und Verarbeitung: Druckhaus Beltz, Hemsbach

Inhalt

Anstelle eines Vorworts

IRIS BOSOLD: *Ach, Sie unterrichten Religion?* Ein vieldeutiger Titel. Er provoziert wohl unterschiedliche Hintergedanken: »Sie sehen gar nicht so aus, als würden Sie ausgerechnet Religion unterrichten ...« – »Ach ja, Religionslehrerin sind Sie also. Das erklärt manches ...« – »Gar nicht so einfach, dieses Fach zu unterrichten. Ich möchte nicht in Ihrer Haut stecken.« Zwischen ungläubigem Staunen, mildem Spott und versteckter Bewunderung sind viele Klangfarben denkbar.

PETER KLIEMANN: Insofern passt dieser Titel doch ganz gut zu unserer Artikelsammlung. Ungläubiges Staunen, milder Spott, versteckte Bewunderung – das kennen fast alle Kolleginnen und Kollegen, die Religion unterrichten. Von Religionslehrerinnen und Religionslehrern wird – in ganz anderer Weise als von Deutsch-, Mathematik- oder auch Geschichtskollegen – erwartet, dass sie begründen und erläutern können, was sie mit ihrem Fach eigentlich an einer öffentlichen Schule wollen. Schülerinnen und Schüler, Kolleginnen und Kollegen, aber auch Eltern fragen danach gleichermaßen, manche eher interessiert, andere eher skeptisch, einige durchaus auch aggressiv. Deshalb ist es wichtig, sich in der religionspädagogischen Diskussion auszukennen. Religionslehrerinnen und Religionslehrer sollten über aktuelle fachdidaktische Methoden, Themen, Trends Auskunft geben, Position beziehen können.

IRIS BOSOLD: Auskunft geben – das setzt zunächst einmal Information über die von dir erwähnten religionspädagogischen *Methoden, Themen* und *Trends* voraus, sozusagen *basics*. Position beziehen lerne ich aber nur, wenn ich Fragen stelle, mich mit anderen austausche, die Einzelkämpferrolle, die an vielen Schulen doch immer noch sehr verbreitet ist, hinter mir lasse. Deshalb finde ich es wichtig, dass unsere Kolleginnen und Kollegen ihren Artikeln jeweils eine Rubrik *Zur Diskussion gestellt* angefügt haben. Unser Aufsatzband soll grundlegende Informationen bieten, dabei aber vor allem auch zum Gespräch und zum gemeinsamen Nachdenken anregen.

PETER KLIEMANN: Und natürlich auch ganz praktische *Tipps* geben, nicht zuletzt auch für Studierende und Berufsanfänger ... Aber vielleicht sollten wir an dieser Stelle einmal sagen, wer »unsere Kolleginnen und Kollegen« eigentlich sind. Da sind zum einen Gastautoren, über deren Mitarbeit wir uns besonders gefreut haben. Die meisten Autorinnen und Autoren dieses Bandes gehören aber zur *Konferenz der baden-württembergischen Fachleiterinnen und Fachleiter für Evangelische und Katholische Religionslehre*. Ihr Arbeitsgebiet ist die Aus- und Fortbildung von gymnasialen Religionslehrerinnen und Religionslehrern, ihr Arbeitsplatz die Schnittstelle zwischen Hochschule und Schulalltag: das Studienseminar.

IRIS BOSOLD: Das ist der gemeinsame Bezugspunkt, unser gemeinsames Arbeitsfeld. Ansonsten schreiben unsere Kolleginnen und Kollegen doch auch ziemlich unterschiedlich. Das erkennt man schon, wenn man nur wenige der Artikel gelesen hat: Einige haben den Charakter von Essays, andere dagegen ähneln schon eher einem Lexikonartikel wissenschaftlichen Zuschnitts ...

PETER KLIEMANN: Das ist sicher richtig. Die aufmerksame Leserin und der aufmerksame Leser werden in unserem Buch nicht nur individuelle Schreibstile und Argumentationsweisen entdecken, sondern auch merken, dass für diese Publikation sehr unterschiedliche Menschen mit unterschiedlichen religionspädagogischen Ansätzen und Schwerpunkten, aber auch mit ganz eigenen konfessionellen und religiösen Biographien zur Feder gegriffen haben. Ich persönlich finde solche Ecken und Kanten anregend und interessant. Allzu große Ausgewogenheit und Einheitlichkeit hat oft etwas Blutleeres, Langweiliges. Jetzt bin ich gespannt, ob unsere Leserinnen und Leser das wohl auch so sehen. Über Rückmeldungen würden wir uns jedenfalls freuen ...*

* Rückmeldungen bitte an: Kliemann@semgym.uni-tuebingen.de

Grundlegende Fragestellungen

Bildung

»Bildung«, ein in charakteristischer Weise deutscher Begriff, gehört zu den zentralen, aber auch schillerndsten Kategorien der Pädagogik. Schon allein die Tatsache, dass dieses Wort sowohl einen Prozess als auch das Ergebnis eines Prozesses meinen kann, verweist auf ein großes Bedeutungsspektrum. Wann immer sich Erziehungswissenschaftler, Politiker, Philosophen oder Theologen bemühen, Grundlagen, Ziele und Anspruch der Pädagogik als Ganzes zu beschreiben, greifen sie gerne zu dem Wort »Bildung« und meinen damit oft – je nach Perspektive und Interesse – sehr Unterschiedliches.

Zwar wurde der Bildungsbegriff immer wieder auch grundsätzlich in Frage gestellt: E.T.A. Hoffmann, Theodor Fontane oder Friedrich Nietzsche spotteten auf je eigene Weise über das so genannte Bildungsbürgertum; die Vertreter der Evangelischen Unterweisung sahen Bildung im Gegensatz zu Verkündigung und Offenbarung; nach dem Zweiten Weltkrieg überlegten viele, inwieweit die deutsche Bildungstradition mitverantwortlich sei für die Verbrechen des Nationalsozialismus; in den 70er Jahren ersetzten Erziehungswissenschaftler »Bildung« durch die scheinbar neutraleren, empirische Fundierung versprechenden Termini »Sozialisation«, »Erziehung«, »Lernen« – Vokabeln, die man auch leichter in die gängigen europäischen Verkehrssprachen übersetzen kann. Doch spätestens am Ende des 20. Jahrhunderts war der Begriff »Bildung« wieder aktuell; entsprechende Buchtitel belegen dies ebenso wie Reden prominenter Politikerinnen und Politiker oder die durch die PISA-Studie ausgelöste Diskussion um die internationale Wettbewerbsfähigkeit des deutschen Bildungssystems.[1]

Die Ursprünge des Begriffs »Bildung« liegen in der deutschen Mystik. Im Anschluss an Gen 1,26f und 2 Kor 3,18 wird ein deutsches Äquivalent zu dem lateinischen Wort »imago« gesucht. In diesem Zusammenhang will Meister Eckhart zeigen, dass sich Gott in die menschliche Seele hineinbildet (»înbildet«). Der Mensch soll sich selbst »entbilden«, von allem Vergänglichen lösen, um durch Christus zum wahren Bilde Gottes »überbildet« zu werden. Bildung ist hier auch Ausdruck göttlicher Gnade, nicht nur ein Akt menschlicher Selbstbildung. Sie ist ganz offensichtlich auch nicht nur eine Sache des Wissens und Könnens, sondern eine Frage der grundsätzlichen, den Menschen insgesamt betreffenden Ausrichtung der Person.

Im 18. Jahrhundert wird »Bildung« in Deutschland zum Modewort, es entsteht sogar eine eigene Romangattung, der »Bildungsroman«.[2] Klopstock, Lessing, Herder, Schiller und Goethe verwenden das Wort »Bildung« in unterschiedlichen Kontexten und mit sehr unterschiedlichen Konnotationen, Thema ist jedoch immer wieder ein Prozess, in dem das Individuum in Auseinandersetzung mit der Welt seine eigentliche menschliche Gestalt findet und auf oft verschlungenen Wegen lernt, sein Leben in ästhetischer und sittlicher Autonomie zu gestalten, aber auch Verantwor-

---

1 Deutsches PISA-Konsortium (Hg.), PISA 2000. Basiskompetenzen von Schülerinnen und Schülern im internationalen Vergleich. Opladen 2001. – Zur aktuellen Diskussion vgl.: www.forum-bildung.de.

2 Vgl. dazu etwa Jürgen Jacobs, Wilhelm Meister und seine Brüder. München, 2. Aufl. 1983.

tung für andere und die Gemeinschaft zu übernehmen. Bildung entfaltet und bildet in diesem Sinn das humane Potenzial, aber auch die Eigenheiten und Besonderheiten des Einzelnen, sie wahrt und stärkt die Würde des Subjekts – eine Option, die zu der heute immer wieder geäußerten Forderung, das Individuum müsse bestimmte, von der Gesellschaft und der Wirtschaft geforderte Schlüsselqualifikationen und Kompetenzen erwerben, sich also zu von außen vorgegebenen Anforderungen funktional verhalten, in einer gewissen Spannung steht.

Auf dieser grundsätzlichen Ebene ergeben sich wichtige Konvergenzen zwischen dem – kritisch rezipierten – Bildungsverständnis der deutschen »Klassiker« und einem theologischem Verständnis der reformatorischen Rechtfertigungslehre als einer Theorie der Konstitution menschlicher Subjektivität:

»Beide stehen ... unter der Logik einer Dialektik von ›Voraussetzen‹ und ›Setzen‹, denn in beiden wird der Mensch begrifflich als etwas ›vorausgesetzt‹, das zu ›setzen‹ (d. h. zu realisieren) ihm als Weg und Aufgabe mitgegeben ist. Beide weisen zugleich darauf hin, dass Subjektivität sich nicht durch abstrakte Selbstbezüglichkeit, sondern nur interaktionell und relational verwirklicht ... Materialiter liegen die Übereinstimmungen darin, dass a) auch im Bildungsbegriff der Mensch als potenzielle Subjektivität bestimmt und als solche dem Bildungsprozess vorausgesetzt gedacht wird, b) Bildung als Überwindung von Unmittelbarkeit durch die Auseinandersetzung und das Bezogensein auf anderes bestimmt ist, c) diese die verantwortliche Wahrnehmung eines Umweltverhältnisses durch das Subjekt beabsichtigt und d) dieser Prozess prinzipiell als unabschließbar gilt.«[3]

Neben diesen gemeinsamen geistesgeschichtlichen Wurzeln von Bildung und Christentum ist daran zu erinnern, dass zu Beginn des abendländischen Schul- und Bildungswesens Kloster- und Domschulen, aber auch das nachdrückliche Engagement der Reformatoren für den Auf- und Ausbau öffentlicher Schulen standen. Freilich stellte sich dieser enge institutionelle Zusammenhang bis in das 20. Jahrhundert hinein auch als Aufsicht der Kirche über das staatliche Schulwesen dar. Dies führte zu weitgehend verständlichen antikirchlichen Ressentiments, die bis zum heutigen Tag nachwirken.

Dass die Beschäftigung mit der christlichen Religion sowohl aus kulturgeschichtlichen als auch aus anthropologischen und ethischen Gründen zum Bildungsauftrag öffentlicher Schulen dazugehört, wird heute von kaum jemand in Frage gestellt. Umstritten ist jedoch, ob Religionsunterricht konfessionelle Gestalt haben muss und wie diese Konfessionalität zu begründen ist. Die zwei einschlägigen kirchlichen Dokumente, die EKD-Denkschrift »Identität und Verständigung«[4] und das Votum der deutschen Bischöfe »Die bildende Kraft des Religionsunterrichts«[5],

3 Godwin Lämmermann, Grundriß der Religionsdidaktik. Stuttgart 1991, S. 85ff. – Ausführlicher zu einer subjektivitätstheoretischen Grundlegung des Bildungsbegriffs: Ders., Einleitung in die Praktische Theologie. Handlungstheorien und Handlungsfelder. Stuttgart / Berlin / Köln 2001, S. 74ff.

4 Identität und Verständigung. Standort und Perspektiven des Religionsunterrichts in der Pluralität. Eine Denkschrift der Evangelischen Kirche in Deutschland. Im Auftrag des Rates der EKD hg. vom Kirchenamt der EKD. Gütersloh 1994.

5 Die bildende Kraft des Religionsunterrichts. Zur Konfessionalität des katholischen Religionsunterrichts. Hg. vom Sekretariat der Deutschen Bischofskonferenz. Bonn 1996.

argumentieren beide mit dem Bildungsbegriff. Die katholische Stellungnahme nimmt den Begriff bereits im Untertitel auf, die EKD-Denkschrift will – dem Sprachgebrauch der gegenwärtigen Erziehungswissenschaften folgend – ihren Beitrag zu einer »neuen allgemeinen Bildung« nicht nur als Erwerb von abprüfbarem Wissen, sondern auch als »Hilfe ... bei der Orientierung in der Welt, der Bewältigung der Zukunftsaufgaben und der Vergewisserung über die eigene Identität«[6] verstanden wissen. Beide Stellungnahmen betonen, dass eine quasi-neutrale Religionskunde aus pädagogischen und verfassungsrechtlichen Gründen keine Alternative zum konfessionellen Religionsunterricht sein könne und dass eine ökumenische Kooperation wünschenswert sei. Insgesamt folgen die beiden Erklärungen aber einem unterschiedlichen Argumentationsduktus: Während die EKD-Denkschrift die plurale weltanschauliche Situation ausdrücklich bejaht, Bildung gerade im Diskurs verschiedener Positionen realisiert sieht und deshalb für die Einrichtung einer Fächergruppe Religion / Ethik plädiert, ist nach dem Wort der katholischen Bischöfe »die *Kirche* und mit ihr der Religionsunterricht, der in Übereinstimmung mit ihren Grundsätzen gehalten wird, *ein Ort allgemeiner Bildung*«[7]. Dementsprechend wollen die katholischen Bischöfe auch an der traditionellen Trias von Konfessionalität der Religionslehrerin bzw. des Religionslehrers, Konfessionalität der Schülerin und des Schülers und Konfessionalität der Lehre festhalten. Friedrich Schweitzer bringt die beiden kirchlichen Konzeptionen auf die Formel »Beheimatung und / oder »Begegnung« und fragt, ob der allzu einseitige Wunsch nach »Beheimatung« in der eigenen Konfession noch den realen Bedingungen einer pluralen Gesellschaft entspricht.[8]

Abschließend sei noch daran erinnert, dass sich der kirchliche Bildungsauftrag nicht allein auf das schulische Bildungswesen erstreckt. Kirchliche Bildungsbemühungen finden z. B. auch in Kindergärten, in der außerschulischen Katechese, in der Jugendarbeit, in der Erwachsenenbildung, in Akademien und theologischen Fakultäten, in Gottesdiensten, diakonischen Einrichtungen, auf Kirchentagen und in vielen anderen Kontexten statt.[9] Diese erweiterte Perspektive stellt den Religionsunterricht einerseits in einen größeren Kontext und öffnet den oft allzu engen Lebensraum der Schule, andererseits besteht aber immer wieder eine gewisse Gefahr, dass kirchlich verantworteter Religionsunterricht zu unspezifisch wird: Kirchlich ausgebildete Lehrkräfte, die nur die Fakultas für das Fach Religion, diese aber für mehrere Schularten haben, Schulbücher, die in verschiedenen Schularten eingesetzt werden sollen, und pädagogische Ansätze, die ursprünglich für die außerschulische Bildungsarbeit entwickelt wurden, werden im Kontext einer konkreten Schulart nicht

---

6 A. a. O., S. 25.

7 A. a. O., S. 42 (Hervorhebung ebenda).

8 Friedrich Schweitzer, »Identität und Verständigung« und »Bildende Kraft des Religionsunterrichts«. Zum Vergleich von EKD-Denkschrift und Bischofswort aus evangelischer Sicht, in: rhs – Religionsunterricht an höheren Schulen 4 / 1997, S. 223–231. – Für eine ausführlichere Darlegung der evangelischen Position vgl.: Karl Ernst Nipkow, Bildung in einer pluralen Welt. 2 Bände. Gütersloh 1998. – Für eine ausführliche Darlegung der katholischen Position vgl.: Hermann Pius Siller, Das konfessionelle Element in der öffentlichen Schule. Vortrag mit Dokumentation der anschließenden Aussprache, in: Heiner Marré u. a. (Hg.), Essener Gespräche zum Thema Staat und Kirche 32. Münster 1998, S. 122–158.

9 Vgl. hierzu z. B.: Karl Ernst Nipkow, Bildung als Lebensbegleitung und Erneuerung. Kirchliche Bildungsverantwortung in Gemeinde, Schule und Gesellschaft. Gütersloh, 2. Aufl. 1992.

nur als mögliche Bereicherung, sondern immer wieder auch als irritierender Sonderfall wahrgenommen.

→ *Ethikunterricht*, → *Ganzheitlichkeit*, → *Konfessionalität und konfessionelle Kooperation*, → *Lebensgestaltung – Ethik – Religionskunde*

Zur Diskussion gestellt

- Bildung – Ausbildung – Erziehung – Kompetenz – Qualifikation. Prüfen Sie Ihren eigenen Sprachgebrauch. Schlagen Sie in Ihnen zur Verfügung stehenden Publikationen nach. Inwieweit beziehen sich diese fünf Begriffe auf dasselbe Phänomen, in welchen Punkten sehen Sie Unterschiede?
- »Ich bin ein gebildeter Mensch.« Kaum jemand würde das von sich sagen. Was ist an dieser Aussage irritierend?
- Beschreiben Sie Menschen, die Ihnen als »gebildet« oder »ungebildet« erscheinen. Welche Verhaltensweisen und Eigenschaften liegen Ihrem Urteil zu Grunde? Welchen Beitrag können Schule und Religionsunterricht auf diesem Hintergrund zur Bildung beitragen? Was ist für Sie spezifisch »gymnasiale Bildung«?
- Diskutieren Sie, was Sie unter »Allgemeinbildung« verstehen. Setzen Sie sich kritisch mit folgendem Buch auseinander: Dietrich Schwanitz, Bildung. Alles, was man wissen muss. München 2002.

Literaturempfehlung

Hans-Jürgen Fraas, Bildung und Menschenbild in theologischer Perspektive. Göttingen 2000. – Manfred Fuhrmann, Bildung. Europas kulturelle Identität. Stuttgart 2002. – Hartmut von Hentig, Bildung. Ein Essay. München / Wien 1996. – Joachim Kunstmann, Religion und Bildung. Zur ästhetischen Signatur religiöser Bildungsprozese. Gütersloh / Freiburg 2002.

Peter Kliemann

Didaktik

Um die Allgemeine Didaktik ist es in den letzten Jahrzehnten eher still geworden, die bekannten Theorien und Modelle vor allem aus den 60er Jahren des 20. Jahrhunderts haben sich weitgehend angenähert. Für produktive Aufbruchstimmung und Auseinandersetzungen sorgen seit einiger Zeit wieder stärker erfahrungs- und handlungsorientierte Konzepte oder neuerdings konstruktivistische Ansätze der Didaktik, die das traditionell zentrale Vermittlungsgeschehen im Unterricht grundsätzlich in Frage stellen. Nach einigen einführenden Überlegungen möchte ich vier ausgewählte allgemeindidaktische Tendenzen kurz vorstellen und kommentieren und einige mögliche Anregungen für den Religionsunterricht andeuten.

Der Begriff Didaktik bezeichnet im 17. Jahrhundert zunächst die Kunst des Lehrens. Zukunftsweisend heißt es auf der Titelseite der »Didactica magna« von Comenius (1657): »Erstes und letztes Ziel unsrer Didaktik soll es sein, die Unterrichtsweise aufzuspüren und zu erkunden, bei welcher die Lehrer weniger zu lehren brauchen, die Schüler dennoch mehr lernen ...« Eingebettet in ein universales theologisches Panorama entwirft Comenius das große Ziel allgemeiner Bildung: Es soll »alle(n) alles von Grund auf (omnes, omnia, omnino) gelehrt werden«, und zwar »rasch, angenehm und gründlich«. In dieser Spur systematisiert die Didaktik lange Zeit als »Bildungslehre« das Theoriewissen über Unterricht und erforscht insbesondere Auswahl und Anordnung der Inhalte. Das immer wieder neu akzentuierte »didaktische Dreieck« Herbarts – Lehrperson, Schüler/innen, Gegenstand – zeigt, dass es im Unterricht »immer um etwas ›Drittes‹ geht« (Diederich).

Im üblichen weiten Sinn verstanden, bezeichnet die Didaktik heute – die Methodik einschließend – die pädagogische Theorie des Lehrens und Lernens oder die »Wissenschaft vom Unterricht« (Schulz). Sie steht in teilweise spannungsvoller Beziehung zur stärker empirischen Unterrichtsforschung in der Psychologie. Die Allgemeine Didaktik entwickelt Grundstrukturen und Gesamtmodelle von Unterricht – unabhängig von den Fachdisziplinen – und entwirft entsprechende Analyse- und Planungskonzepte für die Berufspraxis. Diese Modelle mit ihrer einheitlichen Perspektive, die zumeist auch wissenschaftstheoretisch fundiert wird, eröffnen als ›Denkbrillen‹ unterschiedliche Zugänge zur Unterrichtswirklichkeit. Breite Resonanz in Theorie und Praxis fand das lerntheoretische Berliner Modell mit seiner prägnanten Grundstruktur, seinen zwei Voraussetzungs- (anthropogene und soziokulturelle Voraussetzungen) und vier Entscheidungsfeldern (Intentionen, Themen, Verfahren und Medien), die in wechselseitiger Abhängigkeit (Interdependenz) zueinander stehen. Die Allgemeine Didaktik braucht den Austausch mit den konkreteren fachdidaktischen Ansätzen, aber umgekehrt können sich auch aus der allgemeinen, fächerübergreifenden Diskussion Anregungen für die Fächer ergeben. Gerade für Religionslehrerinnen und Religionslehrer, die sich besonders komplexen Anforderungen gewachsen zeigen sollen, kann die Auseinandersetzung mit diesen allgemeinen Modellen das Problembewusstsein schärfen – auf dem Weg zu einem eigenen Konzept.

Grundlegend ist der zum Kritisch-Konstruktiven weiterentwickelte bildungstheoretische Ansatz Klafkis (zuerst 1958). Die Bildungstheorie ist nach Heymann bis heute das »Herzstück der allgemeinen Didaktik«[1]. Der kategoriale Bildungsbegriff zielt auf eine gründliche Sach-Schüler-Begegnung, auf ein wechselseitiges Erschlossensein, das Kulturverständnis und Selbstklärung ermöglicht. Wie bei der Kippfigur des Rubin'schen Bechers bedingen sich Sache und Personen wechselseitig. In der gesellschaftskritisch zugespitzten Version (1980) wird Bildung als Fähigkeit zur Selbst- und Mitbestimmung und zur Solidarität ausgelegt. Da sich Allgemeine Bildung nach Klafki besonders auf das bezieht, was alle gemeinsam angeht, also die »epochaltypischen Schlüsselprobleme« wie Frieden, Umwelt etc., bekommt der Religionsunterricht einen hohen Stellenwert. Angesichts der Breite von Lernaktivitäten ist der Bildungsbegriff als Fundament und orientierender Maßstab für die schulische Arbeit unverzichtbar. Die in der bekannten Formel »Die Menschen stärken und die Sachen klären« (von Hentig) angedeutete Zweiseitigkeit des schulischen Bildungsauftrags scheint mir außerordentlich zeitgemäß. Allgemeine Bildung bedeutet mehr als das Verfügen-Können über einen gut sortierten Wissensspeicher und ein gründlich trainiertes Instrumentarium zum Lernen und Denken. Noch stärker als der »erweiterte Lernbegriff« (z. B. Klipperts) enthält Klafkis Begriff von vornherein eine persönliche Verarbeitungstiefe, eine anthropologische Dimension und den Aspekt gesellschaftlicher Verantwortung.

Die berühmte Didaktische Analyse mit ihren ersten drei Leitfragen nach der Gegenwarts-, Zukunfts- und exemplarischen Bedeutung ist gerade auch für Religionslehrerinnen und Religionslehrer in hohem Maße aufschließend für die Warum- und Wozu-Fragen von Themen und Texten. Intendiert ist nicht unreflektierte Wissen(schaft)s-Vermittlung im Sinne der »Abbild-Didaktik«, sondern umfassende didaktische Reduktion – orientiert am Entwicklungs- und Kenntnisstand der Schülerinnen und Schüler – zum Erwerb lebendigen Wissens und der Befähigung zum Transfer. Aus einem Guss soll im Weiteren auch die methodische Gestaltung entwickelt werden, empfohlen werden die originale Begegnung, unterschiedliche Gesprächsformen und entdecken lassende Verfahren. Was fehlt, ist die systematische und detaillierte Aufarbeitung der Methodik. Bei unreflektierter Stofforientierung und unzureichender Ergebnissicherung kann der Ansatz einem nur scheinbar anspruchsvollen »Erwähnungsunterricht« Vorschub leisten.

Wie beim »späten« Klafki werden in den 70er Jahren vielerorts der unterrichtliche Interaktionsprozess und die Lernenden in den Mittelpunkt gerückt. Ausgehend von Habermas'« Kritischer Theorie und Watzlawicks Axiomen wird in diversen Modellen – z. B. von Winkel und Schulz (Hamburger Modell) – Kommunikation zur Schlüsselkategorie einer emanzipatorischen Didaktik. Weniger der Inhalts- als der Beziehungsebene gilt die pädagogische Aufmerksamkeit, »symmetrische«, also gleichrangige Beziehungen sollen statt der üblicherweise »komplementären« zwischen Lehrenden und Lernenden angestrebt werden. Der Akzent auf Beziehung und Beteiligung im Unterricht ist für den Religionsunterricht schon von der »Sache« her wichtig. Der Ansatz kann bei Lernenden durch die Erfahrung von Selbstwirksamkeit und Wir-Gefühl in der Gruppe ein hohes Potenzial freisetzen – und auch die Akzeptanz erhöhen, was angesichts der Abwahlmöglichkeit (»Einschaltquotendruck«) nicht zu unterschätzen ist.

---

1 Hans Werner Heymann, Bildungstheorie und Didaktik, in: Heinz Günter Holtappels / Marianne Horstkemper (Hg.), Neue Wege in der Didaktik? Die Deutsche Schule, 5. Beiheft 1999, S. 206ff.

In diesen didaktischen Kontext gehört auch die aus der Psychologie stammende Themenzentrierte Interaktion (TZI) von Ruth Cohn. Jedes Mitglied der Lerngruppe soll sich um ein dynamisches Gleichgewicht von »Es«, »Ich« und »Wir« im Rahmen des Umfeldes (»Globe«) bemühen. Die Gespräche in der Klasse sollen sich an Gesprächsregeln orientieren (z. B. »Sei deine eigene Chairperson!« – »Störungen haben Vorrang.«). Bei entsprechenden Verabredungen, da Freiwilligkeit in der Schule fehlt, ist TZI eine förderliche Perspektive für die gemeinsame Arbeit. Von allen, aber besonders von der Lehrperson wird dabei viel kommunikatives Geschick, Ernstnehmen, Einfühlen und Echtsein, aber bei Konflikten auch Abgrenzungsbereitschaft und Enttäuschungsfestigkeit verlangt. Starke Zeichen von Symmetrie-Sehnsucht können gerade im Nebenfach Religion als Schwäche und Interventionsscheu missdeutet werden und zum Austesten der Grenzen anregen.

Bei der Unterrichtsplanung sollen die Schülerinnen und Schüler als Subjekte und potenziell ebenbürtige Partner sukzessiv immer stärker unmittelbar beteiligt werden: Das kooperativ zu planende Projekt wird zum Leitkonzept. Die gemeinsame Planung einer Unterrichtseinheit oder -sequenz mit Vorgaben (Rahmen, Essentials) sollte in Religion zum professionellen Repertoire gehören, aber wenn die Themen sich nicht dafür eignen, drohen Überforderung und Frustration. Dieser Ansatz ist – in richtiger »Dosierung« – sicher unverzichtbar, auch wenn die eher mageren Auskünfte zur Gestaltung der »Inhaltsebene« immer schon kritisiert wurden. Ablehnung kommt auch aus der Jugendforschung. So warnt Ziehe angesichts der eingetretenen Veränderungen in Jugendalter und Schule generell davor, Unterricht immer schülerorientierter, informeller und lebensnäher gestalten zu wollen. Er plädiert umgekehrt für mehr Distanz, eine »charmante Autorität« sowie für »fremde« Themen, die »aus der Differenz zur Alltagskultur neue und auch subjektiv bedeutsame Gegenerfahrungen« eröffnen können.[2]

Eng verwandt mit der Beteiligungs- ist die Aneignungsdimension von Unterricht. Diese Tendenz zu mehr Praxis, Selbsttätigkeit und ganzheitlicher Erfahrung findet sich in verschiedenen Ansätzen (z. B. Fausers »praktisches Lernen«, Klipperts »eigenverantwortliches Arbeiten«). Ihre bei weitem wirksamste Ausprägung ist Hilbert Meyers handlungsorientiertes Konzept, zumal er als großer Methodiker den Blick und die Mittel geschärft hat für die vielfältigen Inszenierungsmöglichkeiten von Unterricht. Gegen »Langeweile-Syndrom«, Konsumdenken und Orientierungsdefizite im Jugendalter setzt Meyer seinen Ansatz, der auf reformpädagogische Traditionen zurückgreift (z. B. Deweys »reflexive experience« oder Gaudigs »der Schüler muss Methode haben«). Denken und Handeln sind für ihn miteinander verwoben, Denkstrukturen entwickeln sich aus verinnerlichten Handlungsprozessen. Wo Erfahrungen und Handlungsgrundlage fehlen, werden Begriffe leicht zu Worthülsen. Zu den Kriterien für seinen Ansatz gehören – neben der Selbsttätigkeit: Ganzheitlichkeit, die Verknüpfung von Kopf- und Handarbeit, der Ausgang von Schülerinteressen, durchgängige Kooperation und Produktionsorientierung sowie die Öffnung der Schule nach innen und außen. Um der unterrichtlichen Handlungsarmut abzuhelfen, werden andere Lernorte wichtig. Der Unterricht soll sich stärker orientieren am Lernen, Forschen, Erkunden, Spielen und Leben in Werkstatt, Labor, Theater, auf einer Expedition oder bei einem Fest.

2 Thomas Ziehe, Adieu 70er Jahre. Jugendliche und Schule in der zweiten Modernisierung, in: Pädagogik 7–8 / 1996, S. 35–39; dort bes. S. 36.

Hilbert Meyer hat mit seiner Ausweitung des Gestaltungsraums und seiner kleingearbeiteten Methodik sehr kreative Impulse zur Verbesserung der Unterrichtskultur gegeben – gegen die herrschende »Monostruktur« mit ihrem Vorrang des fragendgelenkten Verfahrens. Auch für den Religionsunterricht ist es wichtig zu fragen: Was sollen die Lernenden *tun*?

Für den notwendigerweise weithin »hermeneutischen« Religionsunterricht eröffnen sich vielfältige verlebendigende Möglichkeiten der Unterrichtsgestaltung auch im Lehrgang (z. B. Rollenspiel, Lernzirkel, Rituale und Feste, Lerngänge). Der Projektansatz kann gerade bei Sinnfragen Motivation und Orientierung befördern und existenzielle Fragen erfahrungsmäßig »erden« (Sitz im Leben). Bei der Umsetzung ist ein Grundproblem das angemessene Verhältnis von Aktion und Reflexion: Auf Grund der meist zeitintensiven Aktion mit hoher Eigendynamik kann die Reflexionsphase – und damit auch die Lernertragssicherung und Vernetzung – zu knapp und ohne die nötige Verarbeitungstiefe ausfallen. Es lauern vielfältige »Fallen«[3] bis hin zu einem vordergründigen »Beschäftigungsunterricht« (»Dübeln statt Grübeln«). Bei Projekt- und Freiarbeit – den favorisierten Formen – muss geprüft werden, ob Lern- und Handlungsziele zusammenpassen und das Thema selbstständig erschlossen werden kann. Der systematische Lehrgang bleibt als Rahmen unverzichtbar. Für Hilbert Meyer beansprucht das Konzept keine universale Gültigkeit (deshalb vermeidet er auch den Modell-Begriff), die von ihm selbst gewünschte bildungstheoretische Vertiefung steht weithin noch aus.

Eine grundsätzliche Revision der Didaktik wird in den 90er Jahren von der konstruktivistischen Didaktik gefordert (Siebert, Reich). Dieses nicht auf die Pädagogik beschränkte »postmoderne« Paradigma bestreitet die Möglichkeit von objektiver Erkenntnis oder äußert zumindest große Skepsis: Die wahrgenommene Welt ist »unsere Erfindung« (von Foerster). Ausgehend von neurobiologischen Grundsätzen (Maturana / Varela), der Systemtheorie (Luhmann), der Kommunikations- und Kognitionspsychologie (Watzlawick, Mandl) ist der neue archimedische Punkt im didaktischen Feld das je individuelle Lernen qua Konstruktion.

Wenn Lernen als »Selbstentwicklung eines kognitiven Systems« (Aufschnaiter) definiert wird, muss die subjektive Anschlussfähigkeit (»Viabilität«) in den Mittelpunkt rücken. Die Unterrichtenden haben nicht länger die Vermittlungsaufgabe, sondern müssen schülerzentriert für möglichst differenzierte Anreizstrukturen und Anstöße von außen (»Perturbationen«) sorgen und die notwendige soziale Verständigung moderieren.

Erkenntnistheoretisch ist diese Sicht besonders in ihrer radikalen Version sehr fragwürdig. Unstrittig gibt es Akkomodations-Widerstände beim Lernen (im Sinne Piagets), aber »umwelttaub« sind die Subjekte nicht. Wenn ein Konstruktivist wie von Foerster die Wahrheit als »Erfindung eines Lügners« behauptet, ist auch diese Aussage selbstverständlich konstruiert, ohne Beweiskraft »von außen«. Operativ gewendet und für den Religionsunterricht wichtig: Die Ernsthaftigkeit des Diskurses gerät in Gefahr, wenn das Bemühen um tiefere Einsicht von vornherein als unsinnig gilt. Wenn »Realität« als Reibungsfläche unterschätzt wird, kann die ohnehin verbreitete Tendenz zur Beliebigkeit des Meinens fatal unterstützt werden.

---

3 Günther Einecke, Vorsicht Falle! Problemzonen in Deutschstunden, in: Seminar – Lehrerbildung und Schule 4 / 1999, S. 70–78.

Kritische Analysen besonders des Radikalen Konstruktivismus[4] können sehr vereinfachend in die Formel gefasst werden, dass das Neue daran nicht gut und das Gute daran nicht neu sei. In neuer Sprache werde eine »aller Inhaltlichkeit weitgehend entkernte Prozessdidaktik« präsentiert, die das situative Lernen überschätze und vom »Instruktivismus« als latentem Gegenbild lebe (Terhart). »Die Sache der Schule« aber – so Terhart auf der anderen Seite sehr pointiert – »ist die Sache«. Bei manchen Vertretern habe auch ich die Sorge, dass – in der TZI-Sprache – die Balance verloren geht, weil das »Es« zum austauschbaren Lernanlass und Vehikel von Verständigungsprozessen verkommt.

Und doch, diese Didaktik der Selbstorganisation und Differenz birgt in gewisser Hinsicht auch pädagogische Chancen, nicht zuletzt auch für den Religionsunterricht. Es gilt den Lernenden mit seinen Vorstellungen, Ressourcen und »Fehlern« ganz ernst zu nehmen und zwischen subjektiven Verstörungen und Visionen seine biographische Suchbewegung zu begleiten. Ungewissheit und Verschiedenheit der Sichtweisen müssen ausgehalten werden (»Pluralitätskompetenz«) – in allen Fächern. Sich reflexiv die eigenen Lernprozesse zu vergegenwärtigen und »gemeinschaftliche Sinnverständigung« (Fink) werden wichtiger als kollektive Belehrungs- oder Bekehrungsversuche. Pädagogisch bedeutsam ist ein »gemäßigter Konstruktivismus« (Dubs), der in pragmatischer Offenheit ein breites Methodenrepertoire einbezieht und der sich gut von der neueren Hirn- und Gedächtnisforschung (Singer) belegen lässt.

Das Unterrichten im Religionsunterricht ist ebenso verheißungsvoll wie schwierig. Didaktik kann hier auch nur begrenzt helfen, denn sie liefert kein einfaches Anwendungswissen, die Umsetzung ist untrennbar mit der Lehrerpersönlichkeit verknüpft. Angesichts der oft fächerübergreifenden Spannweite des Curriculums, der intellektuell und existenziell anspruchsvollen Themen und Texte und der Sonderstellung sind – neben hohem fachlichen und didaktischen Können – Selbst- und Rollenkompetenz im Umgang mit unterschiedlichen Erwartungen und nicht zuletzt persönliche Glaubwürdigkeit gefordert. Hentigs These, das wichtigste Curriculum des Lehrers sei »seine eigene Person«, gilt hier in besonderer Weise. Einer überzeugenden Persönlichkeit wird sehr vieles abgenommen oder nachgesehen, auch fragwürdige didaktische Einseitigkeiten können irgendwie stimmig erscheinen.

Die meisten Modelle beanspruchen zu Recht keine universale Gültigkeit, sind teilweise komplementär aufeinander zu beziehen, so dass sich individuell zu verantwortende Kombinationen anbieten. In meiner Sicht des Religionsunterrichts rückt die kategoriale Person-Sach-Erschließung mit dem differenzierenden Balance-Ansatz der Themenzentrierten Interaktion und dem kreativen Formenreichtum des handlungsorientierten Konzepts zusammen. Erfahrung und Perspektivität als aufeinander bezogene Kontrapunkte: Zusammen mit der Aufarbeitung eigener Erfahrungen gilt es Texte und Traditionen zu verstehen, fremde Horizonte zu erkunden und sich auf neue Wege einzulassen. Nach Gadamer heißt Bildung darum auch, »von sich selbst absehen zu lernen«.

---

4 Ewald Terhart, Konstruktivismus und Unterricht, in: Zeitschrift für Pädagogik 5 / 1999, S. 629ff. – Ludger Linneborn, Zur Kritik der konstruktivistischen Didaktik, in: Seminar – Lehrerbildung und Schule 4 / 1999, S. 52–64.

→ *Bildung,* → *Elementarisierung,* → *Ganzheitlichkeit,* → *Lernzieldidaktik,* → *Methoden,* → *Religionslehrer(in),* → *Projektunterricht*

Zur Diskussion gestellt

- Stellen Sie sich vor: Sie sollen ein Didaktik-Mobile für den Religionsunterricht entwerfen, das die allgemeindidaktische Diskussion mit ihren Kernbegriffen und Prinzipien berücksichtigt. Welche »Brille(n)«, welche Dimension(en) bevorzugen Sie? Mit welcher Begründung? Und wie gestalten Sie das Zusammenspiel, die Abhängigkeiten und Balancen? Worin unterscheidet sich das Religionsunterricht-Mobile von dem anderer Fächer (z. B. dem Ihres anderen Faches)?
- Reflektieren Sie die in der Selbst- oder Fremdwahrnehmung besonders gelungenen oder auch misslungenen Unterrichtsstunden. Woran lag es? Welche didaktischen Grundbegriffe erweisen sich bei der Ursachensuche und -zuschreibung als klärende und tragfähige Kriterien? Was halten Sie von einem persönlichen Unterrichts-Journal, in dem Sie Ihre besonders eindrücklichen oder denkwürdigen Erfahrungen und Einsichten festhalten – und auch experimentelle Ideen und konkrete Alternativen für die weitere Unterrichtsarbeit und die eigene didaktische Entwicklung formulieren können? Oder wollen Sie sich in einem didaktischen Tandem mit einem Kollegen, einer Kollegin Ihres Vertrauens darüber austauschen und verständigen, eventuell auch gemeinsame Planung, wechselseitige Hospitation und Beratung verabreden?
- Auch Schülerinnen und Schüler verfügen über didaktische Erfahrungen und Vorstellungen, die sich durch Gespräche mit der Gruppe / mit Einzelnen oder auch durch das Ausfüllen altersgerechter Fragebögen erheben lassen. Inwiefern können Sie dieses Rückmelde-Potenzial ebenso selbstverständlich wie auf die Gruppe dosiert einbeziehen, so dass Sie von Zeit zu Zeit vor allem auch konstruktive Anregungen für die Weiterentwicklung Ihres didaktischen Handelns und Ihres Unterrichtsstils erhalten?

Literaturempfehlung

Volker Huwendiek, Didaktik – Modelle der Unterrichtsplanung, in: Gislinde Bovet / Volker Huwendiek (Hg.), Leitfaden Schulpraxis. Pädagogik und Psychologie für den Lehrberuf. Berlin, 3. Aufl. 2000. – Werner Jank / Hilbert Meyer, Didaktische Modelle. Frankfurt / M., 5., überarbeitete Aufl. 2002.

Volker Huwendiek

Elementarisierung

Elementarisierung kann nach einer Formulierung des Tübinger Religionspädagogen Karl Ernst Nipkow als »Kern der didaktischen Analyse und damit als die eigentliche Mitte der Unterrichtsvorbereitung«[1] angesehen werden.

Ist der Ruf nach einer Besinnung auf das Wesentliche in der Geistes- und Theologiegeschichte auch nicht neu, so liegt der Ursprung der aktuellen religionspädagogischen Elementarisierungsdiskussion doch in der allgemeindidaktischen, bildungstheoretisch geprägten Diskussion der 50er Jahre. Angesichts der zunehmenden Stofffülle insbesondere in den Natur- und Geschichtswissenschaften wurde die Forderung laut, extreme Erscheinungsformen »materialer Bildung« durch »exemplarisches« Lehren und Lernen zu begrenzen. Insbesondere Wolfgang Klafki als Vertreter der »Geisteswissenschaftlichen Pädagogik« prägte den Begriff der »kategorialen Bildung«. Gemeint war damit von Anfang an nicht eine bloße Reduktion oder Vereinfachung des Unterrichtsstoffes, sondern das Aufspüren von Frage- und Problemstellungen, die den Schülerinnen und Schülerinnen echte Bildungserfahrungen ermöglichen. Kategoriale Bildung fragt nach dem »Fundamentalen«, »Elementaren«, »Exemplarischen« und »Repräsentativen«, um Kindern und Jugendlichen eine »doppelseitige Erschließung« von Welt und Selbst möglich zu machen: »Diese doppelseitige Erschließung geschieht als Sichtbarwerden von allgemeinen, kategorial erhellenden Inhalten auf der objektiven Seite und als Aufgehen allgemeiner Einsichten, Erlebnisse, Erfahrungen auf der Seite des Subjekts.«[2] Wie für alle Vertreter klassischer Bildungstheorien (also z. B. auch Wilhelm von Humboldt, Pestalozzi, Schleiermacher, Herbart) stellt sich für Klafki die »implizite Leitfrage«: »Mit welchen Inhalten und Gegenständen müssen sich junge Menschen auseinander setzen, um zu einem selbstbestimmten und vernunftgeleiteten Leben in Menschlichkeit, in gegenseitiger Anerkennung und Gerechtigkeit, in Freiheit, Glück und Selbsterfüllung zu kommen?«[3]

Konkret erwartet Wolfgang Klafki von jeder Lehrerin und jedem Lehrer, dass sie sich bei auf diesem Hintergrund bei ihrer Unterrichtsvorbereitung immer wieder fragen, ob sich das, was sie den Schülerinnen und Schülern beibringen wollen, für diese überhaupt lohnt. Berühmt geworden sind dabei Klafkis fünf Grundfragen zur »didaktischen Analyse«:

»I. Welche Bedeutung hat der betreffende Inhalt bereits im geistigen Leben der Kinder meiner Klasse, welche Bedeutung sollte er – vom pädagogischen Gesichtspunkt aus gesehen – darin haben? II. Worin liegt die Bedeutung des Themas für die Zukunft der Kinder? III. Welches ist die Struktur des (durch die Fragen I und II in die spezifisch pädagogische Sicht gerückten) Inhaltes? IV. Welchen allgemeinen

1 Karl Ernst Nipkow, Elementarisierung als Kern der Lehrplanung und Unterrichtsvorbereitung am Beispiel der Eliaüberlieferung, in: Braunschweiger Beiträge für Theorie und Praxis von RU und KU 3 / 1986, S. 3.

2 Wolfgang Klafki, Studien zur Bildungstheorie und Didaktik. Weinheim / Basel 1974, S. 43.

3 Ders., Die Bedeutung der klassischen Bildungstheorien für ein zeitgemäßes Konzept allgemeiner Bildung, in: Zeitschrift für Pädagogik 4 / 1986, S. 455–476; dort S. 461.

Sachverhalt, welches allgemeine Problem erschließt der betreffende Inhalt? V. Welches sind die besonderen Fälle, Phänomene, Situationen, Versuche, in oder an denen die Struktur des jeweiligen Inhaltes den Kindern dieser Bildungsstufe, dieser Klasse interessant, fragwürdig, zugänglich, begreiflich, ›anschaulich‹ werden kann?«[4]

Geriet der Begriff des Elementaren und mit ihm der Bildungsbegriff in der allgemeinen Pädagogik im Kontext der Curriculumtheorie und ideologiekritischer Fragestellungen in den folgenden Jahrzehnten eher in den Hintergrund, so erlebten beide Begriffe in der jüngsten Vergangenheit – nicht zuletzt auch im Zusammenhang mit der Frage nach Schlüsselqualifikationen und epochaltypischen Schlüsselproblemen[5] – eine unverkennbare Renaissance. Die Frage nach dem Elementaren erweist sich somit, sprachlich sehr unterschiedlich artikuliert, als eine nachhaltige, die jeweilige Tagesaktualität überdauernde Grundfrage.

Die katholische Religionspädagogik und Lehrplanarbeit wandte sich dem gemeinten Sachverhalt meist in einer anderen Terminologie zu. Man suchte z. B. nach »Kurzformeln des Glaubens« oder fragte nach »unverzichtbaren« oder »zentralen« Inhalten, womit aber immer nur ein Teilaspekt von Elementarisierung erfasst wurde. Auf theoretisch stärker reflektierter Ebene fand die Elementarisierungdebatte in der katholischen Religionspädagogik ihren Niederschlag in der so genannten Korrelationsdidaktik und in indirekter Weise in der Symboldidaktik von Hubertus Halbfas.

In der evangelischen Religionspädagogik liegt eine ganze Reihe von expliziten Elementarisierungskonzeptionen vor. So erstellte Hans Stock schon in den 70er Jahren im Auftrag des Comenius-Instituts in Münster einen zweibändigen Forschungsbericht zur »Elementarisierung theologischer Inhalte und Methoden im Blick auf die Aufgabe einer theologisch zu verantwortenden Lehrplanrevision und Curriculumentwicklung in den wichtigsten religionspädagogischen Praxisfeldern«.[6] Bezeichnenderweise wird an dieser Stelle nun auch explizit von »Elementarisierung« gesprochen, während bei Wolfgang Klafki nur vom »Elementaren« die Rede war.

In neuerer Zeit versuchte Ingo Baldermann durch Herausarbeitung der elementaren Strukturen biblischer Texte, inbesondere der Psalmen, zu zeigen, dass Bibelorientierung und Schülerorientierung keinen Gegensatz bilden müssen. Es kommt nach Baldermann darauf an, »den didaktischen Weg aufzuspüren und zurückzuverfolgen, den die biblischen Texte selbst weisen ... Dies ist ein Weg, der vom Komplexen zum immer Einfacheren, ja am Ende zu ganz einfachen und das heißt grundlegenden, elementaren Kategorien zurückführt.«[7]

4 Ders., Didaktische Analyse als Kern der Unterrichtsvorbereitung, in: Heinrich Roth / Alfred Blumenthal (Hg.), Didaktische Analyse. Auswahl – Grundlegende Aufsätze aus der Zeitschrift »Die Deutsche Schule«. Hannover 1962, S. 5–32; dort S. 14ff.

5 Auch in diesem neuen Diskussionszusammenhang sind die Ausführungen Klafkis richtungsweisend. Vgl. ders., Neue Studien zur Bildungstheorie und Didaktik. Beiträge zur kritisch-konstruktiven Didaktik. Weinheim / Basel 1985.

6 Comenius-Institut (Hg.), Elementarisierung theologischer Inhalte und Methoden im Blick auf die Aufgabe einer theologisch zu verantwortenden Lehrplanrevision und Curriciulumentwicklung in den wichtigsten religionspädagogischen Praxisfeldern. Abschlussbericht und Ergebnisse der Untersuchung, vorgelegt von Hans Stock unter Mitarbeit von Hans Bernhard Kaufmann. Münster 1977.

7 Ingo Baldermann, Zum Verhältnis von Anthropologie und Theologie im Religionsunterricht, in: Ders. / Karl Ernst Nipkow / Hans Stock, Bibel und Elementarisierung. Frankfurt / M. 1979, S. 9–21; dort: S. 17.

Während die Begrifflichkeit Baldermanns ebenso wie die anderer Religionspädagogen oft nur noch assoziativ auf das bezogen wird, was in der Allgemeinen Pädagogik und Didaktik mit der Frage nach dem Elementaren gemeint war, gilt die Elementarisierungskonzeption Karl Ernst Nipkows als umfassender, auch die allgemeinpädagogische Diskussionslage aufarbeitender Ansatz: Nipkow versteht Elementarisierung als einen komplexen didaktischen Prozess, der sich zwischen den im Unterricht behandelten Sachverhalten und den am Unterricht beteiligten Personen abspielt. Dabei lassen sich vier stets aufeinander bezogene *Dimensionen der Elementarisierung* unterscheiden:

1. Die Frage nach den »elementaren Strukturen«: Hier geht es darum, die konstitutiven und charakteristischen Grundelemente eines Sachverhaltes, eines Themas oder eines Textes freizulegen, also um Vereinfachung eines wissenschaftlich erforschbaren Inhalts im Sinne sach- und textgemäßer Konzentration – ein in jedem Einzelfall durchaus schwieriges Problem, das den meisten Lehrerinnen und Lehrern aber gut vertraut ist.
2. Die Frage nach den »elementaren Erfahrungen«: Hierbei sollen die Lebens- und Glaubenserfahrungen sowohl der heutigen Schülerinnen und Schüler als auch die Lebens- und Glaubenserfahrungen, die sich in biblischen Texten niedergeschlagen haben, in den Blick genommen werden. »Beispielsweise soll die Rechtfertigungslehre des Paulus auf seine Rechtfertigungserfahrung in seiner Biographie zurückgeführt und mit den elementaren Erfahrungen von Leistungsforderung, Selbstzwang und Angenommenwerden heute korreliert werden.«[8]
3. Die Fragen nach den »elementaren Anfängen«: Sie knüpft an die zweite Bedeutung des lateinischen Wortes »elementum« (a. Grundstoff, Grundbestandteil; b. Anfangsgründe, Anfänge) an und will aus entwicklungspsychologischer Sicht die für die jeweilige Altersstufe charakteristischen Verstehensvoraussetzungen herausarbeiten. Speziell zu dieser Fragestellung, die bei Klafkis didaktischer Analyse noch nicht ausreichend berücksichtigt wurde, liegen in der Religionspädagogik inzwischen zahlreiche sehr aufschlussreiche Untersuchungen vor.
4. Die Frage nach der »elementaren Wahrheit«: Bei dieser für die Religionspädagogik zentralen, aber auch am wenigsten planbaren Elementarisierungsperspektive will Nipkow, über die zweite Elementarisierungsdimension der elementaren Erfahrungen hinausgehend, die Frage der »persönlichen Gültigkeit oder Gewissheit oder der allgemeinen Geltung und Akzeptanz«[9] thematisiert wissen. Erwachsene und Jugendliche setzen sich in einem gemeinsamen Suchprozess – fragend, zweifelnd, nach einem möglichen Konsens suchend – der Frage nach dem Anfang allen Seins, der Frage nach einem Weiterleben nach dem Tod, der Frage nach dem Umgang mit Leiderfahrungen und damit schließlich auch der Frage nach der Existenz Gottes aus.

   »So wenig in die letztlich die Gewissen berührende Wahrheitsfrage indoktrinierend bei anderen eingegriffen werden darf, so dringlich ist es erforderlich, dass die Lehrenden bei ihrer Unterrichtsplanung für sich selbst die wahrheitsrelevan-

8 Karl Ernst Nipkow, Elementarisierung als Kern der Unterrichtsvorbereitung, in: Katechetische Blätter 1986, S. 600–608; dort S. 605.

9 Friedrich Schweitzer / Karl Ernst Nipkow / Gabriele Faust-Siehl / Bernd Krupka, Religionsunterricht und Entwicklungspsychologie. Elementarisierung in der Praxis. Gütersloh 1995, S. 126.

ten Aspekte des Unterrichtsinhalts theologisch, erkenntnistheoretisch und pädagogisch klären. Ferner sind die Stellen im Voraus zu überlegen, wo es notwendig sein könnte, die Wahrheitsproblematik eigens anzustoßen.«[10]

Der Fruchtbarkeit des von Nipkow erarbeiteten Elementarisierungsmodells konnte inzwischen an zahlreichen Beispielen des konkreten Unterrichtsalltags aufgezeigt werden.[11]

Dennoch ergeben sich gerade im Zusammenhang mit der unterrichtlichen Umsetzung allerlei ungelöste Probleme. Eine grundsätzliche Rückfrage an den Ansatz Nipkows hat z. B. Godwin Lämmermann vorgelegt.[12] Lämmermann sieht bei Nipkow immer noch die Tendenz, Unterrichtsvorbereitung mit der didaktischen Strukturierung von Inhalten beginnen zu lassen. Er selbst plädiert für eine »induktive Elementarisierung«, die in radikaler Weise die didaktische Perspektive der fachwissenschaftlichen Perspektive vorordnet, und regt deshalb an, bei der Unterrichtsplanung mit der Identifizierung der lebensweltlichen Schlüsselprobleme der Schülerinnen und Schüler einzusetzen. In einem zweiten Elementarisierungsschritt wäre dann in einer didaktischen Identifizierung theologischer Themen nach relevanten Kategorien der Christentumsgeschichte zu fragen, die den am Lernprozess Beteiligten einen Zugewinn an Subjektivität, Freiheit und Humanität ermöglichen. Hieraus wären konkrete Zielangaben für den Unterrichtsprozess zu entwickeln. Erst der dritte Elementarisierungsschritt würde sich dann der fachwissenschaftlichen Sachanalyse zuwenden. Der vierte Elementarisierungsschritt wäre nach Lämmermann für die entwicklungspsychologische Analyse, ein fünfter für die ziel- und inhaltsgemäße Auswahl der Methoden und Medien vorgesehen.

→ Bildung, → Didaktik, → Entwicklungsstufen, → Korrelationsdidaktik, → Religiöses Lernen, → Symboldidaktik, → Theorien religiöser Entwicklung

10 A. a. O., S. 178.

11 Vgl. insbesondere die in den Anmerkungen 1, 8 und 9 zitierten Publikationen sowie Karl Ernst Nipkow, Grundfragen der Religonspädagogik. Band 3: Gemeinsam leben und glauben lernen. Gütersloh 1982, S. 185–232.

12 Godwin Lämmermann, Grundriss der Religionsdidaktik. Stuttgart / Berlin / Köln 1991, S. 184ff. – Ders., Stufen religionsdidaktischer Elementarisierung. Vorschläge zu einem Elementarisierungsprozess als Unterrichtsvorbereitung, in: Jahrbuch der Religionspädagogik 6 (1990), S. 79–92.

Zur Diskussion gestellt

- Erinnern Sie sich an Ihre eigene Schulzeit, an Hospitationen, eigene Unterrichtsversuche. Fallen Ihnen Beispiele für geglückte und misslungene Elementarisierung ein? Im Religionsunterricht? In anderen Schulfächern? Woran lag es, dass die Elementarisierung glückte bzw. misslang? Welche Konsequenzen ziehen Sie für Ihre weitere Unterrichtsplanung?
- Wählen Sie einen theologischen Inhalt, der Ihnen im Laufe Ihres Studiums besonders wichtig geworden ist (z. B. Reich Gottes, Rechtfertigung, Auferstehung, Trinität). Versuchen Sie nun, im Hinblick auf eine bestimmte Altersstufe oder eine bestimmte Schulklasse diesen Inhalt nach dem Elementarisierungskonzept von Nipkow zu bearbeiten.
- Stellen Sie sich eine konkrete Gruppe von Kindern und Jugendlichen vor. Welche Fragestellungen, Wünsche, Sehnsüchte und Probleme könnten diese Gruppe beschäftigen? Welche Kategorien der Christentumsgeschichte könnten für diese Kinder und Jugendlichen relevant sein? Wie wäre eine entsprechende Unterrichtssequenz anzulegen?

Literaturempfehlung

Hans Mendl, Elementarisieren lernen, in: Jahrbuch der Religionspädagogik 18 (2002), S. 63–73. – Friedrich Schweitzer / Karl Ernst Nipkow / Gabriele Faust-Siehl / Bernd Krupka, Religionsunterricht und Entwicklungspsychologie. Elementarisierung in der Praxis. Gütersloh 1995. – Theologie und Pädagogik 3 / 2000: Themenheft »Elementarisierung«.

Peter Kliemann

Entwicklungsstufen

Der baden-württembergische Lehrplan von 1994 legte großen Wert darauf, die Inhalte und Ziele der Unterrichtseinheiten nicht nur aus der Logik der einzelnen Schulfächer abzuleiten, sondern das Curriculum auch konsequent auf die Entwicklungsvoraussetzungen und Fragestellungen der einzelnen Alters- und Klassenstufen zu beziehen. Nicht zuletzt sollte so auch das Konzept fächerverbindenden Unterrichtens vorangetrieben werden. Der Verfasser des vorliegenden Artikels wurde vom baden-württembergischen Ministerium für Kultus, Jugend und Sport seinerzeit gebeten, den gymnasialen Lehrplänen der einzelnen Klassenstufen »Pädagogische Leitgedanken« voranzustellen. Diese – in ihrer Kürze notwendigerweise stark schematisierenden – Texte wurden von vielen, gerade auch jüngeren Kolleginnen und Kollegen als sehr hilfreich empfunden Der hier abgedruckte Artikel bietet eine überarbeitete, aktualisierte und speziell auch auf den Religionsunterricht ausgerichtete Fassung.

Die fünfte Klasse

Die Kinder haben ihre Grundschulzeit erfolgreich beendet. Es braucht Zeit, bis sie in ihrem neuen Umfeld heimisch werden. Die Anforderungen steigen. Ihre Stellung im Leistungsfeld ändert sich. Sie müssen sich auf Fachlehrerunterricht einstellen. Sie kommen mit guten Vorsätzen, zeigen sich lernbereit und begeisterungsfähig. Aber Enttäuschungen bleiben nicht aus. Viel persönliche Zuwendung ist nötig.

Fünftklässler äußern sich gern spontan, sie erzählen gern und zeigen blühende Fantasie. Sie haben Lust an schöpferischem Gestalten, und man sollte ihnen viel Gelegenheit dazu geben. Geht es darum, Probleme zu lösen, so müssen diese konkret vorgegeben und anschaulich gemacht werden. Die Kinder sind in der Regel noch nicht dazu in der Lage, Rollenbeziehungen wechselseitig zu bedenken. Konzentrationsfähigkeit und Ausdauer sind noch begrenzt. Damit sie leichter durchzuhalten vermögen, empfiehlt sich Methodenwechsel.

In ihrem Verhalten orientieren sich die Kinder an ihren Eltern, Lehrern, Personen, die ihnen Autorität verkörpern. Ihre Weltsicht und das, woran ihr Herz hängt, was sie glauben und hoffen, davon sprechen sie bildlich und erzählend. Auf ihre Welt ist einzugehen, darauf, wie sie sich selbst erleben, wie sie denken und handeln, wie sie ihre Erfahrung zu erweitern suchen.

Das Erzählen und die Erzählung haben für den Religionsunterrricht tragende Bedeutung. Spielerische Methoden ebenfalls. Wechselweise ist von der erzählerischen Überlieferung der Bibel auszugehen und diese den Kindern so zu erschließen, dass sich ihre Erzählwelten in ihnen spiegeln. Andererseits sind die Erzählwelten der Kinder aufzugreifen und ihnen zu zeigen, sie entdecken zu lassen, dass in den biblischen Erzählungen ihr eigenes Erleben anklingt, was sie freut oder bekümmert, fragen, rätseln lässt oder staunen macht.

Die sechste Klasse

Die schulischen Anforderungen ändern sich wenig. Die gymnasialen Anforderungen sind den Kindern nun vertraut. Das Leistungsfeld konsolidiert sich. Bei Einzelnen ist zu überdenken, ob das Gymnasium für sie die geeignete Schulart ist oder ob ihnen die Realschule nicht besser entspräche.

Die Pubertät kündigt sich an, bei Mädchen früher als bei Jungen. Im Verhältnis zwischen Mädchen und Jungen kommen pubertäre Spannungen auf. In ihrem schulischen Verhalten aber geben sich die Kinder in aller Regel so, wie man sie von der fünften Klasse her kennt. Sich unbefangen mitzuteilen, Freude am Erzählen sind noch immer kennzeichnend. Werden die Kinder mit Problemlösungen befasst, sind sie in aller Regel noch auf Anschaulichkeit und konkrete Bezüge angewiesen. Doch der Blickwinkel weitet sich nun über den Erfahrungshorizont ihrer Lebenswelt hinaus. Interesse an fernen Ländern und Menschen wächst. Unbekanntes lockt. In kleinen Schritten führt der Weg auf höhere kognitive Anforderungen (sammeln, klassifizieren, einordnen) zu. Vom Konkreten auf Allgemeines zu schließen, aus einer Vielfalt zu abstrahieren, Sprache strukturell zu betrachten (Grammatik), einfache formale Problemlösungen werden jetzt schon möglich. Auch sich in andere Positionen und Rollen hineinzuversetzen und aus deren Blickwinkel zu denken und Vergleiche mit der eigenen oder anderen Sichtweisen zu führen, kann man mit den Kindern nun üben. Die Fähigkeit, auf Distanz zu gehen und sachlich zu beschreiben, bildet sich aus.

Die Kinder folgen noch den moralischen und weltanschaulichen Wegen, die ihnen die vertrauten Autoritäten weisen. Ihre Weltsicht und ihre Lebensperspektive beschreiben sie nach wie vor unbefangen in erzählerischer, anschaulicher Sprache. Aber es wendet sich nun das Interesse zunehmend dem Fremden und Fremdartigen zu. Sie wollen verstehen lernen, wovon sie hören. Erklärungen werden zunehmend erfragt.

Im Religionsunterricht empfiehlt es sich, biblische und kirchengeschichtliche Themen weiterhin aus dem Blickwinkel von Fragestellungen der Kinder zu erschließen, die Lebensfragen der Kinder in die biblischen Erzähltraditionen einzublenden. Mehr Aufmerksamkeit aber wird man nun dem zuwenden, was fremd anmutet, neugierig macht, Fragen aufkommen lässt. Erzählen und Spielen haben weiterhin große Bedeutung für die Unterrichtsgestaltung.

Die siebte Klasse

Jetzt steigen die Anforderungen erheblich. Eine zweite Fremdsprache und das Fach Geschichte kommen hinzu. Mit den erhöhten Anforderungen werden die Kinder in der schwierigen Lebensphase der Pubertät konfrontiert. Das erfordert einfühlsame pädagogische Zuwendung und besonnene, starke Führung.

Die Pubertät bestimmt nun die Selbsterfahrung und das Verhalten durchgreifend. Die Kinder lösen sich ganz allmählich von der leitenden Hand ihrer Eltern und vertrauten Bezugspersonen. Aus den Kindern werden Jugendliche.

Sie erzählen nicht mehr so viel, sind oft recht verschlossen, sinnen über sich selber nach und suchen tastend nach ihrer neuen Rolle. Sie verlangen danach, ein

Stück weit Selbstständigkeit in Lebensstil und Lebenssicht zu erlangen. Zweifel melden sich, ob dem Lebensglauben der Eltern in allem zu trauen sei. Sie wollen Begründungen hören, fragen nach Vorbildern, beginnen zu vergleichen. In Haltung, Einstellung und Kleidung versuchen sie sich vom Lebensstil der Eltern etwas abzusetzen, sich eigenständig zu profilieren. Sie begeistern sich für dies und jenes, folgen Idolen, schwärmen und träumen. Und das ist gut so in diesem Alter. Bedenklich wird es nur, wenn sie sich darin verlieren, wenn entwicklungshemmende Fixierungen auftreten. Sie orientieren sich nun eher an Gleichaltrigen und suchen in Gruppen Halt, die anbieten, womit sie sich identifizieren wollen. Bei den Jungen sind motorische Unruhe, Bewegungsdrang recht charakteristisch. Aggressives Verhalten nimmt zu. Sie geben sich oft und – wie es scheint – grundlos eigenwillig. Sie sind nicht mehr so ohne weiteres bereit, angelernte Regeln einzuhalten, Weisungen zu befolgen. Sie stellen in Frage, verlangen Rechenschaft. Disziplinschwierigkeiten nehmen zu. Zu bedenken ist: Sie haben sich noch nicht im Griff, sind auf Regeln und Rituale angewiesen, die sie stützen.

Das Erkenntnisvermögen erweitert sich. Lässt die Erzählfreude nach, so tritt an ihre Stelle die Lust zu problematisieren. Problemlösungen auf abstrakter Ebene werden ansatzweise möglich. Die perspektivische Raumvorstellung entwickelt sich und das Vermögen, Rollenbeziehungen wechselseitig zu betrachten und zu bedenken. Ein reflektiertes Verhältnis zur Zeit bahnt sich an. Ereignisfolgen betrachtend, beginnt sich Geschichtsbewusstsein auszubilden. Geschichtliche Verankerung von Normen kommt in den Blick.

Im Religionsunterricht ist es aus entwicklungspsychologischen Gründen wichtig, den Jugendlichen Persönlichkeiten des Glaubens vorzustellen: Prophetengestalten der Bibel, Persönlichkeiten der Kirchengeschichte und Gegenwart. Doch nicht nur die großen und übermächtigen Gestalten! Es ist vielmehr zu zeigen, dass Glaube lebbar ist. Die Einsicht in die Geschichtlichkeit des Christentums wird in Unterrichtseinheiten über die Anfänge der christlichen Kirche und das Judentum gefördert.

Die achte Klasse

Nun kommt als neues Fach Physik hinzu. Zum ersten Male begegnet im Unterricht das Experiment als Methode exakter Überprüfung einer mathematischen Hypothese über Naturgesetzlichkeiten. Strukturanalytische Verfahren anderer Art werden vermehrt auch in anderen Fächern eingesetzt.

Dies wird möglich, weil sich das Erkenntnisvermögen nun strukturell erweitert. Die Jugendlichen zeigen sich mehr und mehr in der Lage, von Abstraktem auf Konkretes, von Allgemeinem auf Besonderes zu schließen, werden fähig, nicht nur induktive Denkakte durchzuführen, sondern auch in Wechselschritten induktive und deduktive Denkakte aufeinander zu beziehen. Die Ausbildung dieser Denkstrukturen ist durch entsprechende Aufgabenstellungen und Training zu fördern. Hypothesen aufzustellen und zu erproben, selbstständige Erkundungen durchzuführen, die Lust zu experimentieren – all das sollte angeregt werden.

Die Jungen finden in der Regel leichter Zugang zur Physik und ihrer experimentellen Verfahrensweise. Sie kommt ihrem (vielleicht erziehungsbedingt) deutlicher ausgeprägten technologischen Interesse, ihren betont handlungsorientierten Neigungen mehr entgegen. Neigungen sind bei ihnen zu beobachten, ihre mathematisch-naturwissenschaftliche Kompetenz den Mädchen gegenüber hervorzukehren. Sie sind versucht, den Entwicklungsvorsprung der Mädchen mit Imponiergehabe zu kompensieren.

Für die Jugendlichen der achten Klasse spielt die Suche nach Leitbildern eine noch größere Rolle als in der siebten Klasse. Die Zimmer der Jugendlichen sind nun nicht mehr mit beeindruckenden Naturbildern geschmückt. Häufig dekorieren sie nun Poster, die Größen der Popkultur, des Films, des Sports zeigen, Persönlichkeiten, die sie beflügeln, anspornen, ihre Lebenslust steigern. Wenn Enttäuschungen zu schaffen machen, weil man etwa den Leistungsansprüchen der Schule oder idealisierenden Erwartungen der Eltern nicht mehr zu genügen vermag, kann dies die Gefahr mit sich bringen, dass die Jugendlichen von Klischees nicht loskommen, den Kontakt zur Realität verlieren. Sie sind suchtgefährdet. Daher ist es wichtig, die Heranwachsenden dazu anzuhalten, sich kritisch mit Lebensstilen und Lebensläufen auseinander zu setzen, positive Identifikationsangebote zu machen. Eine realitätsnahe Lebensperspektive ist aufzuzeigen.

Bei Jugendlichen in der Pubertät kommt es vermehrt zu Leistungseinbrüchen. Beziehungsverunsicherungen und Lernschwierigkeiten angesichts steigender Anforderungen verstärken sich leicht wechselseitig und schwächen das Selbstwertgefühl. Unsicher dessen, was aus ihnen werden wird, reagieren die Jugendlichen sensibel, empfinden sie manche Beurteilung als Demütigung. Man muss sich hüten, von partiellen und temporären Schwächen auf das Entfaltungspotenzial und die Zukunftschancen der Person als ganzer zu schließen. Mit Übergangsschwierigkeiten ist zu rechnen. Der / dem Unterrichtenden bleibt vieles verborgen. Sie sollten sich bemühen, das Selbstwertgefühl der Heranwachsenden unabhängig von Haltung, Einstellung und Leistungsvermögen, das sie im jeweiligen Fach zeigen, zu stützen, sollten außerschulisches Verhalten und Leistungen mit einbeziehen. Sie sollten sich gesprächsbereit zeigen, ohne die Heranwachsenden mit Ratschlägen zu bedrängen.

Fächerübergreifende Aspekte verbinden den Religions- mit dem Geschichtsunterricht. In Geschichte begegnet im Zusammenhang mit den Kreuzzügen der Islam; die Schülerinnen und Schüler gewinnen Einblick in die Geschichtsmächtigkeit religiöser Bewegungen und ihren Widerstreit, erfahren auch davon, was die unterschiedlichen religiös bestimmten Kulturen einander zu geben haben, weshalb gegenseitiges Verständnis, Toleranz zu fördern sind und wo die Grenzen der Toleranz verlaufen. So gewinnt auch in diesem Fach kritische Auseinandersetzung unter wechselnder Perspektive an Bedeutung.

Die neunte Klasse

Der Bildungsgang des Gymnasiums wird in zwei Züge gegliedert, den sprachlichen Zug und den naturwissenschaftlichen Zug. Das besondere Anforderungsprofil des Gymnasiums prägt sich weiter aus.

Pubertäre Schwierigkeiten spielen weiterhin eine Rolle. Die Tanzstunde signalisiert, worum die Gedanken kreisen. Popmusik gelangt zu hohem Rang. In den Beziehungen der Mitschüler / innen untereinander setzt sich allmählich ein gewandeltes Rollenverständnis durch. Das Thema »Freundschaft mit dem anderen Geschlecht«

nimmt jetzt zunehmend in Anspruch. Gründlich ist zu bedenken, wie die Lebensfragen der Schülerinnen und Schüler im Unterricht aufgegriffen werden können, wie sie taktvoll zu erörtern sind.

Die Jugendlichen lernen nicht mehr um des sympathischen Lehrers willen. Vom Lehrer, von der Lehrerin erwarten sie Sachkompetenz und dass ihr Selbstständigkeitsverlangen respektiert und herausfordert wird. Der Umgang mit den Schülern sollte partnerschaftlichere Züge erhalten.

Unterricht sollte, wo möglich, problemorientiert angelegt werden. Die Schülerinnen und Schüler müssen lernen, eigene Wege zur Lösung einer Frage zu erkunden, miteinander nach Antwort zu suchen, ihre eigene Meinung einzubringen, müssen aufgefordert werden, Stellung zu beziehen. Sie sollten argumentieren und diskutieren, Rede und Gegenrede zu führen lernen. Sie sind zu befähigen, Sprach-, Stil- und Formmerkmale eines Textes sowie dessen Strukturen und Funktionen zu erfassen.

Der Religionsunterricht behandelt Lebensfragen problemorientiert. Der Frage nach dem Tod wird nachgegangen, der Frage nach dem Gewissen, der Frage nach dem Glück und nach dem, was man für das Wichtigste im Leben hält. Neue Heilslehren und Okkultismus beschäftigen die Jugendlichen. Sie lernen zu unterscheiden zwischen Pseudo- und Quasi-Religion und Glauben als tragender Kraft des Lebens.

Die zehnte Klasse

Der leitende Gesichtspunkt dieser Stufe ist darin zu sehen, dass sie zur mittleren Reife führt. In Deutsch, der ersten Fremdsprache und Mathematik sind die Schüler auf zentral gestellte schriftliche Klausuren vorzubereiten. Es ist zu überprüfen, ob die Voraussetzungen zu erfolgreichem Besuch der Oberstufe gegeben sind.

Maßgeblich hierfür sind hinlänglich differenziertes Ausdrucks- und Argumentationsvermögen im sprachlichen Bereich, ausreichende Befähigung zu analytischer Durchdringung, kausallogischem Erfassen und formaloperatorischem Problemlösungsvermögen im mathematisch-naturwissenschaftlichen Bereich sowie die erforderliche Willenskraft zu zielstrebiger, kontinuierlicher Arbeit an ausgreifenden Projekten.

Der / die Jugendliche gewinnt an Festigkeit und Sicherheit. Gegenüber zielgerichteter Interessensbildung treten allmählich schwärmerische Züge zurück. Auch die Herausforderungen der Mittleren-Reife-Prüfung fördern Haltung und Einstellung, Aufgaben zielbewusst anzupacken. Fragen der Lebensplanung beginnen zu beschäftigen. Beziehungsprobleme bewegen sie sehr ernsthaft und leidenschaftlich. Die Jugendlichen erfahren: Es sind im Leben Entscheidungen zu treffen, für deren Folgen man persönlich einstehen muss.

Die Jugendlichen werden sich der Geschichtlichkeit von Normen bewusst. Das Gewissen als Instanz wird ihnen fraglich. Sie suchen verstärkt nach begründeter ethischer Orientierung, denken über Prinzipien der Lebensführung nach. Ihre Lebensperspektiven weiten sich. Die Frage nach dem Sinn des Lebens beschäftigt sie. Die Theodizeefrage treibt sie um, wird zur Zentralfrage der religiösen Reflexion. Jugendliche beginnen, sich ihre eigenen Gedanken zu machen über »Gott und die Welt«. Sie gewinnen Charakter, Konturen einer werdenden Persönlichkeit treten hervor.

Unterricht ist möglichst so zu gestalten, dass sich die Schüler ihrer Mitverantwortlichkeit für das Lerngeschehen bewusst werden. Sie sollten an der Unterrichtsplanung beteiligt werden. Sie sollten den Fortgang in Kenntnis der Gesamtkonzeption und Zielsetzung einer Unterrichtssequenz mitbedenken können. Sie sind als Informanten und Referenten heranzuziehen. Projektarbeit und handelndes Lernen sollten so viel als möglich zum Einsatz kommen.

Fragen der persönlichen Lebensführung und der sozialen Verantwortlichkeit nehmen im Religionsunterricht breiten Raum ein. Fragen religiöser Lebenssicht sind im Blickhorizont unterschiedlicher Sichtweisen zu erörtern.

Die elfte Klasse

Nun treten die Schülerinnen und Schüler in die Oberstufe des Gymnasiums ein. Sie sind vorzubereiten auf die Anforderungen wissenschaftlichen Arbeitens.

In ihrer persönlichen und intellektuellen Entwicklung sind sie so weit vorangekommen, dass sie wie junge Erwachsene angesprochen und beansprucht werden sollten.

In ihrem kognitiven Problemlösungsvermögen erlangen sie die Befähigung, auch komplexe Erscheinungen auf Allgemeinbegriffe zu bringen, fein differenzierte Strukturen, systemspezifische und systembildende Elemente zu erfassen, mit ihnen handelnd umzugehen, Strukturen auf wechselnden Bezugsfeldern zu rekonstruieren, Systeme zu bilden und Systeme auf ihre Stimmigkeit hin zu beurteilen.

Erörtert man mit ihnen Themen, die Werte oder Normen betreffen, so zeigt sich: Sie tun sich überwiegend noch schwer, konkrete Werturteile oder normative Entscheidungen aus der Perspektive allgemeiner Prinzipien oder ethischer Systematik zu reflektieren. Das wird man erst von Abiturienten erwarten. Man kann ihnen jedoch im Bereich der Gewissensorientierung und ethischen Urteilsbildung ein Reflexionsniveau zumuten, welches verlangt, Haltungen, Einstellungen und Handlungen im Kontext von Herkünften, religiösen und weltanschaulichen Bindungen und Lebensumständen zu analysieren und zu beurteilen oder eigene und andere Auffassungen sachlich miteinander zu vergleichen und konsequent Gründe ethischer Verantwortlichkeit zu bedenken. Diese Qualifikationen besitzen tragende Bedeutung, um Fragen von Verantwortung und Schuld erörtern zu können, sind also in Religionslehre einzubringen.

Was die Weltsicht der Schülerinnen und Schüler anlangt, so beginnt jetzt erst das Bemühen, Selbstsicht und Weltsicht aufeinander abzustimmen, also eine Weltanschauung aus subjektiver Perspektive zu reflektieren, konsequent nach dem Sinn des Lebens im Gang aller Dinge zu fragen, die Sinn stiftende Kraft von Symbolen zu reflektieren und unterschiedliche Lebensdeutungen vergleichend und beurteilend zu betrachten. Dies alles freilich erst in tastenden, von persönlichen Erfahrungen und vertrauenswürdigen Traditionen bestimmten Schritten, sicher noch nicht in Gestalt einer selbstständig gebildeten, geschlossenen Weltanschauung.

Im Unterricht der einzelnen Fächer zeigt sich der höhere intellektuelle Anspruch im Wesentlichen in zweierlei Hinsicht: zum einen in dem Gewicht, das der Einführung in den Umgang mit wissenschaftlichen Verfahrensweisen zukommt, zum anderen in der Zielsetzung, die geschichtliche Einbettung der Bildungsgehalte einsichtig zu machen und damit das historische Bewusstsein zu vertiefen.

Im Religionsunterricht lernen die Schülerinnen und Schüler Theologie als Wissenschaft am Beispiel der historisch-kritischen Auslegung biblischer Texte kennen. Historisch-kritische Analyse anderer Art wird angewandt, um Gründe für den Wandel ethischer Normen herauszufinden, und ethisches Problembewusstsein wird in Auseinandersetzung mit unterschiedlichen Normbegründungsmodellen entwickelt.

Kursstufe: Klassen 12 und 13

Die Schülerinnen und Schüler werden herausgefordert, ihre Befähigungen auf einem den Anforderungen des Universitätsstudiums angenäherten Niveau zu erproben. In der Gewichtung von Profil- und Neigungsfächern und in der Themenwahl ihrer Facharbeit bzw. im Seminarkurs oder beim Erbringen besonderer »Lernleistungen« nehmen sie Einfluss auf die Schwerpunktbildung. So erhalten sie Gelegenheit, Fragen einer ihren Neigungen und Begabungen entsprechenden Berufswahl abzuklären. Sie nehmen Bildungsplanung ein Stück weit in die eigene Hand.

In allen Bildungsgängen wird wissenschaftspropädeutisch gearbeitet. Der Informationsbeschaffung, dem Verständnis und der Auseinandersetzung mit wissenschaftlich qualifizierten Texten, der sachgemäßen Darlegung und Erörterung in klarer, fachgerechter Sprache, logischer Gliederung und zweckbezogener Form kommt fundamentale Bedeutung zu. Die Jugendlichen gewinnen in allen Fachbereichen ein vertieftes Verständnis für historische Bedingungen und Entwicklungen. Sie werden auf die vernetzten, fachgebundene Zugänge übergreifenden Bedingungsgefüge und deren vielfältige Wechselwirklungen, auf nichtlineare Vorgänge und exponentielle Entwicklungen aufmerksam. Die Fragen nach der verantwortlichen Weltgestaltung im Zeitalter der Verwissenschaftlichung und nach den Werten und Normen einer verantwortlichen persönlichen Lebensführung rücken ins Zentrum. Die jugendliche Persönlichkeit profiliert sich und gewinnt »Reife« in der Befähigung, prinzipiengeleitet Verantwortlichkeit wahrzunehmen.

Im Religionsunterricht erhalten die Schüler Einblick, wie Theologie als Wissenschaft ihre Sache in historisch-kritischer Untersuchung der biblischen Tradition, in Erforschung der Religionen in ihrer Geschichte und Gegenwart, in Auseinandersetzung mit den ideologischen Strömungen der Zeit und im Blick auf die Aufgaben der Lebensgestaltung in der verwissenschaftlichten Welt betreibt. Sie lernen mit ethischen Begründungsfiguren umzugehen. Sie erwerben hermeneutische Kompetenz und Urteilsfähigkeit in vergleichender Betrachtung von Religionen und Weltanschauungen und lernen ansatzweise, ihre eigene Welt- und Lebenssicht darzulegen und in Auseinandersetzung mit anderen Sichtweisen zu begründen.

→ Elementarisierung, → Fächerverbindender Unterricht, → Jugend und Religion, → Lehrplan, → Theorien religiöser Entwicklung

Zur Diskussion gestellt

- Vergleichen Sie eine Schulklasse, die Sie gerade unterrichten, mit der in diesem Artikel angebotenen Kurzcharakteristik. Welche Merkmale entdecken Sie wieder? Was möchten Sie ergänzen? In welcher Hinsicht sind Ihre Schülerinnen und Schüler anders?
- Von Reformpädagogen wurde das Unterrichten in altersgleichen Lerngruppen immer wieder auch in Frage gestellt. Könnten Sie sich vorstellen, in einer Schule zu unterrichten, die nach anderen Prinzipien organisiert ist als nach dem der Altersgleichheit? Welche Vorteile könnte eine solche Schule bieten? Welche Nachteile sehen Sie?

Literaturempfehlung

Helmut Fend, Entwicklungspsychologie des Jugendalters. Ein Lehrbuch für pädagogische und psychologische Berufe. Opladen, 2., durchgesehene Aufl. 2001. – Bernhard Grom, Religionspädagogische Psychologie des Kleinkind-, Schul- und Jugendalters. Düsseldorf, 5., vollständig überarbeitete Aufl. 2000. – Friedrich Schweitzer, Die Suche nach eigenem Glauben. Einführung in die Religionspädagogik des Jugendalters. Gütersloh, 2., durchgesehene Aufl. 1998.

Paul Erdmann

Ethikunterricht

Moral predigen ist leicht,
Moral begründen ist schwer. (*Arthur Schopenhauer*)

Ethik als Schulfach

Der Ethikunterricht ist erwachsen geworden. Ins Leben gerufen in den 70er Jahren, aufgewachsen in den 80er und 90er Jahren, kann er nun im beginnenden 21. Jahrhundert ins Schul-Leben entlassen werden.[1] Die Ethiklehrer der ersten Stunde waren pädagogische Pioniere. Das Entwerfen und Erproben eines Lehrplans, das Unterrichten mit selbst verfertigten Materialien, ständiges und stetiges Fort- und Weiterbilden in regionalen und überregionalen Tagungen erforderte einen ganz besonderen Einsatz.[2] Inzwischen ist an einigen Universitäten, zum Beispiel in Tübingen, der Lehramtsstudiengang Ethik / Philosophie eingerichtet, und in Kürze werden an unseren Schulen die ersten examinierten Ethiklehrerinnen und -lehrer unterrichten.

Der Ethikunterricht ist aus dem experimentellen Stadium herausgetreten und hat sich im Fächerkanon der Schule etabliert. Ethik wird in Baden-Württemberg als versetzungserhebliches Ersatzfach[3] für den Religionsunterricht vom 8. Schuljahr an unterrichtet, in der gymnasialen Oberstufe als zweistündiger Kurs und vierstündiges Neigungsfach, und kann als Prüfungsfach im schriftlichen und mündlichen Abitur gewählt werden.[4]

---

1 Schon anfangs der 70er Jahre wurde Ethik in Bayern und Rheinland-Pfalz als Ersatzfach für den Religionsunterricht eingeführt. In Baden-Württemberg setzte die Lehrplanarbeit 1977 ein, die reguläre Einführung erfolgte im Schuljahr 1984 / 85. Aktuelle Informationen zum Schulfach Ethik sind abgedruckt in: Lehren und Lernen 2 / 2001: »Thema Ethik«. Die vorliegenden Ausführungen gehen im Wesentlichen von der Situation am Gymnasium in Baden-Württemberg aus.

2 Lehrberechtigung für das Schulfach Ethik konnten und können sich bisher Lehrerinnen und Lehrer aller Fachrichtungen erwerben, vorausgesetzt sie sahen und sehen sich in der Lage, nach einer gewissen Einarbeitungszeit und nach einer Reihe von regionalen und zentralen Fortbildungstagungen die Inhalte des Lehrplans zu vermitteln. Die besten Voraussetzungen hatten und haben Lehrende, die Philosophie studiert oder sich unmittelbar oder mittelbar über die ethischen Aspekte ihrer Studienfächer hinaus intensiv mit praktischer Philosophie und ethischen Problemen auseinandergesetzt haben.

3 Der Charakter des »Ersatz«faches zeigt sich an zwei Aspekten: 1. Ethikunterricht muss verpflichtend besucht werden, sobald man eine Abmeldeerklärung vom Religionsunterricht abgibt oder nachweist, dass man keiner Religionsgemeinschaft angehört, die in der Schule Religionsunterricht anbietet. 2. Schüler, die den Religionsunterricht besuchen, sind zur Teilnahme am Ersatzunterricht nicht verpflichtet. Vgl. Gitta Werner, Ethik als Ersatzfach, in: Ethik und Unterricht 1 / 1999, S. 40f.

4 Erste Prüfungen in Ethik als 4. Prüfungsfach (mündlich): 1987; als 3. Prüfungsfach schriftlich: 2001. Zu der Aufwertung des Ethikunterrichts auf Grund eines Urteils des Bundesverwaltungsgerichts vgl. die Dokumentation dieses Urteils in: Ethik und Unterricht 1 / 1999.

Zur Didaktik des Faches

Ethik als nunmehr etabliertes Fach ist also vergleichbar mit vielen anderen Fächern – und doch gibt es einen wesentlichen Unterschied:

Seinem Bildungsauftrag nach soll der Ethikunterricht die Schülerinnen und Schüler zu einem verantwortungs- und wertbewussten Verhalten erziehen, und das setzt sowohl *theoretische Kenntnisse* als auch *ethische Bildung* voraus. Schülerinnen und Schüler sollen also im Ethikunterricht zu moralisch-ethischer Kompetenz erzogen werden.

Wie kann man aber Jugendliche dazu motivieren, sich sittliche Kompetenz zu erwerben? Kann man überhaupt Gerechtigkeit oder Toleranz lehren wie etwa englische Grammatik oder europäische Geschichte? Wie soll Ethikunterricht gestaltet werden, wenn er mehr sein soll als ein Lernfach? Wie lassen sich »Wissensfragen in Gewissensfragen« umsetzen? Denn »im Ethikunterricht geht es nicht nur um die Frage, wie man Kindern theoretisches Wissen vermittelt, sondern um die Einheit von Theorie und Praxis.«[5]

Die Didaktik des Faches Ethik beruht auf einem pragmatischen Ansatz: Ausgehend von alltäglichen Lebenserfahrungen und Dilemmasituationen werden im Diskurs ethische Handlungsweisen aufgezeigt und eingeübt. In einer ersten Stufe wird das Handlungswissen der Schülerinnen und Schüler, ihr Vorverständnis von Moral, normativ reflektiert, d. h. kritisch analysiert und interpretiert. In einer zweiten Stufe geht es um Begründung und Rechtfertigung. Hier werden Argumentationsweisen und Begründungsansätze vermittelt, zum Beispiel die Goldene Regel, der Kategorische Imperativ, das Universalisierungsprinzip.

Aus diesen beiden Stufen entwickelt sich idealerweise die dritte, die Erarbeitung eines aufgeklärten, ethisch orientierten Handlungswissens, das sittliche Kompetenz, Verantwortungsbewusstsein und – im Idealfall – moralisches Engagement beinhaltet.

Standort des Ethikunterrichts

Ausgangsebene: Unreflektiertes moralisches Handlungswissen
1. Stufe: Normative Reflexion → Orientierungswissen
2. Stufe: Vermittlung von Begründungsansätzen → Begründungswissen
3. Stufe: Aufgeklärtes, ethisch orientiertes Handlungswissen

Wie lässt sich Ethik, wie lässt sich Moralität überhaupt ethisch begründen? Womit begründet der Ethikunterricht die Lehre vom rechten Handeln?

Ein schon vorhandenes sittliches Bewusstsein, eine gelebte Moral, wie das Handlungswissen, wird aufgeklärt über sich selbst. Im Ethikunterricht wird vermittelt, dass moralisch-ethisches Handeln nicht nur eine Sache persönlicher Gefühle oder willkürlicher Entscheidung ist, auch nicht einfach auf Gebote einer religiösen Instanz zurückgeführt, sondern allein auf aus der Autonomie gewonnene moralische Handlungsnormen gegründet werden kann.[6] »Sittliche Gebote oder

5 Ferdinand Fellmann, Die Angst des Ethiklehrers vor der Klasse. Stuttgart 2000, S. 10.
6 Vgl. Annemarie Pieper, Einführung in die Ethik. Grundformen moralischer und ethischer Argumentation. Tübingen 2000, S. 156ff.

Verbote sind objektiv, notwendig und allgemein (für jedes Vernunftwesen) gültig. Sie haben ihren Ursprung in der Selbstbestimmung des Willens. ... Das Kriterium für die Autonomie eines Handelns ist die Verallgemeinerbarkeit der Maxime, der das Handeln folgt.«[7]

Inhalte und Methoden

Die *Themenfelder* des Ethikunterrichts lassen sich in Lernschwerpunkte aufgliedern, die im Prinzip für alle Klassenstufen relevant sind:

1. Das Ich im Kontext verschiedener Beziehungen
2. Soziale Strukturen und Prozesse
3. Sinndeutung und Lebensorientierung
4. Theorie und Praxis der Moralität.

In Lehrplanthemen wie »Sich selbst finden: Ich und die anderen« oder »Liebe, Ehe, Familie« wird der erste Lernschwerpunkt bearbeitet, in Themen wie »Lebensgestaltung und Verantwortung«, »Arbeitswelt und Berufsleben« der zweite und dritte Lernschwerpunkt.

In den höheren Klassen vermittelt der Ethikunterricht Kenntnisse wichtiger philosophischer Deutungen des Menschen und der Welt. Eine Einführung in zentrale Ansätze praktischer Philosophie (z. B. Aristoteles, Kant, Utilitarismus, Diskursethik, Verantwortungsethik) ist Voraussetzung für ein aufgeklärtes, ethisch orientiertes Handlungswissen. Neben den Grundfragen philosophischer Ethik werden Themen erarbeitet wie »Freiheit und Determination« oder »Recht und Gerechtigkeit«. Fragen der angewandten Ethik werden im Zusammenhang mit den Themen »Natur und Mensch« und »Technik, Wissenschaft und Verantwortung« behandelt. Auf allen Klassenstufen werden religionskundliche und religionswissenschaftliche Aspekte thematisiert und diskutiert.[8]

Für den Ethikunterricht haben sich bestimmte *Methoden* als besonders geeignet erwiesen.

Zunächst ist es das *moralische Argumentieren*, die zentrale formale Kompetenz und Schlüsselqualifikation des Ethikunterrichts. Elementare Formen des Argumentierens lassen sich in allen Klassenstufen angemessen realisieren. Am Beispiel hypothetischer Dilemmata oder selbst erlebter Konfliktsituationen aus der Alltagserfahrung der Jugendlichen werden Diskussionen geführt.[9] Dabei sollte auf die Einübung und Pflege verschiedener Gesprächsformen, wie Rundgespräch und Debatte, geachtet werden.

Das Verfahren der *Wertklärung*[10], zum Beispiel mittels Fragebogen oder Interview, hat zum Ziel, in einer Situation der Orientierungslosigkeit einen Entschei-

---

7 Otfried Höffe u. a. (Hg.), Lexikon der Ethik. München 2002, S. 23.

8 Vgl. Heinz Schmidt, Didaktik des Ethikunterrichts, Band II. Stuttgart 1983, S. 30ff.

9 Vgl. Fritz Oser / Wolfgang Althoff, Moralische Selbstbestimmung. Modelle der Entwicklung und Erziehung im Wertebereich. Ein Lehrbuch. Stuttgart, 2. Aufl. 1994, S. 105ff.

10 Vgl. Lutz Mauermann / Erich Weber (Hg.), Der Erziehungsauftrag der Schule. Beiträge zur Theorie und Praxis moralischer Erziehung unter besonderer Berücksichtigung der Wertorientierung im Unterricht. Donauwörth 1978.

dungsprozess zu ermöglichen, ohne das Ergebnis vorwegzubestimmen, also zu einer autonomen Entscheidungsfindung anzuleiten. Bei sozialen Interaktionen, wie dem *Perspektivenwechsel*, geht es vor allem darum, einen anderen Standpunkt wahrzunehmen, zum Beispiel in Rollenspielen, sich in eine andere Person hineinzuversetzen[11], um so zu einem vertieften Verständnis von Toleranz zu kommen.

Die *Arbeit mit Texten*, meist philosophischen, ist zentrale Aufgabe des Oberstufenunterrichts. Entscheidend ist dabei zunächst die Vermittlung von Lesetechniken und Methoden der Präsentation von Texten, z. B. in Form von Strukturskizzen. Die Schüler werden darüber hinaus auch angeleitet, selbst Texte zu verfassen, nicht nur Interpretationstexte, sondern auch eigenständige Texte zu Themen des Ethikunterrichts.

Religions- und Ethikunterricht

Dass Religionslehrer und Ethiklehrer in einem Boot sitzen, kann man im Schulalltag an vielen Beispielen erkennen. Sie vertreten an den Schulen eine Fächergruppe, die sich um die ethisch-moralische Erziehung der Schülerinnen bemüht. Das gemeinsame Ziel dieser Fächergruppe ist, die normative Begründung moralischen Handelns zu vermitteln. Dabei ist im Religionsunterricht das christliche Selbstverständnis Fundament der Moralität, im Ethikunterricht, der ohne den Gottesbegriff als oberstes Prinzip auskommen muss, können die Freiheit bzw. die Autonomie als ethische Letztprinzipien bezeichnet werden. Beiden Fächern geht es auch um die »Möglichkeiten sinnvollen Lebens in zwischenmenschlicher und mitkreatürlicher Verantwortung«, ... um »ein umfassendes Verständnis von Mensch und Leben«.[12]

Die Kooperation zwischen Ethiklehrerinnen und -lehrern und Religionslehrerinnen und -lehrern wird bereits an vielen Schulen praktiziert. Es gibt nicht nur einen gemeinsamen Ansatz, gemeinsame Themen und Methoden, sondern eine Fülle von Unterrichtsideen zu immer neuen aktuellen Themen. Inzwischen werden mancherorts gemeinsame Fortbildungstagungen für die Fächergruppe Ethik / Religion durchgeführt, so zum Beispiel zu den Themen »Glück« oder »Menschenrechte«. »Der Ernst der Herausforderungen für beide Fächer verträgt auch keine aufgeregten Reaktionen und gegenseitigen Zurechtsetzungen. ... Unter dem Gewicht der bedrängenden ethischen Orientierungsprobleme wie der Bedeutung der religiösen Fragen sind Konkurrenzängste fehl am Platze und Rangzuweisungen fatal«.[13]

---

11 Das unter dem Titel »Lifeline« bekannt gewordene englische Projekt moralischer Erziehung, das als Ziel hatte, Jungen und Mädchen zu einem guten Leben zu verhelfen, gutes Leben in dem Sinn, dass sie lernen, sich für und um ihr Handeln Gedanken zu machen sowie wählen und entscheiden zu können, arbeitete u. a. mit Bildkarten, zum Beispiel zu dem Thema »In other people's shoes« (In anderer Leute Haut), zu denen Rollenspiele und Gruppendiskussionen durchgeführt wurden. Vgl. Josef Fellsches, Moralische Erziehung als politische Bildung. Heidelberg 1977, S. 205f.

12 Heinz Schmidt, Ethische Erziehung als fächerübergreifende und fächerverbindende Aufgabe, in: Gottfried Adam / Friedrich Schweitzer (Hg.), Ethisch erziehen in der Schule. Göttingen 1996, S. 313–331; dort S. 327.

13 Karl Ernst Nipkow, Ethik und Religion in der Schule in den Krisen der Moderne, in: Alfred Treml (Hg.), Ethik macht Schule! Moralische Kommunikation in Schule und Unterricht. edition ethik kontrovers 2. Frankfurt / M. 1994, S. 16.

Für die Schule der Zukunft, eine Schule in der pluralistischen Gesellschaft, wäre es sicher ein Gewinn, wenn die Vertreter der Fächergruppe Ethik / Religion es sich zur gemeinsamen Aufgabe machten, die Schülerinnen und Schüler zu moralisch mündigen, selbstbestimmten Erwachsenen zu erziehen, die fähig sind zu sozialer und ökologischer Verantwortung.

→ *Bildung,* → *Ethische Themen,* → *Konzeptionen des Evangelischen Religionsunterrichts,* → *Konzeptionen des Katholischen Religionsunterrichts,* → *Lebensgestaltung – Ethik – Religionskunde,* → *Methoden,* → *Texte*

Zur Diskussion gestellt

- Studieren Sie den aktuellen Ethik-Lehrplan, entdecken Sie Berührungspunkte zwischen Religions- und Ethikunterricht und entwerfen Sie eine gemeinsame Unterrichtssequenz.
- Organisieren Sie gegenseitige Unterrichtsbesuche bei Themen, die Religions- und Ethikunterricht gemeinsam betreffen, z. B. religionswissenschaftliche Themen des Ethikunterrichts der Sekundarstufe I und philosophische Themen der Sekundarstufe II.
- Planen Sie gemeinsam mit den Ethikkollegen und -kolleginnen einen Projekttag zum Thema »Technik, Wissenschaft und Verantwortung«, etwa mit Fallbeispielen aus dem Bereich Reproduktionsmedizin (Lebensanfang) oder Sterbehilfe (Lebensende).

Literaturempfehlung

Otfried Höffe u. a. (Hg.), Lexikon der Ethik. München, 6., neu bearbeitete Aufl. 2002. – Projekt Leben. Ethik für die Oberstufe. Leipzig 2001. – Leben leben. Ethik 5 / 6; 7 / 8; 9 / 10, Leipzig 1997ff (mit Lehrerhandbüchern). – Heiner Hastedt / Ekkehard Martens (Hg.), Ethik. Ein Grundkurs. Hamburg 1994. – Annemarie Pieper, Einführung in die Ethik. Tübingen, 4., aktualisierte Aufl. 2000. – Ethik und Unterricht. Die Zeitschrift für die Fächergruppe Ethik / Werte und Normen / Praktische Philosophie / LER. – Zeitschrift für Didaktik der Philosophie und Ethik.

Margarete Knödler-Pasch

Fächerverbindender Unterricht

Die zunehmende Verankerung des fächerverbindenden Unterrichts in Schulpraxis und Lehrplänen steht im Zusammenhang mit einer Kritik des Unterrichts in isolierten Fächern. Schule und Unterricht sollen – so wird argumentiert – die Schülerinnen und Schüler zum Wahrnehmen und Erkennen der Phänomene der Wirklichkeit hinführen und dürfen deshalb nicht einfach die Ergebnisse einzelwissenschaftlicher Forschung zum Ausgangspunkt nehmen. Der Fachunterricht könne den Schülern die Komplexität der Wirklichkeit nicht deutlich machen; er führe ihnen nur Einzelerkenntnisse vor, ohne ihnen Hilfen für deren Verknüpfung zu bieten. Dagegen solle die Schule stärkeres Gewicht auf die Vermittlung von Schlüsselqualifikationen legen, die für die Gestaltung und Bewältigung der Lebenswelt wichtig sind und sich nicht automatisch aus dem fachlichen Lernen ergeben. Diese Schlüsselqualifikationen beziehen sich auf die Fähigkeit bzw. Kompetenz, Verantwortung zu übernehmen und ethische Entscheidungen zu treffen (z. B. Umweltethik), auf die Fähigkeit, zusammenzuarbeiten und zu kommunizieren (z. B. Teamarbeit), auf die Fähigkeit, sich Methoden anzueignen, mit denen Informationen erarbeitet und Problemlösungen erprobt werden können (Methodenkompetenz). Dem Fachunterricht wird weiterhin vorgeworfen, er sei kopflastig und berücksichtige die Bedürfnisse und Lebensinteressen von Kindern und Jugendlichen nicht.

Andererseits darf nicht übersehen werden, dass fächerverbindender Unterricht bleibend auf den Fachunterricht angewiesen ist, genauso wie Interdisziplinarität immer der Disziplinen bedarf. Zur Fachkompetenz gehörte schon immer das Erkennen fachlicher Grenzen, und Bildung war von ihrem Anspruch her stets mehr als die Anhäufung von Fachwissen. Die Vernachlässigung fachwissenschaftlicher Erkenntnis könnte zu einem oberflächlichen Dilettieren führen. Will der fächerverbindende Unterricht diese Gefahr vermeiden, darf er die Schüler nicht unterfordern und muss darauf achten, dass sein Niveau der Strukturbildung und des Aufbaus von Weltbildern nicht hinter dem des Fachunterrichts zurückbleibt.[1] Im fächerverbindenden Unterricht sollen die Schüler gerade die Bedeutsamkeit und Begrenztheit der jeweiligen Fachperspektive erkennen. Dabei ist jedes Fach in seinem Proprium gefordert. Der Religionsunterricht hat im fächerverbindenden Unterricht die Chance, seinen notwendigen Beitrag für eine zeitgemäße Bildung aufzuweisen und einer möglichen Isolation von anderen Fächern entgegenzuarbeiten. Sein Beitrag könnte darin bestehen, einen Horizont offen zu halten, zu zeigen, dass die Wirklichkeit von Mensch und Welt nicht in ihrem bloßen Vorhandensein aufgeht, dass Natur und Mensch eine Würde und Bestimmung haben, die sich nicht in Nützlichkeit und Verwertbarkeit erschöpfen darf. Dabei ist es wichtig, auf die Erwartungen der Vertreter anderer Fächer an den Religionsunterricht zu hören. Diese erwarten häufig Beiträge, die die Kenntnis und das Verständnis christlicher Tradition als Element kultureller Identität fördern, weiterhin Bibelkenntnis und biblische Hermeneutik als Grundlage der sachgemäßen Deutung biblischer Texte.

---

1 Klaus Moegling, Fächerübergreifender Unterricht – Wege ganzheitlichen Lernens in der Schule. Bad Heilbrunn 1988, S. 33.

Der fächerverbindende Unterricht stellt also in seiner Orientierung an Ganzheitlichkeit ein mittleres Prinzip dar, das versucht, den Unterricht zwischen fachlicher und nicht-fachlicher Anbindung zu organisieren. Wilhelm H. Peterßen verdeutlicht dies mit Hegels Begriff des Aufhebens: »Den Fachunterricht aufzuheben, verlangt zum einen, seine Vorteile zu bewahren, sie beizubehalten, zum anderen, seine Nachteile zu überwinden, ihn an solchen Stellen zu verändern.«[2] Wenn von ganzheitlichen Lernprozessen im fächerverbindenden Unterricht die Rede ist, sollte man sorgfältig unterscheiden, in welcher Bedeutung der Begriff »ganzheitlich« verwendet wird, damit Schüler und Lehrer nicht einer Mogelpackung aufsitzen.[3] Bezieht sich Ganzheitlichkeit auf das Ganze der Welt, das mehr ist als die Summe seiner Teile? Oder hat man die Schüler im Blick, die mit allen Sinnen, nicht nur mit dem Kopf, sondern auch mit Herz und Hand lernen sollen?

Tendenziell ist die Orientierung am lernenden Subjekt stärker im Projektunterricht verwirklicht. Hier haben die Schülerinnen bei der Auswahl der Themen und der Planung des Vorhabens gleichberechtigt und eigenverantwortlich Anteil. Auch steht im Projektunterricht die Handlungs- und Produktorientierung stärker im Vordergrund. Dagegen orientiert sich der fächerverbindende Unterricht tendenziell eher am zu lernenden Objekt, das den Schülern im Leben als Ganzheit gegenübertritt und in seiner Komplexität wahrgenommen werden soll. Die Planung liegt stärker in der Verantwortung einer Gruppe von Fachkolleginnen und -kollegen und ist auf eine Lerngruppe innerhalb der üblichen Organisationsform der Schule bezogen.[4] Das Überschreiten von fachmethodisch definierten Perspektiven erfordert Behutsamkeit, da in der pluralen Gesellschaft kein geschlossenenes Weltbild mehr vorliegt, das von allen respektiert wird. Es besteht die Gefahr, dass eine einzelne Fachperspektive unkritisch als ganzheitlich ausgegeben wird oder dass von einer esoterischen Lehre her eine Ganzheitlichkeits-Illusion entwickelt wird.

Die Terminologie für die verschiedenen Formen fächerverbindenden Unterrichtens ist nicht einheitlich.[5] Es liegt nahe, im fächerverbindenden Lernen gegenüber dem fächerübergreifenden Lernen die anspruchsvollere und stärker auf Integration angelegte Form zu sehen. Doch auch beim fächerübergreifenden Lernen sollten nicht nur – ausgehend von der simplen Frage: Was kann das Fach X zum Thema Y beitragen? – Einzelelemente assoziativ und additiv kombiniert werden. Im Regelfall wird beim fächerübergreifenden Lernen in einem Leitfach ein Thema zentral bearbeitet und entweder zeitgleich oder zeitlich versetzt in themenaffinen Fächern mitbehandelt. Team-Teaching kann die Möglichkeit eröffnen, dass die Schüler nicht nur die Perspektivität und Pluralität von Wissen, sondern auch ihre Fachlehrerinnen

2 Wilhelm H. Peterßen, Kleines Methoden-Lexikon. München 1999, S. 87.

3 Vgl. Peter J. Benner, Zauberformel oder Mogelpackung? »Interdisziplinarität« in Wissenschaft und Unterricht, in: Seminar – Lehrerbildung und Schule 4 / 1996, S. 6–18.

4 Zur Unterscheidung zwischen Projektunterricht und fächerverbindendem Unterricht vgl. Angelika Wolters, Projekt- und Fächerverbindender Unterricht, in: Gislinde Bovet / Volker Huwendiek, Leitfaden Schulpraxis. Berlin, 3. Aufl. 2000, S. 92–101; vergleichende Übersicht auf S. 117. – Ein auf den Religionsunterricht bezogener Systematisierungsversuch von Michael Linke findet sich in: Harry Noormann u. a. (Hg.), Ökumenisches Arbeitsbuch Religionspädagogik. Berlin / Köln 2000, S. 260–266.

5 Vgl. z. B. Klaus Moegling, a. a. O., S. 57–60; Wilhelm H. Peterßen, a. a. O., S. 84; Angelika Wolters, a. a. O., S. 98.

und Fachlehrer als kooperierende Experten erfahren. Im Idealfall werden die Schülerinnen und Schüler in eine Form sozialen Lernens verwickelt, in der Wissen kooperativ mitgeteilt und in einen Lebenszusammenhang eingebracht wird. Der fächerverbindende Unterricht soll mehrere Fächer, auf ein Thema bezogen und von einer pädagogischen, schülerorientierten Zielsetzung her begründet, integrieren. Die handlungsorientierte Erschließung und Bewältigung lebensweltbezogener Problemfelder, verbunden mit einer entsprechenden Auswahl von Methoden (exemplarisches Lernen, schülerorientierte Methoden, szenische Interpretation, Lernen über empirisches Forschen u. a.), spielen eine stärkere Rolle und der Anspruch auf Ganzheitlichkeit ist entsprechend höher. Dies setzt eine sorgfältige Planung der Kollegengruppe, die mit der Zielvereinbarung beginnen muss, voraus.[6]

Die praktischen und organisatorischen Schwierigkeiten, auf die der fächerverbindende Unterricht, gerade vom Religionsunterricht her gesehen, im Schulalltag stößt, dürfen nicht übersehen werden: Einhaltung eines Zeitplans trotz Klassenarbeiten, Ausflügen, unerwarteter Stundenausfälle; Probleme bei der Umstrukturierung des Stundenplans, wenn Team-Teaching möglich oder ein zusammenhängender Zeitraum für den fächerverbindenden Unterricht vorhanden sein soll; Koordination von evangelischer Religionslehre, katholischer Religionslehre und Ethikunterricht, daraus resultierend oft die Notwendigkeit, mehrere Klassen oder die ganze Klassenstufe zusammenzufassen; vorgeschriebene Zahl von Klassenarbeiten und Pflichtthemen in den jeweiligen Klassen. Der Religionsunterricht ist in der Praxis häufig als Partner im fächerverbindenden Unterricht angefragt. Um so sorgfältiger muss der Religionslehrer seine Mitwirkung bedenken, wenn das Vorhaben erfolgreich verwirklicht werden soll. Abschließend einige Beispiele für Themenbereiche, zu denen das Fach Religion Beiträge leisten kann bzw. als Leitfach fungieren kann:

- Die literarische bzw. künstlerische Rezeption biblischer Texte oder Gestalten (exemplarisch)
- Projekt Weltethos
- Islam
- Juden in Deutschland
- Christen im frühen Rom
- Zeit – zwischen Augenblick und Ewigkeit
- Alte und neue Mythen
- Gesundheitserziehung / Drogenprophylaxe.

→ *Bildung*, → *Ganzheitlichkeit*, → *Methoden*, → *Projektunterricht*

6 Eine Übersicht über die Phasen des Planungs- und Vorbereitungsprozesses und ein Unterrichtsbeispiel finden sich bei Wilhelm H. Peterßen, a. a. O, S. 89–92; vgl. auch Angelika Wolters, a. a. O., S. 107ff.

Zur Diskussion gestellt

- Suchen Sie das Gespräch mit Kolleginnen und Kollegen, die andere Fächer vertreten, und fragen Sie sie, welchen spezifischen Unterrichtsbeitrag sie sich in der Schule vom Fach Religion erhoffen.
- Überlegen Sie, welche Inhalte des Religionsunterrichts eine interdisziplinäre Ergänzung von anderen Fachperspektiven her erfordern. Nehmen Sie anhand eines konkreten Unterrichtsvorhabens dazu mit Kolleginnen und Kollegen Kontakt auf (z. B. zum Thema »Glaube und Naturwissenschaft«).
- Versuchen Sie sich in die Perspektive von Schülern zu versetzen und sprechen Sie mit Schülerinnen und Schülern, um Einblick in ihre Sichtweise von Phänomenen und Problemstellungen zu bekommen.

Literaturempfehlung

Veit-Jakobus Dieterich, Fächerübergreifender Unterricht, in: Jahrbuch der Religionspädagogik 18 (2002), S. 193–204. – Reinhard Golecki (Hg.), Fächerverbindender Unterricht auf der gymnasialen Oberstufe. Bad Heilbrunn 1999. – Seminar – Lehrerbildung und Schule 4 / 1997: Fächerübergreifendes Arbeiten in der Schule und im Seminar. – Wilhelm H. Peterßen, Fächerverbindender Unterricht. München 2000.

Eberhard Schwefel

Ganzheitlichkeit

Der Wunsch nach möglichst »ganzheitlichen« Lernvorgängen ist nicht neu. Schon Comenius wollte »alle alles allseitig (omnes omnia omnino)«[1] lehren, Pestalozzis Dreiklang vom Lernen mit »Kopf, Herz und Hand«[2] gehört sicherlich zu den am häufigsten zitierten pädägogischen Formeln, und die allermeisten »ganzheitlichen« Ansätze, die in der Schulpädagogik der letzten Jahrzehnte neu entdeckt wurden, sind in der Reformpädagogik zu Beginn des 20. Jahrhunderts bereits erprobt und diskutiert worden.[3]

Überlegt man, aus welchen Motiven sich das Bemühen um Ganzheitlichkeit speist, so geht es zunächst um die zwar nahe liegende, gerade aber auch im gymnasialen Unterricht immer wieder vernachlässigte Einsicht, dass Lernprozesse umso nachhaltiger und effektiver ablaufen, je stärker der Schülerin und dem Schüler auch affektiv besetzte und handlungsbezogene Zugänge zum Lerngegenstand ermöglicht werden. Auf diesem Hintergrund tritt neben die bleibende Notwendigkeit, einen Lernstoff unter sachlich-kognitiven Gesichtspunkten aufzubereiten, zu Recht die Forderung nach Schülerorientierung, Erfahrungsorientierung und praktischem Lernen. Im Schulalltag führte dies in der jüngsten Vergangenheit zum einen zu einer deutlichen Erweiterung des Methodenspektrums, zum anderen wurde unter dem Aspekt der Schulentwicklung auch immer wieder der Ruf nach einer Öffnung der Schule und einer Umgestaltung der Schule zu einem »Haus des Lernens«[4] erörtert.

Der Wunsch nach Ganzheitlichkeit erweist sich dabei als ein typisch »modernes« Phänomen. Je ausdifferenzierter und funktionaler die gesellschaftlichen Abläufe organisiert sind, desto drängender wird für das Individuum die Notwendigkeit, sein Leben als »Ganzes« in den Griff zu bekommen, divergierende Aspekte der Lebenswirklichkeit in die eigene Biographie zu integrieren und dabei nicht nur Verstand, Gefühl und Sinnlichkeit, sondern auch gesellschaftlich Disparates zu synthetisieren. Da sowohl die sich wandelnden Familienstrukturen als auch die Sozialisation durch die Massenmedien »ganzheitliche« und integrative Erfahrungen nicht unbedingt erleichtern, stellen sich für die Schule ganze neue, noch kaum gelöste Probleme und Aufgaben.

Ist das Bemühen um »Ganzheitlichkeit« also insgesamt durchaus positiv zu werten, so darf allerdings nicht übersehen werden, dass dieser Begriff auch eine ganze Reihe von Problemen mit sich bringt: Zum einen ist gerade auch aus religionspädagogischer Sicht zu fragen, ob zahlreiche »ganzheitliche« Methoden nicht kleine

---

1 Johann Amos Comenius, Pampaedia – Allerziehung. In deutscher Übersetzung hg. von Klaus Schaller. Sankt Augustin 1991.

2 Vgl. hierzu: Fritz Osterwalder, »Kopf Herz Hand« – Slogan oder Argument? In: Jürgen Oelkers / Fritz Osterwalder (Hg.), Pestalozzi – Umfeld und Rezeption. Studien zur Historisierung einer Legende. Weinheim / Basel 1995, S. 338–371.

3 Vgl. dazu als preisgünstige Einführung: Andreas Flitner, Reform der Erziehung. Impulse des 20. Jahrhunderts. München / Zürich, erweiterte Neuausgabe 1999. Zum Thema »Ganzheitlichkeit« dort bes. S. 234ff.

4 Vgl. Bildungskommission Nordrhein-Westfalen, Zukunft der Bildung – Schule der Zukunft. Neuwied / Kriftel / Berlin 1995.

Gruppengrößen, freiwillige Teilnahme sowie zeitliche und räumliche Bedingungen voraussetzen, die zwar in der kirchlichen Erwachsenenbildung und Jugendarbeit oft gegeben sein mögen, im Schulalltag aber keineswegs zur Normalität gehören. Die Unterschiede zwischen Unterricht an einer öffentlichen Schule und kirchlicher Katechese müssen klar gesehen werden.

Weiterhin wäre aber zu überlegen, inwieweit Schule überhaupt Anspruch auf »Ganzheitlichkeit« erheben kann und darf. Zwar sollen Pädagoginnen und Pädagogen Kindern und Jugendlichen als »ganzen« Subjekten und nicht nur als Trägerinnen und Trägern von Rollen oder gar als Objekten der Belehrung gegenübertreten, andererseits beinhalten »ganzheitliche« Methoden – gerade auch bei nichtprofessioneller Handhabung – eine unübersehbare Gefahr der ideologischen Vereinnahmung und Manipulation. Hierbei ist zu bedenken, dass der Begriff der »Ganzheitlichkeit« in seiner Geschichte häufig nicht nur unscharf und romantisierend, sondern auch in faschistoiden und totalitären Kontexten benutzt werden konnte. Nicht nur die Reformpädagogik zu Beginn des 20. Jahrhunderts, auch die Pädagogik der Hitlerjugend wollte »ganzheitlich« sein. Aus der Perspektive christlicher Anthropologie kann menschliches Leben – zumindest auf Erden – immer nur als ein Leben in fragmentarischer Identität beschrieben werden.[5]

→ Bilder, → Bildung, → Bibliodrama / Szenisches Spiel, → Fächerverbindender Unterricht, → Gestaltpädagogik, → Meditative Unterrichtsformen, → Musik, → Projektunterricht, → Spiele, → Symboldidaktik

Zur Diskussion gestellt

- Berichten Sie von Lernsituationen, die Sie als Schülerin oder Schüler als zu wenig »ganzheitlich« erlebt haben.
- Berichten Sie von einer Lernsituation, die Sie als Teilnehmerin oder Teilnehmer in angenehmer Weise als »ganzheitlich« erlebt haben.
- Berichten Sie von einer Lernsituation, die Sie als Lernende oder Lernender in unangenehmer Weise als *zu* »ganzheitlich« oder als nicht stimmig erlebt haben.
- Tauschen Sie sich sich über Ihre Bildungs- und Erziehungsziele als Religionslehrerin und Religionslehrer aus. Von welchem Menschenbild gehen Sie aus? Welches Menschenbild lehnen Sie ab? Versuchen Sie eine theologische Begründung.

Literaturempfehlung

Ludwig Rendle u. a., Ganzheitliche Methoden im Religionsunterricht. Ein Praxisbuch. München, 4. Aufl. 2000. – Ludwig Duncker, »Handgreiflich« – »Ganzheitlich« – »Praktisch«. Grundfragen handelnden Lernens in der Schule, in: Neue Sammlung 1989, S. 59–75.

Peter Kliemann

5 Vgl. hierzu Henning Luther, Identität und Fragment. Praktisch-theologische Überlegungen zur Unabschließbarkeit von Bildungsprozessen, in: Theologia Practica 1985, S. 317–338; in erweiterter Fassung wieder abgedruckt in: Henning Luther, Religion und Alltag. Bausteine zu einer Praktischen Theologie des Subjekts. Stuttgart 1992, S. 160–182.

Jugend und Religion

»Insgesamt haben wir eine Entwicklung hinter uns, die den (christlichen) Kirchen wenig Chancen belässt, unter den derzeitigen Bedingungen und in den bisherigen Formen Einfluss auf die junge Generation zu gewinnen.« So lautet eine der zentralen Thesen der von der Deutschen Shell AG herausgegebenen Jugendstudie 2000. Vor allem in konservativ-kirchlichen Kreisen werden solche Befunde gerne vorschnell in ein Dekadenzschema gesellschaftlicher Entwicklungen eingestellt, was umgekehrt zu einer Verklärung früherer Verhältnisse führen kann. Der Blick heutiger Jugendpsychologen und -forscher hat sich hingegen von solchen die Vergangenheit idealisierenden Fesseln befreit. Die empirisch bestimmte Forschung heftet ihr Interesse an die tatsächlichen Handlungsweisen, Einstellungen und Selbsteinschätzungen von Jugendlichen. Allerdings stößt hier jede Empirie an Grenzen, betrachtet sie doch den Gegenstand ihrer Untersuchung, die jeweiligen jugendlichen Milieus und Individuen, immer nur von außen und mit den interpretatorischen Werkzeugen, die einer Erwachsenenkultur entnommen werden.

Neben pessimistisch klingenden Wahrnehmungen gibt es allerdings auch positive Signale. So attestiert z. B. Gerhard Schmidtchen ausgerechnet den ostdeutschen Jugendlichen der Nachwendezeit: »Was mich am meisten beeindruckt, ist die Moralsehnsucht junger Menschen, die Lauterkeit des Strebens nach persönlicher Ehrlichkeit, der durchgängige Wunsch, in der Entwicklung der eigenen Persönlichkeit den Sinn des Lebens zu finden.«[1] Beobachtungen aus dem binnenkirchlichen Raum, wie sie etwa bei Katholiken- und Kirchentagen gemacht werden, scheinen für traditionelle religiöse Trends sehr viele Entwicklungsmöglichkeiten zu bieten, was manche Kirchenoberen zunächst einmal zu beruhigen scheint. Andere hochrangige Vertreter der Kirchen reagieren eher selbstkritisch, wie z. B. Präses Manfred Kock, der in seiner Osterbotschaft 2000, unmittelbar nach Erscheinen der neuen Shell-Studie, die Frage stellte, »wie es mit unserer, der Erwachsenen, Fähigkeit bestellt ist, den Glauben weiterzugeben«. Ob und inwieweit allerdings eine solche sicher notwendige und gut gemeinte Aufforderung zur Selbstkritik ausreicht, das Schwinden kirchlicher Einflussnahme auf junge Menschen zu erklären, kann fraglich erscheinen. Doch lassen sich Religiosität und Kirchlichkeit ohnehin nicht mehr in Deckung bringen, so dass es zunächst einer präziseren Definition dessen bedarf, worin die Religiosität von Jugendlichen im Kern eigentlich besteht.

Dabei sind Fragen von entscheidender Bedeutung, von welchem Vorverständnis von Religiosität dabei ausgegangen wird, ob z. B. Religiosität von Kindern und Jugendlichen qualitativ anders zu verstehen ist als diejenige von Erwachsenen oder ob es sich beim Übergang ins Ewachsenendasein lediglich um quantitative Verschiebungen handelt, des Weiteren, ob sich die Bestimmung von Religiosität eher an der Erhebung von mehr oder weniger religiöser Alltagspraxis messen lassen soll oder ob ein Entwicklungsmodell analog der allgemeinen entwicklungspsychologischen Er-

1 Gerhard Schmidtchen, Wie weit ist der Weg nach Deutschland? Sozialpsychologie der Jugend in der postsozialistischen Welt. Opladen 1997, S. 33.

kenntnisse zu Grunde gelegt werden soll. Nicht weniger bedeutsam ist die Frage nach den empirischen Methoden, mit denen gearbeitet wird.

Als Orientierung für diese Fragestellungen sollen im Folgenden ein evangelischer und ein katholischer Religionspädagoge den Leitfaden liefern. Daran schließt sich eine knappe Darstellung der religionspädagogisch relevanten Ergebnisse der Shell-Studie des Jahres 2000 an.

Friedrich Schweitzer

»Gibt es eine Religion des Kindes- und Jugendalters?« Friedrich Schweitzer stellte diese Frage in seinem 1987 erschienenen Buch »Lebensgeschichte und Religion«[2] zur »Religiösen Entwicklung und Erziehung im Kindes- und Jugendalter«, in dem er den damaligen Forschungsstand im Bereich der Kinder- und Jugendreligiosität zusammenfasst. Schweitzer sieht in der Reduktion des Begriffs der Religiosität auf die Entwicklung des Gottesbegriffs bzw. der Gottesbeziehung eine Engführung. Deshalb bejaht er zunächst auch den Versuch einer funktionalen Umschreibung durch Religionssoziologien (z. B. Durkheim, Luckmann), die bereits im Transzendieren der rein biologischen Natur des Menschen einen religiösen Vorgang sehen. Allerdings wären dann z. B. die Naturwissenschaften und die Technik Handlungsweisen, die einer Selbsttranszendierung des Menschen gleichkommen, und man müsste sich fragen, welche genuin menschlichen Bereiche eigentlich nicht religiös zu nennen sind.

Schweitzer nimmt zur weiteren Bestimmung des Religiösen bei Kindern und Jugendlichen kritisch das methodische Inventar in den Blick, mit dem von verschiedenen Seiten aus versucht wurde, die Religiosität von Kindern und Jugendlichen zu erfassen. Sein Augenmerk gilt dabei den empirischen Untersuchungen, die sich im Bereich der Entwicklungspsychologie, aber auch insgesamt in den Sozialwissenschaften seit etwa 100 Jahren immer mehr durchgesetzt haben. Dabei unterstreicht er einige grundsätzliche Schwierigkeiten, die sich bei solchen Untersuchungen ergeben. Zum einen sind empirische Untersuchungsmethoden »keineswegs neutrale Instrumente der Erkenntnis«, sondern folgen jeweils einem bestimmten Vorverständnis auf Seiten derer, die untersuchen. Zum anderen sind die Auskunft Gebenden, besonders im Falle der Kinder- und Jugendforschung, je nach Alter und Reifegrad nur bedingt in der Lage, ihre Einstellungen zu reflektieren oder angemessen zu versprachlichen. Selbst bei etwas älteren Jugendlichen haben die erfragten religiösen Begriffe, die mit ihren Einstellungen korrelieren, ein breites Bedeutungsspektrum. Ferner unterscheiden sich ihre Meinungen vielfach nicht vom allgemein verbreiteten Mainstream der Gegenwartsgesellschaft, so dass sie nicht als jugend- oder altersspezifisch verstanden werden können. Untersuchungen aus jüngerer Zeit (z. B. die erwähnte Shell-Studie von 2000) zeigen auch den Einfluss des Bildungsniveaus und weitere soziokulturelle Faktoren wie z. B. Unterschiede zwischen Landbevölkerung und Stadtbewohnern. Nicht zuletzt zeigen sich auch epochaltypische Verschiebungen, die dem raschen sozialen Wandel zuzuschreiben sind.

---

2 Friedrich Schweitzer, Lebensgeschichte und Religion. Religiöse Entwicklung und Erziehung im Kindes- und Jugendalter. München 1987; Gütersloh, 4., überarbeitete und erweiterte Aufl. 1998.

Wegen der den klassischen Erhebungsmethoden der Jugendforschung inhärenten Schwächen plädiert Schweitzer für einen *»mehrperspektivischen Zugang«*, der durch eine Kombination der Methoden deren Schwächen ausgleichen kann. Um vor allem die Erwachsenenperspektive, die in allen genannten Methoden zu Verunreinigungen des Bildes führen muss, zu relativieren, plädiert er für die zusätzliche Auswertung von Alltagsbeobachtungen von Eltern und Erziehern, in denen spontane Äußerungen von Kindern und Jugendlichen vorkommen, ferner für die Auswertung von Kinderzeichnungen und schließlich die Beobachtung des spielerischen Umgangs von Kindern und Jugendlichen mit religiösen Inhalten (Rollenspiele u.Ä.).

Schweitzer möchte mit seinem »mehrperspektivischen Zugang« die entwicklungspsychologische mit der sozialwissenschaftlichen Perspektive verbinden und den Bildungsstand der Jugendlichen mitberücksichtigen. Die eher der psychoanalytischen Schule verpflichtete Theorie der Entwicklung in Lebenszyklen (Erikson) kombiniert er mit den Erkenntnissen der kognitiv-strukturellen Psychologie (Piaget, Fowler, Oser / Gmünder). Auf der sozialwissenschaftlichen Seite seines mehrperspektivischen Modells verknüpft er konvergierende Theorien und Methoden der Sozialisationsforschung, in denen Sozialisation nicht ausschließlich als adaptive Übernahme von Überzeugungen und Werthaltungen aus der Umwelt verstanden wird, sondern wo bereits der produktiv-realitätsverarbeitende Anteil des Subjekts an der Sozialisation berücksichtigt ist. Religiöse Entwicklung darf im Sinne dieses Konvergenzmodells nicht als reiner Reifungsprozess (vorhandener psychischer Dispositionen) verstanden werden. »Entwicklung« ist ein Prozess, in dem die Heranwachsenden aktiv Impulse ihrer Psyche mit solchen aus der sozialen Umwelt verarbeiten.

Schweitzer umschreibt seine eigene Synthese mit dem »offenen Begriff der lebensgeschichtlichen Veränderung«, in dem sich bleibende Krisenhaftigkeit und aufsteigende Linien ergänzen. Er möchte religiöse Entwicklung weder auf die Entwicklung des religiösen Urteilsvermögens (Oser / Gmünder) noch auf eine Glaubensentwicklung »als Sinnorientierung« (Fowler) reduzieren. Um solche reduktionistischen Tendenzen zu vermeiden, plädiert er für die ergänzende Verwendung von autobiographischem Material und für die Orientierung an Luckmanns funktionalem Religionsbegriff, aber auch an dem traditionellen, sich an Inhalten orientierenden Religionsverständnis.

Bernhard Grom

Bernhard Grom legte vor kurzem eine völlig neu überarbeitete Fassung seiner »Religionspädagogischen Psychologie«[3] vor. Er verwendet dabei ebenfalls einen mehrdimensionalen Begriff von Religiosität, und zwar als »ein Phänomen (...), das grundsätzlich in allen drei Persönlichkeitsbereichen verankert ist: im kognitiven, im emotionalen (affektiven) und im verhaltensmäßigen.« Die Trias Denken, Erleben und Handeln vermeidet Einseitigkeiten und lässt sich im Sinne eines biblischen und ganzheitlichen Verständnisses von Religiosität definieren. Grom macht die Entstehung von Religiosität mit Hilfe eines Modells von zunächst sechs sich verschränkenden Motiven verständlich: 1) Bereitschaft zu moralischer Selbstkontrolle, 2)

3 Bernhard Grom, Religionspädagogische Psychologie des Kleinkind-, Schul- und Jugendalters. Düsseldorf, 5., vollständig überarbeitete Aufl. 2000.

Streben nach Kontrolle bedeutsamer Lebensereignisse und Emotionsregulation, 3) Streben nach positivem Selbstwertgefühl, 4) Bereitschaft zu Dank und Verehrung, 5) Bereitschaft zu prosozialem Empfinden und Verhalten und 6) Interesse an weltanschaulicher Erkenntnis. – Deutlich erkennbar ist dabei die Betonung emotionaler Kräfte (1–5) gegenüber eher kognitiven Bedürfnissen (6).

Wie sein evangelischer Kollege Schweitzer referiert und diskutiert Grom verschiedene Modelle der religiösen Entwicklung (Tiefenpsychologie, strukturgenetische Theorien, die Lerntheorie Albert Banduras) und zeigt Zusammenhänge und Querverbindungen auf. Grom betont dabei die Verbindung von »Selbstsozialisation« und »Fremdsozialisation«, wobei er eindrucksvoll belegen kann, dass die Familie nach wie vor das »zentrale religiöse Sozialisationsfeld« darstellt, unabhängig davon, ob und wieweit sie nur als »Restfamilie von Alleinerziehenden existiert«. Er wendet die sozial-kognitiven und emotional-motivational bedeutsamen Lernfaktoren auf konkrete Lernfelder des Glaubens an, um die Entwicklung und Förderung des Gottesverständnisses und der Gottesbeziehung, des Jesusverständnisses und der Jesusbeziehung und des Verständnisses biblischer Texte darzulegen, wobei er mit einer Fülle von empirischem Material aufwarten kann.

So betont auch Grom beispielsweise in seinem Kapitel über die »*Entwicklung des Jesusverständnisses und der Jesusbeziehung*« die besonderen Schwierigkeiten, heutigen Jugendlichen die Gestalt Jesu nahe zu bringen. Es zeigt sich, dass die Gestalt Jesu in den säkularisierten Gesellschaften Westeuropas »als existenziell bedeutsame Orientierungsgröße in der gesellschaftlichen Kommunikation, im Gespräch unter Heranwachsenden und in den Familien wenig präsent« zu sein scheint, weshalb Jugendliche für das Thema »Jesus Christus« im Religionsunterricht kaum Zuneigung entwickeln.

Darüber hinaus richtet Grom sein Augenmerk auf einige *jugendspezifische und geschlechtsspezifische Bedingungen* der religiösen Entwicklung und Sozialisation. Hierbei spielen Erkenntnisse der sozialwissenschaftlichen Jugendforschung eine ebenso zentrale Rolle wie die Ergebnisse der Entwicklungspsychologie sowie Reflexionen, wie sie sich aus den Beobachtungen der kirchlichen Jugendarbeit und Schulpastoral ergeben, die sich in den letzten 20 Jahren besonders an soziologischen Gesichtspunkten orientierten, wie z. B. am Strukturwandel der Jugendphase, der Individualisierung, der Biographieorientierung und an den Entwicklungen der jugendlichen Lebenswelt. Aus den bekannten entwicklungspsychologischen Ansätzen ergibt sich kein Konsens in der Theoriebildung, und auch die empirische Jugendforschung kann sich nicht auf eindeutig gesicherte Ergebnisse stützen, da sie zum Teil von unterschiedlichen Voraussetzungen her und mit divergierenden methodischen Ansätzen arbeitet. Dennoch lassen sich nach Grom einige durch Erfahrung abgesicherte Beobachtungen darstellen und bündeln:

Eine auch durch zahlreiche Befragungen bestätigte und im religionspädagogischen Alltag omnipräsente Spiegelung jugendlicher Religiosität ist das »Zweifelsyndrom«, in dem sich grundlegend der verunsicherte bzw. reflektierte Glaube Jugendlicher in der Phase zwischen Kindheit und Erwachsenenstatus widerspiegelt. In signifikanter Weise geht im Alter zwischen ca. 11 und 18 Jahren die Zustimmung zu Standardüberzeugungen zurück, während sich gegenüber Glauben, Tradition und Kirche eine allgemein skeptische Einstellung aufbaut. Als mögliche Ursachen nennt Grom 1) den sozial wie epochal bedeutsamen Verlust an Plausibilität des Religiösen in der öffentlichen Meinung, ferner 2) den Ablösungsprozess, der die meisten Jugendlichen zu Eltern und Erwachsenenautoritäten in Distanz gehen lässt, sowie 3) eine Identitätsdiffusion im Sinne eines Moratoriums, das Jugendliche bei ihrer Suche nach Sinn und Identität einlegen (vgl. Erikson), und schließlich 4) die für ihn wichtigste Ursache, nämlich die von Piaget beschriebene »Weiterentwicklung der kognitiven Kompetenz zum formal-operatorischen, hypothetisch-deduktiven Denken«, d. h. der »Eintritt in eine kritisch-rationale (vielleicht auch vulgärrationalistische) Einstellung gegenüber allem Religiös-Kirchlichen«. Diese Einstellung hat zur Folge, dass alles nicht unmittelbar Erfahrene oder nicht logisch Zwingende grundsätzlich mit Zweifel belegt wird. Dieser aufklärerische Impuls macht den Jugendlichen die fremdbestimmte und erziehungsbedingte Fixierung ihrer bisherigen Glaubensüberzeugungen bewusst und lässt alle Widersprüche zwischen Glauben und Wissenschaft als nicht weiter hinnehmbar erscheinen, zumal der weltanschauliche Pluralismus innerhalb der Gesellschaft bewusst wahrgenommen wird. Infolge der kognitiven Weiterentwicklung bilden sich ein neues Selbstkonzept und eine autonomere, d. h. eigenverantwortlichere Selbststeuerung heraus, was für die ethisch-religiöse Entwicklung krisenhaft eine neue Wert- und Sinnorientierung anstoßen oder aber, im ungünstigen Falle, eine weitere Entwicklung blockieren kann.

Für den religionspädagogischen Alltag ist nachhaltig relevant, dass neben einer »achtbaren Minderheit«, die nach wie vor in den Verhaltens- und Denkmustern religiös aktiver Familien und kirchlicher Gruppen beheimatet ist, zunehmend solche Jugendliche das Bild bestimmen, die vom religiös-weltanschaulichen Pluralismus, von den Medien, der Komplexität der fortgeschrittenen Moderne beeinflusst werden und sich durch Flexibilität, Unverbindlichkeit, Oberflächlichkeit den wechselnden Anforderungen verschiedener Partner und Verhältnisse anzupassen versuchen.

Zu diesen epochalen Einflüssen treten, nicht selten verstärkend, die in der Adoleszenzphase dominant prägenden Einflüsse der jugendlichen Subkultur, die nicht zuletzt wegen des Trends zur Kleinfamilie, der mangelnden Zuwendung durch die Eltern, wegen entwicklungsspezifischer Reifungsprobleme und den wenig gemeinschaftsfördernden Impulsen der Schule eine herausragendere Bedeutung erlangen, als dies in früheren Zeiten zu beobachten war. Gleichzeitig werden traditionell kirchliche Jugendgruppen entweder verdrängt oder müssen sich neuen säkularisierten Trends öffnen und sich in Lebensstil, Musikgeschmack und Sprache den veränderten Bedürfnissen anschließen, während sie dem epochalen Trend zur Kirchendistanz wenig entgegenzuhalten haben.

Es ist nicht zuletzt der feministischen Religionspädagogik zu verdanken, dass in den vergangenen beiden Jahrzehnten in stärkerem Maße geschlechtsspezifische Bedingungen der religiösen Entwicklung in den Blick genommen wurden. Dabei wurden Alltagsklischees untersucht wie z. B. die Annahme, Mädchen seien religiöser, d. h. religiös-kirchlicher und gläubiger als Jungen. Zwar ergaben sich hier bei Umfragen z. B. hinsichtlich der Häufigkeit des Gottesdienstbesuchs und des persönlichen Gebetslebens bei Mädchen regelmäßig höhere Werte als bei Jungen, die auch durch Unterschiede zwischen Stadt und Land oder andere soziologisch bedingte Faktoren nicht grundsätzlich aufgehoben werden konnten. Ja, sogar hinsichtlich der Glaubenserfahrungen und religiösen Grundannahmen waren geschlechtsspezifische Unterschiede sehr deutlich: So zeigten sich bei Mädchen zwischen 7 und 20 tendenziell beziehungs- und emotionsorientiertere Gottesvorstellungen (Gottes Liebe, Hilfe, Fürsorge und Schutz), während bei Jungen die Allmacht, das Schöpfertum und die universale Lenkungskompetenz Gottes im Vordergrund standen. Jedoch sind die empirischen Daten insgesamt noch zu dürftig. Vor allem jedoch ergibt sich hinsichtlich der möglichen Erklärungen erwartungsgemäß ein sehr widersprüchliches Bild. So konnte bislang nicht überzeugend erhärtet werden, ob psychobiologische oder soziale Faktoren den Ausschlag geben. Eine gewisse Plausibilität genießt die These, dass die Tradition »androzentrischen Sprechens von Gott« (Herr, König, Richter, Vater) auf die Gottesvorstellung von Kindern einen bedeutenden Einfluss hat.

Shell-Studie »Jugend 2000«[4]

Die 13. Jugendstudie der Deutschen Shell AG »Jugend 2000« legt umfangreiche und detaillierte empirische Daten aus dem Jahr 1999 vor, die über standardisierte Fragebögen erhoben wurden. Dabei wurden als signifikante Segmente jugendlicher Religiosität die Häufigkeit des Gottesdienstbesuchs, des persönlichen Gebets, der Lektüre von Bibel und religiöser Literatur und meditativer Praktiken erfragt sowie die Einstellungen zu Fragen wie Weiterleben nach dem Tode, kirchliche Eheschließung und religiöse Kindererziehung erhoben. Damit wurden dann andere Einstellungen wie zum Beispiel die Zukunftsorientierung, das politische Interesse, die Zugehörigkeit zu kirchlichen Jugendgruppen, der private Schicksalsglaube und die Einstellungen gegenüber okkulten Praktiken verglichen. Weitere Vergleichspunkte waren die konfessionelle, geschlechtsspezifische und altersspezifische Ausdifferenzierung sowie die Differenzierung der erfragten Merkmale im Blick auf ostdeutsche, italienische, türkisch-islamische Jugendliche und solche, die keiner Religionsgemeinschaft zugehören. Schließlich wurden noch die Ergebnisse aus den beiden vorangegangenen Jugendstudien aus den Jahren 1984 / 85 und 1991 / 92 verglichen. Aus diesen Vergleichen ergaben sich interessante Erkenntnisse hinsichtlich der Stabilität bezw. Instabilität der jeweiligen Milieus.

Insgesamt und global betrachtet sind die Ergebnisse aus der Sicht der christlichen Kirchen in Deutschland mehr als ernüchternd. Der Verfall der konfessionellen Milieus ist alarmierend, der schon in früheren Shell-Studien angezeigte Trend zur Entkirchlichung und Individualisierung des Religiösen setzt sich unabhängig von der konfessionellen Zugehörigkeit in beeindruckender Weise fort, unbekümmerter religiöser Synkretismus verbreitet sich selbst bei noch relativ resistenten kirchlich sozialisierten Jugendlichen. Weder die Familie, noch weniger aber die Kirchengemeinde können als Hort des Glaubens gelten. Die Jugendlichen beharren mehr und mehr auf ihrer religiösen Selbstdefinition, erachten traditionelle Formen kirchlichen Lebens als bedeutungslos und langweilig. Die Religion wird als etwas strikt Privates angesehen ohne Anspruch auf die Ableitbarkeit verbindlicher privater oder öffentlicher Normen. Diese Trends sind bei Mädchen und jungen Frauen etwas schwächer ausgeprägt, ebenso bei italienischen Jugendlichen im Vergleich zu den jungen Deutschen. Ostdeutsche Jugendliche zeigen in der Nachwendezeit das geringste religiöse Interesse aller Vergleichsgruppen, während die befragten jungen Türken signifikant stärker dem religiösen Milieu verpflichtet bleiben. Selbst klassische religiöse Zuordnungsbereiche wie der Glaube an Gott, an ein Weiterleben nach dem Tode oder die persönliche

4 Deutsche Shell (Hg.), Jugend 2000. 13. Shell Jugendstudie. 2 Bände. Opladen 2000.

Gebetspraxis entgleiten, soweit sie überhaupt gegeben sind, völlig dem ursprünglichen Überzeugungszusammenhang und zeigen zunehmend deutliche Divergenz zu traditionellen dogmatischen Positionen. Jesus Christus erscheint auch »gläubigen« Jugendlichen nur noch als historische Figur und hat keine zentrale Bedeutung mehr. Kurz gesagt: Religion spielt in in ihrer tradierten Form für den jugendlichen Alltag keine Rolle mehr, ist im weltanschaulichen Supermarkt eines unter vielen Sinnangeboten. »Entwarnung« kann allenfalls im Hinblick auf die Anfälligkeit der Mehrzahl heutiger Jugendlicher gegenüber okkulten Praktiken gegeben werden.

Zusammenfassung und Ausblick

So sehr die dargestellten Erhebungen jugendlicher Religion den einem Dekadenzmodell verpflichteten Beobachtungstrend zu stützen scheinen, muss dennoch – auch angesichts der erwähnten methodischen Schwächen von Befragungen – vor einer Verallgemeinerung gewarnt werden. So gibt es durchaus regionale Unterschiede, ein immer noch signifikantes Stadt-Land-Gefälle sowie religiöse Suchbewegungen von Jugendlichen auf anderen Pfaden als auf den ausgetretenen und erodierten Wegen ihres Herkunftsmilieus. Ferner genießt der Religionsunterricht, wie eine jüngst von Anton Bucher vorgelegte Studie belegt, bei sehr vielen Heranwachsenden trotz aller Unterschiede in den diversen Schularten und Altersstufen eine – allerdings mit steigendem Alter abnehmende – Akzeptanz.[5]

→ Entwicklungsstufen, → Konzeptionen des Evangelischen Religionsunterrichts, → Konzeptionen des Katholischen Religionsunterrichts, → Religiöses Lernen, → Theorien religiöser Entwicklung

Zur Diskussion gestellt

- Formulieren Sie, z. B. in Form einer Metaphern-Meditation, Ihre eigenen Vorstellungen von »Religion«.
- Lassen Sie Schülerinnen und Schüler verschiedener Klassenstufen eine Schreib- / Metaphern-Meditation anfertigen: »Religion ist für mich wie...«. Werten Sie die Schülerformulierungen für sich persönlich aus und versuchen Sie eine Klassifizierung nach Gesichtspunkten wie »originell«, »konventionell«, »sehr persönlich«, »emotional distanziert«, »klingt geschlechtsspezifisch« ...
- Vergleichen Sie die eigenen Formulierungen mit den Schülerformulierungen. Untersuchen Sie, ob sich gemeinsame Schnittmengen finden lassen.
- Lesen Sie daraufhin in gängigen Darstellungen wie den im Artikel zitierten nach, welche Aussagen sich mit Ihren eigenen Untersuchungen decken, welche nicht.
- Versuchen Sie, aus den so gewonnenen Einsichten Rückschlüsse für Ihren Religionsunterricht zu gewinnen. Sie können darüber mit Ihren Kolleginnen und Kollegen in einen Dialog eintreten.
- Kritisch: Wie hilfreich erscheinen Ihnen Erkenntnisse der Jugendforschung, wenn es um die Religion Ihrer Schülerinnen und Schüler geht?

5 Anton A. Bucher, Religionsunterricht zwischen Lernfach und Lebenshilfe. Eine empirische Untersuchung zum katholischen Religionsunterricht in der Bundesrepublik Deutschland. Stuttgart / Berlin / Köln 2000.

Literaturempfehlung

Michael Ebertz, Kirche im Gegenwind. Zum Umbruch der religiösen Landschaft. Freiburg, 4. Aufl. 2001. – Ders., Aufbruch in der Kirche. Anstöße für ein zukunftsfähiges Christentum. Freiburg 2003. – Friedrich Schweitzer, Die Suche nach eigenem Glauben. Einführung in die Religionspädagogik des Jugendalters. Gütersloh, 2., durchgesehene Aufl. 1998. – Ders., Postmoderner Lebenszyklus und Religion. Gütersloh 2003. – Hans-Georg Ziebertz u. a., Religiöse Signaturen heute. Ein religionspädagogischer Beitrag zur empirischen Jugendforschung. Gütersloh 2003.

Friedrich Grüner

Konfessionalität und konfessionelle Kooperation

Gerhard Mester

Wenn, was die Karikatur suggeriert, fraglich ist, ob unter den Schülern überhaupt noch Gläubige sind, um wie viel mehr wäre dann die Frage nach der konfessionellen Identität bereits überholt! Und: Wozu bräuchten wir dann noch ökumenisches Lernen?

Die umstrittene Frage, ob der Religionsunterricht heute und in Zukunft konfessionell getrennt erteilt werden soll oder ob ein ökumenisch ausgerichteter Religionsunterricht nicht die bessere Alternative ist, stellt sich zunächst im Blick auf die Schülerinnen und Schüler: Was für einen Religionsunterricht brauchen sie – konfessionell differenziert oder gemeinsam? Neuere Studien zur Religiosität von Kindern und Jugendlichen belegen, dass die konfessionelle Bindung stark rückläufig ist. So gibt die Shell Jugendstudie 2000 darüber Auskunft, dass die Jugendlichen nur noch selten von Religionsgemeinschaften geprägt sind und man kaum mehr von kirchlichen Milieus sprechen kann. »Konturen der katholischen und evangelischen Religionsgemeinschaften sind selten erkennbar.«[1] Die Denkschrift der EKD von 1994 stellt zur eher pragmatischen Haltung und Sichtweise Jugendlicher fest, dass die Unterschiede zwischen den Konfessionen und zwischen den Religionen relativiert werden.[2]

---

1 Deutsche Shell (Hg.), Jugend 2000. 13. Shell Jugendstudie. Band 1, Opladen 2000, S. 161.

2 Identität und Verständigung. Standort und Perspektiven des Religionsunterrichts in der Pluralität. Eine Denkschrift der Evangelischen Kirche in Deutschland, im Auftrag des Rates der EKD hg. vom Kirchenamt der EKD. Gütersloh 1994.

Angesichts dieses Befundes stellen sich für den Religionsunterricht der Zukunft Fragen wie: Ist es unter diesen Umständen noch sinnvoll, konfessionell getrennt zu unterrichten? Gehört der konfessionelle Unterricht zu den »alten Zöpfen«, die es abzuschneiden gilt? Sollen die Vertreter der Konfessionen getrennt operieren oder ihre Kräfte bündeln? Wären die Kirchen besser beraten, an einem Strang zu ziehen? Inwieweit spielt das Votum von Eltern eine Rolle, die entweder in einer konfessionsverschiedenen Beziehung leben oder aus anderen Gründen den konfessionell-kooperativen Religionsunterricht begrüßen würden?

Kirchliche Rahmenbedingungen

»Evangelischer Religionsunterricht macht die Zugehörigkeit der Schülerinnen und Schüler zur evangelischen Kirche nicht zur Teilnahmebedingung ... Für den katholischen Religionsunterricht gilt, dass über die Zugehörigkeit der Lehrenden und die Bindung der Inhalte des Religionsunterrichts an die Grundsätze der Kirche hinaus auch die Schülerinnen und Schüler der katholischen Kirche angehören.«[3]

Diese Sätze markieren das Feld, auf dem sich der Religionsunterricht derzeit nach kirchlichen Vorgaben bewegt, und zeigen gleichzeitig den Unterschied zwischen der offiziellen evangelischen und katholischen Position auf.

Bereits in den 70er Jahren haben die beiden großen Kirchen im »Papier des Rates der EKD zu verfassungsrechtlichen Fragen des Religionsunterrichts vom 7. Juli 1971« und im »Beschluss der gemeinsamen Synode der Bistümer der Bundesrepublik Deutschland vom 20. – 24.1.1974« dem Religionsunterricht eine ökumenische Aufgabe zugedacht. In ihren Verlautbarungen der 90er Jahre schreiben beide Kirchen dieses Anliegen fort.

Beheimatung und Begegnung – ein Gegensatz?

Die Frage nach der Begründung für die Konfessionalität des Religionsunterrichts spitzt sich religionspädagogisch auf die Diskussion um die »Beheimatung« von Schülern zu – ein Begriff, der vor allem in katholischen Verlautbarungen immer wiederkehrt. Die Frage ist, ob Schüler erst in einer Konfession beheimatet werden müssen, bevor sie sich interkonfessionell verständigen können, oder ob sie erst »allgemein« in die christliche Religion eingeführt werden sollten, um (wenn überhaupt) dann später die konfessionellen Ausrichtungen kennen zu lernen.

Für Christoph Th. Scheilke steht außer Frage, dass sich an der Verschiedenheit der Konfessionen ein Umgang mit »harter Pluralität«[4] erlernen lässt – Pluralität, ein Begriff, der die heutige gesellschaftliche Situation mehr denn je kennzeichnet. Dazu

3 Die Deutsche Bischofskonferenz und die Evangelische Kirche in Deutschland (EKD), Zur Kooperation von Evangelischem und Katholischem Religionsunterricht. Würzburg / Hannover 1998, III / 2.

4 Christoph Th. Scheilke, Ansätze für einen konfessionell-kooperativen Religionsunterricht, in: Reinhard Frieling / Christoph Th. Scheilke (Hg.), Religionsunterricht und Konfessionen. Göttingen 1999, S. 12f.

gehört das Postulat, jede/r Einzelne müsse einen eigenen Standpunkt und eigene Identität haben. »Man muss sich konfessionell verorten, anders lassen sich Christlichkeit und Christentum nicht hinreichend verstehen.«[5] Bedingung hierfür ist »Beheimatung«.[6]

Beheimatung meint, dass jeder in seiner Konfession verankert sein, das damit verbundene Profil pflegen und die entsprechende Lebensform praktizieren, einüben und sichtbar machen soll. Kirchenbindung und religiöse Sozialisation sollen sich in der konkreten Lebenswirklichkeit widerspiegeln. Und so ist es konsequent, wenn der Staat, der den Religionsunterricht als ordentliches Schulfach institutionalisiert (Art. 7,3 GG) und den Religionslehrer zum Staatsbeamten macht, die Verantwortung für die Inhalte des Religionsunterrichts den Kirchen überträgt. Auf diese Weise unterscheidet sich der konfessionelle Religionsunterricht deutlich von einer reinen Religionskunde. Gleichwohl stellen begründete fächerübergreifende und -verbindende Projekte an den Schulen eine Herausforderung auch an das Fach Religion dar; dies aber kann nicht in konfessioneller Abgrenzung geschehen. Vielmehr müssen hier die für den Religionsunterricht Verantwortlichen auf der Basis der von den Kirchenleitungen in den entsprechenden Dokumenten[7] festgeschriebenen Rahmenrichtlinien konstruktive und wegweisende Zeichen setzen; nur auf diese Weise können Stellenwert und Autorität des Faches Religion gestärkt werden. Und auf diesem Wege wären eine zunehmend stärkere Relevanz, Glaubwürdigkeit und Akzeptanz des Christlichen in unserer Gesellschaft denkbar.[8]

Karl Ernst Nipkow macht darauf aufmerksam, dass laut katholischem Synodenpapier die konfessionelle Kooperation im Religionsunterricht lediglich beschränkt zugelassen sei, da sie nur »gelegentlich« stattfinden sollte;[9] und er fügt hinzu, dass dieser »vorsichtige Ausdruck« in »Die bildende Kraft des Religionsunterrichts« der Deutschen Bischöfe wieder auftaucht.[10] Wenngleich darin die Trias[11] auch nicht aufgegeben und das Recht auf einen konfessionellen Religionsunterricht postuliert wird, ist eine konfessionelle Kooperation in Form gemeinsamer Unterrichtseinheiten, von Projekten und der Teilnahme am Religionsunterricht der jeweils anderen Konfession vorgesehen.

5 Ders., a. a. O., S. 13.

6 Ders., a. a. O., S. 14.

7 Identität und Verständigung, a. a. O. – Sekretariat der Deutschen Bischofskonferenz (Hg.), Die bildende Kraft des Religionsunterrichts. Zur Konfessionalität des Katholischen Religionsunterrichts. Bonn 1996. – Die Deutsche Bischofskonferenz und die Evangelische Kirche in Deutschland (EKD), Zur Kooperation von Evangelischem und Katholischem Religionsunterricht. Würzburg / Hannover 1998.

8 Dazu auch: Günter Lange, Religionsunterricht: Gemeinsam verantwortbar? in: Katechetische Blätter 1998, S. 44–46.

9 Karl Ernst Nipkow, Bildung in einer pluralen Welt. Band 2: Religionspädagogik im Pluralismus. Gütersloh 1998, S. 302–358.

10 Ders., a. a. O., S. 347f.

11 Sekretariat der Deutschen Bischofskonferenz (Hg.), Die bildende Kraft des Religionsunterrichts, a. a. O. Zur konfessionellen Homogenität der Lerngruppe (Lehrer, Lernende, Lehre) vgl. S. 50–56.

Ziele konfessioneller Kooperation im Religionsunterricht

Konfessionelle Kooperation will das Gemeinsame stärken, aber auch nach wie vor vorhandene Unterschiede zwischen den Konfessionen nicht übergehen. Im Bischofswort »Die bildende Kraft« heißt es: Eine »interkonfessionelle Verständigung« darf ausdrücklich nicht zu einer »Auflösung und Verschmelzung« der Fächer führen, sondern muss ihre Eigenständigkeit und konkrete kirchliche Bindung bewahren.[12]

Das evangelische Dokument »Identität und Verständigung« geht ebenfalls von der Feststellung aus: »Es existiert keine einheitliche religiöse Welt; es gibt auch kein vereinheitlichtes Christentum; die Einheit der Kirche ist nach wie vor eine schwierige Zukunftsaufgabe.«[13] Kernpunkt ist folgende Maßgabe: »In dieser Spannung von Identität und Verständigung ist die angemessene Gestalt des konfessionellen Religionsunterrichts für die Zukunft die Form eines konfessionell-kooperativen Religionsunterrichts.«[14] Als wichtig erachtet die EKD ein ausgewogenes Verhältnis von konfessionellem Bewusstsein und ökumenischer Offenheit; beides muss demnach durch einen differenzierenden und kooperierenden Unterricht didaktisch sinnvoll aufgearbeitet werden.

Möglichkeiten eines konfessionell-kooperativen Religionsunterrichts in der Praxis

Zur Klärung der Frage, inwieweit konfessionelle Kooperation für die religiöse Entwicklung von Schülerinnen und Schülern förderlicher sein kann als ein konfessioneller Religionsunterricht, fehlen bislang empirische Analysen; einige werden derzeit erarbeitet. Reinhold Mokrosch geht hypothetisch davon aus, dass eine konfessionell-kooperative Lerngruppe dem »Interesse am religiös anderen (m. E.) eher gerecht werden (kann) als eine konfessionell homogene, in der es weniger religiös andere gibt.«[15] Die Einfalt oder Vielfalt der Gotteserfahrungen und Bekenntnisse, die Mono- oder Polyperspektivität im Blick auf religiöse Feste, Riten und Symbole hängen nicht allein (vielleicht zum geringeren Teil) an der Frage nach dem monokonfessionellen oder konfessionell gemeinsamen Religionsunterricht als vielmehr an der pädagogischen, didaktischen und wissenschaftlichen Kompetenz der unterrichtenden Lehrerpersönlichkeit – ob evangelisch oder katholisch. An ihr liegt es, entweder eingleisig (im Sinne von konfessionell engstirnig) zu verfahren oder den Horizont zu öffnen – ohne damit den Religionsunterricht zum Supermarkt mit einer Palette von unverbindlichen Religionsangeboten verkommen zu lassen.

Um genau herauszufinden, welche Möglichkeiten konfessionell-kooperativen Unterrichtens es gibt, ermöglichen der Evangelische Oberkirchenrat Stuttgart und das Bischöfliche Schulamt Rottenburg mit ihrer Erklärung vom 1.2.1998 mehr als 30 Pro-

12 A. a. O., S. 57f und 58f. Mögliche Beispiele für konfessionelle Kooperation schließen sich S. 59f an.

13 Identität und Verständigung, a. a. O., S. 60, Nr. 5.

14 A. a. O., S. 65, Nr. 5.2.

15 Reinhold Mokrosch, Brauchen Kinder und Jugendliche einen konfessionell geöffneten Religionsunterricht oder werden sie damit überfordert? In: Reinhard Frieling / Christoph Th. Scheilke (Hg.), a. a. O., S. 31.

jektversuche zur konfessionellen Kooperation im Religionsunterricht.[16] Darüber hinaus gibt es in der Bundesrepublik mehrere von den Kirchenleitungen genehmigte Unterrichtsversuche, etwa in Niedersachsen und Nordrhein-Westfalen. Weitere Modellversuche werden wissenschaftlich begleitet und nach religionspädagogischen Kriterien analysiert.[17] Aus den Untersuchungen erhofft man sich konkrete Hinweise auf die Organisationsformen und die Didaktik konfessionell-kooperativen Unterrichtens.

Perspektive: Was ist denkbar und möglich?

Konfessionell-kooperativer Unterricht wird sich immer im Spannungsfeld zwischen Ökumene und konfessioneller Identität bewegen. Ökumenisches Lernen bedeutet demnach mehr als nur eine gemeinsamen Lerngruppe; inhaltlich müssen Gemeinsamkeiten ebenso wie die Unterschiede in der Theologie und Glaubenstradition zum Tragen kommen. Für den täglichen Unterricht sind gemeinsame Kirchenbesuche in evangelischen und katholischen Kirchen denkbar, die Entdeckung von Gemeinsamkeiten und Unterschieden vor Ort, gemeinsame Unterrichtseinheiten in konfessionell-gemischten Lerngruppen, außerdem ökumenische Projekte, Team-Teaching von evangelischen und katholischen Religionslehrern, der Austausch von konfessionellen (Schüler-)Expertengruppen im Unterricht u. a. m. Mittel- und langfristig wird sich der Ökumenebegriff nicht mehr nur auf die christlichen Konfessionen beschränken lassen, sondern eine Ausweitung auf die Weltreligionen hin erfahren; das wird auch für die Schule spürbare Konsequenzen haben.

Weiterführende Gedanken

»Solange es Christentum empirisch und konkret nur in verschiedenen Kirchen und Konfessionen gibt, dürften viele solcher Lernziele leichter erreichbar sein im Zusammenhang mit einer bestimmten Konfession.«[18] So betrachtet muss der Religionsunterricht die konfessionellen Unterschiede deutlich machen; die Schüler haben ein Recht darauf zu erfahren, was *evangelisch* und *katholisch* bedeutet. Diese Beheimatung ist nur in dem Maße möglich, wie der Religionslehrer sich auf der Basis seiner Beauftragung / Missio mit »seiner« Kirche identifiziert. Heimat ist eine Struktur, die eine Brücke zwischen Mensch und Welt öffnet, ein Leitfaden, der vom Bekannten zum Unbekannten, vom Sichtbaren zum Unsichtbaren führt. Heimat ist eine offene

---

16 Die Erklärung ist abgedruckt in Reinhard Frieling / Christoph Th. Scheilke (Hg.), a. a. O., S. 128–131.

17 Eine Projektgruppe an der Universität Tübingen unter der Leitung der beiden Professoren für Religionspädagogik erkundete und prüfte Möglichkeiten konfessionell-kooperativen Religionsunterrichts: Friedrich Schweitzer / Albert Biesinger zusammen mit Reinhold Boschki, Claudia Schlenker u. a., Gemeinsamkeiten stärken, Unterschieden gerecht werden. Erfahrungen und Perspektiven zum konfessionell-kooperativen Religionsunterricht. Freiburg / Gütersloh 2002. Vgl. dazu die Berichte in: entwurf 2 / 1999, S. 11–13 oder notizblock 26 / 1999, S. 61–63, sowie entwurf 1 / 2002, S. 75–78 oder notizblock 31 / 2002, S. 60–63.

18 Gemeinsame Synode der Bistümer in der Bundesrepublik Deutschland. Beschlüsse der Vollversammlung. Offizielle Gesamtausgabe I. Freiburg 1976, S. 145, Nr. 2.7.2.

Struktur, die Menschen unterschiedlicher Konfessionen und Religionen miteinander verbindet.[19] Von der konfessionellen Prägung eines jeden Schülers ausgehend, gilt es, jedem die Chance zu geben, in seiner Konfession (sowohl in der Gemeinde als auch im Religionsunterricht) eine religiöse Heimat zu finden. Das heißt, es ist darauf zu achten, dass weder das Kirchenverständnis noch die religiöse Praxis nivelliert werden und der Religionsunterricht prinzipiell in konfessioneller Gebundenheit erfolgt. Der Religionsunterricht kann sich so auf die Ökumene und konfessionell nicht gebundene Schüler hin öffnen. »Im Unterschied zu einem nichtkonfessionellen Unterricht geschieht die Auseinandersetzung nicht unter dem Anspruch einer (ohnehin fragwürdigen) Neutralität, sondern von einem bestimmten Standpunkt aus.«[20]

Gleichzeitig und im gleichen Maße muss der Religionsunterricht stets ökumenisch geöffnet sein – für anders- und nichtkonfessionelle Schülerinnen und Schüler, für gemeinsame Unterrichtseinheiten und Projekte. Das ökumenische Prinzip »Einheit in Vielfalt« muss sich auch im Religionsunterricht widerspiegeln – auch wenn nach wie vor auf allen Ebenen ein Spannungsverhältnis zwischen ökumenischen Absichtserklärungen und praktizierter Ökumene auszumachen ist.

→ Ethikunterricht, → Jugend und Religion, → Konzeptionen des Evangelischen Religionsunterrichts, → Konzeptionen des Katholischen Religionsunterrichts, → Lebensgestaltung – Ethik – Religionskunde, → Religionsunterricht zwischen Kirche und Staat

Zur Diskussion gestellt

- Wenn Sie an Ihre eigene konfessionelle Biographie denken – wo gab es Momente, in denen Ihnen bewusst wurde: Ich bin evangelisch – ich bin katholisch?
- Wenn Sie diese Erkenntnis auf Ihre Schülerinnen und Schüler übertragen: Was muss ich bei meinen ökumenischen Bemühungen beachten, um die (oft kaum bewussten!) konfessionellen Akzente in der Biographie meiner Schülerinnen und Schüler zur Geltung zu bringen?
- Bei der Planung, Durchführung und Reflexion von konfessionell-kooperativem Religionsunterricht: Was macht das »Besondere« dieses Unterrichts aus?

Literaturempfehlung

Uwe Böhm, Ökumenische Didaktik. Ökumenisches Lernen und konfessionelle Kooperationen im Religionsunterricht deutschsprachiger Staaten (Diss.). Göttingen 2001. – Bernhard Bosold / Iris Bosold / Friedrich Schweitzer, Religion wahrnehmen – Identität finden – Unterricht gestalten. Religionsdidaktische Aus- und Fortbildung: Erfahrungen und Aufgaben, in: Martin Steinhäuser / Wolfgang Ratzmann (Hg.), Didaktische Modelle Praktischer Theologie. Leipzig 2002, S. 280–322. – Karl Ernst Nipkow, Katholisch – Evangelisch. Präzedenzfall kirchlicher Pluralität – ökumenische Hermeneutik der wechselseitigen Anerkennung und konfessionelle Kooperation. In: Ders., Bildung in einer pluralen Welt. Band 2: Religionspädagogik im Pluralismus. Gütersloh 1998, S. 302–358.

Anton Binder

19 Karl Ernst Nipkow, Bildung in einer pluralen Welt. Band 2: Religionspädagogik im Pluralismus. Gütersloh 1998, S. 357 und 358 in Anlehnung an Vačlav Havel.

20 Gemeinsame Synode der Bistümer in der Bundesrepublik Deutschland, a. a. O., S. 144, Nr. 2.7.1.

Konzeptionen des Evangelischen Religionsunterrichts

Im Gefolge der Aufklärung und Schleiermachers ging die *liberale Religionspädagogik* etwa bei Richard Kabisch von einer allgemeinen religiösen Anlage des Menschen aus. Der Religionsunterricht sollte diese Anlage entwickeln helfen und wurde daher als ein Teil des Bildungsauftrags der öffentlichen Schule verstanden. Glaube galt als erlernbar und lehrbar.

In der Zeit der Krise von Staat und Kultur nach dem Ersten Weltkrieg brach die »dialektische Theologie« radikal mit dieser Anlehnung des Kulturprotestantismus an ein allgemeines Verständnis von Bildung. Daher verlangte Gerhard Bohne 1929 auch für den Religionsunterricht eine grundsätzliche Neuorientierung vom Verkündigungsauftrag der Kirche, also vom Wort Gottes her.[1] Es könne nicht um eine anthropologisch begründete Religiosität gehen, sondern um die Offenbarung, nicht um geschickte pädagogische Vermittlung, sondern um den Glauben als Geschenk Gottes. Der lebendige Religionsunterricht dürfe sich nicht durch pädagogische Erwägungen binden lassen, denn dann bleibe er im Menschlichen gebunden. Der Religionsunterricht ist für die Verteter der »dialektischen Religionspädagogik« (Helmut Angermeyer, Kurt Frör, Oskar Hammelsbeck, Martin Rang) von der Kirche her, durch die Taufe, begründet, und soll das Kind zum mündigen Gemeindeglied machen, zur Kirche hinführen. Der Religionslehrer wirkt durch seine Glaubenshaltung als Vorbild und versieht ein kirchliches Amt.

Nach dem Zweiten Weltkrieg führten der kritische Rückblick auf das Versagen von Kultur und Schule im NS-Staat und der erhoffte Neubeginn in Gesellschaft und Schule aus christlichem Geist zu einer Stärkung der dialektischen Religionspädagogik, die die Praxis des Religionsunterrichts in der Nachkriegszeit bestimmte und von *Helmuth Kittel* Begriff und Parole erhielt: »*Evangelische Unterweisung*, so heißt die nun uns gestellte Aufgabe – nie wieder Religionsunterricht!« Kittel wendet sich 1947 in seiner programmatischen Schrift »Vom Religionsunterricht zur Evangelischen Unterweisung«[2] nicht nur gegen die liberale Auffassung von Kultur, sondern gegen liberale Religionspädagogik und Reformpädagogik, weil sie die Offenbarung der christlichen Botschaft bestenfalls zu einem Bildungsziel verkürzten. Dagegen schreibt er dem Fach Religion an der Schule vor allem eine ideologiekritische Funktion gegenüber den anderen Fachwissenschaften zu, begründet die Evangelische Unterweisung konsequent von der Kirche her und das (geistliche) Amt des Religionslehrers aus dem Missionsbefehl Jesu.

---

1 Gerhard Bohne, Das Wort Gottes und der Unterricht. Zur Grundlegung einer evangelischen Religionspädagogik. Berlin 1929.

2 Helmuth Kittel, Vom Religionsunterricht zur Evangelischen Unterweisung. Berlin / Hannover / Darmstadt 1947; 3. Aufl. 1957. – Vgl. auch: Ders., Freiheit zur Sache. Eine Streitschrift zum Religionsunterricht. Göttingen 1970. – Diese Streitschrift schließt mit einer Warnung vor der »Ver-Pädagogisierung«: »Wir haben als Christen keinen Anlass, Bemühungen um Aufklärung ... theoretisch oder praktisch zu hindern. Im Gegenteil. Aber wir haben, meine ich, auch keine Möglichkeit mehr – weder philosophisch noch theologisch – christliche Glaubensinhalte in pädagogische Intentionen zu verwandeln. Unser heutiger Glaube mag Klein-Glaube sein. Aber er ist immer noch Glaube, der sich nicht in pädagogisches Denken und Handeln verrechnen lässt.« (S. 95)

Die »Unterweisung im rechten Umgang mit dem Evangelium« führe zur Vermittlung des Heils und zur Erkenntnis der Schuld. Die zentrale Rolle der Bibel als Gegenstand des Religionsunterrichts wird ergänzt durch Lieder, Katechismus und Kirchengeschichte, die alle auf die Schrift hinweisen.

Es ist nur aus der damaligen Situation zu verstehen, dass diese Position der Evangelischen Unterweisung ganz selbstverständlich in der Nachkriegszeit den Evangelischen Religionsunterricht prägte, seine Theorie und Praxis, die Lehrpläne und die Schulbücher. Eine grundsätzliche Kritik mit praktischen Folgen formierte sich erst in den 60er Jahren, ablesbar etwa an einem Vergleich der folgenden beiden Thesenreihen aus dem Jahr 1964:[3]

- »Es ist unmöglich, hermeneutisch zwischen einem Auslegungsauftrag der Schule und einem Verkündigungsauftrag der Kirche zu trennen ...
- Die Textinterpretation im Religionsunterricht ist der gottesdienstlichen Predigt darin analog, dass sie bis zur existenziellen Anrede der Hörer vorstößt, die Lehrer und Schüler gemeinsam betrifft ...
- Der Schüler soll im Religionsunterricht nicht nur überlieferten Texten begegnen, sondern der gelebten Wirklichkeit der christlichen Gemeinde ...« *Kurt Frör*

- »Die Schule ist auf Grund ihres geistigen Auftrages, der in einer geschichtlichen Situation wurzelt, zur Auslegung der Bibel genötigt. In dieser Tatsache hat schulischer Religionsunterricht seinen Grund und sein Recht ...
- Zwischen schulischem und kirchlichem Religionsunterricht zu unterscheiden ist sinnvoll, weil jeder Unterricht ... in je verschiedenem didaktischem Zusammenhang stattfindet. ...
- In redlicher Auslegung geht es immer darum, sich als Ausleger vor einen Anspruch gestellt zu sehen ... In diese Lage sieht sich der Lehrer versetzt, der biblischen Unterricht erteilt ... Damit steht er in einer Reihe mit jedem, der sich um das Verständnis der Bibel bemüht. Aus dieser Situation ein ›kirchliches Amt‹ machen zu wollen, ist Ausdruck eines anfechtbaren Sicherungsbedürfnisses der Kirche.
- Wie *schulischer* Religionsunterricht ›Teil des kirchlichen Gesamtkatechumenats‹ sein soll, ist mir sachlich und logisch schlechterdings unbegreiflich ...« *Gert Otto*

Die Thesen von Gert Otto zeigen, wie die neueren Positionen der Religionspädagogik sich im Gegensatz zur bisher bestimmenden Evangelischen Unterweisung entwickelten. Das gilt für alle Konzeptionen, die hier dargestellt werden.

Schon 1947 setzte sich Rudolf Bultmann – gegen Kittels Buch – dafür ein, den Religionsunterricht von der Schule her zu konzipieren, wo er »das Wesen der christlichen Religion, den Sinn des christlichen Glaubens deutlich zu machen« habe. Er lenkte den Blick von dogmatischen Fixierungen weg auf die Aufgabe an jungen Menschen: »Der Mensch muss dahin gelangen, dass er sich auf sich selbst besinnt ... Er muss lernen, seine eigenen Fragen zu verstehen ...«[4] Bultmann erwarb also

3 Nach Horst Gloy (Hg.), Evangelischer Religionsunterricht in einer säkularisierten Gesellschaft. Göttingen 1969, S. 122–124.

4 Rudolf Bultmann, Erziehung und Glaube (1959), in: Ders., Glauben und Verstehen. Band 4. Tübingen 1967, S. 52–55.

früh das Verdienst, dass er an die Adressaten erinnert und einen Weg gewiesen hat, die existenziale Interpretation für den Religionsunterricht fruchtbar zu machen. Diesen Weg gingen um 1960 Martin Stallmann, Hans Stock und Gert Otto mit der Konzeption des *Hermeneutischen Religionsunterrichts*.[5] Sie verarbeiteten die Diskussion um die Schulreform, die bildungstheoretische Didaktik Wolfgang Klafkis und eine Analyse der säkularisierten (oder gar glaubenslosen) Gesellschaft, in der viele durch den Verlust der Tradition zum bloßen Konformismus verführt wurden. Dem sollte die Schule entgegenwirken. Dabei kommt dem Religionsunterricht eine wichtige Aufgabe zu: Er soll als »problemoffener Orientierungsunterricht« (Hans Stock) durch die Auseinandersetzung mit der Überlieferung Schülerinnen und Schüler zum Verstehen ihrer eigenen Existenz und ihrer Gegenwart anleiten und dabei die Relevanz des christlichen Glaubens für diese Orientierung in der Welt deutlich machen. Weder soll er exklusiv die Wahrheit des christlichen Glaubens behaupten noch Kinder und Jugendliche zu einem religiös angepassten Verhalten verleiten, sondern sie dazu bringen ihre eigenen Fragen zu stellen, also existenziell zu denken. Die Frage nach der Existenz, nach Verantwortung und Moralität und die existenziale Interpretation biblischer Texte gehören zusammen und setzen gründliche historisch-kritische Arbeit der Lehrerin, des Lehrers voraus, damit solche fremden Texte zum Verständnis eigener Erfahrungen helfen können.

Diese Konzeption hat den Religionsunterricht zwar konsequent von der Schule her begründet und die Schüler in den Mittelpunkt gerückt, aber die religionspädagogische Diskussion hat an der zentralen Stellung der Bibel im Religionsunterricht nichts verändert. Gleichzeitig geriet der Religionsunterricht am Ende der 60er Jahre in eine Krise durch viele Abmeldungen, die u. a. ausgelöst waren durch Unbehagen an veralteten Stoffen (besonders der Bibel) und Langeweile, durch unzureichenden Kontakt zur Lebenswelt der Schüler und den Vorwurf der Indoktrination. Die Kritik war Teil einer breiten Diskussion sozialer und bildungspolitischer Fragen und eines deutlichen politischen Interesses der Jugend.

Diesen allgemeinen Traditionsabbruch erkannten manche, und *Hans-Bernhard Kaufmann* stellte 1966 die entscheidende Frage ins Zentrum der Diskussion:[6]

»Muss die Bibel im Mittelpunkt des Religionsunterrichts stehen?

- Die traditionelle Mittelpunktstellung der Bibel *als Gegenstand und Stoff des Religionsunterrichts* ist ein Selbstmissverständnis und weder theologisch noch didaktisch gerechtfertigt ...
- Die Frage nach Gott und das Zeugnis des Neuen Testaments vom Heil in Jesus ... gehen auf das Ganze der Wirklichkeit und des Menschseins. Sie kommen daher in ihrer Bedeutung nur dann recht in den Blick, wenn es gelingt, sie im

5 Vgl. Martin Stallmann, Christentum und Schule. Stuttgart 1958. – Hans Stock, Religionsunterricht in der »Kritischen Schule«. Gütersloh 1968. – Gert Otto, Verkündigung und Erziehung in Theologie und Pädagogik. Göttingen 1957.

6 Diese bis heute äußerst wichtigen sechs »Thesen zur Diskussion um eine zeitgemäße Didaktik des Religionsunterrichts«, die hier nur auszugsweise zitiert werden, hat Kaufmann 1966 während einer Tagung der Evangelischen Akademie in Loccum mit »Erläuterungen« vorgetragen und zur Diskussion gestellt. Vgl. den vollständigen Text: Hans-Bernhard Kaufmann, Muß die Bibel im Mittelpunkt des Religionsunterrichts stehen? Thesen zur Diskussion um eine zeitgemäße Didaktik des Religionsunterrichts, in: Hartmut Lenhard (Hg.), Arbeitsbuch Religionsunterricht. Überblicke – Impulse – Beispiele. Gütersloh, 3., neu bearbeitete und erweiterte Aufl. 1996, S. 232–234.

Kontext der geschichtlichen Welt und der menschlichen Lebenswirklichkeit sowie im Dialog mit dem Welt- und Selbstverständnis der heute lebenden Menschen zur Sprache zu bringen ...
- Wenn es als eine Aufgabe des Religionsunterrichts angesehen werden kann, die Bedeutung und Relevanz des Glaubens in unserer Welt erkennen und erfahren zu lassen, dann sind die Einführung in die christliche Überlieferung und die Auslegung der Bibel notwendige Teilziele dieser Aufgabenstellung ...«

Kaufmann formuliert hier die Grundlagen der neueren Religionsdidaktik, die damit Anliegen der liberalen Religionspädagogik des ausgehenden 19. Jahrhunderts aufnimmt: Es geht bewusst um alle Schülerinnen und Schüler, nicht nur um die mehr oder weniger christlichen (die Getauften), an die Stelle von Verkündigung oder Exegese tritt als oberstes Ziel die Auseinandersetzung mit der menschlichen Lebenswirklichkeit. Darin erkennen wir die Grundlage des *thematisch-problemorientierten Religionsunterrichts*, wie er in den 70er Jahren überall in der Praxis entstand, wo Lehrerinnen und Lehrer die Fragen und das Selbstverständnis ihrer Schüler ernst nahmen und mit ihnen und im Austausch mit anderen suchenden Kollegen einen sinnvollen Religionsunterricht zu entwickeln versuchten, der die Schüler versteht und den die Schüler verstehen. Dieser problemorientierte Religionsunterricht hat folgende Grundlagen:
- Der Religionsunterricht ist ganz und gar schulischer Unterricht und an der Schule ein Fach unter anderen Fächern.
- Er ist daher zuerst bildungstheoretisch begründet aus dem allgemeinen Bildungsauftrag der Schule. Daher hat der Lehrer auch seinen Religionsunterricht in Analogie zu anderen Fächern didaktisch zu verantworten und methodisch überlegt zu strukturieren.
- Im Mittelpunkt des Religionsunterrichts stehen die Schüler, ihre Fragen, Interessen und Probleme, ihre Orientierung in der Welt. Subjekt der Bildung und des Lernens ist der junge Mensch, der durch die im Unterricht vermittelten Lernerfahrungen mehr Freiheit und Selbstbestimmung erlangen soll.
- Damit treten zugleich die aktuelle Wirklichkeit der Welt und Gesellschaft und ihre Fragen in den Vordergrund.
- »Religion« wird nicht abwertend als Gegensatz zum Glauben verstanden, sondern als ein anthropologisches Grundphänomen, etwa im Sinne von Paul Tillichs »Dimension der Tiefe«.
- Bibel und christliche Tradition sind nicht geheiligte Wahrheiten und unbefragt die Mitte des Religionsunterrichts, sondern sie liefern – prinzipiell ähnlich wie andere Überlieferungen – Anregungen und Hilfen zu gegenwärtiger Sinnfindung und Orientierung in der Welt.
- Für die Inhalte und Ziele des Religionsunterrichts stellt Kaufmann schließlich folgende Kriterien auf: Werden sie den Bedürfnissen, Interessen und Perspektiven der Heranwachsenden gerecht? Berücksichtigen sie die sozio-kulturellen Voraussetzungen und die gesellschaftlichen Konflikte? Werden sie der Bedeutung der Überlieferung gerecht? Werden Schüler und Lehrer an der Auswahl von Zielen und Inhalten angemessen beteiligt?

Diese *thematisch-problemorientierte Konzeption*, die wir an Hans-Bernhard Kaufmanns Ausführungen kennen gelernt haben, bestimmte lange Zeit die religionspädagogischen Überlegungen, Lehrpläne und Schulbücher.

Die Jahre 1968–1975 waren in unseren westlichen Gesellschaften durch große Umbrüche bestimmt, in denen das Bestehende und die Tradition heftig kritisiert und oft als nur negativ abgetan wurden. Für viele Menschen war die Religion ein Element der Tradition, so dass die Überwindung der Religion als ein wichtiges Moment des emanzipatorischen Fortschritts erschien. Wie sollte die Religionspädagogik auf diese Ablehnung reagieren? Zweifellos musste man notwendig von der Ambivalenz der Religion ausgehen: Einerseits war Religion ein Pfeiler des Systems, diente dem Machterhalt und autoritären Strukturen, ließ sich als Ideologie vereinnahmen. Andererseits wirkte Religion immer wieder und ihrer Intention nach befreiend, ließ Menschen ausbrechen aus Verkrustungen und Neues wagen. Daher ist es eine wichtige Aufgabe, die Entartung der »Religion 1« zu entlarven, um damit zur ursprünglich menschenfreundlichen Wirkung der »Religion 2« zurückzukehren.

Dies war die Absicht der *»(ideologie)kritischen« Religionsdidaktik*, die vor allem von *Gert Otto* und *Siegfried Vierzig* entwickelt wurde und bei der aufklärerische Reflexion im Mittelpunkt steht.[7] Dabei ist der Blick auf die alltäglichen Lebensverhältnisse der Schülerinnen und Schüler gerichtet, also auf den Menschen als gesellschaftliches und politisches Wesen. Da der Mensch Verantwortung trägt für seine Welt und die Schule der Ort des allgemeinen Lernens ist, trägt die Schule und in ihr auch der Religionsunterricht Verantwortung für die Gesellschaft, für deren Zukunft es notwendig ist, die herrschenden Ideologien zu kritisieren. Gerade die religiöse Erziehung und mit ihr der Religionsunterricht hätten somit die Aufgabe, junge Menschen gegenüber der verführenden Macht von Ideologien immun zu machen. Der Einzelne soll sich nicht anpassen und funktionieren, sondern sich selbstständig mit der Sinnfrage und den »Grundnormen für humane Existenz in der Gesellschaft« auseinander setzen. Dazu sollen Schülerinnen und Schüler vier Kompetenzen erwerben: 1. Sprachkompetenz, um sich anderen verständlich zu machen – auch im Bereich des Religiösen, 2. Sachkompetenz, bei der es um Informationen und deren Analyse geht, 3. Kommunikative Kompetenz, also die Fähigkeit zu Einfühlung und Solidarität, und 4. Handlungskompetenz, also die Fähigkeit, das Erkannte in die Praxis umzusetzen, in unserem Fall: die kritisierten Haltungen der »Religion 1« zu überwinden und sich an Jesus zu orientieren, an seiner Befreiung der Menschen aus Abhängigkeit und seiner Solidarität mit den Außenseitern.

Für Gert Otto sind christliche und nicht-christliche Inhalte gleich wichtig als Vehikel zur Klärung des Denkens und zur Veränderung der Wirklichkeit. Er begründet den Religionsunterricht von der Schule her als einen konfessionsunabhängigen Ethikunterricht. Dieser hat die grundsätzliche emanzipatorische Aufgabe, Schüler das rückhaltlose selbstkritische Denken zu lehren, also auch die eigene (christliche) Herkunft nicht von der Kritik auszunehmen. Da Schule in einer demokratischen Gesellschaft vor allem diese emanzipatorische Aufgabe hat, setzt sich Otto zur Überwindung von Benachteiligungen vehement für die integrierte Gesamtschule und zur Überwindung von Einseitigkeiten und Vorurteilen für einen überkonfessionellen Religionsunterricht ein.[8]

---

7 Vgl. zum Folgenden: Siegfried Vierzig, Ideologiekritik und Religionsunterricht. Zürich 1975.

8 Vgl. hierzu Gert Otto, Schule und Religion. Hamburg 1972; Was heißt Religionspädagogik?, in: Theologia Practica 1974, S. 166ff.

Von der skizzierten Ambivalenz der Religion geht auch der *therapeutische oder sozialisationsbegleitende Religionsunterricht* bei *Dieter Stoodt* aus, der nun den Blick nicht auf gesellschaftliche Ursachen lenkt, sondern auf die individuelle Biographie, nicht die Ideologie kritisiert, sondern die religiöse Sozialisation, vor allem in der Familie, da durch diese Sozialisation die Gesellschaft den Einzelnen nach vorgegebenen Werten und Normen präge. Kindern begegne dabei das Christentum in einer »reduzierten Gestalt«, es sei »um die Wirkungen seiner selbst gebracht«[9]. Es bestehe nur noch aus leeren Hüllen, sei ohne konstruktive Impulse, eine orientierende Kraft zu einem mündigen, solidarischen Lebenseinsatz liefere es nicht mehr. Wie kann nun gegenüber dieser entarteten »neutralisierten« Religion die »kritisch-transformierende ... und befreiende« ursprüngliche »Religion 2« zum Zuge kommen?

Der therapeutische Religionsunterricht soll Schädigungen bei den einzelnen Schülerinnen und Schülern aufheben, und zwar in drei Stufen: Zunächst hat der Lehrer das Fehlverhalten des einzelnen Schülers zu diagnostizieren. Daraus ergeben sich Informationen, die den Schüler durch Einsicht befreien sollen. Die Einübung in angemessene Verhaltensweisen entwickelt den freien Menschen, führt ihn zur authentischen Religion. Auf allen drei Stufen spielen Interaktion und gruppendynamische Prozesse eine wesentliche Rolle, da es ja um eine Verhaltensänderung geht. Dem Religionsunterricht fallen also wesentliche Aufgaben zu: Er soll dem Schüler helfen zur Selbstfindung, zur Solidarisierung, zu stellvertretendem Handeln und zu alternativem Denken, wobei »biblische Impulse« eine wichtige therapeutische Funktion bekommen, vor allem die Orientierung an der Lebenspraxis Jesu.

Sowohl in der Konzeption Vierzigs als auch in der Konzeption Stoodts ging es darum, die Verfälschung der Religion zu überwinden. Demgegenüber betont *Ingo Baldermann* mit seiner *elementaren Bibeldidaktik* die direkte Bindung des Religionsunterrichts an die Bibel, der er gerade heute größtes Vertrauen entgegenbringt. Er hat erfahren, »dass Kinder einen eigenen unmittelbaren Zugang zur Bibel finden und damit kreativ umgehen können.«[10] Daher begründet er seine Didaktik auf den »Vorsprung der Bibel« und bezieht dazu Klafkis Begriff der »wechselseitigen Erschließung« direkt auf die »biblische Offenbarung: Nicht nur erschließt sich Gott selbst dem Menschen, sondern damit wird auch der Mensch für Gott erschlossen.«[11] Auch Baldermann lebt in einer sehr kritischen Haltung zu unserer Welt »in dieser nun in allem Ernst apokalyptischen Situation«, auch er sieht die Ratlosigkeit vieler Schülerinnen und Schüler. Aber er verzichtet auf Umwege über die Analyse der Ursachen gegenwärtiger Missstände oder des Schülerbewusstseins, weil er der Bibel und ihrer Sprache elementare Kraft zutraut, wenn sie für uns zum »Buch des Lernens« wird:

»Didaktisch reflektieren heißt zunächst die Frage nach dem Notwendigen zu stellen ... Was ist heute notwendig im Religionsunterricht? ... Auf die entscheidenden Fragen kann die Didaktik nur in der Sprache der Hoffnung antworten ... Die

9 Dieter Stoodt, Religiöse Sozialisation und emanzipiertes Ich, in: Karl-Wilhelm Dahm / Niklas Luhmann / Dieter Stoodt, Religion – System und Sozialisation. Darmstadt / Neuwied 1972, S. 220f.

10 Ingo Baldermann, Einführung in die biblische Didaktik. Darmstadt 1996, Vorwort.

11 Ders. u. a., Bibel und Elementarisierung. Frankfurt / M. 1979, S. 23.

didaktisch entscheidende Aufgabe beim Umgang mit biblischen Texten ist also, den ursprünglich intendierten Dialog mit der bedrängend erfahrenen Wirklichkeit erneut in Gang zu setzen ... Im Lichte der biblischen Texte lernen wir unsere Wirklichkeit schärfer zu erkennen, und wiederum helfen uns unsere eigenen Erfahrungen, die biblischen Texte genauer zu verstehen.«[12]

Baldermanns Unterrichtsentwurf zu den Psalmen ist schon in viele Lehrpläne und Entwürfe eingegangen.[13] Wieweit es Lehrerinnen und Lehrern mit ihren Klassen gelingt, nach seinem Gesamtkonzept zu unterrichten, muss in der Praxis erprobt werden. Zunächst sind die alten Frage zu stellen: Wie kommt dabei die Lebenswelt der Kinder und Jugendlichen in den Blick? Wie wird den Schülerinnen und Schülern damit geholfen, sich in der sie umgebenden Wirklichkeit und ihrer Kultur zu orientieren?

Die elementare Bibeldidaktik war in den letzten zwei Jahrzehnten die einzige Konzeption mit dem Anspruch, den Religionsunterricht umfassend zu bestimmen, während viele andere Entwürfe eher begrenztere Beiträge zu einer lebendigen Entwicklung liefern wollten. Insgesamt ist dabei die neuere religionspädagogische Entwicklung von drei Erkenntnissen geprägt:

1. Ein weiter Begriff von Religion (etwa wie bei Paul Tillich) bestimmt unser Denken, nicht konfessionelle Abgrenzung. Während etwa Gert Otto schon lange für einen konfessionsübergreifenden Religionsunterricht eintritt, andere auch für einen religionenübergreifenden, ist es auch nach der Wende nicht gelungen, wenigstens in den neuen Bundesländern den Religionsunterricht konfessionell-kooperativ einzuführen. Das sehr weite, oft diffuse Verständnis von Religion in unserer Gesellschaft stellt neue Fragen an Inhalte und Konzeptionen des Religionsunterrichts.

2. In die gleiche Richtung führt die Orientierung an den Schülerinnen und Schülern: Bei ihnen wurde ein radikaler Traditionsabbruch festgestellt, Vorkenntnisse und religiöse Erfahrungen fehlen bei vielen, so dass der Religionsunterricht ihnen erst Grundkenntnisse vermitteln und elementare Fragen erschließen soll. Auch aus diesem Grund kommt dem Erzählen wieder eine große Bedeutung zu. Viele Entwürfe wollen erfahrungsorientiert ansetzen – wie etwa die Korrelationsdidaktik – und den Schüler als ganzen in den Unterricht einbeziehen. Es ist selbstverständlich geworden, dass die Religionspädagogik von den Schülerinnen und Schülern ausgehen soll. Karl Ernst Nipkow, Friedrich Schweitzer u. a. haben daher immer wieder auf die religiöse Entwicklung der Kinder und Jugendlichen hingewiesen. Als eine Konsequenz daraus hat Nipkow die Elementarisierung als zentrale Aufgabe der Vorbereitung herausgestellt, und Godwin Lämmermann leitet aus einem kritischen Bildungsbegriff eine konstruktiv-kritische Religionspädagogik ab.

3. Wenn man Jugendliche (und Erwachsene) in unserer Gesellschaft beobachtet, erkennt man häufig eine sehr geringe religiöse Sprachfähigkeit, wodurch die religiöse

12 Ders., Der Gott des Friedens und die Götter der Macht. Biblische Alternativen. Neukirchen-Vluyn 1983 (Einleitung); wieder abgedruckt bei Hartmut Lenhard, a. a. O., S. 234–239.

13 Ingo Baldermann, Wer hört mein Weinen? Kinder entdecken sich selbst in den Psalmen. Neukirchen-Vluyn, 4. Aufl. 1993. Wie Baldermann sich Religionsunterricht vorstellt, zeigt wohl am deutlichsten ein von ihm herausgegebenes Schulbuch: Religion 5 / 6. Hoffnung lernen. Stuttgart 1995; Lehrerkommentar: Stuttgart 1996.

Sprache überhaupt zum Problem wurde und als Grundlage des religiösen Lernens ins Blickfeld rückte. Dem geht besonders die Symboldidaktik nach, um Schüler zu befähigen, die Sprache der Religion(en) zu verstehen.

→ *Bildung*, → *Didaktik*, → *Elementarisierung*, → *Erzählen*, → *Ganzheitlichkeit*, → *Konfessionalität und konfessionelle Kooperation*, → *Konzeptionen des Katholischen Religionsunterrichts*, → *Korrelationsdidaktik*, → *Lebensgestaltung – Ethik – Religionskunde*, → *Sprache im Religionsunterricht*, → *Symboldidaktik*, → *Theorien religiöser Entwicklung*

Zur Diskussion gestellt

- Erinnern Sie sich an den Religionsunterricht Ihrer Schulzeit? Welche Konzeption lag ihm zu Grunde? Wie ist sie realisiert worden? Wie hat das auf Sie und Ihre Mitschülerinnen und Mitschüler gewirkt?
- Welche der Konzeptionen ist Ihnen am fremdesten? Begründen Sie Ihre Position. Wie könnten Schülerinnen und Schüler darauf reagieren?
- Welcher Konzeption oder welchem Mix aus Konzeptionen folgen Sie selbst in Ihrem Unterricht bisher? Sind Sie sich über die Schwierigkeiten des Verstehens für Schülerinnen und Schüler klar ? Haben Sie versucht, mit ihnen über solche Fragen der Konzeption zu sprechen?
- Welche Konzeption scheint Ihnen im Blick auf die Schülerinnen und Schüler und unsere Schulwirklichkeit für das nächste Jahrzehnt am besten geeignet? Begründen Sie Ihre Position gegenüber der Schulleitung, gegenüber der Schülermitverwaltung und gegenüber einem Vertreter der Kirchenleitung.

Literaturempfehlung

Harry Noormann u. a., Ökumenisches Arbeitsbuch Religionspädagogik. Stuttgart / Berlin / Köln 2000, S. 123–186. – Godwin Lämmermann, Religionspädagogik im 20. Jahrhundert. Gütersloh 1994. – Jahrbuch der Religionspädagogik 18 (2002): Thema »Religionsdidaktik«.

Martin Uwe Schmidt

Konzeptionen des Katholischen Religionsunterrichts

Konzeptionen des Religionsunterrichts seit 1945
Religionsunterricht als Glaubensunterweisung – der katechetische Religionsunterricht

Anknüpfend an die Weimarer Verfassung wurde der Religionsunterricht nach dem Zweiten Weltkrieg wieder Pflichtfach in der Schule, seit 1949 im Grundgesetz Art. 7 verankert. Dabei wurde den Kirchen das Recht zugestanden, den Religionsunterricht inhaltlich zu bestimmen. In der ersten Phase der Nachkriegszeit wurde das Fach Katholische Religionslehre als »Kirche in der Schule« verstanden und unterschied sich damit qualitativ von den anderen Schulfächern. Kirche nahm mit dem Religionsunterricht einen Verkündigungsauftrag im schulischen Rahmen wahr. So fand etwa ein Teil der Sakramentenvorbereitung selbstverständlich im Religionsunterricht statt (z. B. Firmvorbereitung). Dem katechetischen Verständnis entsprach die personelle Struktur: Nahezu ausschließlich wurde in den Nachkriegsjahren der Religionsunterricht von Priestern erteilt. An Unterrichtsmaterial standen eine Auswahlbibel, die alten Katechismen und erbauliche Traktate zur Verfügung. Die Sprache, die in dieser Phase den Unterricht prägte, konnte binnenkirchlich-predigthaft sein, ging man doch bei den Adressaten von volkskirchlich sozialisierten Christen aus, deren Glaube zu entfalten war und denen der Religionsunterricht die Lehre in systematischer Form vermitteln sollte. Da der Adressat, der der Verkündigung bedarf, als aufnahmewillig und ansprechbar gedacht wurde, konnte infolgedessen auf Argumentation verzichtet werden.

Eine gewisse Neuerung und vorsichtige Entwicklung des katechetischen Religionsunterrichts stellte der »Katholische Katechismus der Bistümer Deutschlands« (so genannter »Grüner Katechismus« von 1955) dar. Die Autoren boten Lehrstücke, die in einem knappen zusammenfassenden Merksatz endeten. Neu waren dabei eine stärkere biblische Fundierung und mit aller Vorsicht erste Ansätze, Glaubenswahrheiten mit dem Leben zu verbinden.

Hermeneutischer Religionsunterricht

Dass das Modell »Religionsunterricht als Glaubensunterweisung« Ende der 50er Jahre des vergangenen Jahrhunderts abgelöst wurde, hing damit zusammen, dass eine Reihe von Voraussetzungen brüchig geworden war. So machte etwa die Auflösung eines gesellschaftlichen Grundkonsenses auch die Vorstellung von Kirchen als geschlossenen »Volkskirchen« fragwürdig. Schule lernte sich in diesem Zusammenhang zudem als demokratische Bildungs- und Ausbildungsstätte für unterschiedliche weltanschauliche Gruppen verstehen. Zwangsläufig musste sich der Religionsunterricht in diesem Kontext neu finden und konzeptionell definieren. Auch innertheologisch zeichneten sich deutliche Veränderungen ab. Die Religionspädagogik vollzog eine »pädagogische« Wende; im Umgang mit der Bibel gewann auch in der katholischen Kirche die historisch-kritische Exegese langsam und vorsichtig mehr und mehr an Bedeutung.

Die Übertragung dieser Erkenntnisse auf den Religionsunterricht bedingte eine Gewichtsverlagerung von der systematischen Theologie hin zur Exegese und zum geschichtlichen Denken. Katholischerseits wurde eine solche Neukonzeption des Religionsunterrichts vor allem von Religionspädagogen wie Albert Höfer, Günter Stachel, Wolfgang Langer und Hubertus Halbfas vorangetrieben. Laientheologen, die vermehrt den Dienst übernahmen, trugen sie in die Schulen und ließen – auch bedingt durch ihre Zweit- oder Drittfächer – der wissenschaftlichen Seite des Religionsunterrichts eine wachsende Bedeutung zukommen.

In dieser sich neu entwickelnden »hermeneutischen« Konzeption ging man davon aus, dass die Lerninhalte des Katholischen Religionsunterrichts nicht einfach gewiss sind und eindeutige Bejahung finden. Eindeutigkeit in Bezug auf die prinzipiell offene Wirklichkeit wird erst durch Erkennen, Verstehen und Verständigung gewonnen. Deshalb sollten – so die didaktische Konzeption – Schule und der Religionsunterricht in der Schule dem jungen Menschen Wirklichkeit durch Sprache und Auslegung eröffnen. Dazu bediente man sich vor allem der Bibel und – als Hilfsmittel für eine sachgemäße Erschließung – der wissenschaftlichen Instrumentarien der Exegese (»exegetischer Frühling« an den Schulen). Die traditionellen Themenfelder des Religionsunterrichts (Sittenlehre, Liturgie, Kirchengeschichte) hatten sich nun nicht mehr gegenüber dem Katechismus, sondern gegenüber der Bibel auszuweisen. Entsprechend entstand eine neue Generation von Schulbüchern, die sich ihrer jeweiligen Fachdisziplin gegenüber verpflichtet verstanden.

Die wissenschaftliche Qualität des Unterrichts wurde im Horizont der damals herrschenden Existenzphilosophie überhöht durch die »existenzielle Interpretation«, die – ähnlich wie in anderen geisteswissenschaftlichen Schulfächern – weitgehend zum Leitmotiv für die Deutung von Dogma und Bibel wurde. Im Anschluss an die Philosophie von Martin Heidegger und Karl Jaspers und in engem Bezug zur anthropologisch gewendeten Theologie Karl Rahners wurde immer wieder die Frage gestellt, was der Glaube letztendlich für den Einzelnen bedeutete.

Wenig gesehen wurde, dass dieses anspruchsvolle Selbstverständnis eines Religionsunterrichts auch Schattenseiten hatte. Nahezu unberücksichtigt blieben in dieser Konzeption emotionale, affektive und kreative Dimensionen, es gab die Tendenz, die Wahrheit des Glaubens zu ersetzen durch die Richtigkeit der Erkenntnis.

Ehe dieses Modell schulischen Religionsunterrichts aus sich heraus weiterentwickelt werden konnte, geriet der Unterricht ab 1968 durch gesellschaftliche und gesellschaftspolitische Umbrüche in die tiefste Krise der Nachkriegszeit. Plötzlich sah er sich von unterschiedlichen Seiten her heftig angegriffen, musste um sein Überleben an der Schule kämpfen und sich legitimieren. Es kam zum ersten Mal zu massiven Austrittswellen aus dem Religionsunterricht, Religionslehrerinnen und -lehrer und politisch wie kirchlich Verantwortliche waren durch die Auswirkungen der 68er Unruhen, die das Bildungswesen nicht unverschont ließen, zutiefst verunsichert. Eine neue einheitliche Konzeption für den Religionsunterricht war in dieser Situation nicht in Sicht, ja konnte gar nicht erwartet werden. Der 1968 neu herausgegebene »Rahmenplan für den Religionsunterricht« war obsolet, noch ehe er in der Praxis groß zur Kenntnis genommen worden war, ebenso stieß der modernisierte Katechismus »glauben – leben – handeln« – 1969 im Auftrag der Deutschen Bischöfe herausgegeben – nur auf geringe Resonanz.

Von religionspädagogischer Seite versuchte man mit den zeitlich etwa gleichzeitig vorgestellten Konzeptionsversuchen eines religionskundlichen bzw. problemorientierten Religionsunterrichts auf die Zeittendenzen und grundlegenden Erschütterungen zu reagieren.

Religionsunterricht als Religionskunde

Das Modell »Religionsunterricht als Religionskunde« machte es sich zur Aufgabe, vorurteilsfrei Kenntnisse über die Religionen und deren Geschichte zu vermitteln. Gegenstand eines so verstandenen Religionsunterrichts sollten die vorfindlichen religiösen Phänomene und religiös wirksamen Faktoren in Vergangenheit und Gegenwart sein. Der Platz des Faches in der Regelschule wurde damit begründet, dass Religion eines der grundlegenden und wirkmächtigsten Phänomene sei, ohne deren Kenntnis und Verständnis Welt und Wirklichkeit nicht adäquat gedeutet werden können. Charakteristisch für diese Konzeption war die Information von neutraler Warte aus, die für den sich als gläubig verstehenden jungen Menschen ebenso verständlich sein musste wie für den zweifelnden oder dem Glauben entfremdeten. Welche persönlichen Folgerungen die einzelnen Adressaten des Unterrichts dann aus dem zur Kenntnis genommenen religiösen Wissen zogen, das blieb im Bereich der eigenen Einschätzung. Formen des religiösen Betroffenseins wurden geradezu methodisch ausgeschlossen. Ein solcher Religionsunterricht verstand sich bewusst als kulturhermeneutische Informationsbörse und Sachkunde.

Mit diesem Selbstverständnis erreichte der Religionsunterricht eine Angleichung an die Unterrichtsinhalte anderer Fächer, wie sie bislang in diesem Maße nicht gegeben war. Der Anspruch einer vorurteilsfreien Vermittlung brachte es mit sich, dass die religiösen Phänomene zudem vom Ansatz her konfessionsenthoben zu betrachten waren, da ja jeder Ansatz eines kirchenimmanenten Standpunktes zu vermeiden war. Dadurch verschob sich aber auch die Rolle der / des Unterrichtenden hin zur Expertin / zum Experten in der Funktion fachlichen Vermittelns.

Primäre Bezugswissenschaften war nun nicht mehr die Theologie, vielmehr gewannen Religionswissenschaft, Religionsphänomenologie und Religionsgeschichte an Bedeutung. Im Unterricht wurde der Inhaltskanon deutlich ausgeweitet, neu und ausführlich wurden vor allem die Weltreligionen in den Blick genommen. Informierende Medien bis hin zum Lernmaterial für programmierten Unterricht bestimmten die Unterrichtspraxis.

Problemorientierter Religionsunterricht

Vom distanziert informierenden religionskundlichen Religionsunterricht unterschied sich deutlich das Modell eines problemorientierten Religionsunterrichts. Ihm ging es gerade darum, religiöses Betroffensein zu erwirken, indem versucht wurde, das heutige Leben und den immer neu zu vergegenwärtigenden Glauben aufeinander zu beziehen. Sicherlich war es dabei auch ein wesentliches Anliegen, das Fach angesichts der Abmeldewelle attraktiver und schülernäher zu gestalten. Dieser Religionsunterricht versuchte, gegenwärtige und zukünftige Lebensfragen und Probleme der Schülerinnen und Schüler unter Einbeziehung der christlichen Überlieferung zu bearbeiten. Allerdings gerieten dabei Selbstverständnis und Lebenssituation der Kinder und Jugendlichen manchmal auch zu sehr in den Vordergrund. Da die verhandelten Inhalte allein von ihrer Lebensrelevanz abhängig gemacht wurden, drangen ganz neue Themen in den Unterricht vor: Emanzipation, antiautoritäre Erziehung, Vorurteile, Ideologiekritik, Außenseiter der Gesellschaft, Familienkonflikte, Entwicklungshilfe, Dritte Welt etc. waren heiß diskutierte Fragestellungen, entsprechende Arbeitshilfen entstanden. Dabei war die Gefahr nicht immer von der Hand zu weisen, dass biblische und kirchliche Überlieferung nur noch zu bloßen Anhängseln einer übergewichteten Problemorientierung wurden. Dies brachte dem so verstandenen Religionsunterricht nicht immer zu Unrecht von verschiedenen Seiten den Vorwurf ein, in Profanpsychologie, Soziologie oder Gesellschaftskritik abzudriften, das Eigentliche eines christlich profilierten Religionsunterrichts aber aufgegeben, ja verraten zu haben.

Dass jedoch mit der grundsätzlich wechselseitigen Bezogenheit von Glaubenswirklichkeit und Lebenswirklichkeit ein bis in die Gegenwart relevanter religionspädagogischer Ansatz gefunden worden war, wurde etwa durch die »Erklärung der Deutschen Bischofskonferenz zur Zielsetzung des katholischen Religionsunterrichts« vom November 1972 bestätigt. In dieser Erklärung heißt es billigend und verstärkend: »Der katholische Religionsunterricht zeigt Mensch und Welt in ihrem Bezug zu Jesus Christus im Licht des christlichen Glaubens. Er macht den Schülern deutlich, dass man die Welt im Glauben sehen und von daher seine Verantwortung in ihr begründen kann«. Diese Erklärung wurde 1974 nahezu wörtlich in den Synodenbeschluss übernommen.[1]

Korrelativer Religionsunterricht als Integrationsmodell

Das in modifizierter Weise bis in die Gegenwart relevante Konzept eines korrelativen Religionsunterrichts versuchte seit den 70er Jahren erfolgreich, wichtige Anstöße der vorausgehenden Modelle korrigierend oder weiterführend zu integrieren. Aus dem katechetischen Modell etwa wurde gelernt, dass Lerninhalte im Religionsunterricht nicht als »ungeöffnete Stoffpakete« weitergegeben werden können, sondern die Botschaft in ihrer heilsbedeutsamen Anspruchsqualität Berücksichtigung finden muss. Aus dem hermeneutischen Religionsunterricht gewann man die Einsicht, dass der Unterricht sein Ziel dann erreicht, wenn Schülerinnen und Schüler in ein Verhältnis zum sorgfältig erhobenen, d. h. wissenschaftlich verantworteten Lerninhalt und zu sich selbst gebracht werden. Dem Ansatz des religionskundlichen Religionsunterrichts war die Erkenntnis zu verdanken, dass der Unterricht auch zweifelnde und religiös fernstehende oder sich gar als atheistisch bezeichnende Schüler/innen zu berücksichtigen habe. Schließlich behielt der problemorientierte Religionsunter-

1 Vgl. Gemeinsame Synode der Bistümer in der Bundesrepublik Deutschland. Beschlüsse der Vollversammlung. Offizielle Gesamtausgabe I. Freiburg 1976, S. 139, Nr. 2.5.1. – Modifiziert wurde der problemorientierte Religionsunterricht – ohne dass die Grenzen immer scharf gezogen waren – in den Modellen des sozialisationsbegleitenden, des emanzipatorischen und des therapeutischen Religionsunterrichts.

richt bleibende Bedeutung in der weiterhin selbstverständlichen Entschiedenheit, Glaubensüberlieferung und das jeweils gegenwärtige Welt- und Selbstverständnis miteinander in Beziehung zu bringen. Gerade in diesem Verbinden und In-Beziehung-Setzen von christlicher Glaubenstradition und der Lebenswelt junger Menschen liegt das Charakteristische des korrelativen Ansatzes. Dieses Konzept, das mit der Orientierung an den Jugendlichen auch allgemeinpädagogische Erkenntnisse ernst nahm, bestimmte in den vergangenen drei Jahrzehnten wesentlich und erfolgreich den Religionsunterricht in Theorie und Praxis. Der korrelative Ansatz sicherte dem Fach seinen Platz an der Schule bis hin zur Abiturabilität und machte – auch und gerade im Zuge wachsender Säkularisierung und Entkirchlichung – den schulischen Religionsunterricht zu einem relevanten Lernort für junge Menschen. Kirchlicherseits erhielt das Konzept die grundlegende Rückendeckung durch den Synodenbeschluss von 1974, unterrichtspraktisch wurde die Umsetzung im Zielfelderplan[2] und den darauf beruhenden Unterrichtswerken zu leisten versucht.

Neuansätze / Weiterentwicklung

Die Konzeption des korrelativen Religionsunterrichts hat sich trotz mancher Einwände im Wesentlichen bewährt, dem Fach im Rahmen der öffentlichen Schule und der Gesellschaft Platz und Anerkennung gesichert. Neuansätze oder Weiterentwicklungen in den vergangenen 25 Jahren gehen mit wenigen Ausnahmen weiterhin von den genannten Grundpositionen aus und modifizieren innerhalb des damit abgesteckten Rahmens.[3]

Auf katholischer Seite hat vor allem Hubertus Halbfas mit seinen Arbeiten und mit seinem Unterrichtswerk[4] den *symboldidaktischen Ansatz* in den Religionsunterricht eingebracht. Weil Symbole gemeinsamer hermeneutischer Schüssel für die Erschließung christlicher Überlieferung wie der Lebenswelt der Schülerinnen und Schüler sind, ist im weitesten Sinne so verstandener Religionsunterricht Sprachschule des Glaubens und Sprachschule des Lebens. Dabei kommt für Halbfas einem Sprachunterricht – verstanden als systematische Hin- und Einführung in die Metaphorik religiösen Redens – zentrale Bedeutung zu, ist doch metaphorische Sprache die einzig mögliche Sprechweise der Religionen.

---

2 Zielfelderplan für den katholischen Religionsunterricht der Schuljahre 5–10 (Sekundarstufe I). Grundlegung. Erarbeitet von einer Kommission des Deutschen Katecheten-Vereins e.V. in Zusammenarbeit mit der Bischöflichen Hauptstelle für Schule und Erziehung. München 1973.

3 Z. B. Rudolf Englert, Die Korrelationsdidaktik am Ausgang ihrer Epoche. Plädoyer für einen ehrenhaften Abgang, in: Georg Hilger / George Reilly (Hg.), Religionsunterricht im Abseits? Das Spannungsfeld Jugend – Schule – Religion. München 1993, S. 97–110. – In neuerer Zeit z. B. Thomas Ruster, Der verwechselbare Gott. Theologie nach der Entflechtung von Christentum und Religion. Freiburg 2000. – Ders., Die Welt verstehen »gemäß den Schriften«. Religionsunterricht als Einführung in das biblische Wirklichkeitsverständnis, in: rhs – Religionsunterricht an höheren Schulen 2000, S. 189–203. Kritisch dazu u. a. Georg Baudler, Einführung in eine biblische Science-Fiction-Welt? Zur gegenwärtigen Infragestellung des erfahrungsorientierten Religionsunterrichts, in: Katechetische Blätter 2000, S. 426–431.

4 Z. B. Hubertus Halbfas, Das dritte Auge. Religionsdidaktische Anstöße. Düsseldorf, 4. Aufl. 1989. Für die Primarstufe: Religionsbuch. 4 Bände. Düsseldorf 1983ff. Für die Sekundarstufe I: Religionsbuch. 3 Bände. Düsseldorf 1989ff. Dazu Arbeitshefte und 10 Lehrerkommentarbände.

Im Zuge der Weiterentwicklung des korrelativen Modells werden in jüngerer Zeit auch *Elementarisierungskonzepte* reflektiert und rezipiert.[5] Neben den immer schon vorhandenen Versuchen, Glaubensinhalte für die Verkündigung oder den Religionsunterricht didaktisch zu reduzieren (z. B. Suche nach »Kurzformeln des Glaubens«) sieht die religionspädagogische Reflexion das Elementare nicht nur auf der Ebene des Materialobjektes, sondern im Schnittpunkt mehrerer Hauptlinien, so dass Glaube als lebensrelevant zu erschließen ist, objektive Wahrheiten persönlich belangvoll werden. Ein weiterer Gesichtspunkt im Elementarisierungsprozess ist das Ernstnehmen der Entwicklung psychologischer Verstehensmöglichkeiten.

Korrelationsdidaktik weiterdenkend entwickelte sich in den 80er Jahren der konzeptionelle Ansatz eines *diakonischen Religionsunterrichts*.[6] Charakteristisch ist hier »die samaritanische Aufmerksamkeit für das Leben der Schülerinnen und Schüler (und Lehrerinnen und Lehrer) insgesamt, für ihre Lebensgestaltung heute und morgen«.[7] Religion wird konsequent aus der Perspektive der Schülerinnen und Schüler zu bedenken versucht. Dabei geht es nicht um Rekrutierung, sondern »helfender Beistand bei der Sinnorientierung und Lebensgestaltung aus dem Weisheits- u. Praxisschatz der Religion und Religionen«[8] ist leitendes Ziel.

In jüngerer Zeit dringen – u. a. auch aus anderen Schularten – zumindest Einzelelemente eines *handlungsorientierten Religionsunterrichts*[9] auch in den gymnasialen Bereich vor. Charakteristisch für diese Formen des Lernens und Arbeitens ist der eigentätige und eigenständige Umgang der Schülerinnen und Schüler mit Aufgaben und Gegenständen. Damit einher gehen ganzheitliche Ansätze, selbst organisiertes und selbst verantwortetes Lernen z. B. in Form des Projektunterrichts, Arbeiten im Team und die Öffnung der Schule nach innen und nach außen (durch den Einbezug von Expertinnen und Experten, durch Exkursionen, Projekte wie Compassion[10] etc.).

Kirchenamtliche Stellungnahmen

Damit religionspädagogische Denkmodelle in Schule und Unterrichtspraxis wirksam werden können, sind – entsprechend der Legitimation des Faches – kirchenamtliche Zustimmungen notwendig. Auch wenn solche kirchenamtlichen Stellungnahmen von ihren spezifischen Aufgabenstellungen und Zielsetzungen her nicht einfach auf der Ebene religionspädagogischer Konzepte liegen, sollen hier noch knapp die zwei wesentlichen kirchlichen Grundlagenpapiere vorgestellt werden.

---

5 Vgl. Katechetische Blätter 2 / 2001.

6 Georg Bitter, Diakonischer Religionsunterricht, in: Norbert Mette / Folkert Rickers (Hg.), Lexikon der Religionspädagogik, Band 1. Neukirchen-Vluyn 2001, S. 325–329. – Ottmar Fuchs, Der Religionsunterricht als Diakonie der Kirche!? In: Katechetische Blätter 1989, S. 848–855.

7 Georg Bitter, a. a. O., S. 327f.

8 A. a. O., S. 328.

9 Rudolf Englert / Christian Gehltomholt, Handlungsorientierter (Religions)Unterricht, in: Norbert Mette / Folkert Rickers (Hg.), Lexikon der Religionspädagogik, a. a. O., S. 789–792.

10 Lothar Kuld, Compassion, in: Norbert Mette / Folkert Rickers (Hg.), Lexikon der Religionspädagogik, a. a. O., S. 293–295. – Lothar Kuld / Stefan Gönnheimer, Compassion. Sozialverpflichtetes Lernen und Handeln. Stuttgart 2000. – Johann Baptist Metz / Lothar Kuld / Adolf Weisbrod (Hg.), Compassion. Weltprogramm des Christentums. Soziale Verantwortung lernen. Freiburg 2000.

Zum Synodenbeschluss »Der Religionsunterricht in der Schule« (1974)[11]

Der Gemeinsamen Synode der Bistümer der Bundesrepublik Deutschland gelang es 1974, durch ihren Beschluss »Der Religionsunterricht in der Schule« die Fragen nach Selbstverständnis und Konzeption des Katholischen Religionsunterrichts wesentlich und nachhaltig zu klären. Zentrale Aussagen dieses Beschlusses sind:

1. Schulischer Religionsunterricht wird von der Gemeindekatechese unterschieden.
2. Ernst genommen wird, dass die Schülerinnen und Schüler unterschiedliche Vorverständnisse im Bereich von Glauben und Religion mitbringen, auch immer häufiger eine kirchenkritische, antikirchliche oder atheistische Haltung.
3. Der Erfolg des Religionsunterrichts ist nicht zu messen »an einer nachprüfbaren Glaubenspraxis der Schüler«.
4. Die Synode konzipiert den Religionsunterricht auf der Schnittlinie von pädagogischen und theologischen Begründungen.
5. Pädagogisch ist der Religionsunterricht kulturgeschichtlich, anthropologisch und gesellschaftlich relevant, denn Christentum gehört zu unseren prägenden geistigen Überlieferungen. Schule soll jungen Menschen zur Selbstwerdung verhelfen, und der Religionsunterricht lehrt z. B. unberechtigte Absolutheitsansprüche zu relativieren. Daraus resultiert die Notwendigkeit des Religionsunterrichts in der öffentlichen Schule.
6. Kirchlich-theologisch werden diese drei pädagogischen Argumentationsstränge kritisch vertieft: Das kulturgeschichtliche Vertrautmachen mit dem spezifisch Christlichen ist Voraussetzung für jedes Glaubensverständnis, für das Verstehen christlichen Feierns und Handelns. Eine theologische Fundierung der anthropologischen Fragestellungen soll vor verkürzten innerweltlichen Antworten bewahren. Unter gesellschaftlichem Aspekt ist der Religionsunterricht durch die theologische Begründung herausgefordert, sich kritisch mit konkurrierenden Deutungen und Denkweisen auseinander zu setzen und die christliche Perspektive, Welt und Gesellschaft zu interpretieren und zu verändern, einzubringen.
7. Daraus abgeleitet formuliert die Synode folgendes Zielspektrum des Religionsunterrichts:

- »Er weckt und reflektiert die Frage nach Gott, nach der Deutung der Welt, nach dem Sinn und Wert des Lebens und nach den Normen für das Handeln des Menschen und ermöglicht eine Antwort aus der Offenbarung und aus dem Glauben der Kirche;
- er macht vertraut mit der Wirklichkeit des Glaubens und der Botschaft, die ihm zu Grunde liegt, und hilft, den Glauben denkend zu verantworten;
- er befähigt zu persönlicher Entscheidung in Auseinandersetzung mit Konfessionen und Religionen, mit Weltanschauungen und Ideologien und fördert Verständnis und Toleranz gegenüber der Entscheidung anderer;
- er motiviert zu religiösem Leben und zu verantwortlichem Handeln in Kirche und Gesellschaft.«

11 Synodenbeschluss: Der Religionsunterricht in der Schule, in: Gemeinsame Synode der Bistümer in der Bundesrepublik Deutschland. Beschlüsse der Vollversammlung. Offizielle Gesamtausgabe I. Freiburg 1976, S. 123–152.

»Die bildende Kraft des Religionsunterrichts. Zur Konfessionalität des katholischen Religionsunterrichts« – Erklärung der deutschen Bischöfe vom 27. September 1996[12]

Mehr als 20 Jahre später suchte die Erklärung der Deutschen Bischöfe – unter ausdrücklicher Anerkennung dieses nach wie vor gültigen Synodenbeschlusses – den veränderten gesellschaftlichen Bedingungen (z. B. der Situation in den neuen Bundesländern seit der Wiedervereinigung Deutschlands), politischen wie pädagogischen Trends sowie vor allem innerkirchlichen Entwicklungen Rechnung zu tragen. Grundgelegt wurde, warum eine Erteilung des Religionsunterrichts in kirchlicher Mitverantwortung »nicht bloß den politischen und staatskirchenrechtlichen, sondern auch den pädagogischen und religiösen Erfordernissen in der pluralistischen Gesellschaft am besten gerecht wird«. Ziel war es aufzuzeigen, dass der Religionsunterricht einen eigenständigen und unersetzlichen Beitrag zum Bildungs- und Erziehungsauftrag der Schule, aber auch zur Identitätsfindung und Lebensbewältigung junger Menschen leistet.

Im Sinne einer Problemanzeige spricht die Erklärung im 1. Kapitel von wesentlichen Einflussgrößen, die im Kontext des Religionsunterrichts eine besondere Rolle spielen. Das 2. Kapitel klärt den Bildungsbegriff und betont, dass hier unter Bildung die Selbsttätigkeit des Heranwachsenden, unter Erziehung ein »Freiheit gewährendes Handeln« verstanden wird. Die Mitte des Religionsunterrichts und die Bildungsrelevanz seiner Inhalte sehen die Bischöfe in der Liebeserklärung Gottes an seine Welt in Jesus Christus und in den Gnadenerfahrungen von Freiheit und Liebe (Kapitel 3). Das Evangelium, das zum Sich-Bilden herausfordert, muss sich aber »verkörpern« und gestaltet als kirchlich verfasste Religion konkretes Leben (Kapitel 4). Diese Überlegungen führen zu den Fragen nach Konfession und Ökumene (Kapitel 5). Hier wird betont, dass Kooperation und Bemühen um das Verstehen des anderen »überzeugend nur vom eigenen Standpunkt her und deshalb im konfessionellen Religionsunterricht in ökumenischer Offenheit« erfolgen können. Entgegen andersartigen Tendenzen oder Wünschen wird damit von Seiten der katholischen Bischöfe weiterhin an der Trias von Konfessionalität der Religionslehrerin / des Religionslehrers, der Lehre und der Schülerinnen und Schüler festgehalten. Kapitel 6 der Erklärung setzt die konkrete Existenz der Religionslehrerin / des Religionslehrers in Bezug zum Bildungspotenzial des Katholischen Religionsunterrichts. Kapitel 7 stellt die rechtliche Stellung des Faches vor, das Folgekapitel kommt auf das Ersatzfach Ethik zu sprechen. Kapitel 9 bietet eine thesenartige Zusammenschau der wichtigsten Grundaussagen. Hier vor allem wird – mehr als im Gesamtdokument – der Aspekt der kirchlich-konfessionellen Identität in ökumenischer Offenheit in aller Deutlichkeit unterstrichen, andere Gesichtspunkte werden nicht oder kaum aufgegriffen.

Kritisch wurde deshalb von verschiedenen Seiten angefragt, ob mit dieser Erklärung tatsächlich eine entscheidende Wegweisung für den Katholischen Religionsunterricht und die Herausforderungen der Zukunft erfolgt ist.

---

12 Sekretariat der Deutschen Bischofskonferenz (Hg.), Die bildende Kraft des Religionsunterrichts. Zur Konfessionalität des katholischen Religionsunterrichts. Bonn 1996. Vgl. dazu Katechetische Blätter 1 / 1997 und entwurf 3 / 1996.

Ausblick[13]

Konzeptionen des Religionsunterrichts sind zu verstehen als Antwortversuche auf jeweilige Erfordernisse und Herausforderungen. Deshalb kann die Suche nach adäquaten Modellen nie abgeschlossen sein. Sind die Herausforderungen vielfältig, wird vielleicht auch nicht nur ein Konzept greifen, wobei meines Erachtens der Religionsunterricht der Zukunft hinter ein korrelatives Selbstverständnis, mit dem eine wichtige Richtung abgesteckt ist, nicht mehr zurückkann. Angesichts wachsender Entkirchlichung und einer »Verdunstung des Glaubens (Adolf Exeler) wird der Religionsunterricht verstärkt Fragen nachzugehen haben wie: Was bringt Christsein angesichts konkurrierender Weltdeutungen? Wie kann die Plausibilität Gottes neu beschrieben werden? Was leisten Symbole? Welche Rechte und Pflichten sind lebensnotwendig?[14] Dabei werden zukünftige Konzeptionen eines Religionsunterrichts sich auch daran messen lassen müssen, wieweit sie religionssoziologische Befunde ernst nehmen.[15]

→ Elementarisierung, → Fächerverbindender Unterricht, → Ganzheitlichkeit, → Konfessionalität und konfessionelle Kooperation, → Konzeptionen des Evangelischen Religionsunterrichts, → Korrelationsdidaktik, → Projektunterricht, → Symboldidaktik

Zur Diskussion gestellt
- Sie haben bereits als Schülerin und Schüler lange Jahre Religionsunterricht erfahren. Reflektieren Sie diesen Unterricht. Können Sie konzeptionelle Veränderungen oder neue Akzentsetzungen entdecken? Woran sind diese festzumachen?
- Untersuchen Sie, welches Konzept von Religionsunterricht im derzeitig gültigen Lehrplan und in Unterrichtswerken, die Sie verwenden, zu entdecken ist.
- Entwerfen Sie für einen Elternabend eine knappe Begründung für den von Ihnen vertretenen Religionsunterricht, seine Ziele, Inhalte und Unterrichtsformen.
- Beschäftigen Sie sich mit dem angegebenen Buch von Michael N. Ebertz und überlegen Sie Konsequenzen für einen Religionsunterricht der Zukunft.

---

13 Vgl. Achim Battke u. a. (Hg.), Schulentwicklung – Religion – Religionsunterricht. Profil und Chance von Religion in der Schule der Zukunft. Freiburg 2002. – Albert Biesinger / Joachim Hänle (Hg.), Gott – mehr als Ethik. Freiburg, 2. Aufl. 1998. – Reinhard Ehmann u. a. (Hg.), Religionsunterricht der Zukunft. Aspekte eines notwendigen Wandels. Freiburg 1998. – Reinhard Göllner / Bernd Trocholepczy (Hg.), Religion in der Schule? Projekte – Programme – Perspektiven. Freiburg 1995. – Günter Putz (Hg.), Meldezeichen. Im Dienst der Kirche in der Schule. Würzburg 1998. – Religionsunterricht 20 Jahre nach dem Synodenbeschluss. Dokumentation des Symposions vom 23.–25. März 1993 in Bergisch Gladbach / Bensberg. Hg. vom Sekretariat der Deutschen Bischofskonferenz (= Arbeitshilfen 111). – Norbert Scholl, RU 2000. Welche Zukunft hat der Religionsunterricht? Zürich 1993.

14 Günter Biemer, Sinnvoll ist, was Zukunft hat. Zu den prospektiven Aufgaben in der Religionspädagogik, in: Werner Tzscheetzsch (Hg.), Zwischen Exodus und Exil. Religionspädagogik in der Pluralität. Ostfildern 2000, S. 15–30.

15 Z. B. Michael N. Ebertz, Kirche im Gegenwind. Zum Umbruch der religiösen Landschaft. Freiburg, 4. Aufl. 2001.

Literaturempfehlung
Michael N. Ebertz, Kirche im Gegenwind. Zum Umbruch der religiösen Landschaft. Freiburg, 4. Aufl. 2001. – Georg Hilger / Stephan Leimgruber / Hans G. Ziebertz, Religionsdidaktik. Ein Leitfaden für Studium, Ausbildung und Beruf. München 2001, S. 42–101. – Harry Noormann u. a. (Hg.), Ökumenisches Arbeitsbuch Religionspädagogik. Stuttgart / Berlin / Köln 2000, S. 115–189. – Norbert Mette / Folkert Rickers (Hg.), Lexikon der Religionspädagogik. 2 Bände. Neukirchen-Vluyn 2001.

Georg Gnandt

Korrelationsdidaktik

Die Wirkungsgeschichte der Korrelationsdidaktik in der katholischen Religionspädagogik begann mit dem Synodenbeschluss »Der Religionsunterricht in der Schule« der Würzburger Synode 1974. Diese Wirkungsgeschichte ist nur zu verstehen auf dem Hintergrund der bis 1970 vorherrschenden Konzeption des »kerygmatischen Unterrichts«. Die Formel »Das Dogma sollen wir kennen, verkündigen müssen wir das Kerygma« bringt diese Unterrichtskonzeption knapp auf den Begriff. Inhaltlicher Schwerpunkt waren die dogmatische Glaubenslehre und die kirchliche Verkündigung dieser Lehre. Die Schule bildete den organisatorischen Rahmen für die Glaubensunterweisung mit dem Ziel der »Einübung des Glaubens«.

Der sich in den 70er Jahren deutlich abzeichnende fehlende Bezug vieler Schülerinnen und Schüler zum Glauben und zur konkreten Gemeinde führte im Synodenpapier zur zentralen, bis heute gültigen Unterscheidung von »Religionsunterricht« und »Gemeindekatechese«.

Außerdem wurde dort die Korrelation als ein neues didaktisches Prinzip eingeführt, wenn es u. a. heißt: »Der Religionsunterricht muss diese anthropologische Dimension des christlichen Glaubens zur Geltung bringen, dabei aber wissen, dass die Botschaft nicht aus, sondern an der Erfahrung und Situation des Menschen verifiziert wird; er ist nur dann christlicher Religionsunterricht, wenn er die Fragen und Probleme der Menschen und der Welt in Offenheit für das Zeugnis der Schrift und den Glauben der Kirche zu klären sucht.« In den Zielfelderplänen (Grundschule, Sekundarstufe I) wurde das Korrelationsprinzip dann für einzelne Unterrichtseinheiten umgesetzt.

»Die Methode der Korrelation erklärt die Inhalte des christlichen Glaubens durch existenzielles Fragen und theologisches Antworten in wechselseitiger Abhängigkeit.«[1]

Korrelationsdidaktik versteht sich daher als ein offener und kritischer Prozess, der versucht, Lebenserfahrungen der Schülerinnen und Schüler und Glaubensaussagen so im Unterricht aufeinander zu beziehen, dass sie sich wechselseitig erhellen. »Diese gegenseitige Wechselbeziehung wird kritisch genannt, weil in der Gegenüberstellung von Glaubensüberlieferung und Gegenwartserfahrung diese Gegenwartserfahrungen geprüft und verändert werden und weil zugleich die Glaubensüberlieferung in einem neuen Licht erscheint. Produktiv ist diese Wechselbeziehung, weil einerseits die Glaubensüberlieferung neue Lebenserfahrungen anstößt und andererseits die gegenwärtigen Erfahrungen die Glaubensüberlieferung neu befragen.«[2] Ein zentrales Problem der Korrelationsdidaktik wird hier offensichtlich: ob Erfahrung und Glaubensüberlieferung zwei gleichberechtigte Dimensionen sind oder ob die Erfahrungen der Jugendlichen nicht doch unter die zeitlos gültige »objektive« Glaubenswahrheit gestellt werden.

Aus dem konstitutiven Bezug »Erfahrung« – »Glauben« ergaben sich in den folgenden Jahren zentrale Anfragen an die Korrelationsdidaktik, die kurz genannt seien.

---

1 Paul Tillich, Systematische Theologie. Band 1. Stuttgart 1956, S. 74.

2 Zentralstelle Bildung der Deutschen Bischofskonferenz (Hg.), Grundlagenplan für den katholischen Religionsunterricht im 5.–10. Schuljahr (Revidierter Zielfelderplan). Bonn 1984, S. 243.

Kritische Anfragen an die Korrelationsdidaktik

Zunächst ist das Missverständnis der Korrelationsdidaktik als einer »Topf-Deckel-Methode« zu nennen, als sei die Lebenserfahrung der Jugendlichen die »Frage«, auf die die Offenbarung die »Antwort« liefert. In diesem Einwand wird von einer Dominanz der Lehre über die Erfahrung ausgegangen.

Der klassische Einwand aus der umgekehrten Perspektive lautet: Durch die Korrelation wird die Wahrheit des Glaubens »funktionalisiert« und auf seine anthropologische Lebensrelevanz hin reduziert. Hier wird von einer Dominanz der Erfahrung über die Glaubenswahrheit ausgegangen.

Die folgenden Anfragen wurden vor allem von Rudolf Englert[3] und George Reilly[4] vorgebracht: Die Überlieferung der Glaubensinhalte sei selbst ein korrelativer Erfahrungs- und Deutungsprozess. Dieser theologische Begriff von Korrelation werde unkritisch »als didaktisches Prinzip« übernommen, dabei werden »komplexe nicht theologische Zusammenhänge« des Unterrichts wie »Zeitplanung, Methodenentscheidung, Wahl der Medien ...«[5] vergessen.

Für Englert können die Schüler ihre Erfahrungen nicht mehr »prägnant« zur Sprache bringen und sie nicht mehr aus einem Glaubenshorizont heraus deuten. »So bleibt die Erfahrung diffus und der Glaube bleibt Fragment, zerfällt in eine Summe einzelner Deutungsvorschläge.«[6] Korrelationsdidaktik setze eine gewachsene Beziehung zwischen Mensch und Gott voraus und sei ein Begegnungsgeschehen ohne »Ergebnis«. Dieses Geschehen kann nicht planmäßig »hergestellt« werden. Gemeinsame Glaubensbegegnungen fehlen aber, so dass der Glaube »in der Distanz einer denkmöglichen Option«[7] verbleibt.

Korrelationsdidaktik geht nach Hubertus Halbfas in ihrer Zweipoligkeit von einem »strukturellen Dualismus« aus. Das Verhältnis der Jugendlichen zur Religion kann jedoch nicht in ein zweipoliges Schema gedrängt werden, sondern ihr Verhältnis zur Religion ist heute mehrdimensional oder fehlt ganz. Obwohl Glaube und Leben nie zu trennen sind, versucht die Korrelationsdidaktik beide Bereiche zu trennen, um sie dann wieder aufeinander beziehen zu können.

Lebenserfahrungen der Schülerinnen und Schüler im Korrelationsgeschehen

Trotz dieser bedenkenswerten Kritik ist an dem Konzept der Korrelation auch nach Englert in der Sache bis heute nichts Gravierendes auszusetzen.[8] Der Glaube ist selbst schon ein Korrelationsgeschehen zwischen Gott und Mensch und damit korrelationsfähig für heutige Lebenserfahrungen. Diese bilden sich in Verflochtenheit

---

3 Rudolf Englert, Die Korrelationsdidaktik am Ausgang ihrer Epoche. Plädoyer für einen ehrenhaften Abgang, in: Georg Hilger / George Reilly (Hg.), Religionsunterricht im Abseits? Das Spannungsfeld Jugend, Schule, Religion. München 1993, S. 97–110.

4 George Reilly, Süß aber bitter. Ist die Korrelationsdidaktik noch praxisfähig? In: Georg Hilger / George Reilly (Hg.), a. a. O., S. 16–27.

5 A. a. O., S. 22.

6 Rudolf Englert, a. a. O., S. 102.

7 A. a. O., S. 103.

8 A. a. O., S. 102.

mit anderen Lebensgeschichten, und wir versuchen, sie in unseren Lebenszusammenhang zu stellen, ohne allerdings den Gesamtzusammenhang unseres Lebens verstehen zu können. Die Lebenserfahrungen selbst sind ein Korrelationsgeschehen von Deutung eigener und fremder Widerfahrnisse. Sie sind darum immer auch offen für den oft fremden Anspruch des Glaubens.

Heutiger Religionsunterricht ist auch mit einer zunehmenden religiösen Individualisierung und Pluralisierung der Weltdeutungen der Schülerinnen und Schüler konfrontiert. Geglaubt wird, was gefällt, und wem es nicht gefällt, glaubt eben etwas anderes. Wahr ist beides. An den Kirchen vorbei existiert eine Suche nach religiösem Erleben. Wird dieser religiöse Individualismus ernst genommen, der besagt, dass nur plausibel ist, was sich individuell aneignen lässt, dann kann ohne Bezug auf die Lebenserfahrung der Schülerinnen und Schüler kaum noch verständlich vom Glauben gesprochen werden.

Wenn die Erfahrungen der Jugendlichen auch nicht mehr prägnant zur Sprache gebracht werden und zentrale Lebenserfahrungen einfach fehlen, so ist auch ihr Leben eine Abfolge von Erfahrungen. In Familie, Schule und Freizeit leben die Jugendlichen in einer Vielzahl unverbundener Erfahrungskontexte, die nicht mehr in einen einheitlichen Lebenszusammenhang zu bringen sind. Jede Erfahrung setzt in einem Prozess Deutung und Interpretation im Horizont schon gedeuteter Erfahrung voraus. Auch in einer subjektivistischen und pluralen Lebensdeutung bleiben die Erfahrungen darum der entscheidende Bezugspunkt, an dem sich der Gegenwartsbezug des christlichen Glaubens erweisen muss. Die Lebenserfahrungen Jugendlicher bleiben offen für den Anspruch des Glaubens und sind daher ein Ort, um Entdeckungen des Glaubens zu machen. Wo der explizite Glaube immer mehr ausfällt und die Frage nach Gott gleichgültig wird, bleibt der Religionspädagogik die Möglichkeit, die Erfahrungen der Schülerinnen und Schüler theologisch zu erschließen. Dabei wird in positiven Erfahrungen Gott miterfahren. Die Erfahrung menschlicher Liebe kann daher als Gotteserfahrung verstanden werden. Dabei unterscheidet der Glaube zwischen der Erfahrung und der verborgenen Nähe Gottes in dieser Erfahrung. Der plausible Aufweis dieser theologischen Tiefendimension als einer Gotteserfahrung gelingt im Unterricht nur schwer, da die positiven Erfahrungen den Schülerinnen und Schülern zwar als Erfahrungen zugänglich sind, diese aber von den Jugendlichen nur selten auf eine darin liegende Tiefendimension hin erschlossen werden. Dass positive Erfahrungen geschenkt und nicht verdient sind, dass sie widerfahren und nicht gemacht werden können, diese transzendente Dimension fällt bei der Deutung dieser Erfahrungen durch die Jugendlichen oft aus.

Die negativen Erfahrungen von Leid und Tod im 20. Jahrhundert haben eine Diskussion um ein neues Sprechen von Gott ausgelöst. Die Erfahrung der Abwesenheit Gottes lässt von Gott eher in den Kategorien des Vermissens, des Vorübergehens, der Verborgenheit und der Spur reden. Zu erinnern ist an die Diskussion, ob das klassische Prädikat der Allmacht Gottes angesichts von Auschwitz noch gedacht werden kann. Für die Korrelationsdidaktik ergibt sich daraus, dass diese Erfahrungen ein eigenes Gewicht für das Verständnis von Glauben haben. Sie bilden eine eigenständige Dimension gegenüber der vorgegebenen Glaubenswahrheit. Der Glaube kann in diesem Vermittlungsprozess weder inhaltlich noch didaktisch einen Primat beanspruchen. Heutige Erfahrungen können so zu einer radikalen Neubesinnung traditioneller Glaubensaussagen führen.

Gott ist nicht zu korrelieren

Aus theologischer Perspektive können wenigstens einige zentrale Aspekte in eine künftige Korrelationsdidaktik eingebracht werden.

Christlicher Glaube bezieht sich nie ausschließlich auf das schwer bestimmbare Innere unserer Erfahrung, sondern sieht in der Geschichte Jesu Christi auch die eigene Lebensgeschichte. Dieser Glaube an Jesus Christus kann helfen, Lebenserfahrungen in ihrer Vieldeutigkeit zu durchschauen. Mit der Ausrichtung auf Jesus Christus ist unseren Lebenserfahrungen eine zentrale Gestalt zur Zusammenschau und Vernetzung unserer Lebensperspektiven gegeben. Gleichzeitig kann eine – wenn auch zerbrechliche und fragmentarische – Einheitlichkeit des individuellen und gemeinsamen Lebenszusammenhanges gewahrt bleiben. »Gerade so bietet der Glaube eine Leitperspektive, die uns mit unseren vielfältigen Erfahrungen kritisch umzugehen lehrt. Bestimmt er uns diese doch alle als geschöpfliche Lebensvollzüge *coram deo*, deren Adäquatheit sich am Maßstab der Liebe Gottes bemisst, die in der Geschichte Jesus Christi zur Darstellung gekommen ist.«[9] Dieser christologisch orientierte korrelationsdidaktische Ansatz verleiht dem Religionsunterricht weiterhin ein eigenes Profil und bietet gleichzeitig die vielfach vom Religionsunterricht geforderte Lebensorientierung. Für die meisten Jugendlichen bleibt diese christologische Orientierung ein Angebot. Die »Orientierungskraft« dieses Angebotes zeigt sich nur, wenn es in das eigene Leben übernommen wird.

Jugendliche begegnen zunehmend direkt oder über die Medien Menschen in anderen Religionen. Notwendig wird ein »religionsdidaktisches Dreieck, gebildet aus dem in seiner religiösen Dimension zu erschließenden gegenwärtigen Menschsein, dem Menschsein, wie die großen religiösen Traditionen der Menschheit es sehen, und dem Menschsein, wie es in der biblischen Tradition als der hermeneutischen Basis des religionspädagogischen Erschließungsprozesses im europäischen Abendland erzählt und gedeutet wird.«[10]

Jede Korrelationsdidaktik darf weiterhin aber nicht verkennen, dass der Gott Jesu Christi der ganz Andere bleibt. Seine Wirklichkeit lässt sich nicht als Bestätigung unserer Sehnsüchte und Wünsche korrelieren. Er bleibt in der Schrift der, der unsere Lebenserfahrungen und damit unser gesamtes Lebenskonzept aufbricht, damit wir aufbrechen können. Korrelation ist so immer auch Korrektiv. Gott ist in unseren Erfahrungen zwar anwesend, ihnen gegenüber aber auch immer der Andere. Gott als unsere Erfahrungen um- und übergreifende Wirklichkeit bleibt immer im Gegenüber zu unseren Erfahrungen.

Der Religionsunterricht kann sich als ein Ort verstehen, an dem Jugendliche den »Glauben lernen aus Erfahrung«. Dies ereignet sich nach Jürgen Werbick durch »Korrelieren Lernen«, das heißt, »entdecken und aussprechen lernen, wie Gott zu meinem Leben hinzugehört, und darauf aufmerksam werden, dass Gott nicht einfach der sein kann, der zu mir passt, der »mir passt«: dass ich vielmehr der sein soll, der sich auf Gott hin verlässt, um zu ihm zu gehören ... Es gelingt nur, wenn der

---

9 Ingolf U. Dalferth, Gedeutete Gegenwart. Zur Wahrnehmung Gottes in den Erfahrungen der Zeit. Tübingen 1997, S. 92.

10 Georg Baudler, »Prüfet alles, das Gute behaltet.« Zur gegenwärtigen Infragestellung der Korrelationsdidaktik, in: Katechetische Blätter 1995, S. 608–614.

Lernende entdeckt, wie er zu Gott gehören kann, was mit ihm geschehen wird, wenn es mit diesem Zusammengehören Ernst wird. Nur aus der Erfahrung dieser Zusammengehörigkeit heraus ist authentisches Reden von Gott – als Zeugnis – möglich.«[11]

Heutige Religionspädagogik verfolgt immer stärker das Anliegen, dass die Schülerinnen und Schüler selbst als Subjekte ihres Glaubens ihr Leben mit dem Glauben korrelieren lernen.[12]

Diese kurze Problemskizze zeigt, dass die Korrelationsdidaktik noch lange nicht erledigt ist, allerdings ihre zentrale Position in der katholischen Religionsdidaktik verloren hat und sich mit vielen Anfragen konfrontiert sieht. Mit gutem Grund kann trotzdem Georg Baudlers Aussage zugestimmt werden: »Sie (die Korrelationsdidaktik) wird die Grabreden, die auf sie gehalten werden, überleben.«

→ *Elementarisierung*, → *Konzeptionen des Katholischen Religionsunterrichts*

Zur Diskussion gestellt

- Rufen Sie sich Situationen ins Gedächtnis, in denen Sie menschliche Grunderfahrungen wie Freude, Enttäuschung, Angst usw. gespürt haben. Überlegen Sie, wie auf diesem Hintergrund der christliche Glaube bzw. die biblische Botschaft »korreliert« werden könnten.
- Vergleichen Sie die Korrelationsdidaktik mit dem Ansatz der Elementarisierung. Wo sehen Sie Gemeinsamkeiten, wo Unterschiede?

Literaturempfehlung

Georg Baudler, Korrelation von Glaube und Leben, in: Gottfried Bitter u. a., Neues Handbuch religionspädagogischer Grundbegriffe. München 2002, S. 446–451. – Rudolf Englert, Korrelation(sdidaktik). Bilanz und Perspektiven, in: Religionspädagogische Beiträge 1996, S. 3–18. – Georg Hilger, Korrelieren lernen, in: Ders. / Stephan Leimgruber / Hans G. Ziebertz, Religionsdidaktik. Ein Leitfaden für Studium, Ausbildung und Beruf, München 2001, S. 319–330. – Ders. / Ulrich Kropal, Ist Korrelationsdidaktik »out«? In: Jahrbuch der Religionspädagogik 18 (2002), S. 52–62.

Albrecht Rieder

11 Jürgen Werbick, Glaubenlernen aus Erfahrung. Grundbegriffe einer Didaktik des Glaubens. München 1989, S. 215.

12 Vgl. Georg Hilger, Korrelieren lernen, in: Ders. / Stephan Leimgruber / Hans G. Ziebertz, Religionsdidaktik. Ein Leitfaden für Studium, Ausbildung und Beruf. München 2001, S. 319–330.

Lebensgestaltung – Ethik – Religionskunde

Die Vorgeschichte

»Ob eine Religion kulturfähig ist, heißt heute zentral, ob sie dialogfähig ist, und dies entscheidet sich unter anderem im schulischen Religionsunterricht. Die geschichtliche Dialektik kann zu einer Generalisierung des brandenburgischen Modells führen, und dies hätte nicht zuletzt auch Auswirkungen auf die theologischen Fakultäten.«[1]

So ein vorläufiges Fazit des evangelischen Religionspädagogen Karl Ernst Nipkow aus dem Jahre 1996. Zwischenzeitlich war »Lebensgestaltung – Ethik – Religionskunde«, kurz: LER, als Pflichtfach an den Schulen Brandenburgs eingeführt worden, einem konfessionellen Religionsunterricht blieb zunächst der Zutritt in die öffentliche Schule verwehrt und vor dem Bundesverfassungsgericht war über sechs Jahre eine Verfassungsklage anhängig.[2] Mit der Annahme eines seitens des Bundesverfassungsgerichts unterbreiteten Vergleichsvorschlags durch die Verfahrensbeteiligten im Sommer 2002 fand die verfassungsrechtliche Auseinandersetzung zunächst ein vorläufiges Ende. Die Kontroverse um LER und die Nichteinführung von Religionsunterricht als ordentlichem Lehrfach gewann neben den verfassungsrechtlichen Implikationen Brisanz dadurch, dass nicht wenige in absehbarer Zeit eine längerfristige Schwächung und Marginalisierung des durch Art. 7,3 GG garantierten konfessionell gestalteten Religionsunterrichts in den alten Bundesländern befürchteten. Allerdings bleiben hier schon allein auf dem Hintergrund der föderalen Struktur der Bundesrepublik Deutschland und der jeweiligen Kultushoheit der Bundesländer zukünftige Entwicklungen mit Blick auf Veränderungen im Schulgesetz abzuwarten. Gleichwohl ist es sinnvoll, die bisherige Diskussion um LER unter folgenden Aspekten näher zu beleuchten:

- zeitgeschichtliche Hintergründe und aktuelle Grundinformationen zum LER-Modell
- die zentralen Argumente pro und contra
- der Konflikt auf dem Hintergrund einer pluralistischen Gesellschaft zwischen staatlichen und kirchlichen Ansprüchen
- der Vergleichsvorschlag des Bundesverfassungsgerichts.

LER – der brandenburgische (Sonder-)Weg

Mit dem Jahre 1989 standen für die ostdeutschen Landeskirchen zentrale Entscheidungen an, die um die Themen »Kirchensteuereinzug«, »Militärseelsorge« und »Religionsunterricht« kreisten. Nun hatte es in der früheren DDR mit seiner marxistisch-leninistischen Gesellschaftstheorie konsequenterweise keinen christlich

---

1 Karl Ernst Nipkow, Die Herausforderung aus Brandenburg – »Lebensgestaltung – Ethik – Religionskunde«, in: Zeitschrift für Theologie und Kirche, 1 / 1996, S. 148.

2 Diese wurde angestrengt von der Bundestagsfraktion der CDU / CSU, der evangelischen Kirche in Berlin-Brandenburg, drei katholischen Bistümern sowie brandenburgischen Eltern und Schülern.

verantworteten Religionsunterricht gegeben. Das Thema »Religion« war aus dem öffentlichen Leben verbannt und blieb auf den privaten Lebensbereich beschränkt. Im Schatten dieser staatlich vorgegebenen atheistischen Ideologie entstand in den evangelischen Landeskirchen die gemeindepädagogisch verantwortete »Christenlehre«, durch die Heranwachsende mit Glaubensfragen in Kontakt kamen. Mit der wiedergewonnenen deutschen Einheit führten die neuen Bundesländer mit geringen Modifizierungen in ihren Schulgesetzen Religionsunterricht im Rahmen eines Wahl-Pflicht-Bereichs ein – außer dem Land Brandenburg. Die dortige Landesregierung unter dem damaligen Ministerpräsidenten Manfred Stolpe und Bildungsministerin Marianne Birthler (beide engagierte evangelische Christen aus früheren DDR-Tagen) forcierte unter Hinweis auf Art. 141 GG – nach dem Art. 7,3 »keine Anwendung (findet) in einem Land, in dem am 1. Januar 1949 eine andere landesrechtliche Regelung bestand« – die Einführung eines Pflichtfaches »LER«. Dies war umso bemerkenswerter, als das spätere Landesschulgesetz aus dem Jahre 1996 die Einführung von Religionsunterricht als ordentlichem Lehrfach im Sinne des Grundgesetzes ausschloss. Denn nach Art. 7,3 GG ist der Religionsunterricht »unbeschadet des staatlichen Aufsichtsrechts ... in Übereinstimmung mit den Grundsätzen der Religionsgemeinschaften« zu erteilen. Demgegenüber formuliert das brandenburgische Schulgesetz in § 11 Abs. 3: »Das Fach Lebensgestaltung-Ethik-Religionskunde wird bekenntnisfrei, religiös und weltanschaulich neutral unterrichtet.«

Es mag interessant sein, daran zu erinnern, dass in einer Anfangsphase zu Beginn der 90er Jahre ursprünglich die Idee eines differenzierten, die unterschiedlichen Konfessionen einbeziehenden Fächerkonsortiums bestand. Hierbei wären auch die beiden Kirchen eingeladen gewesen, durch »authentische« Vertreter kooperativ in Differenzierungsphasen mitzuwirken.

Den paradigmatischen Charakter des brandenburgischen (Sonder-)Weges mag man sich noch einmal klar machen, indem man auf die besondere Beziehung zwischen Staat und Kirche in Deutschland achtet. Während die Weimarer Reichsverfassung deutlich festhält: Es »besteht keine Staatskirche« (Art. 173,1 WRV), existiert zwischen den beiden zu unterscheidenden Institutionen nach wie vor ein komplementäres Verhältnis von Trennung bei gleichzeitiger Kooperation. Wenn in Brandenburg nunmehr selbst ein von staatlicher Seite zugestandener »Ersatzfach-Charakter« dem Fach Religion versagt wird, dann berührt dies auch in staatskirchenrechtlicher Hinsicht das Verhältnis zwischen den beiden Größen. Schließlich war es nach 1945 in den alten Bundesländern unstrittig, dass das Recht auf religiöse Bildung der Heranwachsenden eine Aufgabe der zuständigen Religionsgemeinschaften war, das der Staat subsidiär an die Religionsgemeinschaften (hier: Kirchen) übertrug.[3]

Auf diesem Hintergrund bleibt auch festzuhalten, dass die entstandene verfassungsrechtliche Auseinandersetzung eigentlich einen Ebenenwechsel bzw. einen Kategoriefehler bildet. Denn die Frage, wem die Zuständigkeit und Kompetenz in einem sinn- und werteorientierenden Fachbereich gebührt, wäre zunächst Angelegenheit für eine sachliche Bildungsdiskussion und nicht für einen verfassungsrechtlichen Disput.

---

3 Insofern geht es bei einem konfessionellen Religionsunterricht zunächst nicht um vermeintliche oder tatsächliche Privilegien seitens der evangelischen und römisch-katholischen Kirche. Im Übrigen gibt es in den alten Bundesländern seit der Weimarer Zeit z. B. auch einen von der jüdischen Kultusgemeinde verantworteten Religionsunterricht.

Die damalige Bildungsministerin Birthler, selbst gelernte Katechetin, hatte zunächst im Sinn, christliche und nichtchristliche Meinungen und Interessen unter dem gemeinsamen Dach »Werteerziehung« zusammenzufassen. Der in der Folge auf den Weg gebrachte dreijährige Modellversuch, in dessen Rahmen LER erprobt wurde, war im Übrigen von Beginn an durch westdeutsche Religionspädagogen wie z. B. Gert Otto und Jürgen Lott erziehungswissenschaftlich begleitet und flankiert. Obwohl die Evangelische Kirche in Berlin-Brandenburg anfänglich an dem Modellversuch teilnahm, erklärte sie in ihrem »Abschlussbericht« ihren Verzicht auf eine weitere Mitarbeit, nachdem die politische Seite den ursprünglichen Gedanken von einzuführenden »Differenzierungsphasen« wieder zurücknahm.[4]

Sinn- und Werteerziehung in der pluralistischen Gesellschaft – Der Beitrag des Religionsunterrichts

Eines der auf den ersten Blick überzeugenden Argumente für die Einführung eines staatlich konzipierten LER liegt in dem Hinweis auf die zahlenmäßige Situation der Volkskirche(n) in den neuen Bundesländern. Dabei fristen nicht nur die Kirchen in Ostdeutschland, was ihre Mitgliedszahlen angeht, ein marginales Dasein, ebenso hält sich der Zuspruch für den Religionsunterricht in deutlichen Grenzen.[5] Damit scheinen vordergründig die Zahlen deutlich für einen »bekenntnisfreien« Unterricht im Sinne von LER und damit gegen einen eigenständigen Religionsunterricht in Brandenburg zu sprechen. Wer allerdings angesichts einer religiös nicht gebundenen Mehrheit unter den Heranwachsenden für allgemeine Werteerziehung und fundierte Lebensorientierung optiert, hat inhaltlich-konzeptionelle Antworten zu entwickeln, die jenseits statistischer Befunde liegen.

Das Plädoyer für die alleinige (!) Einführung von LER in Brandenburg basiert primär auf schulreformerischen Überzeugungen. Ein solcher Unterricht soll integrative Wirkung haben unter Einbeziehung aller Schülerinnen und Schüler. Charakteristisch soll ein offenes Profil sein, das ein dialogisches Lernen ermöglicht.[6] Allerdings setzt das Argument einer alle und alles einschließenden Offenheit ein notwendiges Maß an Integration voraus. In diesem Zusammenhang hat Bildungsministerin Angelika Peter, die Nachfolgerin von Marianne Birthler, unmissverständlich formuliert, dass sie die »Einführung mehrerer Fächer im Rahmen einer Fächergruppe« und eine daraus resultierende »Aufteilung der Jugendlichen« nicht für erstrebenswert und vertretbar hält.[7] Folgerichtig fordert sie weiter die Bekenntnisneutralität eines alle Schüler integrierenden Faches.

---

4 Evangelische Kirche in Berlin-Brandenburg, Abschlussbericht zum Modellversuch »Lernbereich Lebensgestaltung / Ethik / Religion« vom 9.6.1995.

5 Statistische Angaben schwanken in der Regel zwischen ca. 5–10 % Teilnahme am Religionsunterricht in Sachsen-Anhalt und Mecklenburg-Vorpommern sowie ca. 25 % in Thüringen.

6 »Wenn von allen Seiten auf das Thema geschaut wird, kann es umfassend verstanden werden. Das Fach LER soll diesen Anspruch erfüllen.« In: Ministerium für Bildung, Jugend und Sport Brandenburg (Hg.), Das brandenburgische Schulgesetz – was steckt dahinter … Brandenburg August 1997, S. 22.

7 Angelika Peter, Ist Brandenburg verpflichtet, Religion im Stundenplan zu verankern? In: Frankfurter Rundschau vom 15.2.1996, S. 19.

Beide das Konzept von LER stützende Argumente lassen sich indes hinterfragen: Die verpflichtende Teilnahme aller Schüler am Fach LER bringt den Staat unweigerlich in Konflikt mit dem verfassungsrechtlichen Gebot der Religionsfreiheit. Wie der Staat schließlich dieses Grundrecht einlösen will und gleichzeitig die exklusive inhaltliche Fundierung des beteiligten Faches leisten können soll, führt in ein seltsames Dilemma. Dass ein integriertes Lernen einerseits und ein Arbeiten in differenzierten Lerngruppen andererseits kein Widerspruch sein muss, ist spätestens mit der EKD-Denkschrift »Identität und Verständigung« und dem darin inaugurierten Konzept einer »Fächergruppe« bekannt. Gerade die evangelische Kirche betont in diesem Zusammenhang auch deutlich die bildungs- und schultheoretische Fundierung eines konfessionellen Religionsunterrichts. Damit ist ohnedies der traditionellen Gegenüberstellung von indoktrinierender Bekenntnisgebundenheit einerseits und humanistischer Toleranz andererseits der argumentative Boden entzogen.

Allerdings bietet gegenwärtig das Modell der »Fächergruppe« noch keine überzeugende Antwort auf die Frage, wie ein evangelischer mit einem katholischen, u. U. einem islamischen sowie einem lebensorientierenden Unterricht in Zukunft wirklich kooperieren könnte. Immerhin gibt es bis heute keine wirklich schlüssige Konzeption – weder inhaltlich noch schulorganisatorisch –, die »bloß« einen konfessionsverbindenden Unterricht zwischen evangelischem und katholischem Lehrplan tatsächlich fördern würde.[8] Wenn man in einer pluralistischen Gesellschaft religiöse Bildung als einen eigenständigen, für notwendig erachteten Lebensbereich reklamiert, dann stellt sich allerdings jenseits der Kontroverse um LER auch noch einmal ganz grundlegend die Frage nach dem Konfessionalitätsbegriff. Konfessionalität wäre demnach als Möglichkeit und Ressource für ein mündiges, selbstverantwortliches Menschsein zu entwerfen. Erst auf dem Hintergrund konfessionell unterschiedlich geprägter (Lebens-)Entwürfe wäre ein Dialog mit integrativen und differenzierten Lernphasen im Unterricht sinnvoll.

LER und Religionsunterricht zwischen Neutralität und Pluralität

Auch in einer pluralistischen Gesellschaft gilt eine Sinn- und Werteerziehung nicht als Privatsache; dieser Sachverhalt dürfte sogar zwischen Befürwortern und Gegnern eines brandenburgischen LER unstrittig sein. Auch dass das Phänomen »Religion« fachlicher Gegenstand im Unterricht zu sein beanspruchen darf, steht außer Frage; vielmehr gilt zu klären, wie ein solcher Unterricht in Religion und Ethik / Lebenskunde organisiert werden kann und soll.[9] Auf dem Hintergrund der seit der Neuzeit geführten Diskussion um die Rolle von Religion und Religionsunterricht in der Gesellschaft ist es nur konsequent, wenn die Denkschrift der EKD von 1994 resümiert: »das Gemeinsame inmitten des Differenten zu stärken« und »Die Menschen

8 Zur Kritik am Konzept der »Fächergruppe« vgl. Uwe Schott, Religionsunterricht und Ethikunterricht. Hintergründe, Entwicklungen und Konkretionen aus Sicht eines Religionslehrers, in: Religionsunterricht der Zukunft – Aspekte eines notwendigen Wandels. Freiburg 1998, S. 123–129.

9 Allerdings erscheinen religiöse Themen in den brandenburgischen »Unterrichtsvorgaben« eher am Rande. LER-Lehrkräfte haben im Übrigen ein 900-Stunden-Fortbildungsprogramm in Brandenburg zu absolvieren.

in unserer Gesellschaft brauchen das fruchtbare Wechselspiel von gewachsener Identität und anzustrebender Verständigungsfähigkeit.«[10]

Gerade die Väter und Mütter des Grundgesetzes haben nicht ohne Grund neben einer »negativen« eine »positive« Religionsfreiheit verfassungsrechtlich verankert. Daraus folgt die Anerkenntnis, die der frühere Verfassungsrechtler Böckenförde so formuliert hat: »Der freiheitliche, säkularisierte Staat lebt von Voraussetzungen, die er selbst nicht garantieren kann«.[11] Ungeachtet der rechtsphilosophischen Implikationen dieses Satzes dürfte zumindest klar sein, dass der Staat immer schon ein legitimes Interesse an der Vermittlung von substanziellen Werten haben darf, ja haben muss; gleichzeitig aber auch, dass er selbst diese nicht aus sich heraus festzusetzen in der Lage ist. In LER wiederum soll zwar nicht wertfrei unterrichtet werden, sobald es aber um religiös-weltanschauliche Inhalte geht, gilt es, den Stoff wertneutral zu vermitteln.

Gleich ob ein konfessionell fundierter oder ein allgemein-lebensgeschichtlich organisierter Unterricht, in beiden Fällen wäre letztlich zu gewährleisten, dass Heranwachsenden das Angebot einer authentischen, dialogischen Begegnung mit einer Lehrkraft ermöglicht wird, die dazu in der Lage ist, eigene Standpunkte transparent zu machen und in angemessener Weise fachwissenschaftlich (in theologischer, religionsphilosophischer und religionswissenschaftlicher Sicht) zu reflektieren.

Der Vergleichsvorschlag des Bundesverfassungsgerichts und die Folgen ...[12]

Mit der mündlichen Verhandlung vom 11.12.2001 hatte der erste Senat des Bundesverfassungsgerichts den Verfahrensbeteiligten den seltenen Vorschlag eines »Vergleichs« unterbreitet. Dieser sah vor, dass LER weiterhin ordentliches Unterrichtsfach bleibt, der konfessionelle Religionsunterricht aber deutlich gestärkt bzw. aufgewertet werden sollte. Dabei sollte der Religionsunterricht während der regulären Unterrichtszeit angeboten und bei mindestens zwölf Teilnehmern entsprechend eingerichtet werden. Das Gericht wünschte, dass die notwendigen Austrittsmöglichkeiten aus LER auf formlose Weise gegenüber der Schule erfolgen können, wodurch der Religionsunterricht de facto zu einem Wahlpflichtfach würde.[13]

Mit der erfolgten Änderung des brandenburgischen Schulgesetzes vom 7.8.2002 und der formellen Rücknahme der Verfassungsbeschwerden durch die Kläger bis Ende August 2002 wurde der Weg für eine relative Aufwertung des konfessionellen Religionsunterrichts frei gemacht.[14]

---

10 Identität und Verständigung. Standort und Perspektiven des Religionsunterrichts in der Pluralität. Eine Denkschrift der Evangelischen Kirche in Deutschland. Im Auftrag der EKD hg. vom Kirchenamt der EKD. Gütersloh 1994, S. 65.

11 Ernst-Wolfgang Böckenförde, Die Entstehung des Staates als Vorgang der Säkularisation (1967), in: Recht, Staat, Freiheit. Studien zur Rechtsphilosophie, Staatstheorie und Verfassungsgeschichte. Frankfurt / M. 1991, S. 112.

12 Bis zum 31.1.2001 hatten die Verfahrensbeteiligten Gelegenheit, den Vergleichsvorschlag anzunehmen; andernfalls hätte der erste Senat des BVG ein Urteil gesprochen.

13 Gleichwohl bleibt auch nach dem neuen Schulgesetz LER weiterhin *Pflichtfach*, aus dem man sich abzumelden hat, wenn man das *Wahlfach* Religionsunterricht besuchen möchte.

14 Die anhaltende Skepsis von religionspädagogischer Seite formuliert die katholische Zeitschrift rhs – Religionsunterricht an höheren Schulen (4 / 2002) mit dem Titel »LER – kein Ende des Streits?«

Einen Tag nach Unterbreitung des Kompromissvorschlags durch die Verfassungsrichter erschien in der »Süddeutschen Zeitung« ein bemerkenswerter Leitartikel, in dem der Journalist Matthias Drobinski im Streit um LER das Fazit zieht:

»Der Religionsunterricht hat seinen Platz in der Schule, als Teil der öffentlichen Erziehung der staatlich gewünschten Wissensvermittlung ... Weil er das kulturelle Gedächtnis einer Gesellschaft schult, das keine PISA-Studie abfragt, das aber so wichtig ist, wenn es um das Woher und Wohin geht, um Gerechtigkeit und Menschenrechte. Die Wiederentdeckung des Religiösen nach dem 11. September war begleitet von großer Hilf- und Wissenslosigkeit. Die Sprachfähigkeit dort, wo das Leben über das Nächstliegend-Sichtbare hinausgeht, muss bewahrt, wiedergewonnen werden. Und das sollte der Schule so viel wert sein wie ein guter Matheunterricht.«[15]

Gerade auf dem Hintergrund einer schrumpfenden Volkskirche und einer zunehmenden Unkenntnis in Sachen »Religion« erscheint diese journalistische Bewertung eines konfessionellen Religionsunterrichts in besonderer Weise ermutigend. Alle Bildungsverantwortlichen, die für einen zukunftsfähigen Religionsunterricht einstehen, dürften sich eine solch wohlwollende Einschätzung Ansporn und Verpflichtung zugleich sein lassen.

→ *Bildung,* → *Ethikunterricht,* → *Konfessionalität und konfessionelle Kooperation,* → *Konzeptionen des Evangelischen Religionsunterrichts,* → *Konzeptionen des Katholischen Religionsunterrichts,* → *Religionsunterricht zwischen Kirche und Staat*

Zur Diskussion gestellt

- Welche relevanten Unterschiede zwischen dem Religionsunterricht und dem Ethikunterricht würden Ihre Schülerinnen und Schüler geltend machen?
- In welcher Hinsicht sind Ihre Kolleginnen und Kollegen mit den Fächern Ethik und Philosophie Ihnen hilfreiche Gesprächspartner und inwiefern sehen Sie mit diesen beiden Fächern Kooperationsmöglichkeiten?
- Angenommen, Sie sollten auf einem Elternabend, an dem Sie als Religionskollege teilnehmen, etwas über das »Besondere« des Religionsunterrichts (in Abgrenzung gegenüber Ethikunterricht / LER) sagen – was würden Sie in einem kurzen Statement entfalten?

Literaturempfehlung

Reinhard Ehmann / Thilo Fitzner u. a. (Hg.), Religionsunterricht der Zukunft – Aspekte eines notwendigen Wandels. Freiburg 1998. – Reinhard Frieling / Christoph Th. Scheilke (Hg.), Religionsunterricht und Konfessionen. Göttingen 1999. – Achim Leschinksy, Vorleben oder Nachdenken? Bericht der wissenschaftlichen Begleitung über den Modellversuch zum Lernbereich »Lebensgestaltung – Ethik – Religion«. Frankfurt / M. 1996. – Jürgen Lott, Wie hast du's mit der Religion? Das neue Schulfach »Lebensgestaltung – Ethik – Religion« (LER) und die Werteerziehung in der Schule. Gütersloh 1998.

Wolfgang A. Kasper

15 Süddeutsche Zeitung vom 12.12.2001, S. 4.

Lehrplan

Lehrpläne entstehen, wenn nicht mehr selbstverständlich ist, was gelehrt werden soll.[1] Immer war und ist es notwendig auszuwählen und zu systematisieren, damit Menschen in ihren jeweiligen Zeiten und Kulturen die zum Überleben notwendigen Kenntnisse, Fähigkeiten und Fertigkeiten zur Verfügung hatten. Die Grundstruktur der vorherrschenden Lehrordnung im klassischen Altertum wie im europäischen Mittelalter orientierte sich an den *septem artes liberales*, den sieben freien Künsten Grammatik, Rhetorik und Dialektik (Trivium) sowie Arithmetik, Geometrie, Astronomie und Musik (Quadrivium).[2] Renaissance und Reformation vollzogen die Veränderung dieser Gliederung, indem die Geschichte und die Muttersprache in den Lehrplan aufgenommen wurden. Zugleich wurde Lehrplanarbeit zu einem öffentlichen Anliegen. »Fast allen reformatorischen Schulordnungen gehen intensive Vernehmlassungen voraus, mancherorts wie in Württemberg kommt es zur Bildung der ersten sachkundigen Kommissionen, die mit der Ausarbeitung der Schulordnung betraut werden. Der seinerzeit komplexeste Entwicklungsvorgang war jedoch mit dem prominentesten Gegenentwurf zur reformatorischen Schulordnung verknüpft, der jesuitischen ratio studiorum von 1599, die in mehrjährigen Anhörungs- und Beteiligungsverfahren unter Mitwirkung aller Ordensprovinzen und Lehranstalten ausgeformt wurde. Sie galt dafür anschließend unverändert nahezu 250 Jahre.«[3] Gegen die zunehmende und bis heute vorherrschende Tendenz, schulische Bildung und Erziehung der politischen und administrativen Kontrolle zu unterstellen, formulierte Johann Amos Comenius (1592–1679) sein didaktisch begründetes Konzept der Lehrplanung, das vom pädagogischen Impetus der Aufklärung und der Pansophie getragen ist.[4] Danach sollten alle alles lernen (*omnes omnia omnino*).[5] Die zu vermittelnden Inhalte sollten dabei in konzentrischen Kreisen vom Einfachen zum Schweren gegliedert werden. Dieses strukturierende Prinzip »führte darüber hinaus zur Einführung anthropologischer, speziell psychologischer Kriterien, die in der Lehrplanarbeit seit der Aufklärung präzisiert wurden. Die »Reife« für bestimmte Stoffe, d. h. die Perspektive kindlicher und jugendlicher Fassungskraft, war damit erstmals bewusst gemacht.«[6] Zahlreiche reformpädagogische Ansätze (z. B. Rousseau, Pestalozzi, Herbart, Petersen, Montessori) sind in diesem Konzept verwurzelt, dessen Wirkmächtigkeit bis heute darin gesehen werden kann, dass bei der Lehr-

---

1 Eine umfassende Darstellung der Lehrplangeschichte findet sich bei Josef Dolch, Lehrplan des Abendlandes. Ratingen, 3. Aufl. 1971.

2 Vgl. Henri-Irénée Marrou, Geschichte der Erziehung im klassischen Altertum. München 1977.

3 Stefan Hopmann, Der Lehrplan als Maßstab öffentlicher Bildung, in: Jürgen Oelkers u. a. (Hg.), Bildung, Öffentlichkeit und Demokratie. Zeitschrift für Pädagogik, 38. Beiheft. Weinheim 1998, S. 171.

4 Vgl. Johann Amos Comenius, Große Didaktik. Übersetzt und herausgegeben von Andreas Flitner. Düsseldorf 1954; Stuttgart, 9. Aufl. 1992.

5 Vgl. Johann Amos Comenius, Pampaedia – Allerziehung. Übersetzt und herausgegeben von Klaus Schaller. St. Augustin 1991.

6 Wolfram Eilerts, Zur Lehrplanentwicklung des evangelischen Religionsunterrichts in Baden-Württemberg. Idstein 1996, S. 4.

plankonstruktion dem Grundsatz der Orientierung an den Schülerinnen und Schülern zumindest theoretisch eine zentrale Bedeutung beigemessen wird.

Lehrplan, Stoffplan, Bildungsplan, Richtlinie, Rahmenplan, Curriculum – mit jedem dieser Begriffe wird ein spezifisches (didaktisches, bildungstheoretisches und auch politisches) Konzept transportiert. Die Begriffe *Curriculum* und *Lehrplan* driften dabei semantisch am weitesten auseinander. Gegenüber dem inhaltsorientierten Lehrplan benennt das Curriculum primär Ziele als Qualifikationen zur Bewältigung von Lebenssituationen und ist stärker konstruktiv als traditionalistisch bestimmt. Die leitende Idee des Curriculums ist die möglichst umfassende und exakte Steuerung und Kontrolle des Bildungsprozesses.[7] Jedwede sachfremde oder gar ideologische, d. h. nicht transparente oder nicht wissenschaftlich begründete Einflussnahme auf den Lehr-Lern-Prozess soll ausgeschlossen werden. Nichts soll der individuellen Beliebigkeit oder dem Zufall überlassen bleiben. In seiner extremsten Form ist ein Curriculum ein enger, von der Lehrkraft unabhängiger Leitfaden, dessen konsequente Befolgung das geplante Bildungsziel erreichen lässt. In diesem Sinne wurden so genannte geschlossene Curricula entworfen, die als »teacher-proof« galten. Demgegenüber ist der klassische Begriff des Lehrplans nicht ohne die Persönlichkeit der Lehrerin / des Lehrers zu denken. Sie ist der Dreh- und Angelpunkt im Bildungs- und Vermittlungsprozess. Ihre Einzelfallentscheidung in Bezug auf die Gewichtung der Ziele und Inhalte im Rahmen der Lehrplanvorgaben ist maßgeblich. Um es in ein Bild zu bringen: »Curricula gleichen Baumaterialien (das kann vom Nagel bis zum Fertighaus reichen), Lehrpläne Bauleitplanungen, deren Ziele verbindlich sind, deren Ausführung aber den einzelnen Bauenden überlassen bleibt.«[8]

Die ideologischen Grabenkämpfe um die Curriculumforschung werden heute nicht mehr mit solcher Heftigkeit ausgetragen wie noch vor wenigen Jahren. Dennoch finden sich an manchen Stellen rudimentäre Reste dieser Auseinandersetzung. So schreibt z. B. J. Keuffer: »Was den Lehrplan vom Curriculum unterscheidet, ist der Anspruch von Curricula auf völlig rationales Zustandekommen sowie der Ausgang von klar definierten und damit überprüfbaren Lehr-Lern-Zielen.«[9] Es ist sicher abwegig zu behaupten, Lehrpläne, wie sie derzeit (z. B. in Baden-Württemberg) gelten, dienten nicht der Bewältigung von Lebenssituationen und seien in irrationaler Weise zustande gekommen. Gleichwohl müssen diese Anfragen ernst genommen werden. Nach wie vor scheint die Genese der Lehrpläne undurchsichtig, die primär inhaltliche Orientierung problematisch und deswegen nicht zufrieden stellend. Wesentliche curriculare Postulate, wie z. B. die Orientierung an den Schülerinnen und Schülern, werden auch in gegenwärtigen Lehrplankonstruktionsprozessen noch immer nicht hinreichend rezipiert.

Ausgelöst durch die alarmierenden Ergebnisse internationaler Evaluationen im schulischen Bildungsbereich (TIMSS, PISA 2000) hat seit kurzem in der Bildungspolitik der Bundesrepublik Deutschland ein aufgeschreckter Aktionismus

---

7 Vgl. Saul B. Robinsohn, Bildungsreform als Revision des Curriculum. Neuwied 1971; 5. Aufl. 1975.

8 Stefan Hopmann / Kurt Riquarts (Hg.), Didaktik und / oder Curriculum. Zeitschrift für Pädagogik. 33. Beiheft. Weinheim 1995, S. 23.

9 Josef Keuffer, Zur Bedeutung allgemeiner Lehr-Lern-Ziele der gymnasialen Oberstufe, in: Ders., Modernisierung von Rahmenrichtlinien. Weinheim 1997, S. 246f.

begonnen. Die Schule – so das neue Paradigma – muss sich nunmehr daran messen lassen, welchen Output sie produziert. Im Gegensatz zum jahrzehntelangen Streit um die richtigen Vorgaben für den Lehr-Lern-Prozess (Lehrinhalte und -ziele sowie eine angemessene Didaktik) wird nun die Vergleichbarkeit der Ergebnisse in den Mittelpunkt gerückt. »Um zu gewährleisten, dass Schülerinnen und Schüler unverzichtbare Kompetenzen erwerben und nach einem bestimmten Schulabschnitt über das notwendige Wissen verfügen, wird der neue Bildungsplan auf der Grundlage von Bildungsstandards erstellt.«[10] Dieser Wechsel vom Input (Lehrplan / Didaktik) zum Output (Standards) verweist auf ein gewandeltes Bildungsverständnis. In einer Gesellschaft, in der die Leistungen (bildungs-)politischen Handelns zunehmend in ökonomischen Kategorien gemessen werden, müssen offensichtlich auch Schulen ihre Legitimation entsprechend ausweisen. Diejenige Schule ist dann die beste, die in diesem Sinne die ihr zur Verfügung gestellten Ressourcen optimal, abnehmerorientiert und evaluierbar einsetzt. Hier zeigen sich die Engführungen dieses Paradigmenwechsels. Zwar wird seitens der Bildungspolitik immer wieder betont, dass die Schülerinnen und Schüler im Mittelpunkt stünden. Oft jedoch scheinen die gesellschaftlichen Vorgaben und ökonomischen Interessen zu dominieren. Zudem ist grundsätzlich anzufragen, inwieweit Bildungsstandards den komplexen und vielschichtigen Vorgängen des Lehr-Lern-Prozesses gerecht werden. Bildung ist schließlich mehr als die Vermittlung von Wissen.[11] Daher wird sich zeigen müssen, ob sich nicht nach wie vor ein Lehrplan, vielleicht ein »kryptischer« (*hidden curriculum*), etablieren wird, sei es durch Schulbücher oder andere Materialien, denn Bildungsstandards werden einen Lehrplan nicht überflüssig machen.

Für das Fach Religionslehre ergibt sich bezüglich der Lehrpläne eine Besonderheit, denn hier werden die Inhalte und Ziele ausschließlich von den Kirchen verantwortet. Der Staat gibt lediglich die Rahmenbedingungen vor. Die durch die Kirchenleitungen genehmigten Religionslehrpläne weisen daher in der Regel eine enge Nähe zur kirchlichen Lehre auf. Deren normative Vorgabe wird zudem durch eine spezifische Lehrbeauftragung – die Vocatio (evangelisch) bzw. Missio (katholisch) – unterstrichen. Insofern sind neben den fachlichen und pädagogisch-didaktischen immer auch kirchliche Richtlinien in die Religionslehrpläne eingeflossen.

Was aber leistet ein Lehrplan? Ein Lehrplan ist ein Steuerungsinstrument für den Unterricht, er gibt der Lehrkraft Anregungen und dient der Entlastung. Sein Gehalt und seine Gestalt können auf die Formel gebracht werden: Einfachheit ja, aber keine Naivität oder anachronistische Reduktion. Präzision ja, aber keine Detailliertheit.[12]

---

10 So die baden-württembergische Kultusministerin Annette Schavan in einem Brief vom 12.4.2002 an alle Schulleitungen des Landes, in dem sie die Grundzüge der Bildungsplanreform darstellt, die bis zum Jahr 2004 umgesetzt werden sollen.

11 So der Tenor z. B. beim Bildungskongress, der am 29. / 30. April 2002 in Ulm unter dem Motto »Bildung stärkt Menschen – Ideenwerkstatt Baden-Württemberg 2002« stattgefunden hat. Dieser Kongress war als großes Forum für den Gedankenaustausch mit allen Gruppen der Gesellschaft über Bildung und Erziehung sowie über Ideen zur stetigen Modernisierung des Bildungswesens gedacht (vgl. Annette Schavan, a. a. O.). Vgl. dazu auch die Stellungnahme der evangelischen und katholischen Bischöfe Baden-Württembergs zur Bildungspolitik vom 28.2.02, in der sie die Vieldimensionalität des Bildungsbegriffs betonen.

12 Vgl. Doris Knab, Ergebnisse aus der Curriculumdiskussion für das Problem der didaktischen Vermittlung auf der Lehrplanebene, in: Günter Biemer / Doris Knab, Lehrplanarbeit im Prozess. Freiburg 1982, S. 55–71.

Diese und andere Charakterisierungen laufen Gefahr, in Allgemeinplätzen stecken zu bleiben. Die dahinter stehende Sorge ist jedoch erkennbar. Allzu exakte und präzise Festlegungen, wie sie in geschlossenen Curricula formuliert worden sind, beschränken den pädagogischen Spielraum der Unterrichtenden. Es scheint, dass nach wie vor viele gute Gründe für eine solche Zurückhaltung sprechen.

Ungeachtet seiner gesetzlichen Dignität messen Lehrerinnen und Lehrer dem Lehrplan höchst unterschiedliche Bedeutung bei. Die Spanne reicht von kleinlicher Beachtung jedes noch so peripheren Details über distanzierte Gleichgültigkeit bis hin zu der völligen Weigerung, die durch den Lehrplan verbindlich vorgegebenen Ziele, Inhalte und Themen überhaupt zur Kenntnis zu nehmen. Das hat vielfältige Gründe:[13]

Zum einen ist es die Macht der Gewohnheit, die viele Lehrende beim immer schon Bewährten verharren lässt. Das Neue wird als Störung erfahren und entsprechend abgelehnt. Oder es zeigt sich eine gewisse Müdigkeit angesichts wiederholter Neuauflagen so genannter neuester pädagogischer Moden: »Es ist doch alles schon einmal da gewesen.« Des Weiteren meldet sich hier nicht selten ein heimlicher bis lautstarker Protest gegen die vermeintlich praxisfernen und weltfremden »Kopfgeburten« so mancher Lehrplanautorinnen und Lehrplanautoren, gegen bloße Theoretiker und etwaige ministerielle Kommissionen, die scheinbar nichts Besseres zu tun haben, als den schulischen Alltag durch Planungen vom grünen Tisch unnötig zu erschweren. Die Folgen seien bekannt: Aufblähung der Lehrpläne, didaktische Überfrachtung und mangelnde Orientierungshilfe für die Lehrerinnen und Lehrer.

Weiter sind jene Lehrenden zu nennen, und es sind wohl die meisten, die zwar durchaus den je neuen Lehrplan rezipieren, dies jedoch in einer sehr eklektizistischen Weise. So entsteht dann ein individuelles Konglomerat frei nach der Maxime: »Sobald ich die Klassentüre hinter mir schließe, bin ich mein eigener Kultusminister.« Schließlich gibt es noch solche Lehrerinnen und Lehrer, die dem Genre »Lehrplan« insofern adäquat begegnen, als sie sich die jeweiligen konzeptionellen Leitideen zu Eigen machen und sich von dieser Position aus in kritischer Loyalität zum vorgegebenen Regelwerk verhalten: Der Lehrplan dient ihnen als *Anleitung zum begründeten Handeln*. Damit ist ein angemessener Umgang mit dem Lehrplan beschrieben.

Schon aus dieser vergleichsweise kurzen und unsystematischen Typologie hinsichtlich der Akzeptanz und Rezeption durch die Lehrkräfte ist ersichtlich, mit welchen Schwierigkeiten ein Lehrplan zu rechnen hat. Doch selbst dann, wenn neben der didaktisch-pädagogischen Kompetenz der Lehrenden auch ein Höchstmaß an Wohlwollen vorausgesetzt werden kann, ist nicht eindeutig bestimmbar, welche Qualitäten ein Lehrplan haben soll. Viele pädagogisch sinnvolle oder wünschenswerte Einsichten lassen sich nicht in Lehrplankategorien fassen, ohne dass sie an Aussagekraft verlieren und somit in der Banalität des Selbstverständlichen verflachen. Exemplarisch seien dazu fünf Thesen zur Funktion und Bedeutung von Lehrplänen formuliert:

---

13 Vgl. Katrin Höhmann / Witlof Vollstädt, So überflüssig wie ein Kropf? Die Bedeutung von Lehrplänen aus der Sicht von Lehrerinnen und Lehrern, in: Pädagogik 5 / 1996, S. 9–12. – Witlof Vollstädt u. a. (Hg.), Lehrpläne im Schulalltag. Eine empirische Studie zur Akzeptanz und Wirkung von Lehrplänen. Sekundarstufe I. Bielefeld 1998.

1. Lehrpläne sollen so variabel sein, dass sie eine individuelle Gestaltung des Unterrichts ermöglichen.
2. Lehrpläne haben Rahmenfunktion: Sie geben Entscheidungshilfen bei der Auswahl von Lernangeboten und bei der Organisation von Lernprozessen.
3. Lehrpläne haben Leitfunktion: Sie müssen im Lernprozess präzisiert werden.
4. Lehrpläne bilden einen Verständigungshorizont für Lehrende und Lernende.
5. Lehrpläne können nie besser sein als die Lehrenden.

Hier haben wir es mit vergleichsweise wenig aussagekräftigen Begriffen zu tun, die im weitesten Sinne regulative Leitideen oder allenfalls formale Bestimmungen sein können. Sie veranschaulichen, dass die aus der Praxis erwachsenen Erwartungen nur schwer in eine operationalisierbare Form gebracht werden können. Lehrerinnen und Lehrer haben offensichtlich ganz unterschiedliche Erwartungen an einen Lehrplan. Diese sind zweifellos berechtigt, wenn der pädagogisch-didaktischen (d. h. personalen) Kompetenz der Lehrkräfte Rechnung getragen wird. Damit zeigt sich eine Gegebenheit, der sich jede Konzeption eines Lehrplans stellen muss. Denn »ein zentrales Dilemma der Textsorte Rahmenrichtlinie [bzw. Lehrplan] besteht darin, dass in Rahmenrichtlinien einerseits Verbindlichkeiten geregelt werden sollen, andererseits die unterrichtlichen Umsetzungen nur im Einzelfall und in freier Entscheidung von Lehrenden und Lernenden durchgeführt werden können.«[14]

→ *Bildung*, → *Didaktik*, → *Elementarisierung*, → *Lernzieldidaktik*

Zur Diskussion gestellt

- Was möchten Sie als Lehrer oder Lehrerin an der Schule erreichen? Was wollen Sie lehren? Welche Ziele verfolgen Sie mit Ihrem Religionsunterricht? Welche Inhalte wollen Sie vermitteln?
- Stellen Sie Ihr persönliches Kerncurriculum für das Fach Religion zusammen. Was sollten Schüler mit dem Abitur wissen, können, beherrschen?
- Entwerfen Sie einen Religionslehrplan für die Klassenstufe 7. In welchem Maße können (wollen) Sie sich dabei an der Lerngruppe orientieren?
- Diskutieren Sie die Forderung nach aufbauendem (sequenziellem) Lernen im Religionsunterricht. Benennen Sie Hindernisse und Voraussetzungen.

Literaturempfehlung

Herwig Blankertz, Theorien und Modelle der Didaktik. München, 13. Aufl. 1991. – Wolfram Eilerts, Zur Lehrplanentwicklung des evangelischen Religionsunterrichts in Baden-Württemberg. Idstein 1996. – Wolfgang Michalke-Leicht, Das Kreuz mit den SchülerInnen. Bildungstheoretische Dimensionen im Lehrplankonstruktionsprozess. Karlsruhe 2001 (*http://www.freidok.uni-freiburg.de/volltexte/248/*). – Ders. u. a. (Hg.), Gezählt, gewogen und befunden. Eine Evaluation zum Lehrplan für den Religionsunterricht am Gymnasium in Baden-Württemberg. Münster u. a. 2002.

Wolfgang Michalke-Leicht

14 Josef Keuffer / Matthias Trautmann: Rahmenrichtlinien und ihre Modernisierung. In: Josef Keuffer (Hg.), Modernisierung von Rahmenrichtlinien. Weinheim 1997, S. 10.

Lernzieldidaktik

An Lernzielen orientiertes Lernen spielt von Kind auf in allen lebensbezüglichen Lernanforderungen eine große Rolle. Für das schulische Lernen kommt ihm eine besondere Bedeutung zu. In der Schule werden Lernanforderungen gestellt, deren Zwecke und Ziele den Lernenden anfänglich oft nicht einsichtig sind. Sie sind ihnen durch bestimmte Lehrhandlungen erst klar zu machen. So wird, seit über schulisches Lernen nachgedacht wird, auch darüber nachgedacht, wie Ziele herzuleiten, zu begründen, herauszustellen und wie die Wege, die zum Ziele führen sollen, anzulegen seien.[1]

Die neuere Lernzieldidaktik unterscheidet sich jedoch grundlegend von der früheren. Während Theorien über das Lernen bis dahin aus der Lernpraxis, aus Lernerfahrungen, aus erkenntnislogischen Überlegungen oder aus geisteswissenschaftlichen Bildungstheorien abgeleitet wurden, setzt sich die neuere Lernzieldidaktik zur Aufgabe, die Inhalte und Wege des Lernens auf der Grundlage empirisch-wissenschaftlicher Analyse der Lebens- und Lernbedingungen herzuleiten und auf der Grundlage wissenschaftlich begründeter Lerntheorien Lernwege zu strukturieren. Herangezogen werden zu diesem Zwecke Ansätze der Testpsychologie, der behavioristischen Lernpsychologie, der kognitionspsychologischen Lernpsychologie, der Sozial-, Kommunikations-, Interaktionspsychologie. Vom Lernen auf empirisch-wissenschaftlich fundierten Wegen verspricht man sich u. a. Verbesserung der Lernmotivation, Erleichterung der Lernanstrengungen, Steigerung der Lerneffektivität, empirisch-wissenschaftlich kontrollierte Zweck- und Zielsetzung, Aussonderungskriterien zur Reduktion der Lerninhalte.

Als bahnbrechend für die neuere Lernzieldidaktik erwiesen sich Forschungen, die in den USA von *Benjamin S. Bloom* und seinen Mitarbeitern in den Jahren zwischen 1949 und 1953 durchgeführt wurden.[2] Es war ihnen darum zu tun, auf testpsychologischem Wege einen Maßstab für Schwierigkeitsgrade von Lernleistungen, eine Stufung von Anforderungsniveaus zu erschließen, mit Hilfe derer sich die Schwierigkeit von Lernleistungen (z. B. bei der Anlage von Klassenarbeiten und der Bestimmung von Prüfungsanforderungen) würden bestimmen und Lernleistungen vergleichbar machen lassen. Sie fanden, dass zur Bestimmung von Lernleistungen grundlegend drei unterschiedliche Anforderungssorten zu unterscheiden seien: Lernanforderungen kognitiver, affektiver und psychomotorischer (instrumenteller) Art.

Die von Bloom und seinem Team erarbeitete Stufenleiter kognitiver Lernziele wurde richtungsweisend für die Lernzieldidaktik von den 70er Jahren des 20. Jahrhunderts an. Die von *David R. Krathwohl* nachfolgend (1964) vorgelegte testpsychologisch ermittelte Stufung von Lernleistungen affektiver Qualität blieb für Unterrichtsgestaltung von geringerer Bedeutung.[3] Bloom leitete aus seinen testpsycholo-

---

1 Vgl. z. B. Johann Amos Comenius, Große Didaktik. Die vollständige Kunst, alle Menschen alles zu lehren. Übersetzt und herausgegeben von Andreas Flitner. Stuttgart, 7. Aufl. 1992.

2 Benjamin S. Bloom (Hg.), Taxonomie von Lernzielen im kognitiven Bereich. Weinheim / Basel 1972.

3 David R. Krathwohl u. a., Taxonomie von Lernzielen im affektiven Bereich. Weinheim 1975.

gischen Erhebungen eine Stufenleiter steigender kognitiver Lernanforderungen ab, die Stufen 1. des Erwerbs von Wissen, 2. des Vermögens zu verstehen, 3. des Vermögens anzuwenden, 4. des Vermögens zu analysieren 5. des Vermögens zu synthetisieren und 6. der Fähigkeit zu bewerten und zu beurteilen. *Robert F. Mager* entwickelte daraus ein Instrument zur Lernzielbestimmung und Strukturierung von Unterricht.[4] In den deutschen Raum ein- und weitergeführt haben diese Nutzung. *Schulz* (1961), *Gagné* (1969), *Roth* (1971), *Boeckmann* (1971), *Petersen* (1972) und *Ott* (1973).[5] Gefordert wurde, der Gestaltung von Unterrichtseinheiten wie einzelnen Unterrichtsstunden seien kognitive, affektive und psychomotorische Richtziele, Grobziele und Feinziele zu Grunde zu legen. Von diesen abgeleitet seien Unterrichtsverläufe so zu gestalten, dass durch Motivationsinitiativen der Lernwille zielgerichtet angeregt, der Weg in wohl kalkuliert aufeinander folgenden Stufen, Schritten oder Segmenten strukturiert und bei alledem der Lernverlauf und das Lernziel dem Lernenden einsichtig gemacht werde (lernpsychologisch kalkulierte Artikulation des Unterrichtsverlaufes). Als Idealform wurde von manchen algorhythmische Durchgestaltung – ähnlich der Anlage von programmiertem Unterricht, wie er in Sprachlabors praktiziert wird – anempfohlen.[6] Für die Lehrplangestaltung wurde Lernzielorientierung von den 70er Jahren an leitend.[7]

Die begrenzte Tauglichkeit der Lernzieldidaktik ergab sich bald aus der anfänglich geradezu kategorisch geforderten praktischen Anwendung:

1. Lernen in der Schule erfolgt nicht in einem quasi klinisch reinen Raum. Es wirken auf das Lerngeschehen situative Komponenten ein, die den Erfolg lernzielorientierten Unterrichts beeinträchtigen können: Ablenkung auf der Beziehungsebene, unkalkulierbare Randbedingungen, überraschende »Störfaktoren«, die sich nicht ausschalten lassen und die aus pädagogischen und didaktischen Gründen oft auch gar nicht unterdrückt werden sollten.
2. Die Maßgabe, Lernziele kognitiver, affektiver und psychomotorischer Art auszudifferenzieren, verkennt: Bei manchen Lernaufgabenstellungen sind diese drei Lernzielsorten derart organisch verknüpft, dass den Lernenden eine solche

---

4 Robert Mager, Preparing Objectives for Programmed Instruction, 1961; in deutscher Übersetzung mit Einführung von Wolfgang Schulz unter dem Titel »Lernziele und Programmierter Unterricht«, Weinheim 1965.

5 Vgl. Heinrich Roth und Alfred Blumental (Hg.), Zum Problem der Lernziele. Hannover 1973.

6 Vgl. Herwig Blankertz, Theorien und Modelle der Didaktik. München 1969. – Paul Brunnhuber, Prinzipien effektiver Unterrichtsgestaltung. Donauwörth 1971. – Paul Heimann / Gunter Otto / Wolfgang Schulz, Unterricht – Analyse und Planung. Hannover 1972. – Hermann Röhrs (Hg.), Didaktik. Frankfurt / M. 1971 (hier insbesondere Ferdinand Kopp, Die Artikulation des Unterrichts, a. a. O., 155ff). – Walter Schöler, Strukturen und Modelle des Unterrichts. Paderborn 1977. – Zur Fachdidaktik Religionslehre vgl. insbesondere: Horst Heinemann / Günter Stachel / Siegfried Vierzig, Lernziele und RU. Grundsätzliche Überlegungen und Modelle lernzielorientierten Unterrichts. Zürich 1970. – Klaus Wegenast (Hg.), Curriculumtheorie und Religionsunterricht. Gütersloh 1972. – Helmut Angermeyer, Der thematisch-problemorientierte Religionsunterricht. Gütersloh 1973.

7 Vgl. zur Curriculum-Theorie Saul B. Robinsohn, Bildungsreform als Revision des Curriculum und ein Strukturkonzept für Curriculumentwicklung. Neuwied 1967; 4. Aufl. 1972.

Ausdifferenzierung der Ziele nur schwer oder gar nicht einsichtig zu machen bzw. nicht nachvollziehbar ist. Die Ausdifferenzierung abstrahiert von der konkreten, ganzheitlichen Gestalt des Lernzieles, wie dieses von den Lernenden wahrgenommen wird, und erschwert dadurch die Zielerkenntnis überhaupt.

3. Die Unterscheidung zwischen kognitiven und affektiven Zielen ist sinnvoll, gilt es doch zu klären, was sich kognitiv erschließen lässt und was nicht. Handelt es sich bei Sinn- und Wertfragen um Gehalte, die subjektive Entscheidungen herausfordern, so sind diese der Theorie zufolge letztlich dem affektiven Bereich zuzuordnen. Demzufolge kommt im Fach Religionslehre Zielen große Bedeutung zu, die im Sinne der Theorie streng genommen nicht kognitiv erschließbar sind und daher offenere Lernmodelle erfordern. Jedoch hat es der Religionsunterricht in hohem Umfang auch mit Lerninhalten zu tun, die verobjektivierender Erkenntnis zugänglich sind und für deren Erschließung sich Lernzieldidakik durchaus empfiehlt.
4. Die Maßgabe, kognitiv zugängige Gehalte einzelner Unterrichtsstunden stets streng nach dem Modell der Lernzieldidaktik in einer Abfolge von Feinzielbestimmungen zu konzipieren, ist als Regelanforderung nicht sinnvoll. Dies würde dem Unterricht eine lerntechnologische Prägung geben, die Ermüdung zur Folge hätte und außer Acht lässt, dass sich für die Gestaltung von Lernprozessen unterschiedliche Modelle anbieten, welche in wohl erwogener Abwechslung und in kreativer Kombination zu nutzen sind.

Die Eingrenzungen und Einwände verweisen auf die begrenzte Tragweite der Lernzieldidaktik, der jedoch für die Optimierung von Lernprozessen gleichwohl führender Rang zukommt. Professionalität der Unterrichtsgestaltung zeigt sich eben daran, ob der / die Lehrende wohl begründet auszuwählen weiß, für welche Lernanforderungen es sich empfiehlt, sie nach dem Modell der Lernzieldidaktik zu strukturieren und zu optimieren, für welche sich dagegen andere Modelle empfehlen. Folgende Gesichtspunkte sollten im Blick sein:

1. Als Lernziel sollte lediglich ausgewiesen werden, was sich am Ende auch wirklich im Bewusstsein der Schüler/innen als Lernfortschritt zu erkennen gibt.
2. In aller Regel optimiert lernzielgebundene Strukturierung Lernerfolg nur dann, wenn diese Ziele sich als abrufbares Wissen, Vermögen, als Fähigkeit oder Fertigkeit klar und einfach definieren und verständlich formulieren lassen.
3. Handelt es sich bei einer Lehraufgabe um Gehalte logisch linearer bzw. kausalanalytisch zugängiger Struktur, so liegt Feinzielstrukturierung des Vermittlungsweges nahe.
4. Als Zielvorgabe genügen Angabe dessen, was den Lernenden vermittelt werden soll. Es kommt dann nicht darauf an, dass der Lernweg, der beschritten wird, als zwingende Abfolge von Einzelschritten bewusst gemacht wird; es genügt, wenn der von Lehrabsichten gelenkte Lernprozess am Ende des Lernweges zu einem aus dem Ganzen sich ergebenden, den Schülern bewussten Lernfortschritt führt.
5. Die operationalisierten, d. h. auf abrufbares Endverhalten ausgerichteten Lernzielbestimmungen sollten genutzt werden, das kritische Mitdenken der Schülerinnen und Schüler einzubringen und sie darüber mitbefinden zu lassen, ob ein Lernprozess erfolgreich war oder nicht.

Was Anwendung der Lernzieldidaktik nahe legt, lässt sich in folgenden Punkten zusammenfassen:

1. Lernzieldidaktik schärft den Blick für Anforderungsniveaus.
2. Sie verhilft zur Präzisierung der Zielplanung und einer dieser entsprechenden Verlaufsplanung.
3. Sie ermöglicht Gewichtung von Lernleistungskontrollen.
4. Sie kann dazu beitragen, Unterrichtsprozesse für Schüler in den Absichten durchsichtig und nachvollziehbar zu machen, kritisches Mitdenken zu befördern.

→ *Bildung*, → *Didaktik*, → *Lehrplan*, → *Leistungsmessung – Notengebung – Evaluation*

Zur Diskussion gestellt

- Stellen Sie sich eine eben gehaltene oder in der Planung befindliche Religionsstunde vor: Welche Ziele haben Sie verfolgt? Welche Ziele haben Sie tatsächlich erreicht? Woran kann man das Erreichen der Ziele ablesen?
- Versuchen Sie Ihre Stundenziele möglichst konkret zu formulieren. Unterscheiden Sie zwischen dem Hauptziel Ihrer Stunde und untergeordneten Zielen.
- »Ich arbeite eigentlich nicht mit Lernzielen. Bei mir läuft das eher intuitiv, eins ergibt sich aus dem anderen ... « Setzen Sie sich kritisch mit dieser Äußerung eines Referendars auseinander.
- In jüngster Zeit entsteht eine Diskussion um so genannte »Bildungsstandards«, deren Erreichen empirisch überprüft werden soll. Vergleichen Sie diese neuere Diskussion mit der älteren Diskussion zum Thema »Lernziele«.

Literaturempfehlung

Hartmut Lenhard (Hg.), Religionsunterricht. Überblicke – Impulse – Beispiele. Gütersloh, 3., neubearbeitete und erweiterterte Aufl. 1996, S. 113ff. – Wilhelm H. Peterßen, Handbuch Unterrichtsplanung. Grundfragen – Modelle – Stufen – Dimensionen. München, 5., überarbeitete und aktualisierte Aufl. 1992, S. 114ff.

Paul Erdmann

Religiöses Lernen

Reifungsvorgänge und Umwelteinflüsse

Religiöse Entwicklung wird bei aller Verschiedenheit ihrer Deutung heute übereinstimmend gesehen als Interaktionsvorgang im Sinne einer Wechselwirkung zwischen Reifungsvorgängen und Einwirkungen der Umwelt. Die verschiedenen Deutungsweisen religiöser Entwicklung sollten nicht als Alternativen verstanden werden, sondern als komplementäre Ansätze: Ein (psychoanalytisch) an der Beobachtung des Durchlaufens von krisenhaften Lebensphasen orientiertes zyklisches Modell (vgl. Erikson) und eine kognitiv-strukturell denkende Fortschrittsvorstellung[1] ergänzen einander durchaus, bleiben aber dann doch aus der Sicht einer theologischen Anthropologie defizitär, weil das konkrete Dasein zeigt, dass solche Deutungen von Entwicklung Menschen überfordern können. Ich bleibe in einigen Bereichen hinter meinen Möglichkeiten schuldhaft zurück, andererseits erreiche ich in Teilbereichen auch wieder eine relative Abgeschlossenheit, und dabei erlebe ich, dass mein Streben nach vollerem Menschsein noch ein anderes Gegenüber hat als mich selbst, und an diesem Punkt gewinnt die individuelle Entwicklung die Dimension einer Beziehung, die sich einer Beschreibung, wenn nicht der Sagbarkeit überhaupt entzieht.

So wenig sich religiöse Entwicklung psychoanalytisch oder kognitiv-strukturell abschließend erfassen lässt, kann sie auch nicht verstanden werden als Gewinnen von Glaubensüberzeugungen bzw. Lebensdeutungen im Sinne der Sinnorientierung oder des Entstehens von personalen Beziehungen. Die von Friedrich Schweitzer vorgeschlagene Definition von religiöser Entwicklung als »lebensgeschichtliche Veränderung von Erfahrungen, Vorstellungen, Gefühlen, personalen Beziehungen«, die als religiös bedeutsam verstanden werden,[2] erscheint gut geeignet, das zu umfassen, was uns in autobiographischen Äußerungen[3] oder in der eigenen Erfahrung gegenübertritt.

Wenn wir ernst nehmen, dass Entwicklung nicht einfach als ein Reifungsvorgang zu verstehen ist, sondern als die Folge einer Wechselwirkung von organischen Veränderungen und Einflüssen der Umwelt in Reifungsprozessen, dann muss auch bedacht werden, in welcher Weise in lebensgeschichtlichen Veränderungen der Einfluss von Institutionen zum Tragen kommt. Welche Institution ist in einer bestimmten Lebenszeit wirksam oder auch nicht, und wie wirken etwa im Jugendalter Elternhaus, Schule, Gemeinde, Vereine, Jugendkultur(en) im Leben eines / einer Einzelnen?

Empirisch gesichert und für den Bereich der allgemeinbildenden Schulen von hoher Bedeutsamkeit ist der Zusammenhang zwischen Bildungsstand und Kirchendistanziertheit. Diesen Zusammenhang kann man geradezu als kirchliches Bildungs-

---

1 Vgl. Bernhard Grom, Religionspädagogische Psychologie des Kleinkind-, Schul- und Jugendalters. Düsseldorf, 5., vollständig überarbeitete Aufl. 2000, S. 32–85.

2 Friedrich Schweitzer, Lebensgeschichte und Religion. Religiöse Entwicklung und Erziehung im Kindesalter und Jugendalter. Gütersloh, 4., überarbeitete und erweiterte Aufl. 1998, S. 174.

3 Dietlind Fischer / Albrecht Schöll, Glauben Jugendliche anders? Zur Bedeutung von Religion in der Lebenspraxis Jugendlicher, in: Katechetische Blätter 1996, S. 6–9.

dilemma verstehen: In einer Situation weltanschaulicher Pluralität muss eine Kirche auf die Befähigung ihrer Mitglieder zu einer bewusst verantworteten Entscheidung für den Glauben hinarbeiten – und läuft dabei Gefahr, durch ein hohes Maß von Bildung ihre Mitglieder zu verlieren. Empirische Untersuchungen zeigen nämlich einen Zusammenhang zwischen Kirchenmitgliedschaft und einer Stufe des religiösen Urteils, die mehr synthetisch-konventionell als individuell-reflektierend-traditionskritisch ist. Dagegen ist der Zusammenhang zwischen Kirchendistanziertheit und Höhe des Bildungsstandes nicht gebunden an bestimmte Lebenszyklen, wie ja auch bestimmte kognitiv-strukturelle Entwicklungsstufen nicht an Lebensalter gebunden sind, bzw. nicht automatisch in bestimmten Altersstufen erreicht werden.

Gerade der Zusammenhang zwischen Kirchendistanziertheit und Bildungsstufe muss sehr differenziert betrachtet werden. Kirchendistanziertheit kann nämlich nicht nur gesehen werden als Folge des Sich-Einstellens einer höher entwickelten Urteilsfähigkeit, sondern auch als Folge der Übernahme sehr konventioneller säkularistisch-kirchenkritischer Orientierungen aus der Umwelt, vor allem aus den Medien. Dennoch zwingt die Tatsache, dass hoch entwickelte Urteilsfähigkeit und Kirchendistanziertheit – das ist nicht unbedingt auch schon Glaubensdistanziertheit! – so deutlich konvergieren, zu religionspädagogischen Konsequenzen.

Die drohende Distanzierung kann nur aufgehalten werden, wenn die Kirche selbst die kritisch-fragende Vermittlung ihrer Glaubensüberlieferung fördert und nicht verhindert, wenn sie auf kritische Religiosität setzt, auf das Strukturprinzip des Ringens um Wahrheit anstelle eines Lenkens durch Tradition.

Die kognitiv-strukturellen Entwicklungmodelle zeigen, dass ein Verharren in einer religionskritisch-distanzierten Haltung eigentlich einem Entwicklungsstillstand gleichkommt. Die Tatsache, dass die Stufen des synthetisch-konventionellen und des individuativ-reflektiven Glaubens (nach Fowler) dominieren, lässt erkennen, in welchem Maße – trotz deutlicher Bedürfnisse – Anregungen in der religiösen Erziehung fehlen, die über das Beharren in einer religionskritisch-distanzierten Haltung hinausführen zu einer zwar reflektierten, aber gereift-nachkritischen Einstellung. Offenbar wird der religionspädagogischen Arbeit mit älteren Jugendlichen und jungen Erwachsenen noch zu wenig Bedeutung eingeräumt, obwohl es gesicherte Untersuchungsergebnisse darüber gibt, dass die Einstellungen Erwachsener gegenüber Kirche und Religion vor allem im mittleren und späteren Jugendalter entscheidend geprägt werden.[4]

Religiöses Lernen auf der Sekundarstufe II

Wirft man einen Blick in bisher gültige Lehrpläne der Sekundarstufe II, so zeigt sich, dass die Ausbildung sozialer, ethischer und religiöser Wertvorstellungen und Verhaltensweisen in der Beschreibung des Bildungs- und Erziehungsauftrags des Gymnasiums zwar gleichrangig neben dem Erwerb von Wissen, Fähigkeiten und Fertigkeiten als Aufgabe des Gymnasiums fungiert,[5] dass aber in den pädagogischen

4 Friedrich Schweitzer, a. a. O., S. 180.

5 Vgl. Bildungsplan für das Gymnasium Baden-Württemberg, in: Kultus und Unterricht, Amtsblatt des Ministeriums für Kultus, Jugend und Sport Baden-Württemberg 4 / 1994, S. 11.

Leitvorstellungen nicht darüber reflektiert wurde, inwieweit die nun eingeforderte wissenschaftspropädeutische Ausrichtung schulischen Lernens die Vermittlung einer Haltung gegenüber Werten wie Solidarität, Gerechtigkeit, Friedensliebe, Toleranz, Verantwortung gegenüber der Mit- und Nachwelt tatsächlich ermöglichen kann.[6] Man begnügte sich mit der Feststellung, dass das durch die geistige Entwicklung unterdessen gegebene Reflexionsniveau im Bereich von Gewissensorientierung und ethischer Urteilsbildung es erlaubt, »Haltungen, Einstellungen und Handlungen im Kontext von religiösen, weltanschaulichen und geschichtlichen Bindungen und Lebensumständen zu analysieren und zu beurteilen.«[7]

Auch wenn diese Feststellung gerade für das Fach Religionslehre ernüchternd sein muss, weil der Beitrag des Religionsunterrichts zu einer ganzheitlichen Bildung von der Dominanz der Wissenschaftspropädeutik in der Sekundarstufe II besonders eindeutig betroffen ist, wäre es doch ganz unangebracht, eine Erschwerung ganzheitlichen Lernens in der Arbeitsweise anderer Fächer zu sehen und nicht auch in der Unterrichtskonzeption des eigenen Fachs. Hier ist ein kurzer Rückblick angezeigt.

Seitdem die anthropologische Wende in der Theologie und die durch das II. Vatikanische Konzil begonnene Öffnung der katholischen Kirche zur Welt sich auf den schulischen Religionsunterricht auszuwirken begann und der Religionsunterricht sich als normales, versetzungserhebliches Fach im Fächerkanon des Gymnasiums etablieren konnte und trotz Abmeldungsmöglichkeit und Angebot des Ersatzfaches Ethik eine eindeutige Akzeptanz bei Schülern und Eltern aufweist, ist die Wissenschaftsorientierung für den Religionsunterricht im Kurssystem der Sekundarstufe II eine Selbstverständlichkeit. Es war der Theologie der vergangenen Jahrzehnte gelungen, in der wissenschaftlichen Reflexion der Glaubenstradition die brennenden Menschheitsfragen in ein neues Licht zu rücken. Für einen Religionsunterricht, der, dem Synodenbeschluss von 1974 entsprechend, junge Menschen in ihrer Auseinandersetzung mit diesen Fragen begleiten und sie darin mit der Kraft der biblischen Botschaft in Berührung bringen wollte, lag es nahe, seine Materialien aus Veröffentlichungen von Theologen zu entnehmen, die für den Aufbruch der Kirche standen und die für die Religionslehrer während des Studiums Leitfiguren und Hoffnungsträger gewesen waren. Religionslehrerinnen und -lehrer verstehen ihr Fach als einen Lernort, in dem die kognitive Sinnhaftigkeit des christlichen Glaubens und seine Bedeutung für die Beantwortung individueller Lebensfragen vermittelt werden können. Sie ermöglichen in den Kursen der Sekundarstufe II den Jugendlichen eine lebensgeschichtliche Orientierung an der christlichen Anthropologie und am Evangelium, die die sich auflösenden konfessionellen Lebensräume ihnen nicht mehr anbieten konnten. Dabei praktizieren sie eine Didaktik des weltanschaulich-christlichen Angebots in einem Bildungsvorgang, in dem es um das Wahrnehmen und Verstehen von Sinnentwürfen geht, um das Überwinden der Distanz zu Glaubenszeugnissen früherer Epochen und zu fremden zeitgenössischen Lebenswelten.

Unterdessen wird die Akzeptanz dieser Angebotsdidaktik von zwei Seiten her fraglich:

Einmal zeigt sich, dass »sinnsuchende Wohlstandskinder« (Benno Hauenhorst) sich mit der Vermittlung von Zugängen zum Glauben der Kirche als gesellschaftlich

6 A. a. O., S. 507.
7 Ebenda.

akzeptierter Kontingenzbewältigungspraxis zunehmend schwer tun. Die Schülerinnen und Schüler lernen zwar weiterhin für Klausuren und möglicherweise für die Abiturprüfung, was im Unterricht bearbeitet wird, sie empfinden aber zwischen ihrem Auskunft-geben-Können über Inhalt und Sachzusammenhang der Lehrplaninhalte, die weitgehend durch aus fachwissenschaftlichen Texten bestehende Materialien repräsentiert werden, und einer lernenden Aneignung der lebensgeschichtlich-sinnstiftenden Relevanz von geglaubtem Glauben immer deutlicher einen Abstand und mahnen diesen auch an: »Irgendwie bringen die Texte von diesen Leonardo Rahnerküngs nichts!«[8]

Ein zweiter Grund für den Plausibilitätsverlust eines als Lebensorientierung angebotenen christlichen Glaubens liegt in der Veränderung des Lebensstils, den wir als Individualisierung der Lebensvollzüge zu verstehen beginnen. Den jungen Menschen werden beim Hineinwachsen in eine immer komplexer werdende Gesellschaft und Arbeitswelt die Möglichkeit und Gültigkeit von Sinnstrukturen, die die verschiedenen Nischen und Lebensbereiche übergreifen, zunehmend fraglich, weil sie diese Gültigkeit nicht erleben. Und deshalb wird ihnen auch die Sprache zunehmend unzugänglich, in der die Entwürfe solcher übergreifender Sinnstrukturen formuliert sind.

Damit kündigt sich für den Religionsunterricht in der Sekundarstufe II eine Situation an, die Rainer Bucher so beschreibt:

»... die theologische Begrifflichkeit heutiger Verkündigung bezieht ihre biographische Hintergrundauthentizität noch weitgehend aus vormodernen Biographiemodellen. Verkündigung, die sich explizit oder, wie meist, implizit auf sie beruft, wird dann bestenfalls als fremde, meistens aber als unglaubwürdige Behauptung erfahren. Es verschärft das Problem zusätzlich, wenn die Verkündiger diese vormoderne Authentizität selbst nur noch verbal, nicht mehr aber real verkörpern. Hier wagt man es dann nicht, die eigene Biographie, deren Brüche und Schatten zur Basis der eigenen Rede von Gott zu machen. Notwendig wäre aber gerade dies.

Fatal wirkt jedenfalls jener Verkündigungs-Paternalismus, der es immer gut meint und stets besser weiß. Noch fataler aber sind dann etwa jene Verkündigungsversuche, in denen die großen und auch geheimnisreichen Begriffe des Glaubens zu Behauptungshüllen herunterkommen, zu leeren, erfahrungslosen, unkonkreten Versprechungen ohne Erfüllungschance.«[9]

Der Religionsunterricht der Sekundarstufe II wird auch in Zukunft mit theologischen Texten arbeiten. (Für andere Medien wie etwa Bilder oder fiktionale Texte kann das Folgende in etwa auch gelten.) Diese Texte unterscheiden sich in ihrer formalen Logik nicht von der Sprache, in der Lehrer und Schülerinnen und Schüler die Welt der Dinge benennen – abgesehen eben davon, dass es sich um mehr oder minder fachsprachliche Texte handelt, die es ja auch in anderen Fächern gibt. So erscheint auf den ersten Blick der sprachliche Unterschied zwischen den beiden folgenden Sätzen kaum wahrnehmbar:

8 Vgl. Benno Hauenhorst, Eine Illustrierte für Blinde, in: rhs – Religionsunterricht an höheren Schulen 1990, S. 245.

9 Rainer Bucher, Gott, das Reden von ihm und das Leben der späten Moderne. Zur Lage der christlichen Verkündigung, in: rhs – Religionsunterricht an höheren Schulen 1995, S. 5f.

1. Die Ärzte des Kantonspitals haben unserer verunglückten Kollegin das Leben gerettet und ihre schweren Verletzungen weitgehend geheilt, so dass sie ihre Ausbildung abschließen kann.
2. Jesus von Nazareth hat durch sein Leben, seinen Tod und seine Auferweckung mich davor gerettet, mit meinem Dasein zu scheitern, und ermöglicht es mir, zuversichtlich und glücklich zu leben.

Satz 1 bezieht sich auf einen sehr schweren Verkehrsunfall, den eine Referendarin auf dem Heimweg erlitten hatte. Der Satz ist für jeden nachvollziehbar, der zu diesem Kurs gehörte oder weiß, dass jemand von uns einen schweren Unfall erlitten und diesen überstanden hat, der Satz lässt sich – erfreulicherweise – empirisch verifizieren.

Satz 2 ist ein Bekenntnis in einer, wie ich hoffe, halbwegs nachvollziehbaren theologischen Sprache. Ich könnte ihn etwa formuliert haben, nachdem mich ein Schüler aus meinem Grundkurs gefragt hat, was Jesus Christus für mich persönlich bedeute.

Satz 2 bezieht sich wie Satz 1 einerseits auf reale Tatsachen (Botschaft, Leben und Tod eines palästinischen Bauhandwerkers und Wanderpredigers, Auferstehungsglaube von Anhängern). Satz 2 bringt aber eine Gegebenheit zum Ausdruck, die nicht aus den genannten realhistorischen, intersubjektiven Fakten hervorgeht, sondern sie auf eine schwer definierbare Weise übersteigt. Die vorausgesetzte Frage des Schülers wäre durch diesen Satz allein nicht zureichend beantwortet.

Die Logik von Satz 2 wird nur dann greifbar, wenn die Situation bzw. die *Erfahrung erschlossen* wird, auf der er beruht. Der Satz basiert auf einer Erschließungssituation und zielt selbst wieder auf eine Erschließung. Würde der Satz rein deskriptiv, also ohne auf eine Erschließung zu zielen, gelesen, wäre er für den Fragenden als Antwort wahrscheinlich irrelevant – möglicherweise vielleicht sogar für mich! Es wäre fatal, wenn ich mir als Lehrer angewöhnen würde, derartige Sätze zu artikulieren, ohne mich dabei aufgefordert zu sehen, die begriffliche Struktur eines solchen Satzes in (eine) nachvollziehbare Erschließungssituation(en) zurückzuübersetzen, in den(en) mir die Wahrheit dieses Satzes begreifbar geworden war.

Rainer Bucher drückt diese Notwendigkeit so aus: »Glaubhaft werden lassen, dass ohne das Wort Gott das eigene Leben seine Weite und seinen Horizont, seine Hoffnung und seine notwendige Verunsicherung verlöre, kann nur, wer diskret mit ihm umgeht und gerade damit zu verstehen gibt, worum es in diesem Wort geht, um ihn selbst, um alles. Die großen und leeren Begriffe zerstören jede Verkündigung. Leer sind sie, wo nicht spürbar wird, was sie im Leben dessen, der redet, bedeuten, bewirken, zumindest als Hoffnung bereithalten, In der Moderne gelingt Verkündigung als Kommunikation nur zwischen Subjekten, als punktuelle Biographiekoppelung. Sie braucht dazu institutionelle Stützen im Sinne von dichten, wiewohl bisweilen durchaus nur temporären und flüchtigen Kommunikationsräumen. Christliche Verkündigung braucht Erfahrungsfelder christlicher Konkretion.«[10]

Nach meinem Ermessen hat Bucher hier die realen Möglichkeiten eines dialogischen schulischen Religionsunterrichts zutreffend eingeschätzt. Vielleicht könnte der schulische Religionsunterricht solche »temporären und flüchtigen Kommunikationsräume« bieten.

10 Rainer Bucher, a. a. O., S. 6.

Seine Forderung weist genau in die Richtung, in der wir uns bewegen müssen, wenn wir unter den Bedingungen einer zunehmenden biographischen Autonomie unseren Schülerinnen und Schülern bei ihrer Suche nach einer verbindlichen Lebensorientierung behilflich sein wollen.

Transzendentalität des Menschen – Transzendentalität Gottes

Die Möglichkeitsbedingung für ein theologisches Sprechen von Gott (vgl. oben Satz 2) wie für das Erschließen solcher theologischer Sätze ist die gleiche, nämlich die Analogie zwischen der endlichen subjektiven Transzendentalität des Menschen und der unendlichen objektiven Transzendentalität Gottes:

- Der Mensch ist sich einerseits gegeben in seinen unmittelbaren Erfahrungen. Im bewussten Vollziehen seiner Subjektivität jedoch (wenn er sich selbst denkt und darstellt) transzendiert er, sich selbst erschließend, diese unmittelbaren Erfahrungen, an die er aber doch gebunden bleibt.
- Gott teilt sich dem Menschen mit (und wird dadurch aussagbar) in realen Dingen und Vorgängen, die er objektiv übersteigt, in denen er aber erfahrbar, erschließbar ist.

Mir erscheint es möglich zu fragen, ob sich der didaktische Ansatz für ein der Klassenstufe und den Gegenständen angemessenes religiöses Lernen nicht aus dieser zwingenden Verwiesenheit theologischer Sprache auf Erschließungssituationen ergibt. Die Sprache des Faches Religionslehre wird sich von der Sprache anderer Unterrichtsfächer, auch von der Sprache des Ersatzfaches Ethik, immer dadurch unterscheiden, dass der Religionslehrer / die Religionslehrerin so handeln muss, dass deutlich bleibt, dass die objektivierende Vermittlung von Inhalt im Rahmen einer Erschließungssituation steht, die die objektivierende Ebene einerseits übersteigt, andererseits aber mit ihr verbunden bleibt.

Daraus ergibt sich die Verwiesenheit des Unterrichts im Fach Religionslehre auf existenzielle Kommunikation der Lehrenden und Lernenden. Oder, aus der Perspektive der Auswertung von Fallstudien zur subjektiven Religiosität von Jugendlichen gesehen:

»Es scheint zunehmend wichtiger zu werden, die strukturbildende Aneignung der christlichen Religion pädagogisch zu stützen, das Lernen in solchen didaktischen Zusammenhängen zu fördern, in denen die Lebenssituation verknüpft ist mit religiösem Wissen und Erfahren. Aus der Aneinanderreihung von Fakten oder Wissensbeständen, die aus der Disziplin Theologie abgeleitet werden, ergibt sich keine lebenspraktisch bedeutsame eigene Struktur. Vermutlich ist ein Unterricht in 45-Minuten-Sequenzen dafür nicht förderlich, sondern bedarf der Ergänzung durch Epochen, Projekte und Vorhaben, die die Gestaltung des Wechsels von Erfahrung und Reflexion stützen. Die Option für oder gegen Religion und religiöse Symbolisierungen wird in Kommunikationsmilieus entschieden, d. h. dort, wo man darüber spricht, was im Leben Sinn macht und wo lebensgeschichtlich bedeutsame Ereignisse Platz haben. Weder die Vermittlung substanzieller Theologie allein (back to basics) noch die Unterlegung lebenspraktischer Fragen mit religiös aufgeladenen Symbolen allein vermag Entscheidung aus dem Glauben heraus zu stützen, sondern beides ist nötig.

Derartige religionspädagogische Entwicklungen sind auf Lehrerinnen und Lehrer angewiesen, die ihre Verantwortung für das Lernen der SchülerInnen nicht an die Wissenschaft oder die Politik abgeben, sondern selbst wissenschaftlich-forschend ihre didaktische Praxis entwickeln und eine situationsbezogene Hermeneutik der Lehr-Lernvorgänge erarbeiten. Sie bedürfen dazu jederzeit der Beratung, Begleitung und Unterstützung durch Wissenschaft und Politik.«[11]

Ein Praxisbericht, an dem sich eine lebensweltlich reflektierte Erschließung einer Glaubensaussage in einem dialogischen Lehr-Lernprozess realitätsnah ablesen lässt, wäre z. B. J. Menses Erfahrung mit einem Farbholzdruck.[12] Der Verfasser fügt an seinen Bericht eine Bemerkung an, so sehr en passant, als habe er selbst nicht bemerkt, wie wichtig sie ist: »Ich schätze diese Farbholzdrucke sehr – und nicht nur wegen ihrer Verwendbarkeit. Der Druck ›Inkarnation‹ hängt seit Jahren im Wohnzimmer unserer Familie. Meine Seele braucht dieses Bild, mag es in Künstleraugen ›religiöse Gebrauchsgrafik‹ sein. Es ist für mich zu einem ›Symbol‹ geworden, das mein Leben begleitet.«

In seinem Verlaufsbericht erwähnt er an keiner Stelle, dass er gegenüber seinen Schülern von seiner Beziehung zu diesem Bild gesprochen hat. Mir erscheint das als ein sehr anregendes Beispiel für menschlichen und religionspädagogischen Takt einerseits, und anderseits für das sehr intensive Einbezogensein der eigenen Biographie in einen dialogisch gestalteten Lehr-Lernprozess Religionsunterricht. Die Forderung der »punktuellen Biographiekoppelung«, die Rainer Bucher für christliche Verkündigung allgemein aufgestellt hat, ist hier eingelöst.

→ *Entwicklungsstufen*, → *Jugend und Religion*, → *Leistungsmessung – Notengebung – Evaluation*, → *Religionslehrer(in)*, → *Sprache im Religionsunterricht*, → *Theorien religiöser Entwicklung*

Zur Diskussion gestellt

- Welche Anforderungen würden Sie persönlich an die unterrichtliche Behandlung einer zentralen Glaubensaussage stellen?
- Untersuchen Sie theologische Sachtexte, die Sie im Unterricht einsetzen, auf eine für Schüler nachvollziehbare bzw. unterrichtlich aufzuhellende biographische »Hintergrundauthentizität« (Rainer Bucher).
- Sichten Sie im Handel erhältliche Unterrichtsmaterialien und Arbeitshilfen bzw. Ihre eigene Unterrichtsvorbereitung unter dem Gesichtspunkt, wie ernst die *didaktischen* Leitlinien des Lehrplans genommen werden.
- Überprüfen Sie, inwieweit die Bezogenheit theologischer Aussagen auf Erschließungssituationen in den von Ihnen praktizierten Formen der Leistungserhebung eine Rolle spielt.

11 Dietlind Fischer / Albrecht Schöll, a. a. O., S. 13f.

12 Josef Mense, Gott wird Mensch. »Inkarnation« – ein Thema und ein Bild im Oberstufenunterricht, in: Katechetische Blätter 1992, S. 796–802.

Literaturempfehlung

Wilfried Bergau, Der Traditionsabbruch bei Jugendlichen – Ursachen und Folgen, in: Hartmut Lenhard (Hg.), Arbeitsbuch Religionsunterricht. Überblicke – Impulse – Beispiele. Gütersloh, 3., neu bearbeitete und erweiterte Aufl. 1996. – Thorsten Knauth / Sibylla Leutner-Ramme, Religionsunterricht aus Schülerperspektive. New York / München / Berlin 2000.

Franz Martin

Religionslehrer(in)

Berufe raten: Wer ist das? Er oder auch sie hat »die Gesundheit und Kraft eines Germanen, den Scharfsinn eines Lessing, das Gemüt eines Hebel, die Begeisterung eines Pestalozzi ... die Beredsamkeit eines Salzmann, die Kenntnis eines Leibniz, die Weisheit eines Sokrates und die Liebe Jesu Christi.« Dieses Anforderungsprofil aus dem Jahre 1835 stammt von Friedrich Adolph Diesterweg[1] und benennt, ernst gemeint oder ironisch, diejenigen Eigenschaften, die man nach landläufiger Meinung für den Beruf des Lehrers bzw. der Lehrerin mitbringen oder erwerben sollte.

Die Formulierungen haben sich seit der Zeit Diesterwegs vielfach verändert, auch inhaltlich wurden, je nach pädagogischer Konzeption, sicherlich immer wieder neue Akzente gesetzt; aber es bleibt dabei: Von der Lehrerin und dem Lehrer wird, gerade auch in Zeiten gesellschaftlichen Umbruchs, viel, vermutlich oft viel zu viel, erwartet. Die auflagenstark verbreitete Denkschrift der nordrhein-westfälischen Bildungskommission »Zukunft der Bildung – Schule der Zukunft« fordert vom »Personal im Schulwesen« u. a.: Kreativität, kommunikative Fähigkeiten, fachliche und didaktische Kompetenz, methodische Kompetenz, diagnostische Kompetenz, Beratungskompetenz, Medienkompetenz, Kooperations- und Teamfähigkeit ...[2]

Positiv gewendet lässt sich feststellen: ein faszinierender, ungewöhnlich vielseitiger Beruf, in dem sich all diese Kompetenzen und Fähigkeiten entfalten lassen. Jedoch: Wird er in seiner Bedeutung gesellschaftlich auch genügend gewürdigt? Und: Fördern derartig anspruchsvoll formulierte Tugendkataloge angesichts der oft sehr banalen, nicht immer leicht zu bewältigenden schulischen Realität nicht eher die Resignation und den Zynismus? Wäre ein reflektierter Umgang mit den eigenen Grenzen und Schwächen, sozusagen eine »Inkompetenzkompensationskompetenz«[3], nicht zuletzt auch aus theologischen Gründen das Allerwichtigste?

Wie auch immer: Für die Religionslehrerin und den Religionslehrer kommen zusätzlich zu dem, was man von jeder Lehrerin und jedem Lehrer billigerweise erwarten darf, weitere Anforderungen hinzu. Wesentlich stärker als andere Fachkolleginnen und Fachkollegen werden Religionslehrerinnen und Religionslehrer von Schülern, Eltern und Kollegen immer wieder mit sehr grundsätzlichen Fragen konfrontiert: Warum eigentlich Religionsunterricht? Und warum konfessioneller Religionsunterricht an öffentlichen Schulen? Zumindest vorläufige Antwortversuche auf diese Fragen bieten die unterschiedlichen religionspädagogischen Konzeptionen. So wird der Religionslehrer etwa von Vertretern der Evangelischen Unterweisung als Zeuge und Missionar, von Vertretern des Hermeneutischen Religionsunterrichts als theologischer Fachmann, von Vertretern des problemorientierten und sozial-

1 Friedrich Adolph Wilhelm Diesterweg, Wegweiser zur Bildung für Lehrer und die Lehrer werden wollen. Essen 1835, Vorrede.

2 Vgl. Bildungskommission NRW (Hg.), Zukunft der Bildung – Schule der Zukunft. Neuwied / Kriftel / Berlin 1995, bes. S. 300ff.

3 Zu dieser Formulierung vgl. – in einem anderen Kontext – Odo Marquard, Abschied vom Prinzipiellen. Stuttgart 1981, S. 23ff.

therapeutischen Religionsunterrichts als engagierter Zeitgenosse, Anwalt oder gar Therapeut der Schülerinnen und Schüler, in der Symboldidaktik schließlich als Regisseur, Mitspieler, Berater von Lernarrangements, ja sogar als religiöses Symbol beschrieben. Es besteht dabei heute weitgehend Konsens, dass jede der genannten Konzeptionen ihr jeweiliges Recht hat, dass keine vollständig überholt ist und dass es *die* für alle Religionslehrerinnen und -lehrer in allen Schularten und Schulstufen verbindliche religionspädagogische Konzeption nicht gibt. Das Spektrum der möglichen Unterrichtskonzeptionen und Unterrichtsstile ist im Fach Religion sehr breit, und die Schülerinnen und Schüler scheinen auch – stärker noch als in anderen Fächern – mancherlei zu akzeptieren, allerdings unter zwei Bedingungen:[4] Zum einen muss die religionspädagogische Situation für sie überhaupt noch als Unterricht identifizierbar sein; zum anderen müssen die Religionslehrerin oder der Religionslehrer die von ihnen gewählte Berufsrolle überzeugend ausfüllen, so dass man, zugespitzt und missverständlich zugleich, sagen könnte, es komme – stärker als auf Lehrpläne, Schulbücher und methodisch-didaktische Fertigkeiten – »fast alles auf die Person des Religionslehrers / der Religionslehrerin an«[5]. Dabei arrangieren sich Schülerinnen und Schüler durchaus mit sehr unterschiedlichen theologischen Positionen und unterschiedlichen Unterrichtsstilen, aber sie spüren auch genau, ob die Person der Religionslehrerin oder des Religionslehrers ihnen in sich stimmig erscheint. Allgemein erwünscht sind kommunikative, freundliche, den Jugendlichen zugewandte, aber auch fachkompetente Lehrerpersönlichkeiten.

Notwendig wäre, diesem Befund entsprechend, eine sehr gründliche, auf Professionalität und Authentizität zielende Religionslehrerausbildung. Diese ist jedoch keineswegs sichergestellt: Erwerben die Lehrerinnen und Lehrer, die eine Ausbildung am Studienseminar erhalten, heute in aller Regel solide unterrichtspraktische Fähigkeiten, so fehlt doch oft die auf die Biographie und die Persönlichkeit des und der Einzelnen zugeschnittene, individuelle Aufarbeitung der eigenen religiösen und theologischen Sozialisation. Elemente der Supervision, etwa orientiert am Modell der Themenzentrierten Interaktion,[6] sowie eine teilnehmer- und prozessorientierte Fortbildung in der Berufseingangsphase werden hier in Zukunft wesentlich stärker zum Zuge kommen müssen. Andererseits haben etwa Pfarrerinnen und Pfarrer, die in vielen Landeskirchen immer noch einen Großteil der Religionsunterrichts abdecken, zwar gelegentlich eine breitere seelsorgerliche Ausbildung erhalten, es mangelt jedoch – nicht zuletzt auch, weil eine intensive und breit angelegte Mentorierung und der Einblick in die Methodik und Didaktik anderer Fächer fehlen –, oft am handwerklichen Können. Kirchliche Ausbildungseinrichtungen stehen vor der kaum lösbaren Aufgabe, in einer im Vergleich zur grundständigen Lehrerbildung sehr kurzen Zeit in den Religionsunterricht aller Schularten einzuführen. Soll die Entwicklung einer beruflichen Professionalität nicht dem persönlichen Talent und

---

4 Vgl. hierzu Peter Kliemann / Hartmut Rupp (Hg.), 1000 Stunden Religion. Wie junge Erwachsene den Religionsunterricht erleben. Stuttgart 2000.

5 Eckhart Marggraf, »Fast alles hängt vom Lehrer ab« – Erfahrungen aus dreißig Jahren Religionsunterricht im Spiegel von Schüleräußerungen aus dem Jahr 1998, in: Peter Kliemann / Hartmut Rupp (Hg.), a. a. O., S. 29f.

6 Vgl. hierzu Ruth C. Cohn / Christina Terfurth (Hg.), Lebendiges Lehren und Lernen. TZI macht Schule. Stuttgart, 4. Aufl. 2001. – Friedhelm Lott, Religionsunterricht als themenzentrierte Interaktion im Kontext einer Schule der Zukunft. Ostfildern 2001.

der Fortbildungsbereitschaft des oder der Einzelnen überlassen bleiben, sind hier sicherlich Neuorientierungen grundsätzlicher Art längst überfällig.

Zu den Besonderheiten des Faches Religion gehört schließlich auch, dass, wer konfessionellen Religionsunterricht erteilt, anders als die Lehrerinnen und Lehrer der anderen Schulfächer, in einer zusätzlichen Loyalität (die allerdings oft auch Freiräume gegenüber der sonst staatlichen Schulaufsicht ermöglicht!) steht. Katholische Kolleginnen und Kollegen erhalten von ihrem Bischof die »Missio Canonica«; zahlreiche, aber keineswegs alle Landeskirchen, erteilen, dem katholischen Modus entsprechend, eine offizielle Lehrbefugnis, die so genannte »Vocatio«. Auffällig sind in den entsprechenden kirchlichen Verlautbarungen der unterschiedliche Grad der geforderten Verbindlichkeit, aber auch die großen Spielräume für die Interpretation im Einzelfall. So formulieren die deutschen katholischen Bischöfe:

»Der Religionslehrer und Religionslehrerin haben nicht nur über einen Inhalt zu informieren, der außerhalb ihrer eigenen freien Wahl, in objektiver Neutralität ausgesagt werden könnte. Sie sind, wie bei jedem wesentlichen humanen Verhalten, ›existenziell verwickelt‹. Sie stehen für das ein, was sie im Unterricht vermitteln ... An der Religionslehrerin und am Religionslehrer selber und ihrem Lebensstil soll sich ja die Lehre wenigstens in Ansätzen und Bemühen zeigen ... Aufgabe der Religionslehrerinnen und Religionslehrer ist es, loyal zum Bekenntnis ihrer Kirche zu stehen, wie es ihrer Sendung durch den Bischof entspricht (Missio Canonica).«[7]

Die württembergische Landeskirche erläutert den Sinn ihrer Vocatio hingegen folgendermaßen:

»Der evangelische Religionsunterricht wird im Bereich der Evangelischen Landeskirche in Württemberg nach deren Grundsätzen und von deren Beauftragten erteilt. Die Beauftragung zur Erteilung von Religionsunterricht setzt die kirchliche Bevollmächtigung voraus (Vocatio). Sie wird in der Regel öffentlich bestätigt ... Die Vocatio begründet ein Verhältnis gegenseitigen Vertrauens und gegenseitiger Verpflichtung zwischen der Landeskirche und den von ihr beauftragten Lehrern. Die Landeskirche verpflichtet sich, für die Anliegen der als evangelische Religionslehrer Bevollmächtigten gegenüber kirchlichen und staatlichen Stellen und in der Öffentlichkeit einzutreten und ihre fachliche Fortbildung zu fördern. Kirchliche Bevollmächtigte sind verpflichtet, Lehraufträge in evangelischem Religionsunterricht zu übernehmen und sie nach den Grundsätzen und der Ordnung der Evangelischen Landeskirche in Württemberg und nach den amtlichen Lehrplänen zu erteilen. Sie sind darauf bedacht, dass ihr ganzes Verhalten mit ihrem Auftrag als evangelische Religionslehrer in Einklang steht.«[8]

Wer sind die Religionslehrerinnen und Religionslehrer, die sich diesen vielfältigen Herausforderungen stellen? Folgende Hypothesen können als erhärtet gelten:[9] Die

7 Die bildende Kraft des Religionsunterrichts. Zur Konfessionalität des katholischen Religionsunterrichts. Hg. vom Sekretariat der Deutschen Bischofskonferenz. Bonn 1996, S. 51.

8 Kirchliche Verordnung über die Bevollmächtigung zur Erteilung von Religionsunterricht an den Schulen (Vokationsordnung) vom 20.11.1990.

9 Vgl. zum Folgenden: Andreas Feige / Karl Ernst Nipkow, Religionslehrer sein heute. Empirische

meisten Religionslehrerinnen und Religionslehrer sind lebensgeschichtlich durch eine kirchliche Sozialisation und eigenes Engagement in der Kirchengemeinde, insbesondere aber auch durch kirchliche Jugendarbeit geprägt. Auf protestantischer Seite sind sie repräsentativ für das Publikum evangelischer Kirchentage: Sie sind ihrer Kirche verbunden, stehen ihr aber unter Umständen auch kritisch gebenüber; sie wollen Kirche mitgestalten und erneuern, verstehen sich als mündige Christinnen und Christen, aber nicht unbedingt als Funktionäre der Institution.

→ *Fallbesprechungsgruppen / Supervision*, → *Konzeptionen des Evangelischen Religionsunterrichts*, → *Konzeptionen des Katholischen Religionsunterrichts*, → *Religionsunterricht zwischen Kirche und Staat*, → *Schulseelsorge*

Zur Diskussion gestellt

- *Mein eigener Religionslehrer / meine eigene Religionslehrerin:* Was ist mir in Erinnerung (vor allem auch Details: Redewendungen ... Kleidung ... Marotten ... Ansehen bei Schülerinnen und Schülern, bei Kolleginnen und Kollegen ...)? Was hat einen positiven Eindruck bei mir hinterlassen? Was einen negativen?
- *Ich habe mich für Theologie als Studiengang entschieden:* Warum eigentlich? Was war mein Traum? Was wären meine Alternativen gewesen? Welche Rolle spielten Religion und Kirche in meinem bisherigen Leben? Warum habe ich mich für das Lehramtsstudium / für das »Volltheologie«-Studium entschieden?
- *Meine Person und meine Rolle als Religionslehrer/in heute:* Will ich immer noch Religionslehrer werden / sein? Was ist einfacher / schöner / angenehmer als befürchtet? Was ist schwieriger als ich dachte?

Literaturempfehlung

Peter Biehl, Beruf: Religionslehrer – Schwerpunkte der gegenwärtigen Diskussion, in: Jahrbuch der Religionspädagogik 2 (1986), S. 161–194. – Andreas Feige u. a., »Religion« bei ReligionslehrerInnen. Religionspädagogische Zielvorstellungen und religiöses Selbstverständnis in empirisch-soziologischen Zugängen. Berufsbiographische Fallanalysen und eine repräsentative Meinungserhebung unter evangelischen ReligionslehrerInnen in Niedersachsen. Münster 2000. – Bernd Schwarz / Klaus Prange (Hg.), Schlechte Lehrer/innen. Zu einem vernachlässigten Aspekt des Lehrberufs. Weinheim / Basel 1997.

Peter Kliemann

und theoretische Überlegungen zur Religionslehrerschaft zwischen Kirche und Staat. Münster 1988. – Andreas Feige u. a., »Religion« bei ReligionslehrerInnen. Religionspädagogische Zielvorstellungen und religiöses Selbstverständnis in empirisch-soziologischen Zugängen. Berufsbiographische Fallanalysen und eine repräsentative Meinungserhebung unter evangelischen ReligionslehrerInnen in Niedersachsen. Münster 2000.

Religionsunterricht zwischen Kirche und Staat

Die Situation

Wer am Anfang des 21. Jahrhunderts über das Beziehungsgeflecht von Schule und Kirche im Bereich der Bundesrepublik Deutschland nachdenkt, erlebt zwar nicht ganz die schiere Ausweglosigkeit, die zu den berühmten »kahlen, negativen vier Bestimmungen« (so Adolf von Harnack) des christologischen Bekenntnisses von Chalcedon (451 n. Chr.) geführt hat,[1] wird aber entdecken, wie die dort festgehaltenen und für das christologische Bekenntnis der Kirchen bis heute prägenden Verhältnisbestimmungen der menschlichen und göttlichen Natur Christi ganz vorzüglich helfen, das unbestreitbar komplizierte Beziehungsgeflecht Schule und Kirche zu erfassen.

Unvermischt: Unser demokratisches Staatswesen versteht sich mit guten Gründen in der Tradition der Aufklärung, die sich zuerst der Würde und Freiheit des Einzelnen verpflichtet weiß (Art. 1 GG, Art. 4 GG) und deshalb auch die Trennung von Kirche und Staat zum Grundsatz erhebt. Damit wird auch das über Jahrhunderte andauernde ursprünglich ausschließlich von den Kirchen getragene Schulwesen bzw. eine Schule unter kirchlicher Aufsicht abgelehnt und ganz dem Staat unterstellt (Art. 7, 1 GG). Öffentliche schulische Erziehung und Bildung dürfen auch nicht mit kirchlichen Anliegen – und seien sie noch so edel motiviert – »vermischt« werden. Damit kann es in unserem Staat nur einen Religionsunterricht in der Schule geben, wenn er schulisch begründet werden kann; ein ausschließlich kirchlich begründeter Religionsunterricht hat in einem freiheitlich-demokratischen Rechtsstaat kein Existenzrecht.

Ungetrennt: Unser demokratisches Staatswesen übernimmt wiederum mit guten Gründen (z. B. von der Familie) eine Mitverantwortung für Erziehung und Bildung, es richtet öffentliche Schulen mit einer allgemeinen Schulpflicht ein und erklärt den Religionsunterricht zum ordentlichen Lehrfach (Art. 7, 3 GG). Dieses ordentliche Lehrfach Religionsunterricht (in der inhaltlichen Verantwortung der Religionsgemeinschaften) ist das Kind der Einsicht, neben dem erforderlichen »Unvermischt« das »Ungetrennt« zu etablieren. Weil Menschen keine religionslosen Wesen sind und Bildung ganzheitlich, also unter Einschluss der Sinn- und Wertfragen, nach Letztbegründungen, der Frage nach Gott zu verstehen ist, gehört der Religionsunterricht zum Erziehungs- und Bildungsauftrag öffentlicher Schulen. Eine öffentliche Schule mit dem Anspruch von Bildung und Erziehung kann nicht ohne die religiöse Dimension verstanden werden.

---

1 Gottheit und Menschheit sind nach der Entscheidung von Chalcedon in dem einen Christus »unvermischt«, »unverwandelt«, »unzerteilt« und »ungeschieden«.

Der Bildungsauftrag der Kirchen

Unterricht, Erziehung und Bildung gehören ganz selbstverständlich zum Leben in biblischen Traditionen. Der Missionsbefehl in Mt 28 verbindet ausdrücklich Taufen und Lehren, »Erziehung in den Worten des Glaubens« ist Auftrag des Apostels (1 Tim 4), Handeln aus Glauben ist Inhalt der Erziehung (z. B. Eph 6,1–4). Die Kirchen knüpfen hier ganz selbstverständlich an ihre jüdischen Wurzeln an, auch wenn sie über Jahrhunderte hinter der Praxis der breiten Bildung der jüdischen Kinder (vgl. die lange gebräuchliche synonyme Verwendung von Synagoge und Schule!) weit zurückgeblieben sind. Dennoch gehören Schulen zum Erscheinungsbild der Klöster, dennoch sah die Reformation in einer Belebung der schulischen Erziehung ein unaufgebbares Anliegen, dennoch ist das moderne Schulwesen ohne seine kirchlichen Wurzeln nicht zu verstehen.

Karl Ernst Nipkow hat die unterschiedliche Gestalt des kirchlichen Erziehungs- und Bildungsauftrags entfaltet. Die »ungeteilte Verantwortung« in der Erschließung der Glaubensüberlieferung ist zu unterscheiden von der »pädagogischen Mitverantwortung« im öffentlichen Bildungssystem. Als Teil des demokratisch verfassten Staates übernehmen die Kirchen zusammen mit anderen gesellschaftlichen Gruppen angesichts ihrer besonderen Kompetenzen Mitverantwortung für das Ganze. Ganz in der Linie dieser Gedanken erklärte die Evangelische Kirche in Deutschland (EKD) bereits 1958 mit der berühmten Formel der Synode von Berlin-Weißensee die Bereitschaft zum »freien Dienst an einer freien Schule«. Die Denkschrift »Identität und Verständigung« (1994) entfaltet diese Position, besonders in ihren Auswirkungen auf die Aufgabenstellung für den Religionsunterricht. Wie sehr der Gedanke der Mitverantwortung für die öffentliche Bildung und Erziehung ökumenische Gemeinsamkeit in Deutschland ist, belegen z. B. die deutschen (katholischen) Bischöfe in ihrem Votum »Die bildende Kraft des Religionsunterrichts« von 1996.

Zum kirchlichen Selbstverständnis gehört von vornherein, nicht ausschließlich auf sich selbst bezogen zu sein. Das hat ein gesellschaftsdiakonisches Engagement in unterschiedlichster Form zur Folge und schließt auch die Mitverantwortung für die öffentliche Erziehung und Bildung und damit auch für die öffentlichen Schulen ein. Die kirchliche Mitverantwortung wäre deshalb auch missverstanden, wenn sie ausschließlich auf den Religionsunterricht bezogen würde. Den Kirchen wird es immer um das Ganze der Schulen gehen, was sich in der Trägerschaft und Förderung kirchlicher Schulen erweist und in der Beteiligung am Ringen um die gute öffentliche Schule. Dem entspricht das Selbstverständnis des freiheitlichen Rechtsstaats, keinen Ausschließlichkeitsanspruch für die öffentliche Erziehung zu erheben.

Der Bildungsauftrag von Staat und Gesellschaft

Für die ausdifferenzierten Gesellschaften der Moderne gehören öffentliche Schulen ganz selbstverständlich zu den Aufgaben von Staat und Gesellschaft. Strittig ist nicht das »Dass«, sondern das »Wie«, auch wenn die öffentliche Diskussion über dieses Wie erst in den letzten Jahren wieder aufgeflammt ist. Eine Wurzel solchen neuen Fragens ist die rasante technische Entwicklung mit ihren entsprechend steigenden

Anforderungen an die junge Generation und die immer weiter voranschreitende Individualisierung und Globalisierung, so dass sich neben dem verbreiteten Beklagen des Defizits im technisch-naturwissenschaftlichen Bereich immer brennender die Frage stellt, was die moderne Gesellschaft zusammenhält und wie junge Menschen den steigenden Anforderungen begegnen sollen. Ethikkommissionen sind ebenso Ausdruck der neuen Unsicherheit wie die wieder aufgebrochene Debatte um die Bildungsreform.

Solche Stimmen nehmen die in Deutschland im Grundsatz unbestrittene Überzeugung auf, dass auch der öffentliche Bildungs- und Erziehungsauftrag ganzheitlich zu verstehen ist. Weil zum Menschsein die religiöse Dimension gehört, gehört religiöses Fragen in die Schule. Weil der Mensch für sein Handeln verantwortlich ist, gehören auch Theologie, Philosophie und Ethik zu den Bezugswissenschaften der Pädagogik und Erziehungswissenschaft. Das führt zu einem gleichberechtigten Religionsunterricht im Fächerkanon der öffentlichen Schule, der Platzhalter der unverzichtbaren religiösen Dimension des Lernens in der Schule wird.

Die Erinnerung an die grundlegenden Erkenntnisse des großen Johannes Amos Comenius (1592–1670) lohnt: Lernen bedarf einer Mehrperspektivität und einer kontrollierten Methodik. Auch das Bildungsverständnis Schleiermachers gewinnt beachtliche Aktualität: Gegen eine Verengung von Bildung auf den Wissensaspekt, eine einseitige Ausrichtung auf ökonomische Effizienz, gegen die Dominanz der öffentlichen Systeme und die weit reichende Entwertung der Fähigkeit des Menschen zur selbstverantworteten Lebensführung. Weil Religion nun einmal keine Privatsache, sondern gesellschaftlich relevant ist, fördert oder behindert sie Verständigung, Verantwortungsbereitschaft und Engagement. Religion ist und bleibt Schlüsselproblem einer Allgemeinbildung.

Damit stellt sich im freiheitlich-demokratischen Rechtsstaat aber sofort auch die Frage nach der inhaltlichen Verantwortung für die religiöse Dimension des Lernens in der Schule. Das Grundgesetz hat hierzu – angesichts der deprimierenden Erfahrungen des totalen Staates im Nationalsozialismus – die Zurückhaltung der Staates für den besseren Weg gehalten und die Bestimmungen der Weimarer Reichsverfassung im Grundsatz übernommen. Es überträgt den freien Zusammenschlüssen der Bürgerinnen und Bürger in Sachen Religion (also den Religionsgemeinschaften) die inhaltliche Verantwortung. In Baden-Württemberg gibt es deshalb z. B. evangelischen, katholischen, jüdischen, syrisch-orthodoxen und altkatholischen Religionsunterricht. Ob es einen islamischen Religionsunterricht geben soll, wird gegenwärtig heftig und kontrovers diskutiert. Bei einem islamischen Religionsunterricht nach Art. 7 GG liegt gegenwärtig die Hauptschwierigkeit wohl beim Finden eines verantwortlichen Ansprechpartners als »Religionsgemeinschaft« im Sinne von Grundgesetz und Landesverfassung.

Ein vom Staat selbst inhaltlich verantworteter Religionsunterricht würde die Erfahrungen mit totalitären Systemen in Deutschland ignorieren und müsste entweder seine Neutralitätspflicht in Sinn- und Wertfragen und in Bezug auf Religion unterlaufen und ad absurdum führen oder zu einem Unterricht führen, der wichtige Teile religiösen Fragens ausklammern und immer dann schweigen müsste, wenn letzte Fragen auftauchen. Die in den einzelnen Bundesländern unterschiedlichen Fächer neben dem Religionsunterricht (Ethik, Werte und Normen o. Ä., auch LER) haben hier Hochseilakte zu leisten!

Die Gütesiegel des Religionsunterrichts

Der an der Grenzlinie von Unvermischt-Ungetrennt angesiedelte Religionsunterricht muss für Schülerinnen und Schüler und für die Lehrkräfte besondere Regelungen schaffen, weil die inhaltliche Bindung an die Religionsgemeinschaften dieses Fach grundsätzlich von den anderen des Fächerkanons unterscheidet und zugleich doch den Religionsunterricht nicht aus der Rolle eines ordentlichen Lehrfachs verabschiedet. Das Grundgesetz, die Landesverfassungen und die geltenden Schulgesetze haben die zu beachtende Grenzlinie in doppelter Hinsicht sehr prägnant bestimmt. Sie können als Gütesiegel des Religionsunterrichts bezeichnet werden:

- *Die Möglichkeit der Abmeldung vom Religionsunterricht:* Wenn der Religionsunterricht die religiöse Dimension der Wirklichkeit unter Einschluss der Wahrheitsfrage bearbeitet und dabei die kirchliche Deutung ins Spiel bringt, sind Glaube und Gewissen des Individuums von diesem Unterricht betroffen. In solch einem Fach muss dem Grundrecht der Glaubens- und Gewissensfreiheit ein grundsätzlicher Vorrang eingeräumt werden. Weil im Religionsunterricht Fragen des Gewissens und des Glaubens im Mittelpunkt stehen, ist eine Regelung zu schaffen, die die Freiheit des Gewissens und des Glaubens der Schülerinnen und Schüler ganz ernst nimmt. Die Möglichkeit der Abmeldung aus Glaubens- und Gewissensgründen stellt genau dies sicher. Dies schließt auch die Einsicht ein, den über die Genehmigung der Abmeldung Entscheidenden keine inhaltliche Überprüfung der jeweiligen Gründe zuzubilligen. Der auch immer wieder zu beobachtende Missbrauch des Abmelderechts (»gewisse Gründe« statt »Gewissensgründe«) ist kein überzeugendes Gegenargument. Grundrechte können nicht suspendiert werden, wenn es auch zu Missbrauch kommt. Ein Religionsunterricht, von dem man sich nicht aus Glaubens- und Gewissensgründen abmelden könnte, verlöre seine Qualität als Fach der persönlichen Wahrheitssuche in der Begegnung mit der christlichen Tradition. Die Freiheit des Einzelnen steht über der Qualität des Faches als ordentlichem Lehrfach. Dem Grundgesetz ist diese Garantie eine Formulierung innerhalb der Grundrechte der Bundesrepublik Deutschland wert (Art. 7, 2 GG)! Dem Abmelderecht für Schülerinnen und Schüler entspricht auf der Seite der Lehrkräfte die Festlegung, dass niemand gegen seinen Willen zur Erteilung von Religionsunterricht verpflichtet werden darf (Art. 7, 3 Satz 3). Um die Breite des Erziehungs- und Bildungsauftrags zu gewährleisten, muss es den Schulen möglich sein, Lehrkräfte auch in Fächern einzusetzen, für die sie sich nicht durch ein Fachstudium qualifiziert haben. Anders als an der Universität wird die Beauftragung zum Lehramt nicht an Fächer gebunden, sondern an Schularten oder Schulstufen. Der Anspruch der Kinder und Jugendlichen auf eine umfassende Bildung wird höher gewertet als eine speziell auf ein Fach ausgerichtete Ausbildung der Lehrerinnen und Lehrer. Nur im Fach Religionslehre ist das anders. Auch hier ist wieder dem individuellen Recht der Religionsfreiheit – in diesem Falle der Lehrkraft – der höhere Wert eingeräumt als dem »ordentlichen Lehrfach« Religionslehre, auf dessen Erteilung Kinder und Jugendliche Anspruch haben.
- *Kirchliche Beauftragung und unverzichtbare Ausbildungsstandards*: Die inhaltliche Verantwortung der Religionsgemeinschaften bringt es mit sich, dass die Erteilung des Religionsunterrichts an eine entsprechende Zustimmung dieser Religionsgemeinschaft gebunden ist. Für die von den evangelischen Kirchen erteilte

Erlaubnis hat sich der Begriff »Vocatio« (auch Vokation, d. h. »Berufung«) eingebürgert; die römisch-katholische Kirche erteilt eine Missio Canonica (frei wiedergegeben: »dem kirchlichen Recht entsprechende Entsendung«). Damit ist die subjektive Selbsteinschätzung der Lehrkraft als Kriterium für die Erteilung des Unterrichts ausgeschlossen und verhindert, diese Selbsteinschätzung immer wieder vornehmen zu müssen. Nicht meine persönliche Frömmigkeit wird als Maßstab angelegt, sondern die Entscheidung der mich rufenden bzw. sendenden Kirche. Dabei haben die Kirchen erstaunliche Maßstäbe für die Erteilung von Vocatio bzw. Missio entwickelt. Sie führen keine Glaubensprüfung durch, sondern sie entsprechen in ihrem Vorgehen ganz dem Unvermischt und Ungetrennt. Wenn der Religionsunterricht als ordentliches Lehrfach gleichberechtigt in den Fächerkanon der Schule integriert ist, folgt daraus ein ebensolcher Anspruch an das Ausbildungsprofil der Lehrkräfte. Die Kirchen haben nun gerade ihre Entscheidung über die Vergabe der kirchlichen Lehrerlaubnis an den Erfolg in den wissenschaftlichen Examen gebunden! Dies gilt sowohl für kirchlich ausgebildete bzw. kirchlich angestellte wie für staatlich ausgebildete bzw. angestellte Lehrkräfte. Alle kirchlichen Ausbildungen, die zur Lehrbefähigung für den Religionsunterricht führen, unterliegen den Vorgaben des Staates an die Lehrkräfte in den Schulen und sind deshalb staatlich genehmigt.

→ *Bildung*, → *Ethikunterricht*, → *Konfessionalität und konfessionelle Kooperation*, → *Lebensgestaltung – Ethik – Religionskunde*

Zur Diskussion gestellt

- *Nachlassende kirchliche Bindung*: Auch wenn sich mittelfristig die Kirchen in Bezug auf ihren Mitgliederbestand in Deutschland als erheblich stabiler erwiesen haben, als dies manche Demoskopen und Sozialwissenschaftler prognostiziert haben, ist spätestens seit der deutschen Einheit 1989 ein deutlicher Einschnitt in der Bedeutung der Kirchen für die Gesamtheit der Bevölkerung unbestreitbar.
  Werden die Kirchen weiterhin ihre Rolle im Verhältnis Schule und Kirche übernehmen können? Stellen die Kirchen weiterhin den inhaltlichen Kanon der religiösen Fragen der Gesellschaft dar? Was bedeutet es für den Religionsunterricht, wenn daran allmählich immer mehr Schülerinnen und Schüler teilnehmen, die nicht zu der jeweiligen Kirche gehören? Welche Konsequenzen sind aus den Ergebnissen z. B. der Shell-Jugendstudie 2000 zu ziehen, nach der immer weniger junge Menschen Grundorientierungen von großen Organisationen übernehmen?
- *LER in Brandenburg*: Wie verändert die Entscheidung des Bundesverfassungsgerichts zu LER in Brandenburg das Verhältnis von Schule und Kirche?
- *Konfessionelle Kooperation*: Welche Auswirkungen haben die wachsenden Formen der Zusammenarbeit des Evangelischen und des Katholischen Religionsunterrichts? Warum lehnen die Kirchen trotzdem einen »ökumenischen« Religionsunterricht ab?
- *Schulentwicklung und Religionsunterricht*: Wie weit können und wie weit müssen die Inhalte des Religionsunterrichts in die Schulentwicklung eingebracht werden? Gibt es eine Grenze, hinter der das Fach als Fach preisgegeben wäre? Was bedeutet die Erkenntnis, dass junge Menschen vor allem von konkreten Lebenskonzepten in direkter Begegnung lernen, für die Kooperation von Schule und Kirchengemeinde vor Ort?

Literaturempfehlung

Sekretariat der Deutschen Bischofskonferenz (Hg.), Die bildende Kraft des Religionsunterrichts. Zur Konfessionalität des katholischen Religionsunterrichts. Bonn 1996. – Identität und Verständigung. Standort und Perspektiven des Religionsunterrichts in der Pluralität. Eine Denkschrift der Evangelischen Kirche in Deutschland. Im Auftrag des Rates der EKD hg. vom Kirchenamt der EKD. Gütersloh 1994. – Karl Ernst Nipkow, Bildung als Lebensbegleitung und Erneuerung. Kirchliche Bildungsverantwortung in Gemeinde, Schule und Gesellschaft. Gütersloh 1990.

Hartmut Greiling

Sprache im Religionsunterricht

Die Praxis der Religionen

Die großen Schriftreligionen haben bis in die Gegenwart hinein das Auswendiglernen religiöser Texte als Glaubensschule betrachtet: Die zu lernenden Texte gelten in ihnen als Sprache gewordene Glaubenserfahrung. Wer über diese Texte gedächtnismäßig verfügt und im späteren Leben ähnliche Erfahrungen macht, erfährt, dass das Gelernte sich mit Lebensgehalt füllt. Der Text erhellt die Lebenssituation, andererseits lässt eine bestimmte Lebenssituation nach dem memorierten Text aus der Glaubenstradition greifen. Diese Verfahrensweise religiösen Lernens lässt sich stützen durch ihre deutliche Parallelität mit dem Spracherwerb der Muttersprache. Kinder eignen sich Lautkombinationen mimetisch an und erlernen ihre Gültigkeit anhand der Reaktionen ihrer Umwelt auf ihr eigenes Sprechen.[1] In beiden Fällen ereignet sich Lernen in Abhängigkeit von vorhandenen geschlossenen und emotional positiv geprägten Beziehungsräumen der Umwelt, die einmal den affektiven Impuls zum Imitationslernen auslösen, dann aber auch geschlossen bzw. vertraut genug sind, um das Ausprobieren der Gültigkeit des Gelernten wagen zu können.

Es liegt auf der Hand, dass diese Formen religiösen Lernens, in denen zuerst gelernt und das Gelernte später mit Erfahrungsgehalt gefüllt wird, heute zur Ausnahme geworden sind. Religiöse Geborgenheit und Aufgeschlossenheit werden während der Kindheit möglicherweise noch erlebt und begegnen später auch noch in Texten und Medien, die Lernenden erleben jedoch immer weniger, dass solche Texte auch für ihre sich immer mehr ausweitende Umwelt dieselben Erfahrungen auslösen. Der symbolhafte Ausdruck gelebter Glaubenswirklichkeit und ihr sprachlicher Ausdruck hängen in der Luft, die weitere erfahrungsbezogene Aneignung ihrer Bedeutung bricht ab. Wenn religiöse Texte und Verhaltenweisen aber dennoch eingeprägt werden, ohne dass sie ihre Entsprechung in der Lebenswelt finden, dann suchen die Lernenden anfangs ihren Sinngehalt durch die Bedeutung der Begriffe in der profanen Alltagswelt aufzufüllen, oft um den Preis einer Verfälschung der Bedeutung oder eines Bedeutungsverlustes. Der Widerspruch zwischen Gültigkeitsanspruch und unsinniger Bedeutung führt dann zu einer raschen Aufgabe der religiösen Praxis.

Diese gegenwärtige Situation religiösen Lernens kann durch die Religionspsychologie weiter erhellt werden: Kinder sind im ersten Lebensjahrzehnt weitgehend abhängig von materieller Versorgung und affektiver Zuwendung ihrer Bezugspersonen. Ihr Bedürfnis nach Sicherheit, nach Angleichung an die Größeren und nach Leistung und Tätigsein machen sie für Fremdverstärkung und äußerliche Motivation auch im religiös-ethischen Bereich zugänglich. Deshalb neigen Kinder dazu, die Verhaltensweisen und sprachlichen Äußerungen ihrer Umwelt eher als Aufforderung zu genauer äußerer Nachahmung aufzufassen und weniger als Ausdruck einer Absicht oder einer inneren Erfahrung. Neben dem so entstehenden Ritualismus

---

1 Vgl. Georg Baudler, Jesus Christus wissen (1 Kor 2,2). Kognitive Lernprozesse und christlicher Glaube in der pluralen Gesellschaft, in: Katechetische Blätter 1982, S. 334–343.

äußerer Handlungen, deren Genauigkeit als Garantie ihrer Wirkung betrachtet wird, tritt sprachlich der Verbalismus des weitgehend noch unverstandenen Nachsprechens von Begriffen und Formeln.[2] Kinder verwenden Wortzeichen, ohne sie mit dem von der Umgebung gemeinten Sinn zu verbinden. Werden keine Impulse gegeben, diese Wortzeichen mit entsprechenden Erfahrungen zu verbinden und sie zu verstehen (z. B. die Unterscheidung von Ober- und Unterbegriffen), bleiben sie Worthülsen. Bei religiösen Begriffen führt dieses aus unverstandenem Nachsprechen hervorgehende synkretistische Umdeuten zu einem Falsch-Verstehen, das den Begriff von einem alltagsprachlichen Sinn her zurechtlegt. Bleibt eine Deutung bzw. eine Korrektur aus, wird beim Schwächerwerden des Erfahrungskontextes, in dem der Begriff auftauchte, aus dem Falschverstehen ein Nichtmehrverstehen: bei noch vorhandener Wortverwendung tritt ein affektiver und kognitiver Totalverlust ein und das Sprechen in religiösen Ausdrücken, denen kein Begriffserlebnis entspricht, wird als peinlich empfunden und aufgegeben.

Die frühchristliche Situation

Die ursprüngliche Situation des Glaubenlernens in den ersten Gemeinden war unserer heutigen Situation in vieler Hinsicht ähnlich. Im Völkergemisch Palästinas wie in den übrigen hellenistisch geprägten Mittelmeerländern waren die Glaubenszeugen der ersten Generation mit ethnischer, kultureller und religiöser Pluralität konfrontiert. Bereits die im Zweiten Testament verwendeten christologischen Hoheitstitel zeigen den – gelungenen – Versuch, das Christusereignis mit Vorstellungen zum Ausdruck zu bringen, die für die jeweilige Umwelt religiös prägend waren. Der auferweckte Jesus wird für die Juden zum Messias und zum Menschensohn, für die Hellenen zum *soter*, für die Hellenen und die Römer zum *kyrios*. Dabei wird eine im kulturellen Umfeld vorhandene Vorstellung durch einen aus einer neuen Erfahrung stammenden Inhalt ersetzt, *substituiert*, obwohl der äußere Wortlaut bleibt: Nicht die damaligen Messiasprätendenten der Zeloten, sondern ein Gekreuzigter; nicht der Heilgott der asklepischen Kulte, sondern Jesus als Heiler und Retter, nicht der Cäsar des römischen Weltreichs, sondern Jesus als höchster Herr der Welt; nicht ein unbekanntes numen aus dem hellenistischen Vielgötterhimmel, sondern der Schöpfer des Kosmos, dessen Lebenskraft in allen Dingen eine Spur hinterlässt. Substitution bedeutet, dass mit dem Bedeutungswechsel einer ursprünglichen Vorstellung bei gleich bleibendem Wortlaut eine Veränderung des Denkens und Empfindens einhergeht.

Analogie zum Sprachenlernen

Es zeigt sich, dass religiöses Lernen in Analogie steht zum Sich-Hineindenken in eine fremde Sprachwelt. Der Weg zu diesem Denken in der Welt einer fremden Sprache geht erst einmal singulär über das kognitive Lernen funktionaler Sprachzusammenhänge, etwa der Grammatik. Die Ausweitung des Denk- und Empfindungshorizontes

2 Vgl. Bernhard Grom, Religionspädagogische Psychologie. Düsseldorf, 4. Aufl. 1992, S. 42–45; 5., vollständig überarbeitete Aufl. 2000, S. 110–114.

in die neue Sprachwelt hinein ist damit aber noch nicht geleistet. Sie hängt ab von der Selbsterschließung des Lerngegenstandes in einem »fruchtbaren Moment«[3], in dem das Fremde dem Lernenden in einer Erschließungssituation so aufgeht, dass er spontan in den bisher fremden Worten und Sprachstrukturen zu denken und zu sprechen beginnt. Analog würde das für ein religiöses Lernen bedeuten, dass ein Mensch erfährt, dass etwa die Lebenskonzeption Jesu, sein Lebens- und Todesschicksal, zu seinem eigenen Lebensweg, zu einem Sinn für ihn werden kann.

Ein solcher fruchtbarer Moment kann nicht durch eine lerntheoretische Strategie angezielt werden, wohl aber kann Lernen für das Eintreten dieses Moments disponieren.

Didaktisch kann dazu ein Unterricht beitragen, der gegenüber den Wahrheiten des Glaubens aufmerksam macht. Das heißt,

- Religionsunterricht als didaktische Unterbrechung des Alltagskontextes kann Selbstverständlichkeiten durch Denkanstöße befragen und auflockern, kann dafür aufschließen, einen religiösen Substitutionsprozess erst einmal zuzulassen.
- Fragehaltung und Aufmerksamkeit müssen auf den »fruchtbaren Moment« hin gestaltet werden: Es muss didaktisch vermittelt werden, was etwa für mich Freiheit, die ich suche, bedeutet oder was mir Geborgenheit geben kann.

Von da ist es aber zu einem Beheimatet-Sein in der Welt des Glaubens ein weiter Weg. Dazu braucht es eine Gemeinschaft von Menschen, die auf die Weltsicht des Glaubens hin gesprächsfähig sind.[4]

Das Problem der sprachlichen Vermittlung von Lebenswissen aus der Welt des Glaubens in die Lebenswelt heutiger Schülerinnen und Schüler ist eine typische Erscheinungsform des Grundproblems gegenwärtiger (Prä-)Evangelisation überhaupt, nämlich des Problems der Assimilation von Glauben in unterschiedlichen Kulturwelten.

Ein wesentlicher methodischer Ansatz dazu liegt in der anamnetischen Grundstruktur des christlich-jüdischen Glaubens. Biblische Glaubenssprache ist Erinnerungssprache. Die Glaubenszeugnisse erinnern an das Handeln Gottes im Befreiungsprozess und im Werden Israels als Volk und an sein Handeln im Lebensschicksal Jesu. In dieser Erinnerung seines Handelns sind die Glaubenszeugnisse aber zugleich auch Gedächtnis menschlichen Leidens. Deshalb ist Erinnerungssprache nie eine subjektlose Sprache, auch nicht geschlechter-indifferente Sprache, ganz im Gegensatz zur Argumentations- und Diskurssprache der klassischen Metaphysik und der heutigen rationalen Wissenschaftssprachen.

Durch diese Subjekthaftigkeit und Differenziertheit der Erinnerungs- und Erzählsprache ergibt sich für die Möglichkeit der Übersetzung von Glaubenssaussagen zwischen pluralen Lebenswelten und zwischen verschiedenen Kulturwelten eine kommunikative Überlegenheit über die rational-objektivierende Fachsprache: Eine sprachliche Mitteilung erinnerten Leidens bringt die Vergleichbarkeit menschlicher Leiderfahrungen, die zwischen unterschiedlichen Lebenswelten und Kulturen besteht,

---

3 Vgl. Friedrich Copei, Der fruchtbare Moment im Bildungsprozess. Göttingen, 2. Aufl. 1959, sowie den »disclosure«-Begriff des englischen Theologen Ian T. Ramsey (Religious Language. New York, 2. Aufl. 1963).

4 Vgl. Norbert Mette, Thesen zum Religionsunterricht, in: Orientierung 2002, S. 86–89; 99f.

an den Tag. In dieser durch das Wesen der menschlichen Natur gegebenen »analogia passionis« kann eine Chance liegen für eine Universalität, die in der Verständigung das Besondere unterschiedlicher pluraler Lebenswelten nicht einfach einebnet.

Für das Suchen nach Handlungsansätzen halte ich drei Voraussetzungen für unabdingbar:

- Wir nehmen die Tatsache einer umfassenden Pluralisierung und Individualisierung unserer Gesellschaft radikal ernst, auch auf der Ebene der Weltanschauungen und der Religion.
- Wir lassen die Erfahrung in uns zu, dass auch wir selbst von dieser Pluralisierung, Individualisierung und Subjektivierung erfasst sind, dass wir Teil einer zerrissenen Welt sind.[5]
- Wir verzichten auf die in der bundesdeutschen Postmoderne-Kritik üblich gewordene pauschal-polemische Abwertung des Pluralitätsphänomens.

Dies sind grundlegende Voraussetzungen für ein solidarisches Handeln in unserer Gesellschaft. Wir lassen uns darauf ein, dass die Grundlagen unserer weltanschaulich durchaus nicht neutralen, aber pluralen Demokratie, also Ehrfurcht vor Gott, Freiheit und Würde des Menschen, Gewissens- und Religionsfreiheit, zwar auf eine bestimmte religiöse, jüdisch-christliche, antik-abendländische Tradition gegründet sind, dass es aber zu den Merkmalen dieser weltanschaulich-liberalen, demokratischen Gesellschaft gehört, Pluralität zu ermöglichen und in sich zuzulassen. »Frei wiederholte Akte der Selbstbestimmung in einer sich selbst regierenden Gesellschaft produzieren Differenz.«[6]

Die Kultur, in der wir leben, bietet eine ständig weiterwachsende Zahl von Optionen, alles scheint möglich. Eine an der Botschaft des Evangeliums orientierte Bildungsarbeit in der Gesellschaft darf dabei natürlich nicht übersehen, dass in einer pluralen Gesellschaft auch Lebenswissen entwickelt und tradiert wird, das die unterschiedliche Qualität solcher neuer Optionen für den Menschen und seine Zukunft unbewertet lässt.

Wir müssen lernen, dass die grundlegende Intuition einer weltanschaulich-liberalen demokratischen Gesellschaft dazu führt, dass nun auch die für diese Gesellschaft grundlegenden Werte nicht mehr etwas ein für alle Mal Festgelegtes sind, sondern durch ständige Verständigungsprozesse zwischen den verschiedenen gegebenen Auffassungen herausgearbeitet werden müssen. Diese Bemühungen spielen sich in Reflexionsprozessen ab. Die baden-württembergische Kultusministerin Annette Schavan schreibt mit Blick auf die Rolle der Kirche in diesem Prozess:

»Solche Reflexionsprozesse sind heute geprägt von einem hohen Autonomiebedürfnis des Menschen und seiner Erwartung, dass die Institution, die für eine bestimmte Tradition steht, mit seinem Freiheitsbewusstsein produktiv umgehen kann. Das Subjekt ringt gleichsam mit der Institution um die Akzeptanz seiner Autonomie. Traditionen wiederum sind auf ihre institutionelle Absicherung angewiesen. ›An der Konfliktlinie zwischen Autonomieversprechen und Institutionen dürfte ... ein großes Maß an gelingender Tradierung geschehen‹ (Karl Gabriel). Soll das Subjekt motiviert

5 Vgl. Annette Schavan, Kompetenz und Profil. Katholische Laienarbeit 30 Jahre nach dem Konzil, in: Stimmen der Zeit 1995, S. 318.

6 Vgl. Paul Rottländer, Ethik in der Politischen Theologie, in: Orientierung 1993, S. 152–158.

sein, sich für eine Tradition zu entscheiden, so muss es einerseits den Eindruck gewinnen, dass die dafür stehende Institution die Kraft und den Willen hat, ihre Tradition glaubwürdig zu vertreten. Will die Institution mit dem Freiheitsbewusstsein des heutigen Menschen produktiv umgehen, so muss sie das Selbstbewusstsein zu jener Offenheit besitzen, die das Neue, das im Tradierungsprozess entsteht, nicht primär als Störfaktor registriert. Dieses Neue kann durchaus von bisherigen Definitionen der Institution abweichen. ›Wenn es zu den Prämissen einer Institution gehört, dass dies nicht Ergebnis des Tradierungsprozesses sein darf, dann ist die Tradierungskrise unausweichlich‹ (Karl Gabriel).«[7]

Die Schule ist ein Ort dieser Überzeugungsarbeit, und die Kirchen verstehen den schulischen Religionsunterricht als ihren diakonischen Anteil an dieser Arbeit im Rahmen der Bildung junger Menschen. Noch einmal Annette Schavan:

»Traditionsbildung ist nicht überlebt, aber sie hat neue Voraussetzungen. (...) ... wir tun uns schwer mit Tradierungsprozessen und neigen manchmal dazu, uns mit der viel zitierten Tradierungskrise als unabwendbarem Schicksal abzufinden. Wir werden als Christen und Christinnen in dieser Gesellschaft auch zukünftig gefragt werden, wofür wir stehen und was wir an Impulsen einbringen. Wir müssen aufhören, den Schwarzen Peter vor allem den Verhältnissen zuzuschieben und uns selbst als handlungsunfähig zu stilisieren. Es gibt sehr wohl wieder Neugierde an Gruppen und Institutionen, in denen einerseits nicht über jede Regel ständig neu verhandelt werden muss, und die andererseits das Subjekt respektieren.«[8]

Handlungselemente

Eine wichtige Voraussetzung für eine sich fortsetzende Traditionsbildung ist im Religionsunterricht die Orientierung an der Lebenswelt der Schülerinnen und Schüler. Aus dieser didaktischen Grundorientierung eines lebensweltlichen Unterrichts lassen sich Handlungselemente wie die Folgenden formulieren:

- Der Lehrer muss von der Eigenart der lebensweltlichen Religiosität und der ihr entsprechenden Sprechweise wissen, um sie im Unterricht wahrzunehmen und mit ihr in eine Kommunikation treten zu können (vgl. u. a. die Merkmale lebensweltlichen Sprechens von Berufsschülern). Er braucht Sensibilität für das »Eigene« seiner Schülerinnen und Schüler, mit der Zeit sollte er zu einem Experten der Lebenswelt seiner Schüler werden.
- Der Religionsunterricht soll zum Raum werden, in dem sich die lebensweltliche Religiosität der Schüler darstellen und entfalten kann. Er kann ihnen dazu verhelfen, ihre eigene lebensweltlich-kulturelle Identität zu entdecken. Dieser Prozess hat etwas mit Bewusstwerdung zu tun – Paolo Freire würde von »conscientização« sprechen.
- Die Beziehung des Religionsunterrichts zur lebensweltlichen Religiosität der Kinder und Jugendlichen darf keine von Oben und Unten sein, sie besteht vielmehr im Zusammentreffen verschiedener Sinnwelten. Wenn dieses Zusammen-

7 Annette Schavan, a. a. O., S. 317.
8 A. a. O., S. 317f.

treffen produktiv und konstruktiv sein soll, kann es nur in Form einer dialogischen Begegnung stattfinden, die den anderen ernst nimmt und sich selber auf neue Horizonte hin öffnet.[9] Nehmen wir die Schüler in ihrer Welt ernst, so nehmen sie uns in unserer Welt ernst.

- Die Lehrerin, der Lehrer muss *lebensweltliche Unterbrechungen* des Unterrichts akzeptieren. Wenn Schüler ihre lebensweltlichen Erfahrungen im Unterricht äußern, ist dies religionspädagogisch so wertvoll, dass der Religionsunterricht darauf eingehen sollte – Eisen muss geschmiedet werden, solange es heiß ist.
- Ein Lehrer, der spürt, dass der Unterricht einen selbstläufigen, d. h. lebensweltlichen Charakter annimmt, müsste von dem, der etwas mit Schülern vorhat, zum Fragenden, Forschenden, Hörenden werden, der sich dafür interessiert, welche Auffassungen und Orientierungsmuster die Jugendlichen zu einem Lerngegenstand haben. Welche Sichtweise kommt in selbstläufigen Schüleräußerungen zum Ausdruck? Er kann auch nachfragen, ob die Schüler es in dieser oder jener Weise verstehen. »Die Lehrer dürfen nicht nur Lehrer, sondern müssen auch Entdecker sein.« (Sten Nadolny)[10]
- In der Erschließung von Inhalten im Religionsunterricht darf es niemals nur um den Inhalt gehen, sondern auch darum, welche Wirkungen er in den lebensweltlichen Deutungsmustern der Schülerinnen und Schüler zeigt. Deshalb müssen die Lernziele lebensweltlich zurückgebunden und in diesem Sinne auch offen sein. Die Alternative Lebensweltorientierung – Inhaltsorientierung ist im Grunde keine: Ein Inhalt, der didaktisch angemessen erschlossen wird, erfährt eine Interpretation innerhalb der Lebenswelt der Schüler, und umgekehrt gibt es keine authentischen lebensweltlichen Äußerungen von Schülern, die nicht inhaltlich bestimmt wären (explizit oder nur implizit).
- Die Inhalts- und Medienflut im Religionsunterricht muss reduziert werden. Um lebensweltlich bedeutsam werden zu können, brauchen Inhalte und Medien Zeit. Prinzipiell sollte jede Unterrichtsstunde ein Schwerpunkt-Medium enthalten, zu dem hingeführt, das erschlossen wird und mit dem die Schüler, wenn sie reagieren, auf dem Hintergrund ihrer Lebenswelt produktiv umgehen.[11]
- Die Unterrichtsvorbereitung darf sich nicht mit der fachwissenschaftlichen Erschließung der Inhalte und Ziele begnügen, sie muss nach der Bedeutung fragen, die der Unterrichtsgegenstand in der Lebenswelt der Schüler hat.

Merkmale eines lebensweltlichen Sprechens von Schülern

Lebensweltliches Sprechen

- ist metaphorisch. Menschen, die unter ihresgleichen im Alltag über ihre gemeinsame Wirklichkeit sprechen, tun dies nicht im Modus eines wissenschaftlichen Diskurses, nicht in logischer und systematischer Begrifflichkeit. Im lebensweltlichen Sprechen kommen Bilder, Metaphern, Symbole, Erzählungen, szenische

9 Vgl. Erich Fromm, Haben oder Sein. Die seelischen Grundlagen einer neuen Gesellschaft. München 1976, S. 38–49.

10 Sten Nadolny, Die Entdeckung der Langsamkeit. München 1989, S. 329.

11 Vgl. Hans Schmid, Die Kunst des Unterrichtens. München, 2. Aufl. 2001, S. 21–62.

Darstellungen vor, außerdem Karikaturen, Kosmologien, Beispiel- und Wundererzählungen und Witze. Die literarische Eigenart lebensweltlichen Sprechens steht der biblischen Überlieferung nahe, nicht den Traktaten akademischer Theologie und Anthropologie.
- ist sich selbst vergewisserndes Sprechen. Es bedarf des Vorhandenseins einer als wichtig erachteten Bezugsgruppe von (sozial, kulturell, generationsmäßig) Gleichen, auf die hin und von der her angstfrei gesprochen wird. Lebensweltliches Sprechen Jugendlicher ist die Sprache der Peergroup, manchmal auch der Clique, die institutionelle Grenzen und Bestimmungen hinter sich lässt. Es zielt auf die Artikulation und Erfahrung lebensweltlicher Anschauungen in Bildern, Symbolen, Erzählungen aus dem Bedürfnis nach Selbstklärung und Selbstvergewisserung als Jugendlicher, als Schüler.
- bringt die kollektiven Orientierungs- und Deutungsmuster zum Ausdruck, die in der gemeinsam geteilten Lebenswelt verankert sind. Diese kollektiven Deutungsmuster ermöglichen eine lebensweltliche Bejahung und Identität als Jugendlicher und interpretieren von hier aus die Welt.

Wenn Schülerinnen und Schüler ihr Eigenes zum Ausdruck bringen, dann tun sie das auch auf ihre eigene Art und Weise (bei Berufsschülern deutlicher ausgeprägt als bei Gymnasiasten), sowohl was Gesprächsstil und -verlauf als auch was die Metaphorik betrifft. Hier spielt eine wichtige Rolle, was die empirische Forschung die *»Selbstläufigkeit«* des kollektiven Gesprächs nennt: Das Gespräch entwickelt sich unabhängig von Lehrerin und Lehrer, die Gruppenmitglieder gehen aufeinander mit verbalen und nonverbalen Äußerungen (Lachen, Unmutsbekundungen) oder Gesten ein und geben dem Gespräch eigene Impulse und Richtungen.

Selbstläufigkeit ist geradezu ein Indikator für lebensweltliche Äußerungen im Unterricht. Weitere Anzeichen sind:
- Axiomatik der Äußerungen: Äußerungen, die für die Schüler aus ihrer Sicht in sich plausibel sind und deshalb nicht mehr weiter begründet werden
- »Zählebigkeit« von selbstläufigen Meinungen, Orientierungen und »Urteilen«
- Nichtplausibilität selbstläufiger Schüleräußerungen im Bezugssystem des Lehrers
- Ungeplantheit der Äußerungen.

→ *Elementarisierung,* → *Entwicklungsstufen,* → *Jugend und Religion,* → *Religiöses Lernen,* → *Symboldidaktik,* → *Theorien religiöser Entwicklung*

Zur Diskussion gestellt

- Überprüfen Sie einen kirchlichen Text auf seine sprachliche Eignung für Ihre Lerngruppe.
- Lassen Sie die Lerngruppe den Text selbst überarbeiten / neu formulieren.
- Ermutigen Sie Ihre Schülerinnen und Schüler durch entsprechende Arbeitsaufträge ständig zu sprachkritischen Beobachtungen und eigenen Formulierungsversuchen.
- Ermutigen Sie Ihre Lerngruppe zur Teilnahme an Projekten, in denen lebensweltliches religiöses Sprechen verlangt wird, etwa bei der Gestaltung von Schülergottesdiensten oder in Medien.
- Nach Ihrer Erfahrung: Gibt es typische Unterschiede bei der Selbstklärung und Selbstvergewisserung in der Sprache von Jungen und Mädchen? Wie gehen Sie als Lehrer, als Lehrerin damit um?

Literaturempfehlung

Hartmut Beile, Religiöse Emotionen und religiöses Urteil. Eine empirische Studie über Religiosität bei Jugendlichen. Ostfildern 1998. – Lyn M. Brown / Carol Gilligan, Die verlorene Stimme. Wendepunkte in der Entwicklung von Mädchen und Frauen. München 1997. – Helga Kohler-Spiegel, Gender im Religionsunterricht – Mädchen / Jungen im Religionsunterricht, in: Jahrbuch der Religionspädagogik 18 (2002), S. 157–170. – Harald Schweizer, ... deine Sprache verrät dich! Grundkurs Religiosität. Essays zur Sprachkritik. Münster 2002.

Franz Martin

Symboldidaktik

Mit Beginn der 80er Jahre rückt der Begriff »Symboldidaktik« ins Zentrum der religionspädagogischen Diskussion. Insbesondere *Hubertus Halbfas* verweist 1980 auf den Hauptmangel in der Religionsdidaktik: das Fehlen einer »religiösen Sprachlehre«. Hierbei handelt es sich für ihn vor allem um eine Symboldidaktik:

»Das Symbol ist *die* spezifische Ausdrucksgestalt religiöser Erfahrung und Kommunikation, ohne deren Verständnis die Religionen in ihrer eigentlichen Mitte nicht erschlossen werden können. Außerdem verliert die Wirklichkeit ihre Hintergründigkeit, wenn eine Bildung des Symbolverständnisses unterbleibt: Die Fähigkeit zum Sinnerleben und Sinnverstehen schrumpft, metaempirische Gegebenheiten werden als irreal verdrängt, die menschlichen Erfahrungsfähigkeiten verkümmern und erfassen nur noch ein Spektrum banaler Alltäglichkeit.«[1]

Vor allem den problemorientierten Religionsunterricht hat Halbfas im Verdacht, durch die »Funktionalisierung der Lerninhalte«, ihre scheinbare »Schülerorientierung« und »Aktualisierung« einen »Niedergang der hermeneutischen Kultur«, die »Verringerung des Sachwissens« und eine »Neigung zur Selbstbezogenheit« verursacht zu haben. Bis zum heutigen Tag sieht er keinen Anlass, die Mängel der Religionsdidaktik wesentlich anders zu diagnostizieren.

Halbfas setzt sich mit dem Symbolbegriff bei Sigmund Freud, Carl Gustav Jung, Ernst Cassirer, Paul Tillich, Paul Ricoeur und Mircea Eliade auseinander.[2] Zwar fordert er eine integrierende Symboltheorie als Grundlage einer Didaktik, doch nimmt er – solange diese aussteht – seinen Ausgangspunkt bei Mircea Eliade und Paul Tillich. Eliade bestimmt das Symbol im Anschluss an C.G. Jung als in der Natur des Menschen verankertes Ursymbol, als »Archetypus«. Paul Tillich beschreibt für Symbole vier Wesensmerkmale:

»Das *erste* und *fundamentale Merkmal* aller repräsentativen Symbole ist ihre Eigenschaft, über sich hinauszuweisen ...

Das *zweite Merkmal* der repräsentativen Symbole ist, dass sie an der Wirklichkeit teilhaben, auf die sie hinweisen ...

Das *dritte Merkmal*: ... (Symbole) können nicht willkürlich erfunden werden.

Das *vierte Merkmal* repräsentativer Symbole ist ihre Macht, Dimensionen der Wirklichkeit zu erschließen, die gewöhnlich durch die Vorherrschaft anderer Dimensionen verdeckt sind.«[3]

Für Hubertus Halbfas sind Welt und Weltverständnis im Symbol aufeinander verwiesen. Seine theologische Weltsicht greift deshalb auf mittelalterliche Denkmodelle zurück, die diese Einheit bewahrt haben, z. B. die Lehre von der Analogie des Seins (Alles Seiende hat »Verweischarakter – es bestehen Analogien und Korres-

---

1 Hubertus Halbfas, Das dritte Auge. Religionsdidaktische Anstöße. Düsseldorf 1982; 7. Aufl. 1997, S. 15.

2 Vgl. a. a. O. S. 84 – 107.

3 Paul Tillich, Recht und Bedeutung religiöser Symbole (1962), in: Ders., Gesammelte Werke, Band 5. Stuttgart 1964, S. 237–239.

pondenzen zwischen den einzelnen Seinsebenen – bis hin zu Gott ...«).[4] Meister Eckharts Mystik wird gegen die rationalistische Auflösung der Moderne ins Feld geführt, der »vierfache Schriftsinn« gegen hermeneutische Einfalt und Engführung bemüht: historische Einsicht, vertiefter Wortsinn (allegorischer Sinn), tropologischer Sinn (existenzielle Interpretation) und anagogische (zur Gottesschau *hinaufführende*) Interpretation. Will man die »Alltagsgestalten dieser Welt« übersteigen, »den geistigen Sinn der Dinge« erfassen, »das alltägliche Realitätsverständnis« durchbrechen, »die inwendige Wirklichkeit« wahrnehmen, so benötigt man »das dritte Auge«, den Symbolsinn. Diesen Symbolsinn zu entwickeln, ist demnach Hauptaufgabe des Religionsunterrichts. Halbfas betont dabei folgende didaktische Prinzipien:

- Stiftung des Symbolsinns versus Symbolkritik
- bildender Umgang versus therapeutische Arbeit
- integrierter Prozess versus isolierte Behandlung.

Die Praxisfelder, an denen sich dieses Konzept verdeutlichen lässt, sind Märchen, elementare Symbole, die Bibel und das Sakrament. Wichtig ist Hubertus Halbfas, dass nicht *über* Symbole geredet wird – eine Symbolkunde, die viel Lehrreiches über Symbole zusammenträgt, verfehlt das Ziel –, sondern dass man sich der Wirkung der Symbole anvertraut, Erfahrungen mit ihnen macht. Schulkultur, Unterrichtsgestaltung, Methoden – alles sollte die Aufnahmebereitschaft und die Nachdenklichkeit fördern. Dass Halbfas mit erhöhter Konzentration im Unterricht rechnet, sollte bedacht werden, wenn Kritik an den gelegentlich zu anspruchsvoll erscheinenden Bildern und Texten seiner Unterrichtsvorschläge geübt wird.

Halbfas hat sein symboldidaktisches Konzept des Religionsunterrichts in einem Unterrichtswerk für die Grundschule, später auch für die Sekundarstufe in die Praxis umgesetzt. Gerade auch in den dazu gehörigen Lehrerhandbüchern findet sich eine Fülle von Ideen und Anregungen, die seinem Konzept starke Breitenwirkung gebracht haben.[5] Dennoch gibt es bis heute einige strittige Punkte:

- Die Rückwendung zu theologischen Theorien wie etwa analogia entis oder vierfacher Schriftsinn wird wegen ihrer metaphysischen Erblast abgelehnt.
- Das »dritte Auge«, das hinter die gewöhnliche Realität blickt, wird verdächtigt, pseudoreligiöse Mystifizierungen zu produzieren.
- Die Verengung des Interesses an Symbolen auf den religiösen oder künstlerisch wertvollen Bereich wie überhaupt die Fixierung auf die »echten« altbewährten Symbole werden als ein gewisses Unverständnis bzw. eine gewisse Arroganz gegenüber den Transformationen in gesellschaftlichen und kulturellen Bereichen gedeutet.
- Die Kritikfähigkeit im Umgang mit Symbolen kommt vielen zu kurz.
- *Anton A. Bucher* kritisiert an Halbfas die Verfrühung der Symbolerziehung, die an den entwicklungspsychologischen Erkenntnissen zum Symbolverständnis von

4 Hubertus Halbfas, a. a. O. S. 137.

5 Hubertus Halbfas, Religionsbuch für das 1., 2., 3., 4. Schuljahr. Düsseldorf 1989ff; ders., Lehrerhandbuch 1, 2, 3 , 4. Düsseldorf 1983ff; ders., Religionsbuch für das 5./6., 7./8., 9./10. Schuljahr. Düsseldorf 1989ff; ders., Religionsunterricht in Sekundarschulen: Lehrerhandbuch 5, 6, 7, 8, 9, 10. Düsseldorf 1992ff.

Kindern und Jugendlichen vorbeigehe.[6] Vor allem die Verselbstständigung der sprachlichen Ebene im Umgang mit Symbolen verkürze die eigentliche Symbolerfahrung. Symbole entstehen aus Handlungen. Handlungen und Erfahrungen mit der Umwelt schaffen sich ihre symbolische Sprachgestalt. Erst wenn Wasser in seiner elementaren Form erfahren wurde, kann es sinnvoll sein, Märchen, Mythen usw. von der Bedeutung des Wassers aufzunehmen.

Wendet sich Halbfas vom symbolischen Kauderwelsch gegenwärtiger Massenkultur ab, um das Heil in den überlieferten Symbolschätzen zu suchen, so nimmt *Yorick Spiegel* in seinen Büchern »Glaube, wie er leibt und lebt« eine entgegengesetzte Position ein.[7] Eher desinteressiert an einer Symboltheorie, steht für ihn die Frage nach der Wirkungsmacht von Symbolen im Mittelpunkt. Weniger der Verlust der traditionellen Symbolwelten als die Vitalität und Faszination von Symbolen in der gegenwärtigen Kommunikation, vor allem auch der Massenkommunikation, sind für ihn die eigentliche Herausforderung. Die Seele des heutigen Menschen ist umworben durch vielfältige Symbole, die geeignet sind, Macht über ihn zu gewinnen. Den Himmel der Theologen – so Spiegel – haben längst die Ökonomen mit ihrem Werbehimmel besetzt. Damit stellt sich die Frage, wie in diesem Spannungsfeld von Symbolen die rettenden stark gemacht werden können und den unheilvollen gewehrt werden kann. Und vom einzelnen Menschen her gedacht: Welche Symbole helfen ihm auf einem Weg zur Selbstfindung und Befreiung? Welche machen abhängig oder krank und bringen den Verlust der Identität? Dabei nimmt Spiegel sprachliche wie bildhafte Symbole in den Blick. Alles, was in einer Gesellschaft Haltungen, Werte und Gesinnungen formt, Werbung, Propaganda, politische Parolen, Kino, Fernsehen, muss auf sein heilsames bzw. krank machendes Potenzial hin untersucht werden. Damit rückt einmal ein kritischer Umgang mit tatsächlich wirksamen Symbolen (statt einer Diskussion um die Reanimierung verblasster Symbole) in den Blick, zum anderen wird die kreative Gestaltung einer je eigenen lebendigen Symbolwelt zur Aufgabe.

Kritisch wird gegenüber Spiegels Konzeption eingewandt, dass in ihr die Unterschiede zwischen Symbolen, vor allem der Unterschied zwischen religiösen und säkularen Symbolen, eingeebnet sei, so dass die Hoffnung, die etwa mit der biblischen Tradition und ihrem Wahrheitsanspruch verbunden wird – selbst wenn diese in Vergessenheit geraten sein sollte –, ihren Vorrang einbüße.[8]

Überraschenderweise kommt die Symboldeutung der Psychoanalyse in symboldidaktischen Entwürfen meist nur am Rande vor. Das mag damit zusammenhängen, dass die Schule nicht als therapeutisches Feld betrachtet wird. Immerhin haben *Joachim Scharfenberg* und *Horst Kämpfer* einen interessanten Brückenschlag zwischen Soziologie, Psychologie und Religion versucht, der auch für den Pädagogen viele Anregungen enthält.[9] Sie gehen ebenfalls vom Tillichschen Symbolbegriff aus:

6 Anton A. Bucher, Symbol – Symbolbildung – Symbolerziehung. St. Ottilien 1990.

7 Yorick Spiegel, Glaube, wie er leibt und lebt. 3 Bände. München 1984.

8 Vgl. z. B. Peter Biehl, Symbole geben zu lernen. Einführung in die Symboldidaktik anhand der Symbole Hand, Haus und Weg. Neukirchen-Vluyn 1989, S. 171f.

9 Joachim Scharfenberg / Horst Kämpfer, Mit Symbolen leben. Soziologische, psychologische und religiöse Konfliktbearbeitung. Olten 1980.

»Symbole, die Glauben ermöglichen, weisen auf den Bereich der »Tiefe« oder »Transzendenz« hin, der verloren geht, wenn sie zu Klischees erstarren oder sich in Zeichen verwandeln.«[10] Die Autoren zeigen nun freilich, dass im Ursprung der Psychoanalyse, bei Freud, der Symbolbegriff eher negativ besetzt war. Im Zusammenhang der Traumdeutung erscheinen Symbole als Ausdruck unbewusster Triebregungen, die, vom Normbewusstsein her nicht direkt zugelassen, auf diesem Umweg sich im Traum manifestieren. Von daher legte sich der Vergleich zur neurotischen Symptombildung nahe. Symbolbildungen wurden also eher als Anzeichen für verborgene oder unterdrückte Konflikte wichtig und nicht als kreative Form der Konfliktbewältigung gesehen. Die Autoren beschreiben, wie diese psychoanalytische Verengung des Symbolbegriffs inzwischen revidiert wurde. Die in neurotischer Kommunikation typische Form des Symbolisierens wird nun mit dem Begriff »Klischeebildung« belegt. Sofern Kommunikation Symbole in den Naturwissenschaften abgelauschter pseudo-objektiver Eindeutigkeit verwenden will, reden die Autoren von bloßen »Zeichen«. Für die menschliche Kommunikation wird lapidar festgestellt: »Der Versuch, eine symbolfreie menschliche Kommunikation anzustreben, muss als ein Irrweg angesehen werden.« So fallen zwei Hauptaufgaben im Umgang mit religiösen Symbolen an: Eine »kritische Symbolkunde« soll untersuchen, »welche Symbole ganz untergegangen sind, welche nur noch als Klischees wirken und welche zu Zeichen herabgesunken sind.«[11] Die religiöse Überlieferung soll umgekehrt als kritisches Prinzip die Frage nach dem spezifisch Menschlichen wach halten.

Mit Hilfe religiöser Symbole lassen sich – das ist die Zielsetzung des Buches – Konflikte bearbeiten. Dazu wird eine dreifache Struktur menschlicher Konfliktmöglichkeiten entwickelt: 1. Die immer gleich bleibenden anthropologischen Grundvorstellungen, 2. die von Mensch zu Mensch unterschiedlichen Ausprägungen dieser Grundvorstellungen und 3. die Verwandlungen dieser Grundkonflikte in der Lebensgeschichte bzw. der Menschheitsgeschichte.

Im Rahmen einer universitären Veranstaltung wurde von diesen Voraussetzungen aus eine exemplarische praktische Sequenz erarbeitet, in der mit Mitteln des darstellenden Spiels, der Erzählung und der Reflexion versucht wurde, tradierte Symbole wieder zu erschließen und neuen symbolischen Ausdruck zu finden.[12]

Für die protestantische Religionspädagogik ist es vor allem *Peter Biehl*, der ein zusammenhängendes Konzept der Symboldidaktik entwickelt hat. Programmatisch der Titel seiner »Einführung in die Symboldidaktik ... «: »Symbole geben zu lernen«. Anhand von drei Szenen (die zerbrochene Tonscherbe, die zwei Freunde beim Abschied als Symbol der Freundschaft auf ihren Wegen begleiten wird – der Fisch als Erkennungszeichen der ersten Christen – die innere Sinnfindung in der Krankheitsgeschichte einer Studentin mit ihrem symbolischen Ausdruck) entwickelt Biehl die Kennzeichen von Symbolen:

Symbole haben 1) »einen Hinweischarakter«, sie repräsentieren 2) »eine andere Wirklichkeit«. »Symbole werden 3) erst zu Symbolen, wenn sie von einer Gemeinschaft anerkannt werden und damit sozial eingebettet sind.« »Symbole haben also

10 A. a. O., S. 44.
11 A. a. O., S. 80.
12 A. a. O., S. 250ff.

4) ihre Zeit, sind geschichtlich und gesellschaftlich bedingt.« »Symbole erschließen 5) tiefere Dimensionen der inneren Wirklichkeit« und »haben schließlich 6) eine ambivalente Wirkung«.[13]

Biehl grenzt das Symbol vom Zeichen ab. Zeichen besitzen nicht mehr die Vielschichtigkeit und die Vieldeutigkeit der Symbole, sondern sind auf eine Bedeutung festgelegt. Die andere Gefahr, die dem Symbol droht, besteht darin, dass es zum Klischee oder (im gesellschaftlich-politischen Bereich) zum Idol verfällt.

Zentral ist für Biehl das Symbolverständnis von *Paul Ricoeur*: Die semantische Struktur des Symbols besteht in seinem »Doppelsinn«. Die Fülle der Sprache, die sich in diesem Doppelsinn eröffnet, fordert die Reflexion heraus. »Das Symbol gibt zu denken!« Symbole machen durch ihre Struktur also Interpretation notwendig. Sie gehen aber nicht in ihrer begrifflichen Deutung auf. Wichtig für die Religionspädagogik ist auch Ricoeurs Unterscheidung verschiedener Ebenen der Leistungsfähigkeit von Symbolen:

- niedrigste Ebene: abgelagerte, nicht mehr produktive Symbole (stereotypes, zerfallenes »Symbolgeröll«, aber auch Märchen, Mythen, Legenden)
- zweite Stufe: Symbole, welche die Jugendlichen in Gebrauch haben oder welche die Gesellschaft zu ihrer Identität braucht
- dritte Ebene: »Symbole, die neue Möglichkeiten erschließen.«[14] Den eigentlich didaktischen Überlegungen zur Symboldidaktik lässt Biehl konkrete Unterrichtsversuche vorangehen zu den Symbolen »Hand, Haus und Weg«. Diese praktischen Erkundungen hat er in einem zweiten Band fortgesetzt.[15]

Sein religionsdidaktisches Konzept profiliert Biehl unter dem Titel »kritische Symbolkunde«. Dem Begriff »Kunde« fällt in diesem Zusammenhang die Rolle zu, den »elementaren Zugang zur komplexen Wirklichkeit« zu akzentuieren, »in dem die Ganzheit und der Inhalt des Lebens erhalten bleiben.«[16] Für Biehl ist nun allerdings wichtig, dass diese Symbolkunde »kritisch« erfolgt: »Symbolverstehen vollzieht sich in der Dialektik von Sinnvorgabe und kritischer Reflexion, Engagement und Distanz; es verbindet also den ganzheitlichen Zugang mit kritischer Interpretation.«[17]

Hier setzt auch Peter Biehls Kritik an Hubertus Halbfas an: Um der ambivalenten Wirkung der Symbole Rechnung zu tragen, ist ein kritischer Umgang mit den aus der religiösen Tradition, aber auch aus der gegenwärtigen Umwelt gewonnenen Symbolen unerlässlich.

Auf dem so skizzierten Hintergrund formuliert Biehl die Gesamtaufgabe der Symboldidaktik: Sie konfrontiert die Symbole aus der Lebenswelt der Schüler mit den biblisch-christlichen Symbolen so, dass ein Erfahrungsmuster erkennbar wird. »Das Ziel der Arbeit mit Symbolen besteht darin, dass der Streit um die Auslegung der Wirklichkeit ausgelöst wird: Welchen Symbolen können wir wirklich vertrauen?

---

13 Peter Biehl, a. a. O., S. 46ff.

14 Vgl. zu diesen Ebenen a. a. O., S. 160.

15 Peter Biehl, Symbole geben zu lernen II – z. B. Brot, Wasser und Kreuz. Beiträge zur Symbol- und Sakramentendidaktik, Neukirchen-Vluyn 1993.

16 A. a. O., S. 166.

17 Ebenda.

Welche Symbole erweisen sich am Ende als wahr, die Symbole des ›Habens‹, der Macht, der Herrschaft, des Konsumismus, oder die Symbole des ›Seins‹, der Liebe, der Hoffnung, des Glaubens?«[18]

Das bedeutet: Kindern und Jugendlichen können Ausdrucksmittel für Ängste und Hoffnungen vermittelt werden. Sie können Rituale und Symbole in ihrer Alltagssprache entdecken. Bedeutsame Symbole können bewusst gemacht werden. Das Angebot religiöser Symbole kann zur Konfliktbewältigung erschlossen werden. Märchen, Mythen, biblische und dichterische Texte können im kulturellen Vergleich wie in ihrer anthropologischen Bedeutsamkeit interpretiert werden. Symbolgeschichten laden zu probeweiser Identifikation mit Symbolangeboten des christlichen Glaubens ein.

Schließlich sieht Biehl für die Heranwachsenden auch die Notwendigkeit, eine Art christlicher Glaubenslehre zu entwickeln, die nicht aus simplifizierter universitärer Theologie bestehen sollte. Aufbauend auf die gerade beschriebenen Zugänge zur religiösen Sprach- und Symbolwelt müssten diese systematisiert und reflektiert werden.

Inzwischen hat die Symboldidaktik auch grundsätzliche Einwände gefunden. Nicht nur, dass sie in der Praxis oft kläglicher ausfällt als in der Theorie, wurde angemerkt. Bestimmte Formen, die – eher missbräuchlich – religiösen Kitsch unterrichtsfähig machen, wecken Irritationen. Aber auch von der theoretischen Grundlegung her melden sich Zweifel. *Michael Meyer-Blanck* kritisiert die Symboldidaktik grundsätzlich wegen ihres Symbolverständnisses.[19] Vor allem die für die meisten Symboldidaktiker fundamentale Unterscheidung von Symbolen und Zeichen scheint ihm aus der Sicht der Semiotik – Zeichentheorien im Gefolge z. B. Umberto Ecos – unhaltbar. Zeichen sind nie eindeutig in dem Sinn, dass sie nicht unterschiedlich interpretiert werden könnten. Deutungsoffenheit kann damit nicht zum eigentlichen Unterscheidungsmerkmal von Symbolen werden. Erinnern wir uns: Ricoeur, auf den sich etwa Halbfas und Biehl stützen, privilegiert eine Gruppe von Symbolen, nämlich die präsentativen Symbole. Sie repräsentieren in ihrer gegenständlichen Bildhaftigkeit eine andere Wirklichkeit, weisen also über sich hinaus und haben ihren Sinn gerade in diesem »Tiefsinn«. Meyer-Blanck diagnostiziert dieses Symbolverständnis als »ontologisch aufgeladen«. Seiner Ansicht nach gibt es keine besondere Klasse von Symbolen, sondern jedes Zeichen kann zum Symbol werden – wenn der entsprechende Gebrauch davon gemacht wird. Es gibt also einen symbolisierenden Gebrauch von bestimmten Zeichen. Damit stehen aber die kommunikativen Bräuche von symbolisierenden Subjekten bzw. Gruppen zur Debatte, die in einer Symboldidaktik untersucht werden müssten. Nicht Initiation in Symbole und ihre Wirkung ist also die Aufgabe, sondern kritische Untersuchung, wie und warum Menschen im Alltag religiöse Sprache – und damit Symbole – verwenden. Von daher ergibt sich ein Ausblick auf eine Symboldidaktik, die sich im Rahmen einer Didaktik der religiösen Kommunikation einordnet.

---

18 A. a. O., S. 176.

19 Michael Meyer-Blanck, Vom Symbol zum Zeichen. Symboldidaktik und Semiotik. Hannover 1995.

→ Ganzheitlichkeit, → Gestaltpädagogik , → Konzeptionen des Evangelischen Religionsunterrichts, → Konzeptionen des Katholischen Religionsunterrichts, → Sprache im Religionsunterricht, → Theorien religiöser Entwicklung

Zur Diskussion gestellt

- Zur Verständnissicherung: Stellen Sie die Argumente zusammen, die von verschiedenen Autoren für eine »kritische Symboldidaktik« vorgebracht werden. Überlegen Sie, wie diese Argumente mit dem Symbolverständnis zusammenhängen. Weshalb wendet sich Hubertus Halbfas gegen »Symbolkritik«?
- Zum Brainstorming: Sammeln Sie Anschauungsmaterial, Erzählungen und Informationen zu folgenden anthropologischen Symbolen: Antlitz / Gesicht *oder* Schlaf / Traum / Wachsein. Unterscheiden Sie die Ebenen der objektivierenden Information (Biologie, Psychologie), der metaphorischen Verwendung und der symbolischen Darstellung.

Literaturempfehlung

Hubertus Halbfas, Das dritte Auge – Religionsdidaktische Anstöße. Düsseldorf, 7. Aufl. 1997. – Peter Biehl, Festsymbole. Zum Beispiel: Ostern. Kreative Wahrnehmung als Ort der Symboldidaktik. Neukirchen-Vluyn 1999. – Eckart Gottwald, Didaktik der religiösen Kommunikation. Die Vermittlung von Religion in Lebenswelt und Unterricht. Neukirchen-Vluyn 2000.

Friedrich Spaeth

Theorien religiöser Entwicklung

Es ist keine neue Erkenntnis, dass der Mensch in seiner Kindheit und Jugend, ja im ganzen Leben eine seelische und geistige Entwicklung durchmacht. Dennoch ist die Frage nach den empirisch überprüfbaren Gesetzmäßigkeiten dieser Entwicklung eine neue Aufgabenstellung moderner Psychologie. Wichtige Anstöße waren die Theorien *Sigmund Freuds* und seiner Schüler. Ein erstes Modell bildeten Freuds Phasen der psychosexuellen Entwicklung: orale Phase, anale Phase, phallische Phase mit Ödipuskomplex und Entstehung des Über-Ichs, schließlich Latenzzeit und genitale Phase. Freud geht davon aus, dass Krisen und Bewältigung der einzelnen Phasen (vor allem der ödipalen) die Persönlichkeit nachhaltig prägen.

Während Freuds Phasenmodell einseitig am Sexualtrieb als Symbol des Wunsches nach Lustgewinn orientiert ist, erweiterte sein Schüler *Erik H. Erikson* den Blickwinkel auf die wichtigsten seelischen Konfliktstellungen im gesamten Lebenszyklus. Seine in den 70er Jahren konzipierte Entwicklungstheorie beruhte auf dem Grundgedanken, psychische Entwicklung sei jeweils an polaren Spannungen orientiert und über die gesamte Lebenszeit in Stufen einteilbar. In der Praktischen Theologie und der Pädagogik erfreute sich seine Schematisierung großer Beliebtheit.

Neben den psychodynamischen Entwicklungstheorien der psychoanalytischen Schulen gewann seit 1927 *Jean Piagets* Theorie der kognitiven (geistigen) Entwicklung große Bedeutung.[1] Piaget war vor allem an der Entstehung des mathematischen, logischen, naturwissenschaftlichen Erkenntnisvermögens interessiert. Er identifizierte vier Stufen, in deren Verlauf die wichtigsten Denkstrukturen ausgebildet werden: das sensumotorische Begreifen (18 bis 24 Monate), das voroperatorische, symbolische und anschauliche Denken (24 Monate bis 6/7 Jahre), das konkret-operatorische Denken (6/7 bis 11/12 Jahre) und das formal-operatorische (hypothetisch-deduktive) Denken (11/12 bis 15 Jahre).

Schon Piaget fand den Gedanken reizvoll, diese kognitiven Strukturen auch auf dem Gebiet der Moral zu identifizieren. In einer zunächst 1932, dann 1979 veröffentlichten Untersuchung widmet er sich dem »moralischen Urteil« der Heranwachsenden.[2] Seine Erhebungsmethode sollte Schule machen. Kleine Geschichten über moralische Verstöße wurden Kindern mit Fragen zur Bewertung vorgelegt. Die Antwortmuster wurden gebündelt und in ein Schema gebracht. Piaget glaubte drei Stufen des moralischen Urteils entdecken zu können:

- Stufe 1: Heteronome Pflichtmoral (bis ca. 7 Jahre)
- Stufe 2: Kooperativer Gerechtigkeitssinn (7 bis 9 Jahre)
- Stufe 3: Autonome Gerechtigkeitsmoral (ab ca. 9 Jahren)

Der amerikanische Psychologe *Lawrence Kohlberg* übernahm von Piaget die Fragestellung (Gibt es Stufen des moralischen Urteils?), die Methode (Beurteilung von Beispielgeschichten) und die Grundstruktur der Ergebnisse (das Drei-Stufen-Modell).[3]

---

1 Jean Piaget, Urteil und Denkprozeß des Kindes. Düsseldorf 1972.
2 Jean Piaget, Das moralische Urteil beim Kinde. Frankfurt / M. 1979.
3 Lawrence Kohlberg, Essays on Moral Development. 2 Bände. San Francisco 1981 / 84.

Von seinen Dilemma-Geschichten wurde vor allem das so genannte »Heinz-Dilemma« bekannt: Ein Mann könnte das Leben seiner Frau durch den Diebstahl eines ihm sonst unzugänglichen Medikaments retten. An die Dilemma-Geschichte schlossen sich Fragen an wie: »Darf der Mann für diesen Zweck stehlen?« Aus den ungefähr 70 Interviews mit 10- bis 16-jährigen Jungen ermittelte Kohlberg ein Modell von drei Niveaus, jeweils in zwei Stufen unterteilt, so dass sich insgesamt sechs Stufen ergaben:

I. Präkonventionell

Stufe 1: Orientierung an Strafe und Gehorsam (»Heinz sollte besser nicht stehlen!«)

Stufe 2: Orientierung am naiv-instrumentellen Hedonismus (»Für seine Frau sollte er schon stehlen. Aber nicht für einen Freund.«)

II. Konventionell

Stufe 3: Orientierung an nahen, wichtigen Sozialpartnern (»Heinz soll das Medikament stehlen. Für seine Frau muss man alles tun.«)

Stufe 4: Orientierung an Recht und Ordnung (»Gesetze müssen eingehalten werden.«)

III. Postkonventionell

Stufe 5: Orientierung an einer Gesellschaftsvertragsmoral (»Grundrechte – Leben der Frau – haben Vorrang vor Gesetz und Ordnung.«)

Stufe 6: Orientierung an selbst erkannten universellen ethischen Prinzipien (»Menschliches Leben hat einen nicht zu verrechnenden Wert.«)

Dabei ergab sich im Umkreis der Kohlberg'schen Forschungen natürlich auch die Frage, ob das religiöse Denken des Menschen ähnlichen Entwicklungsgesetzen folgt. Denn vor allem die höchsten Stufen verweisen auf einen religiösen oder philosophischen Horizont.

Kohlberg ging davon aus,
- dass diese Stufen tatsächlich in sich stimmige moralische Einstellungen darstellen;
- dass die moralischen Urteile auf einer Stufe lediglich die Antwortmuster der benachbarten Stufen mitverwenden;
- dass die Abfolge der Stufen irreversibel und stringent ist. Die höheren Stufen setzen das Durchlaufen der vorhergehenden Stufen voraus;
- dass Personen, die zu höheren Stufen gehören, zwar die Argumentation der niedrigeren Stufen verstehen können, aber nicht umgekehrt.

Von den kritischen Anmerkungen zu Kohlbergs Stufenschema sind die Überlegungen *Carol Gilligans* besonders bedenkenswert.[4] Bei ihren Erkundungen zu Moralvorstellungen von Frauen fiel ihr auf, dass schon der Zugang zur moralischen Welt von Frauen anders gesucht wird als von Männern. »Nachdem wir jahrhundertelang auf die Aussagen der Männer und die Entwicklungstheorien gehört haben, die auf

4 Carol Gilligan, Die andere Stimme. Lebenskonflikte und Moral der Frau. München 1984, 4. Aufl. 1990.

ihren Erfahrungen basierten, haben wir in jüngerer Zeit angefangen, nicht nur die Stummheit der Frauen zu bemerken, sondern auch die Schwierigkeit zu verstehen, was sie sagen, wenn sie sprechen.«[5] Kohlbergs Methode, Probanden Dilemma-Geschichten vorzulegen, um an ihnen das moralische Urteil zu erproben, führt nach Ansicht Gilligans notwendig zur Abstraktion, da an die Stelle des Lösungsversuchs realer moralischer Probleme die Beurteilung vorgestellter Dilemmas tritt. Kohlbergs Moralkonzeption schien ihr von daher folgerichtig auf eine Rechte-Konzeption hinauszulaufen, die »darauf abzielt, eine objektive faire oder gerechte Lösung moralischer Dilemmas zu erreichen, auf die sich alle rationalen Menschen einigen könnten«[6]. Gilligans eigene Untersuchungen verwendeten eine Methode des Interviewens, die sich der Sprache und dem Gedankengang des Gesprächspartners anpasste und durch Fragen vertiefte. Unter ihren Gesprächspartnerinnen waren vor allem auch Frauen, die aus wirklichen moralischen Konfliktsituationen heraus (Sollten sie eine eingetretene Schwangerschaft abbrechen?) über Moral nachdachten. Im Verlauf ihrer Forschungen wurde ihr klar, dass die Moralvorstellungen von Frauen sich von denen Freuds, Piagets oder Kohlbergs unterscheiden. Die Moral-Konzeption von Frauen, »bei der es um *care* (Fürsorge, Pflege, Zuwendung) geht, stellt das Gefühl für Verantwortung und Beziehungen in den Mittelpunkt ...«[7] Der eigentliche Konflikt in der Entwicklung weiblicher Moralvorstellungen liegt deshalb im Konflikt zwischen Fürsorge und Mitgefühl für andere und Autonomie. Die »gute Frau« löst diesen Konflikt, indem sie sich aufopfert und damit sich selbst verliert, die »schlechte Frau«, indem sie sich verweigert und damit die anderen verliert.[8] Auch Gilligan entdeckt in der Moralentwicklung der Frauen drei Stufen: » Das Moralurteil der Frauen entwickelt sich von der anfänglichen Sorge um die Selbsterhaltung zu dem Wunsch, Gutes zu tun, und schließlich zu einem reflektierten Verständnis von Zuwendung und gegenseitiger Rücksichtnahme als dem tragfähigsten Grundprinzip für die Lösung menschlicher Beziehungsprobleme.«[9]

In der Einleitung seines Buches »Stufen des Glaubens«[10] stellt *James W. Fowler* fest: »Ich glaube, dass Glauben ein allgemein menschliches Phänomen ist. Von unserer Geburt an sind wir mit wachsenden Fähigkeiten zum Glauben ausgestattet.«[11] Bei diesem Begriff von Glauben geht es also nicht um religiöse Bekenntnisse oder Glaubensinhalte, sondern um Grundfragen, die jeder Mensch stellt: »An was oder wen hängst du dein Herz? Welcher Vision der rechten Beziehung zwischen Menschen, Natur und dem Transzendenten gegenüber bist du loyal? Welche Hoffnung und welcher Grund der Hoffnung beseelt dich ...?«[12] Theologisch ist Fowler abhängig von Paul Tillich (»... *Gott-wert* in unserem Leben sind solche

5 A. a. O., S. 212.
6 A. a. O., S. 33.
7 A. a. O., S. 30.
8 A. a. O., S. 90.
9 A. a. O., S. 131.
10 James W. Fowler, Stufen des Glaubens. Die Psychologie der menschlichen Entwicklung und die Suche nach Sinn. Gütersloh 1991; Taschenbuchausgabe Gütersloh 2000.
11 A. a. O., S. 23.
12 A. a. O., S. 35.

Dinge, die uns unbedingt angehen.«[13]) und Richard Niebuhr. Streng genommen geht es Fowler also nicht um eine religiöse Entwicklungstheorie, sondern um die Entwicklung des Sinngebens und Sinnfindens in allen wichtigen Bezügen menschlichen Lebens.

Für seine Untersuchung hat Fowler etwa 350 Menschen interviewt – von kleinen Kindern bis zu alten Menschen, Männer und Frauen. Die Gespräche dauerten bei Erwachsenen ungefähr zwei bis zweieinhalb Stunden. Bei Kindern waren sie altersbedingt kürzer und einfacher. Thematisch gliederte sich das Interview in vier Abschnitte:

- Lebensrückblick (Fakten? – Wendepunkte? – Was gibt Ihrem Leben Sinn?)
- Lebensgestaltende Erfahrungen und Beziehungen (Einflüsse anderer Menschen? – Leid und Freude? – Tabus?)
- Gegenwärtige Werte und Verpflichtungen (Wichtige Symbole? – Hoffnungsbilder? – Bedeutung des Todes?)
- Religion (Was empfinden Sie, wenn Sie über Gott nachdenken? – Was ist Sünde?)

Die Äußerungen und Antworten der Probanden wurden sieben Aspekten (1. Form der Logik, 2. Rollenübernahme, 3. Form des moralischen Urteils, 4. Grenzen des sozialen Bewusstseins, 5. Verortung von Autorität, 6. Form des Weltzusammenhangs, 7. Symbolfunktion) und dort jeweils einer von sechs Stufen zugeordnet. In jedem der Aspekte wurde der Durchschnitt errechnet, sodann wurden die Durchschnitte der sieben Aspekte zu einem Gesamtdurchschnitt verrechnet, was die Zuordnung des Probanden zu einer Glaubensstufe erlaubte. Aus diesen Ergebnissen destillierte Fowler seine Beschreibungen der Glaubensstufen:

- Vorstufe: Säuglingsalter und undifferenzierter Glaube: Für die empirische Forschung unzugänglich werden auf dieser Stufe wichtige Fundamente gelegt. Auf der Vorstufe »sind Samen des Vertrauens, des Mutes, der Hoffnung und der Liebe in einer undifferenzierten Weise verschmolzen und kämpfen mit dem Gefühl der Bedrohung ...«[14]
- Stufe I: Intuitiv-projektiver Glaube: fantasieerfüllte, intuitive Phase. Vom Vorbild der nahe stehenden Erwachsenen geprägt. Fließende Denkmuster, langlebige Bilder und Gefühle. Geschenk dieser Stufe ist die Entstehung der Einbildungskraft; ihre Gefahr ungehemmte Bilder von Schrecken und Destruktion. – Zur nächsten Stufe führen die Anfänge des konkret-operationalen Denkens.
- Stufe II: Mythisch-wörtlicher Glaube: »Stufe, auf der der Mensch anfängt, für sich selbst die ›stories‹, Glaubensinhalte und Regeln zu übernehmen, die seine Zugehörigkeit zu der Gemeinschaft symbolisieren.« »Symbole werden in ihrer Bedeutung eindimensional und wörtlich verstanden«.[15] Indem der Mensch Erzählungen und Mythen übernimmt, gelingt es ihm, seine Erfahrungen zusammenzufügen; gefährdet wird er durch »Werkgerechtigkeit« oder das Gefühl der eigenen Unzulänglichkeit. Wenn der wörtliche Glaube an diesen Inhalten zerbricht und die inneren Widersprüche Fragen aufwerfen, führt dies weiter zu

13 A. a. O., S. 26.
14 A. a. O., S. 138.
15 A. a. O., S. 166.

- Stufe III: Synthetisch-konventioneller Glaube: Die Welterfahrung greift über die Familie hinaus und muss komplexere Lebenszusammenhänge integrieren. Der Glaube muss Identität und Weltanschauung ermöglichen. Das Bündel von Werten und Glaubensinhalten, die in dieser Phase die »Ideologie« ausmachen, ist noch unreflektiert und nicht kritisch überprüft. Der junge Mensch kann sich jetzt selbst eine Vorstellung davon machen, wie seine Person und sein Glaube sich entwickelt haben. Es entsteht die Gefahr, dass man zu viel von anderen Menschen erwartet, was die Selbstständigkeit behindern kann. Enttäuschungen durch andere können zum Nihilismus führen oder zu einer Flucht in eine Intimität mit Gott. Durch Konflikte zwischen den geglaubten Autoritäten und der Erkenntnis der Relativität vieler Meinungen wird der Einzelne zu gründlicher Reflexion genötigt.
- Stufe IV: Individuierend-reflektierender Glaube: »Die Last der Verantwortung für die eigenen Bindungen, Lebensstile, Glaubensinhalte und Einstellungen«[16] wird ernst genommen. Spannungen müssen ausgehalten werden. (Subjektivität steht gegen Objektivität und Reflexion; Selbstverwirklichung gegen Dienst für andere etc.). »Fähigkeit zur kritischen Reflexion über Identität (Selbst) und Weltanschauung (Ideologie)«[17]. Gefahr: Überschätzung der Reflexionsfähigkeiten und »zweiter Narzissmus«. Zur nächsten Stufe drängen Impulse, die die oberflächliche Geschlossenheit des vorhergehenden Glaubens sprengen und aus der eigenen Tradition oder der anderer stammen können.
- Stufe V: Verbindender Glaube: Den Stil dieser Stufe nennt Fowler »dialogisches Erkennen«. »Dem Paradox und der Wahrheit in offensichtlichen Widersprüchen aufgeschlossen, strebt diese Stufe danach, die Gegensätze im Denken und in der Erfahrung zu vereinigen«. In einer Art »zweiter Naivität« (Ricoeur) wird die symbolische Kraft wieder mit den begrifflichen Bedeutungen verbunden. Stärke dieser Stufe: »... die mächtigsten Sinngehalte der eigenen Person oder der Gruppe zu sehen und in ihnen zu leben, aber gleichzeitig zu erkennen, dass sie relativ, partiell sind ...«[18]
- Stufe VI: Universalisierender Glaube: »Die Stufe 6 ist äußerst selten. Die Menschen, die am besten durch sie beschrieben werden, haben Glaubensformen hervorgebracht, in denen ihr lebendiges Gefühl für eine letzte Umwelt alles Sein umfasst. Sie verkörpern und aktualisieren den Geist einer umfassenden und erfüllten menschlichen Gemeinschaft.«[19] Fowler ist sich bewusst, dass mit dieser utopisch-idealisierten letzten Glaubensstufe eine Zielvorstellung entwickelt wird, die normativ auf die früheren (auch deskriptiv) gewonnenen Stufen zurückwirkt. Als Vertreter dieser Stufe nennt er »Gandhi, Martin Luther King Jr. in den letzten Jahren seines Lebens ... Mutter Theresa von Kalkutta ... Dag Hammarskjöld, Dietrich Bonhoeffer, Abraham Heschel und Thomas Merton«.

Fowlers Modellbildung hat viele Religionspädagogen fasziniert. Die Religionspsychologen ihrerseits blieben deutlich auf Distanz.[20] Hauptkritikpunkte waren dabei:

---

16 A. a. O., S. 200.
17 A. a. O., S. 201.
18 A. a. O., S. 216.
19 A. a. O., S. 218.
20 Bernhard Grom, Religionspädagogische Psychologie des Kleinkind-, Schul- und Jugendalters. Düsseldorf, völlig überarbeitete, 5., vollständig überarbeitete Aufl. 2000, S. 61.

- Außerhalb des Fowler'schen Kreises gibt es kaum aussagekräftige empirische Überprüfungen. Bei der Auswertung der Interviews kommen zudem vieldeutig interpretierbare Kriterien zur Anwendung.
- Die sieben Aspekte bilden – so Fowler – auf jeder Glaubensstufe ein einheitliches Ganzes. Das wird bezweifelt. Die Zusammenfassung erscheint eher willkürlich.
- Fowlers Behauptung, die Stufen seien hierarchisch und irreversibel aufgebaut (so dass die höheren Stufen jeweils die niedrigeren voraussetzen und die Entwicklung unumkehrbar sei), gilt als zu pauschal. Auf jeder der sieben Entwicklungslinien müssten die Entwicklungsgesetze gesondert ermittelt werden.

Während Fowler auf die Vielzahl der untersuchten Aspekte stolz ist, kritisieren *Fritz Oser* und *Paul Gmünder* dies.[21] Beim einzelnen Menschen verbinden sich zwar in der Tat körperliche Entwicklung, logische Fähigkeiten u. a. in einem bestimmten Lebensabschnitt mit bestimmten Strukturen des Glaubens. Aber es lässt sich kein Argument finden, warum in der Entwicklung bei allen Menschen die Entwicklung dieser einzelnen Aspekte synchron verlaufen sollte, so dass sie sich jeweils zu einer allgemeinen Stufe zusammenfassen ließen. So wollen Oser / Gmünder nicht das ganzheitliche Phänomen der »glaubensgeprägten« Religiosität untersuchen, sondern die »religiöse« Religiosität. Es geht um das »religiöse Urteil, also eine Art kognitives Muster der religiösen Weltbewältigung«[22]. Dabei wird ein sehr formaler Religionsbegriff zugrunde gelegt: »Religion als Auseinandersetzung des Menschen mit der Wirklichkeit angesichts eines Letztgültigen, das die gegebene Wirklichkeit transzendiert. Dies wird als Herstellung von unbedingtem Sinn erfahren.«[23] Die religiöse Denkstruktur ist für Oser / Gmünder keine dem Menschen nur zufällig oder zusätzlich zukommende Fähigkeit, sondern etwas ursprünglich zum Menschen Gehörendes, eine »Mutterstruktur«. Als inhaltliche Elemente zur Beschreibung des religiösen Urteils verwenden Oser / Gmünder polare Beziehungen: Heiliges vs. Profanes, Transzendenz vs. Immanenz, Freiheit vs. Abhängigkeit, Hoffnung (Sinn) vs. Absurdität, Vertrauen vs. Angst, Dauer (Ewigkeit) vs. Vergänglichkeit, unerklärlich Geheimnisvolles vs. funktional Durchschaubares. Von diesen polaren Beziehungen wird die Entwicklung des religiösen Urteils bestimmt und zwar so, »dass eine höhere Stufe ein je qualitativ ›besseres‹ adäquateres Gleichgewicht der Begriffspaare ermöglicht.«[24]

Um das religiöse Urteilsvermögen einer Person in Erfahrung zu bringen, werden ihr »Dilemmageschichten« vorgelegt (»Kernstück der klinischen Methode«). Nun soll die Person diskutieren, wie sie in diesem Konflikt handeln würde, und Begründungen dazu liefern. Als besonders bewährte religiöse Dilemmageschichte sei das »Paul-Dilemma« kurz skizziert: Paul, ein junger Arzt, verspricht bei einem Flugzeugabsturz in einem Gebet, falls er gerettet würde, sein Leben ganz im Dienst für die Dritte Welt einzusetzen und seine Freundin, sofern sie ihn nicht begleitet, nicht zu heiraten. Nach seiner wunderbaren Rettung wird ihm eine gute Stelle in einer Privatklinik angeboten. Paul erinnert sich an sein Versprechen, das er Gott gegeben hat. Was soll

---

21 Fritz Oser / Paul Gmünder, Der Mensch – Stufen seiner religiösen Entwicklung. Ein strukturgenetischer Ansatz. Gütersloh 1984; 2., überarbeitete Aufl. 1988.

22 A. a. O., S. 52.

23 A. a. O., S. 9.

24 A. a. O., S. 41.

er tun? Die anhand dieses Dilemmas gewonnenen Aussagen werden in einem aufwändigen Prozess der Auswertung nun einzelnen Stufen zugeordnet. Oser / Gmünder geben folgende Kurzzusammenfassung der fünf Stufen:

- Stufe 1: Orientierung an absoluter Heteronomie (Deus ex machina): Letztgültiges aktiv, greift unvermittelt in die Welt ein. Mensch reaktiv. Erwartungsdruck. Artifizialismus. Punktualität.
- Stufe 2: Orientierung an »Do ut des«: Letztgültiges noch immer external und als allmächtig gesehen, das Sanktionen erteilen oder belohnen kann. Letztgültiges nun aber beeinflussbar.
- Stufe 3: Orientierung an absoluter Autonomie (Deismus): Letztgültiges wird aus der Welt gedrängt. Transzendenz und Immanenz voneinander getrennt. Der Mensch ist solipsistisch autonom, selbst verantwortlich für die Welt und sein Leben.
- Stufe 4: Orientierung an vermittelter Autonomie und Heilsplan: Letztgültiges wird mit der Immanenz wieder vermittelt, sei es als Ermöglichungsgrund, sei es als Chiffre des »self«. Mannigfaltige Formen von Religiosität, wobei aber Ich-Autonomie vorausgesetzt und nicht mehr in Frage gestellt wird. »Gottesbilder« allenfalls als Symbole, ansonsten universale Prinzipien.
- Stufe 5: Orientierung an religiöser Intersubjektivität: Völlige Vermitteltheit von Letztgültigem und Dasein und Welt. Universalität. Unbedingte Religiosität.
- Stufe 6: Aus der immanenten Entwicklungslogik der fünf empirisch belegten Stufen folgern Oser / Gmünder, dass eine Stufe 6 postuliert werden kann. Da es eine idealisierte Zielvorstellung ist, liegt ihr eigentlicher Sinn darin, den vorhergehenden Stufen eine Perspektive zu vermitteln. Die Beschreibung gerät in derartige theologisch-philosophische Höhen, dass sich eine Zusammenfassung verbietet.

Die beiden Autoren sehen die *erzieherisch-didaktischen Konsequenzen* ihrer Theorie in fünf Punkten:

1. Die Theorie helfe, die religiöse Argumentation von Menschen jeden Alters besser zu verstehen.
2. Sie verweise darauf, dass nur Krisen helfen, Stufen zu erklimmen.
3. Sie erkläre die unterschiedliche Sicht des gleichen Wissens-Inhalts auf verschiedenen Stufen.
4. Sie diene dem Unterrichtenden zur eigenen Klärung.
5. Sie helfe, die eigene Geschichte der religiösen Identitätsfindung zu rekonstruieren.

Kritik:

- Osers Behauptung, im religiösen Urteil eine »Mutterstruktur«, also eine eigenständige Grundstruktur der Urteilsbildung, entdeckt zu haben, ist umstritten. Vielleicht wird von ihm doch nur das allgemeine kognitive Urteilsvermögen (vgl. Piaget!) gemessen.
- In Frage gestellt wird (wie bei Fowler) die Einheitlichkeit und Abgrenzbarkeit der einzelnen Stufen. Schließlich wird die Zwangsläufigkeit der Stufenentwicklung (wie bei Fowler) angezweifelt. Vor allem der universale Anspruch erscheint nicht legitimiert. (Auf welche Stufe gehören z. B. buddhistische Mönche?)

Fazit: Die Stufentheorien helfen bei der Einordnung und Interpretation konkreter Erfahrungen mit Jugendlichen. Sie regen an, den jeweiligen Vorstellungshorizont von

Kindern und Jugendlichen zu respektieren, und können gut gemeinte Überforderungen verhindern. Sie erlauben zudem ein ungefähres, die Schülerinnen und Schüler in angemessener Weise herausforderndes Anspruchsniveau in der religionspädagogischen Arbeit zu etablieren. Sie sind aber ungeeignet, die religiöse Entwicklung umfassend zu beschreiben und vorherzusagen.

Bei allen Stufentheorien der religiösen Entwicklung rücken der Einfluss von Sozialisationsfaktoren (Familie, Freundeskreis usw.) wie auch emotionale Faktoren der Persönlichkeitsentwicklung zu sehr in den Hintergrund.

→ *Entwicklungsstufen*, → *Jugend und Religion*, → *Religiöses Lernen*, → *Sprache im Religionsunterricht*

Zur Diskussion gestellt

- Versuchen Sie Ihre eigene religiöse Entwicklung zu schematisieren und vergleichen Sie dazu die Modelle von Fowler oder Oser / Gmünder.
- Untersuchen Sie an einer bestimmten Unterrichtseinheit (z. B. Gleichnisse in der Unterstufe) und hier an einem konkreten Beispiel (z. B. anhand des Gleichnisses von den Arbeitern im Weinberg), welche moralischen Urteile (Kohlberg), welches Symbolverständnis und Gottesbild (Fowler) bzw. welche religiösen Urteilsformen (Oser / Gmünder) bei den Kindern und Jugendlichen erwartet werden können.
- Rechtfertigung allein aus Glauben – »Stufen des Glaubens«: Diskutieren Sie die Beziehung und mögliche Spannung der beiden Glaubensbegriffe.

Literaturempfehlung

Gerhard Büttner / Veit-Jakobus Dieterich (Hg.), Die religiöse Entwicklung des Menschen. Ein Grundkurs. Stuttgart 2000. – Bernhard Grom, Religionspädagogische Psychologie des Kleinkind-, Schul- und Jugendalters. Düsseldorf, 5., vollständig überarbeitete Aufl. 2000. – Lothar Kuld, Das Entscheidende ist unsichtbar. Wie Kinder und Jugendliche Religion verstehen. München 2001. – Friedrich Schweitzer, Lebensgeschichte und Religion. Religiöse Entwicklung und Erziehung im Kindes- und Jugendalter. München 1987; Gütersloh, 4., überarbeitete und erweiterte Aufl. 1998.

Friedrich Spaeth

Methodisch-didaktische Aspekte

Bibliodrama / Szenisches Spiel

Bibliodrama ist ein Sammelbegriff für verschiedene Arten mehrdimensionaler Bibelarbeit. Der zugleich erfahrungs- wie textorientierte Ansatz ermöglicht es, im Innenraum eines biblischen Textes Erfahrungen zu machen. Blockierungen gegenüber dem biblischen Text werden im bibliodramatischen Prozess, der kreativ-gestalterische wie reflexive Elemente enthält, bewusst gemacht, ebenso aber das befreiende und lebensfreundliche Potenzial der Texte entdeckt. Deshalb bietet diese Arbeitsform vielfältige Chancen, Vorurteile und Abneigungen gegenüber der Bibel abzubauen und die Texte neu ins Interesse zu rücken. Gerade durch die handelnde Vergegenwärtigung und Inszenierung kann die Fremdheit gegenüber biblischen Texten aufgebrochen werden, aus dem »Lese-Wort« »Lebens-Wort« werden.

Charakteristisch für bibliodramatisches Arbeiten ist u. a.:

- Bibliodrama bewegt dazu, Glaubenswahrheit in Bezug zum eigenen Leben zu setzen, nicht allgemein von Heillosigkeit und Heil zu reden, sondern die eigene Heillosigkeit und Sehnsucht nach Heil in den Blick zu nehmen.
- Im Unterschied zu therapeutischen Techniken und Prozessen wird nicht mit Einzelnen, sondern in der Gruppe gearbeitet.
- Durch die gleichgewichtige Beachtung von biblischer Überlieferung und der Situation der Teilnehmerinnen und Teilnehmer wird die Spannung nie einseitig in Richtung biographischer Arbeit aufgelöst. Herman Andriessen und Nicolaas Derksen verstehen Bibliodrama sogar als Form praktischer Exegese.[1]

Bibliodrama ist keine Therapieform, sondern immer nur indirekte Selbsterfahrung, nach Gerhard M. Martin eher ein spielpädagogischer und spiritueller Prozess.[2]

- Ein wesentlicher Unterschied zum Psychodrama besteht darin, dass Bibliodrama-Arbeit immer von einem vorgegebenen Bibeltext ausgeht.[3]
- Im Bibliodrama wird ganzheitlich vorgegangen, weil sowohl körperbezogene Aspekte als auch text- und erfahrungsorientiertes Arbeiten und Reflektieren dazugehören. Damit kommt diese Arbeitsform dem Wunsch heutiger Jugendlicher nach Aktivität und Bewegung entgegen und kann zugleich eine Dominanz von Wort und Text aufbrechen.
- Bibliodrama ist prozess-, nicht aber produktorientiert; es geht dabei z. B. nicht um die Vorbereitung einer Theateraufführung.
- Wesentlich bestimmt die Bewegung des Textes den bibliodramatischen Prozess, ebenso aber auch die Gruppenkonstellation und die Kompetenz der Leiterin / des

---

1 Herman Andriessen / Nicolaas Derksen, Lebendige Glaubensvermittlung im Bibliodrama. Eine Einführung. Mainz, 2. Aufl. 1991, S. 169f.

2 Vgl. Gerhard M. Martin, Bibliodrama, in: Wolfgang Langer (Hg.), Handbuch der Bibelarbeit. München 1987, S. 3ff.

3 Begründet von Jacob Levy Moreno (1889–1974). – Zur Abgrenzung von Bibliodrama und Psychodrama vgl. Norbert Pauler, Bibliodrama. Lebendige Erfahrung mit »alten« Texten. Stuttgart 1996, S. 67–73.

Leiters. Bedingt durch unterschiedliche Schwerpunktsetzung haben sich in den letzten 20 Jahren verschiedene Grundmodelle herausgebildet.[4]

Trotz unterschiedlicher Ansätze läuft Bibliodrama im Wesentlichen in drei Phasen ab:

1. Phase: »Warming-up«

Begegnung mit einem biblischen Text geschieht nicht ohne Vorverständnis oder Vorurteil. Manches Mal bewirkt gerade die angebliche Vertrautheit mit einem Bibeltext die innere Distanzierung. Das »Warming-up« in Form von Körperarbeit kann helfen, Abstand zu gewinnen zu mitgebrachten Situationen und gewohnten Wahrnehmungsmustern. Tanz, Standbilder, Pantomimen, Atemübungen, eutonische Körperübungen und andere Elemente zielen auf bewusste Körperwahrnehmung und erleichtern die Annäherung an die Gruppe, den Text und das spätere Inszenieren. Auch kann in dieser Phase der Einführung und Öffnung bereits zu den Bewegungsvollzügen der Bibelstelle hingeführt werden.

2. Phase: Kreative Texterschließung

Nach der intensiven und mehrmaligen Textbegegnung, der die sorgfältige exegetische Vorbereitung der Leiterin / des Leiters zu Grunde liegt, beginnt die eigentliche Spielphase. Dabei versuchen die Spielerinnen und Spieler, in die vom Text vorgegebenen Rollen (Personen oder Gegenstände) zu schlüpfen. Weil ein historisierendes Nachstellen bewusst vermieden wird, vielmehr biblische Szene und Lebenssituation der Spieler miteinander korrelieren, können dabei die Textsituation und die im Text bewahrte Gotteserfahrung aktiv nacherlebt werden.

3. Phase: Aufarbeitung

Die abschließende Reflexionsphase wird vom Gespräch geprägt, das seinen Ausgang bei den Eigen- und Fremdbeobachtungen nehmen kann. Werden die Wirkungen des Gespielten auf den Einzelnen thematisiert, so kommen mit den Gefühlen bereits unbewusste Anteile der jeweiligen Spielszenen in den Blick. Dies kann weiter verfolgt werden, indem die Spielmuster der Textvorlage verglichen werden mit den über den Text hinausgehenden Eintragungen und Fantasien. Hier genau ist sorgfältig und mit Verantwortung die Grenze zu ziehen zu therapeutischen Techniken, die nicht in den Aufgabenbereich von Schule bzw. Lehrer und Lehrerin fallen.

Die Weiterführung ist abhängig vom Gruppenprozess. So kann die Gruppe vom Text zu einem Thema finden, sich weiter mit einem Rollenprofil beschäftigen oder erneut mit konsequentem Rollentausch (Perspektivenwechsel) spielen.

Bibliodrama und Religionsunterricht

Roland Kollmann sieht im Bibliodrama für alle Lebensalter »eine heute äußerst wichtige und kaum zu ersetzende Form der Begegnung der Menschen mit dem biblischen Anspruch …, ihr Leben mit Gott zu wagen. Denn es bezieht den ganzen

4 Hartmut Heidenreich, Bibliodrama im Boom. Ein Überblick, in: Katechetische Blätter 1994, S. 513–522. – Vgl. Norbert Pauler, a. a. O., S. 16–43.

Menschen mit seinen kleinen, ihm selbst aber wichtigen Lebensproblemen mit ein in das große Drama der menschlichen Geschichte als Heilsgeschichte mit Gott. Insbesondere deshalb kann das Bibliodrama auch für den Religionsunterricht in der Schule nicht einfach ignoriert oder aus Gründen der Zeitknappheit abgewiesen werden. Das Bibliodrama entspricht allen Forderungen der Kommunikativen Religionsdidaktik und ist deshalb in elementarisierter Form schulisch nicht nur einsetzbar, sondern sogar hilfreich. Deshalb sollten neue und interessante Kurzversionen des Bibliodramas erprobt und didaktisch kritisch reflektiert werden.«[5]

Es bleiben freilich auch kritische Anfragen:

- Der im normalen schulischen Ablauf begrenzte Zeitrahmen wird für den Einsatz bibliodramatischen Arbeitens im Unterricht immer eine bleibende Schwierigkeit darstellen – braucht Bibliodrama doch normalerweise mehrere Stunden, wenn nicht gar zwei oder drei Tage Zeit.[6] Projekt- oder Besinnungstage (Tage der Orientierung), die zum Schulleben dazugehören, bieten allerdings Gelegenheit für längeres und intensives Arbeiten. Vor allem angesichts dieses Zeitaspekts kommt Else N. Warns zu dem Ergebnis, im Religionsunterricht nicht von Bibliodrama im eigentlichen Sinne zu reden, sondern redlicherweise von »spielerischen Zugängen zu biblischen Texten«.[7]
- Zu bedenken bleibt darüber hinaus, wie weit das Selbstverständnis des Religionsunterrichts und äußere Rahmenbedingungen (Bibliodrama-Teilnehmerinnen und -teilnehmer entscheiden sich – im Unterschied zu Schülerinnen und Schülern – normalerweise freiwillig für diese Arbeitsform) bibliodramatisches Arbeiten im Religionsunterricht als sinnvoll erscheinen lassen. Vor dem Beginn eines bibliodramatischen Prozesses im Religionsunterricht müssen die Schülerinnen und Schüler auf alle Fälle sorgfältig auf diese Arbeitsform vorbereitet werden und die Bedingungen vereinbart sein.
- Schließlich erfordert diese Arbeitsform ganz bestimmte Kompetenzen bei Lehrerin und Lehrer. Keinesfalls dürfen die Kenntnisse nur aus Büchern angelesen sein. Eigenständige Ausbildungsangebote zum / zur Bibliodramaleiter/in sollten genutzt werden.

Szenische Spielformen

Angesichts der oben konstatierten Möglichkeiten und Chancen der dramatischen Texterfassung einerseits und der skizzierten Risiken und Behinderungen andererseits erscheint es sinnvoll zu ergründen, inwieweit einzelne Elemente der Großform »Bibliodrama« sinnvoll zu isolieren und für den Religionsunterricht fruchtbar zu

5 Roland Kollmann, Bibliodrama. Drei praktische Grundformen am Beispiel der Maria-Martha-Perikope, in: Katechetische Blätter 1994, S. 509–513; dort S. 512f.

6 Das Unterrichtsbeispiel zu Lk 4,1–13 von Heiner Aldebert erstreckt sich z. B. über vier Doppelstunden; vgl. Heiner Aldebert, Bibliodrama religionspädagogisch. Mit einer 11. Klasse dem Teufel in der Wüste (Lk 4,1–13) standhalten, in: Zeitschrift für Pädagogik und Theologie. Der Evangelische Erzieher 1998, S. 214–234.

7 Else N. Warns, Spielerische Zugänge zu biblischen Texten – Elemente des »Bibliodramas« im Religionsunterricht der höheren Schule, in: Religionsunterricht heute 1–2 / 1992, S. 12–15.

machen sind. Die von Else N. Warns angesprochenen spielerischen Zugänge könnten hier den Einsatz szenischer Spielformen zur Annäherung an biblische und außerbiblische Texte, aber auch an Bilder und Sachverhalte, sogar abstrakte Begrifflichkeiten wie Macht und Unterwerfung, Vertrauen und Liebe ermöglichen. Im Folgenden sollen einige solcher Spielformen exemplarisch skizziert werden.

Standbild

Eine Situation, Personen, Gefühle oder Sachverhalte werden ohne Worte zu einem Standbild, einem »Denk-Mal« gestaltet oder mimisch nachgestaltet.

Ablauf:
1. Die Gruppe wählt einen »Erbauer«.
2. Der Erbauer des Standbildes baut mit den ausgewählten / zugewiesenen Mitspielern ein »Denkmal« zu einem Text, einem Bild oder einem Begriff Schritt für Schritt auf, indem er die Haltung der Mitspieler so lange mit seinen Händen formt, bis sie die richtige Position eingenommen haben (Beispiel: »Jesus und die Ehebrecherin«). Während der »Bauphase« wird nicht gesprochen, die Mitspieler verhalten sich völlig passiv.
3. Wenn das Standbild fertig ist, erstarren alle Mitspieler für eine kurze Zeit (»Einfrieren«). Die Mitspieler haben nun Zeit, sich in ihre Rolle einzufühlen, die Beobachter betrachten das Bild von außen.
4. Das Bild wird beschrieben und interpretiert, und zwar sowohl von den Mitspielern als auch von den Beobachtern und vom Erbauer selbst.
5. Unter Umständen kann das Standbild nun verändert und neu erbaut werden.

Ergänzung / Erweiterung: Einzelne Beobachter treten in das Bild und stellen sich zu einer Figur. Sie erzählen nun von den Gefühlen oder Gedanken dieser Person.

Pantomime

Zur bloßen Gestik und Mimik tritt in dieser Spielform nun die Bewegung als Ausdrucksmittel hinzu.
1. In Kleingruppen überlegen die Schülerinnen und Schüler, wie sie den vorgegebenen Text, Sachverhalt usw. pantomimisch umsetzen wollen (Beispiel: »Die Verleugnung des Petrus«). Mit Ausnahme des gesprochenen Worts stehen ihnen dabei alle Ausdrucksmittel einschließlich Raum und Requisiten zur Verfügung. Die Schülerinnen und Schüler erarbeiten aus der Aufgabenstellung Handlungsverlauf, Personenanzahl, Kulissen und Requisiten und fixieren ihre Ergebnisse in schriftlicher Form. Dabei achten sie insbesondere auf die »Innenwelt« der dargestellten Personen, auf ihre Gefühle, Gedanken, Haltungen.
2. Jedes Gruppenmitglied sucht sich eine Rolle aus. Wenn eine Rolle nicht besetzt wird, muss überlegt werden, wie die Pantomime ohne diese Figur gespielt werden kann.
3. Jede/r nimmt sich nun für sich selbst noch einmal etwas Zeit, über die von ihr / ihm gewählte Person nachzudenken; sie / er überlegt, mit welchen Bewegungen die Person und ihre Gefühle am besten darzustellen sind, und probiert es »am eigenen Leib« aus.
4. Gemeinsame Probe mit Korrekturen und Hilfestellungen innerhalb der Gruppe
5. Aufführung der Pantomime

6. Nach jedem Spiel eine Reflexion im Plenum: Die Zuschauer beschreiben, was sie gesehen und gefühlt haben.
7. Danach berichten die Spieler/innen über das, was sie im Spiel erlebt und gefühlt haben.

Erweiterung / Vertiefung: Wenn alle Gruppen ihre Geschichte gespielt haben, kann jeder Spieler noch einmal die Geschichte in der Ich-Form und aus seinem Blickwinkel nacherzählen.

Rollenspiel

Beim Rollenspiel handelt es sich nicht einfach um die szenische Vollform des Theaterspiels, sondern um die komplexe Reflexion auf Ursachen und Wirkungen eigener und fremder Verhaltensweisen. Insofern hat das Rollenspiel Modellcharakter, da die bearbeitete Szene Sachverhalte verallgemeinert, die in der Auswertung auf die eigene Lebenswirklichkeit übertragen werden können.[8]

Ablauf:

1. Exposition: Der Spielanlass wird vorgestellt: eine bestimmte Entscheidungs-, Personen- oder Problemkonstellation, die sowohl dem biblischen Befund (Beispiel: »Apostelkonzil«) entstammen kann wie dem Alltagsleben der Schülerinnen und Schüler.
2. Die Gruppe diskutiert den skizzierten Spielanlass und sammelt gemeinsam Ideen zur Darstellung dieses Anlasses, aber auch für die weiterführenden Lösungsmöglichkeiten
3. Jeder aus der Gruppe schlüpft nun in die Rolle eines der Beteiligten. Jeder Einzelne überlegt zunächst einige Zeit für sich selbst, wie er sich in der dargestellten Situation verhalten könnte.
4. Die Gruppe spielt die Szene durch.
5. Jede Gruppe spielt nun ihre Szene der Klasse vor. Die dargestellten Lösungsansätze werden diskutiert und unter Umständen gesichert.
6. Alle gespielten Ansätze werden im Plenum noch einmal reflektiert.

Erweiterung / Vertiefung: Jede einzelne Schülerin versetzt sich noch einmal in ihre Rolle und berichtet in einer kurzen Ich-Erzählung über den Spielanlass und seinen Ausgang.

Die hier vorgestellten Spielformen können jede für sich und isoliert im Unterricht fruchtbar gemacht werden; sie könnten aber auch im Sinne eines sukzessiven und kontinuierlichen Aufbaus der Methodenkompetenz systematisch in die Unterrichtsplanung aufgenommen werden. Hierzu könnten die dargestellten Formen ergänzt werden durch weitere Ausdrucksformen wie Bewegungsübungen, Monologe, Dialoge oder Tanz.

→ *Biblische Themen,* → *Ganzheitlichkeit,* → *Gestaltpädagogik,* → *Methoden*

8 Vgl. hierzu Ludwig Rendle u. a., Ganzheitliche Methoden im Religionsunterricht. Ein Praxisbuch. München, 4. Aufl. 2000, S. 150f.

Zur Diskussion gestellt

- Beschäftigen Sie sich in der Gruppe mit Lk 19,1–10 (Jesus und der Zöllner Zachäus):
  – Lesen Sie den Text mehrmals aufmerksam.
  – Erarbeiten Sie den Handlungsablauf der Erzählung und gliedern Sie sie in Einzelszenen. Suchen Sie sich Rollen aus (Personen oder Gegenstände) und spielen Sie – durchaus auch in unterschiedlichen Spielformen – Einzelszenen.
  – Reflektieren Sie die Spielerlebnisse. Weiterführende Impulse können sein: Möchte ich auf den Baum steigen? Will ich selbst Baum für andere sein? Wie geht es dem Zachäus in seiner Kleinheit, wie den Umstehenden? Kann ich die Haltung Jesu nachahmen? Welche neuen Zugänge erhielt ich durch das Spiel zum Bibeltext?

Literaturempfehlung

Heiner Aldebert, Spielend Gott kennenlernen. Bibliodrama in religionspädagogischer Perspektive. Hamburg 2001. – Elisabeth Naurath / Uta Pohl-Patalong (Hg.), Bibliodrama. Theorie, Praxis, Reflexion. Stuttgart 2002. – Roger Schaller, Das große Rollenspiel-Buch. Grundtechniken, Anwendungsformen, Praxisbeispiele. Weinheim / Basel 2001. – Ingo Scheller, Szenisches Spiel. Handbuch für die pädagogische Praxis. Berlin 1998.

Ulrich Baader / Georg Gnandt

Bilder

»Bilder ... auswählen. Wir wollen die vielen schönen Bilder erdenken, achten, auferwecken, die Gott, die Natur und die Menschheit uns zur Verfügung stellen.«[1]

Das Bild hat neben dem gesprochenen und geschriebenen Wort in der kirchlichen Verkündigung schon immer einen besonderen Stellenwert gehabt. Ging es früher um die konkrete Veranschaulichung des Gehörten, so lässt die häufig abstrakte Kunst der Moderne eigene Interpretationen sowie mehr Raum für die individuelle Sichtweise zu. Das Gleiche gilt auch für den Einsatz von Bildern im Religionsunterricht: Neben bekannten Bildern alter Meister können jüngere Künstlerinnen und Künstler herangezogen werden, die dem Betrachter die Möglichkeit eröffnen, seinem Vorverständnis entsprechend Deutungen, aber auch Fragen an das Bild herantragen.

Zwei Probleme sieht *Franz W. Niehl*, wenn im Religionsunterricht mit Bildern gearbeitet wird:[2] Zum einen fehlt den allermeisten Religionslehrer/innen eine sachgemäße kunstpädagogische Ausbildung, die es ihnen ermöglichen würde, mit einer gewissen Souveränität und Leichtigkeit den Schülern einen Zugang zu Bildern zu ermöglichen; d. h., die Religionspädagogen müssen sich erst selbst einen solchen erarbeiten. Dabei kommt ihnen mitunter zugute, dass sie zwar nicht so sehr mit der Kunst des 20. Jahrhunderts, wohl aber mit den traditionellen Bildwelten aufgewachsen und vertraut sind, wie z. B. Leonardos Abendmahl, der Pietà Michelangelos, der Sixtinischen Madonna, Grünewalds Isenheimer Altar und den Passionsfiguren Riemenschneiders.

Ein weiteres Problem besteht für Niehl darin, dass ein Großteil der Schülerinnen und Schüler weder mit der traditionellen noch mit der neueren biblischen Bildwelt vertraut ist; dies hängt seiner Meinung nach u. a. damit zusammen, dass heutige Schüler in einer »kulturell abgemagerten Kirche« (er meint im Unterschied dazu z. B. die reichlich ausgestatteten Barockkirchen) aufgewachsen sind. Als Konsequenz schlägt er zwei grundverschiedene Zugänge vor: einmal den »Dialog zwischen Betrachter und Bild, d. h. die bildimmanente Interpretation« und zum andern die »kontextuelle Bildauslegung, d. h. jene Auslegungsansätze, für die man Informationen braucht, die dem Bild selbst nicht entnommen werden können«.[3]

Aus diesen beiden Ansätzen leitet er insgesamt 32 Methoden der Arbeit mit Bildern ab. Grundsätzlich gilt, was *Herbert Fendrich* als eine von fünf Thesen zur Frage »Wozu sind Bilder gut?« formuliert hat:

»Die ... Mehrdeutigkeit des Bildes ist ... eine hervorzuhebende Qualität. ... Die in der Polyperspektivität angelegte immanente kritische Funktion von Kunst ist auch für ihre Rolle als Glaubenssprache von besonderer Bedeutung: Sie bricht fixierte Glaubensvorstellungen auf und betont die letztliche Unverfügbarkeit und Unbegreif-

---

1 Pedro Casaldáliga, Bischof in Brasilien, in: Jürgen Manemann (Hg.), Befristete Zeit. Jahrbuch Politische Theologie. Münster 1999.

2 Vgl. Franz W. Niehl / Arthur Thömmes, 212 Methoden für den Religionsunterricht. München, 4. Aufl. 2000, S. 13–45.

3 Franz W. Niehl, a. a. O., S. 14.

barkeit der Wirklichkeit Gottes. Im Paradox: Das Bild verhilft dazu, sich kein Bildnis zu machen.«[4]

Ein Bild kann also insofern über einen Text hinausreichen, als es »zeitlich aufeinander folgende Vorgänge gleichzeitig darstellen und damit Zusammenhänge schaffen (kann), die sprachlich nur in einem Nacheinander möglich sind«[5]. Die Formen und Farben eines Bildes sprechen ihre eigene Sprache, und verbale Begriffe können dabei allenfalls subsidiäre Funktion haben. Jedes Bild macht seine je eigene Aussage und darf deshalb nicht reduziert und funktionalisiert werden als »willkommener Methodenwechsel in einem vertexteten Religionsunterricht«.[6]

Um dem Bild und seinem Betrachter gerecht werden zu können, muss Erschließung mehr bedeuten als nur die verbale Formulierung dessen, was optisch wahrgenommen wird.

Einen interessanten Weg geht dabei *Hans Schmid* in seinem »Grundmodell des Umgangs mit Bildern im Religionsunterricht«, wenn er in neun Schritten behutsam eine Annäherung an das Bild versucht: »Erstbegegnung – Stilles Betrachten – Immanente Beschreibung – Kontextuelle Betrachtung – Deutung des Bildgehaltes – Bildbegegnung / Interaktion zwischen Betrachter und Bild – Sicherung / Vertiefung – Ausdruck / Gestaltung – Ausklang«.[7] Ganz im Sinne der gezielten Verlangsamung und Entschleunigung bei bestimmten Lernprozessen ist es eine Grundvoraussetzung, dass genügend Zeit für diesen Prozess vorgesehen wird. Auch bei der Gestaltung des Raumes muss dafür Sorge getragen werden, dass nicht andere optische Reize die Begegnung mit dem zentralen Bild behindern.

Eindrucksvoll sind dabei vor allem die Möglichkeiten, die der vorletzte Schritt »Ausdruck / Gestaltung« bietet: Während das »Kreative Schreiben« und »Abmalen bzw. Abzeichnen des Bildes« geläufig sind, ist die »Meditative Gestaltung einer Umrisszeichnung« eine erfahrungsintensive und wohl eher selten praktizierte Methode. Auf diese Weise kann der Betrachter motorisch zutage bringen, was er bis dahin kognitiv erfahren und emotional durchlebt und verarbeitet hat. Aus dem betrachteten Bild wird so das Bild jedes einzelnen Betrachters.[8]

Eine Konkretisierung der Erschließung am Beispiel verschiedener Bildarten nehmen *Ludwig Rendle* u. a. vor:[9] Dass »Richtungsimpulse« ein entscheidender Verstehensimpuls sein können, wird in einem Bildvergleich am Beispiel einer Grablegungs-, Auferstehungs- und Himmelfahrtsdarstellung deutlich. Elementare Hinweise auf Formen und Linienführung, Achsen und Bewegungen sind hierbei für den Verstehensprozess entscheidend.

Sehr eindrucksvoll macht schließlich *Helmut Kurz* in seinem Methodenbuch seine Ideen an konkreten Beispielen fest[10]: Eine Bildbegegnung und einen Bildvergleich demonstriert er anhand zweier verschiedener Bilder mit dem Motiv der Mantel-

4 Herbert Fendrich, Wozu sind Bilder gut? In: Katechetische Blätter 1991, S. 123ff.

5 Ludwig Rendle u. a., Ganzheitliche Methoden im Religionsunterricht. Ein Praxisbuch. München, 4. Aufl. 2000, S. 211.

6 Ludwig Rendle u. a., a. a. O., S. 212.

7 Hans Schmid, Die Kunst des Unterrichtens. München, 2. Aufl. 2001, S. 216f.

8 Eine interessante Variante findet sich a. a. O., S. 218.

9 A. a. O., S. 212ff.

10 Helmut Kurz, Methoden des Religionsunterrichts. Arbeitsformen und Beispiele. München, 4. Aufl. 1998, S. 78–93.

teilung St. Martins. Sehr hilfreich sind Hinweise wie z. B. auf ein vorstrukturiertes Rasterblatt als Erschließungshilfe für komplexe Kunstwerke (z. B. Chagall). Und im Sinne der Ganzheitlichkeit wird an einem weiteren Beispiel gezeigt, wie mit Hilfe eines Bildes Schüler/innen oder andere Gruppen, indem sie ein »lebendiges Bild« (dar-)stellen, zur Interaktion angeregt werden können.

Abschließend: »Das Wesen des Bildes ist, nicht abzubilden, sondern sichtbar zu machen, was ohne dieses Bild nicht sichtbar wäre.«[11]

→ *Fächerverbindender Unterricht,* → *Ganzheitlichkeit,* → *Karikaturen,* → *Symboldidaktik*

Zur Diskussion gestellt

- An welche religiösen Bilder aus Ihrer Kindheit und Jugendzeit – sei es im Elternhaus oder in der Kirche Ihrer Heimatgemeinde – können Sie sich noch erinnern? Welchen Stellenwert haben sie in Ihrer Erinnerung?
- Welche Bilder von Besuchen in Kunstausstellungen, Galerien und Kunstreisen sind Ihnen besonders präsent, welche Erinnerungen verbinden Sie damit? Tauschen Sie sich mit Ihren Kolleginnen und Kollegen aus.
- Welche Bilder rühren Sie besonders an? In welchen Situationen haben Sie zu ihnen einen besonderen Zugang?
- Welche Kunstwerke empfinden Sie als intellektuelle Herausforderung? Begründen Sie Ihre Auswahl.

Literaturempfehlung

Albert Biesinger / Gerhard Braun, Gott in Farben sehen. München, 2. Aufl. 1995. – Rita Burrichter, Bildwelten erschließen – Bilderfahrungen machen. Aspekte einer Bilddidaktik im Kontext des Religionsunterrichts. In: Jahrbuch der Religionspädagogik 18 (2002), S. 144–156. – Dies. (Hg.), Bilder im Religionsunterricht. Im Blickpunkt 17. Münster (Comenius-Institut) 2000. – Margarete Luise Goecke-Seischab, Von Klee bis Chagall. München / Stuttgart 1994. – Georg Hilger u. a., Bilder der Kunst für den Religionsunterricht. München 2000 (Foliensatz). – Helmuth Kern u. a., Die Welt der Bilder. Eine Reise ins Unbekannte. Schülerheft und Kommentarband. Leipzig 2001 / 2002. – Günter Lange, Bilder zum Glauben. München 2002.

Anton Binder

11 Die Theologin und Kunsthistorikerin Monika Leisch-Kiesl bei einem Vortrag im Rahmen des interdisziplinären Symposiums der Kath. Akademie in Stuttgart-Hohenheim mit dem Thema »Mysterium der Spekulation?! Gibt es eine (un)christliche Kunst?« In: Christ in der Gegenwart 1998, S. 380.

Computer

»Untergang der Lernkultur« oder »Schöne neue Medienpädagogik«?

Wir leben in einer zunehmend digitalen Welt.[1] Schule ist eine gesellschaftliche Institution, welche sich immer wieder und oft durchaus erfolgreich dem allzu hektischen Zeitgeist widersetzt. Diese gesunde Trägheit hat Vorteile, zumal heute auch die Halbwertzeit des Wissens immer kürzer wird. Wenn es allerdings um Entwicklungen geht, die die Lebenswelt und das menschliche Selbstverständnis der künftigen Generationen ganz entscheidend verändern, dann ist Nach- und Vorausdenken gefragt. Privat- und Berufsleben, Wirtschaft, Medizin und Verkehr, Sexualität und Religion, fast alle Lebensbereiche des modernen Menschen werden von Computertechnologie tangiert. Damit gewinnt die Frage nach dem Verhältnis von Mensch und Maschine eine neue Dimension. Informationstechnologie wird somit nicht nur Medium, ihre Chancen und Risiken werden vielmehr ein wichtiger Inhalt des Religionsunterrichts sein. Die Schule hat lange ignoriert, dass es neben Sprechen, Lesen, Schreiben und Rechnen neue Kulturtechniken gibt. So gehört das Verarbeiten der Film- und Bild-Informationen immer noch zu den dunkelsten medienpädagogischen Feldern unserer schulischen Bildung. Was aber die Themen »Computer« und »Internet« betrifft: Diese Entwicklungen verändern das Bildungswesen – mit den Schulen oder eben an manchen Schulen, Fächern, Kolleginnen und Kollegen vorbei. Hier fährt sozusagen ein D-Zug auf pädagogischen Gleisen. Auch wir Religionspädagogen sollten die Möglichkeit nutzen, zuzusteigen, bevor der Zug uns von hinten überrollt. Es muss ja nicht gleich das Führerhaus sein, es würde schon genügen, wenn wir als kritische, vielleicht auch faszinierte Beobachter mitfahren könnten.

Das Thema »elektronische Medien« ist durch Polarisierungen geprägt. Was sich in Statussymbolen von Handy bis Laptop zeigt, verschärft soziale Unterschiede, weltweit und zwischen Alt und Jung. Einerseits steht in fast jedem deutschen Privathaushalt ein PC, der Großteil in den Kinder- und Jugendzimmern. Andererseits haben viele Kolleginnen und Kollegen Probleme mit multimedialer Arbeit und Vorbehalte gegen elektronische Medien. Hier spiegelt sich die Schulwirklichkeit. Diese ist häufig eine Folge der langen, gerade von Lehrerinnen und Lehrern sehr emotional geführten Diskussion um das alte Thema Mensch und Technik. Die einen befürchten, wie schon bei der Einführung des Mediums Film, wieder einmal den Untergang von Menschlichkeit, Kultur und Pädagogik. Die anderen vergessen bei aller Faszination der neuen Möglichkeiten von Materialbeschaffung die didaktische Umsetzung und Konzentration.

Ganz gleich, wo man steht, wir Lehrerinnen und Lehrer werden uns intensiver mit dem Thema beschäftigen müssen. Hier können wir auch – ein nicht zu unterschätzender Aspekt – von und mit Schülerinnen und Schülern lernen, gezielt eine neue, kommunikativere und ehrlichere Lehrerrolle einüben. Die Bedeutung der elektronischen Medien für künftiges Leben und künftiges Lernen steht außer Frage. Gefragt ist eine bewusste, aktive medien- und religionspädagogische Deutung.

---

1 Links und Anmerkungen sowie weitere Impulse, Unterrichtsbeispiele und Adressen zum Thema »Neue Medien, Pädagogik und RU« finden Sie unter: *www.irp-freiburg.de*, Schulart »Gymnasium«, Stichwort »Medien« / »Artikel«.

»Schlüsselqualifikationen« und Bildungsziele im Religionsunterricht

Religionslehrer/innen stehen vor der Frage, ob sie den gesellschaftlichen Wandel, der sich abzeichnet, aktiv mitgestalten wollen und können. Neben den Inhalten, die das Profil des Religionsunterrichts ausmachen, müssen wir sondieren, wo und inwieweit wir im Hinblick auf die zunehmend gefragten *Schlüsselqualifikationen* oder besser im Hinblick auf methodische *Kompetenzen* einen spezifisch religionspädagogischen Beitrag leisten können. Es geht nicht darum, Bildung auf Ausbildung zu reduzieren oder Handlanger der Wirtschaft zu werden. Bei der Zielformulierung im Bereich der Medienpädagogik sollten wir aber ebenso mitreden wie bei der Definition der allseits geforderten, gern ökonomisch funktionalisierten »Sozialkompetenz«, wobei beide Themen durchaus miteinander zu tun haben.

Ein menschlich-sensibler, bewusster, verantwortlicher und kritischer Umgang mit neuer Technik kann reflektiert und eingeübt werden. Informationsflut, formaler Perfektionismus, Machbarkeits- und Größenwahn, Polarisierung und Suchtpotenzial, dies sind nur einige Phänomene, die zum Thema werden. Gibt es eine Rückwirkung der Computertechnik, etwa der Textverarbeitung, auf Sprache und Denken des Anwenders? Befördert diese Technik menschliche Kreativität und Kommunikation oder nur Funktionalismus und Kapitalismus? Wo bleiben Leiblichkeit und Ganzheitlichkeit des Menschen? Wo bleibt mein Körper bei technisch vermittelter Kommunikation? Was geschieht hier mit meiner Sexualität, was mit der Sexualität anderer Menschen? Wie wirkt sich die technische Modellierung der Kommunikation auf den Inhalt aus? Was ist eigentlich »das Netz« und warum gibt es derart viele religiöse Bezüge im Internet? Einige dieser Fragen sollten im Unterricht bei passender Gelegenheit zur Sprache kommen. Jede sollte dem Religionslehrer zumindest bewusst sein, will er den christlichen Glauben noch im Leben der Schülerinnen und Schüler verorten.

»Vom passiven Informationskonsum zur interaktiv – verantwortlichen Kommunikation« könnte eine zentrale handlungsorientierte Zielformulierung heißen. Sie entspricht christlichen Glaubensinhalten, indem sie den positiven Möglichkeiten der neuen Medien gerecht wird, ohne deren Ambivalenz aus den Augen zu verlieren.

Religionspädagogische Be-Deutung: Mensch und Maschine

Bei diesem Thema geht es also nicht nur und auch nicht zuerst um neue elektronische Medien zur besseren Vermittlung religionspädagogischer Inhalte. Wir sollten uns hüten, in gewohnter Manier zu schnell und naiv nur nach neuen medientechnischen und didaktischen Möglichkeiten zu fragen. Viele Inhalte des Religionsunterrichts lassen sich ohnehin weit besser mit anderen – oder ohne Medien – vermitteln. Worum es uns zuerst gehen muss, das ist die religionspädagogische Be-Deutung der neuen Medien-Wirklichkeiten auf dem Hintergrund des biblisch-christlichen Menschen- und Weltbildes. Die Beschäftigung mit diesem Thema könnte ein spezifisch religionspädagogischer Beitrag zur fächerübergreifenden Medienpädagogik sein. Religionspädagoginnen stellen jenseits von technischen Details und didaktischen Einzelheiten zuerst die grundsätzliche Frage nach dem Menschen in unserer technisierten Welt.

Christlicher Maßstab Mensch

Anthropologische Konsequenz biblisch-christlicher Theologie, der Grundbotschaft von *Jahwe*, dem menschlich-gegenwärtigen Gott, ist der Entwurf des Menschen auf Gegenwart hin – *Gegenwart*, verstanden im engen zeitlichen wie im historisch-politischen Sinne, als das bewusste *In-der-Welt-Sein* als echtes *InterEsse*, Gegenwart verstanden im Beziehungsaspekt des zwischenmenschlichen *Augen-Blicks*. Langfristiger Gestaltungsmaßstab jeder Pädagogik, mithin auch der Religions- wie der Medienpädagogik, und jeder Kommunikation ist echte, gegenwärtige und personale menschliche Begegnung wie Beziehung, in der der Gesprächspartner zum Bild und zur Aufgabe Gottes wird. Wer im pädagogischen Alltagsgeschäft die Faszination des menschlichen Gegenübers, der »menschlichen Gegenwart« nicht aus den Augen verliert, die Faszination, welche besonders in der Begegnung mit Kindern und jungen Menschen offenkundig wird, weiß, was den »Pädagogischen Augen-Blick« ausmacht. Jenseits aller Diskussionen um Schulstress, Lehrpläne, Leistungsmessung oder Lerngruppengröße gilt: Wer immer wieder mit Staunen die Entwicklung einzelner Schülerinnen und Schüler in den Blick nimmt, wer sich gegenwärtig ansprechen lässt und ansprechend unterrichtet, wird nie der Gefahr erliegen, den menschlichen pädagogischen Prozess dem Einsatz noch so neuer und faszinierender Medien unterzuordnen. Was für Eltern und Grundschullehrer selbstverständlich ist, was wir in gymnasialer Konzentration auf Fachinhalte gelegentlich vergessen, das wird in der heutigen medienpädagogischen Situation zum zentralen Anliegen: der Blick auf den Menschen und die Wahrnehmung des Menschen.

Die Menge des jederzeit durch elektronische Medien verfügbaren Wissens steigt. Nicht alles, genauer: viel weniger muss künftig in der Schule »angelernt« werden. Damit entstehen Freiräume, auch im Religionsunterricht, für die wirklichen pädagogischen Fragen, für Erziehung, für das Thematisieren von Haltungen und Einstellungen. Diese Freiräume sollten wir nutzen, um auch die Frage nach dem neuen Verhältnis von Mensch zu Mensch, von Mensch zum Medium, von Mensch und Maschine in den Blick zu nehmen. Schülerinnen und Schüler können sensibilisiert werden für den medialen Charakter von Computertechnik. Sie nehmen den Programmierer, seine Interessen und Vorgaben oft ebenso wenig wahr wie den Menschen hinter dem Internet-Angebot. Sie reflektieren weder die mediale Veränderung der Kommunikation noch andere Wechselwirkungen.

Der Mensch ist im christlichen Verständnis Ebenbild Gottes, des Jahwe-Gottes. In seiner »menschlichen« Gegenwart und Beziehungsfähigkeit hat Jesus Christus dieses anthropologische Potenzial vorgelebt, somit das auch pädagogische Ideal einer »einfühlend-ansprechenden« Verkündigung vorgegeben. Der Mensch ist aber auch Ebenbild des Schöpfers, verantwortlicher Mitschöpfer. Inwieweit unser Bildungssystem, unsere Schule, Jugendliche in diesem, ihrem aktiven schöpferischen Subjekt-Sein fördert, ernst nimmt, ernst genommen hat, das sei erst einmal dahingestellt. Aktion und Handlung waren lange allenfalls Fernziele schulischen Lernens, der eher rezeptiven Aneignung von Wissen, mit entsprechender »Leistungs«-Messung hintangestellt. Dieses Lernen wie das Denken spiegelte die Kultur des Buches, in welchem über Jahrhunderte linear-kausales Wissen tradiert und weitergegeben wurde, oft objektiviert und losgelöst von Erfahrungs- und Beziehungsräumen. Lehrpläne und manche Schulbücher reduzierten zudem komplexe Zusammenhänge auf kleine, dem Schutzraum Schule und Entwicklungsstand der Schülerinnen und Schüler scheinbar angemessene, nach Fächern getrennte »Portionen«.

Die kritisch überzeichnete Betrachtung von Schule und Universität soll bewusst jenen Medienkritikern entgegengestellt werden, die pauschal den Untergang abendländischer Lernkultur und Kulturtechniken in der medialen Spaßgesellschaft vorhersagen.[2] Elektronische Medien sind natürlich keine pädagogischen oder sonstigen Allheilmittel. Aber: Für die Schule, für handlungsorientiertes Lernen bietet der Computer neue, ungeahnte pädagogische *Spiel- und Gestaltungsräume*. Nicht umsonst war etwa das Internet von Anfang an ein Wissenschaftsmedium. Es wird gegen alles hierarchische Beharrungsvermögen, gegen bildungsbürgerliche Vorbehalte und monopolistische Wirtschaftsinteressen das Bildungsmedium der Zukunft sein, von der Veränderung durch hypertextuelle Denk- und Arbeitsweisen ganz zu schweigen. Dass andere Kanäle des gleichen Mediums mittlerweile auch der multimedialen Befriedigung sozio-emotionaler Bedürfnisse dienen, tut dem keinen Abbruch, muss aber wohl unterschieden und bedacht werden. Wir reden hier nicht von (religions-)pädagogischen Spielwiesen fernab von der Wirklichkeit unserer Schülerinnen und Schüler. Chat- und andere virtuelle Räume sind keine schultechnischen Konstruktionen, pädagogische Modeerscheinungen wie etwa die Sprachlabors der 70er Jahre. Schon in jungen Jahren sehen Schülerinnen und Schüler in Medienwelten Erfahrungsräume, in denen sich so mancher Junge, so manches Mädchen spielerisch in die Geschlechts- und in andere Rollen einübt. Sich selbst spüren und erfahren, das wollen sie im ständigen Kontakt mit Freunden, durch Telefon, SMS, E-Mail, Internet. Bei der »Unterhaltung« durch Computerspiel und Chat geht es darum, sich selbst zu definieren, sich seiner selbst zu vergewissern, Grenzen auszuloten. Bei diesem Umgang mit Technik offenbaren sich häufig eine Fähigkeit zur Konzentration und eine Frustrationstoleranz, welche gerade auch naturwissenschaftliche Kolleginnen und Kollegen der heutigen Schülergeneration eigentlich absprechen.

Der Schritt vom passiven Informationskonsum zur interaktiv-verantwortlichen Gestaltung und Kommunikation ist bei alldem allerdings weder einfach noch selbstverständlich. Wenn wir einen größeren Teil des Lernprozesses, insbesondere der Leistungsmessung, auf den aktiven und kreativen Umgang mit dem Lernstoff und auf die Präsentation verlagern, wie dies mit dem erweiterten Lernbegriff der Lehrpläne gefordert und durch neue interaktive Medien gefördert wird, verliert unsere Bildung keinesfalls an Qualität. Sie gewinnt vielmehr Tiefe, Praxis und Lebensbezug. Die Gestaltung einer eigenen (Projekt-)Homepage, die Erarbeitung einer Seite in einem digitalen Religionsbuch[3] oder die digitale Verarbeitung und Präsentation des Gelernten für die neue Abiturprüfung sind richtige Schritte auf diesem Weg.

Ganzheitlichkeit und Medienpädagogik?

Nach dieser Andeutung der pädagogischen Chancen neuer Medien sollte nun auch die Medienkritik zu Wort kommen. Unbestritten ist der Mensch in seiner Personalität und leib-seelischen Ganzheit durch moderne Technik vielfach gefährdet und in Frage

2 Vgl. etwa Clifford Stoll, Logout – Warum Computer nichts im Klassenzimmer zu suchen haben. Frankfurt / M. 2001.

3 Vgl. zu dieser Idee: *www.religionsbuch.at*.

gestellt. Nicht nur in der Gentechnik und Biomedizin stellen sich mittlerweile grundsätzliche anthropologische Fragen. Natürlich spiegelt auch die »schöne neue Medienwelt« die Strukturen unserer von der Ökonomie geprägten gesellschaftlichen Realität und Funktionalität. Indem wir unser Denken technisch »hochtakten«, unseren »Speicher« um das Vielfache erhöhen, verlieren wir unsere leib-seelische Ganzheit schließlich völlig aus dem Blick. Wenn ergraute Philosophen und Theologen ihr Leiden an begrenzter Körperlichkeit aufarbeiten, so nimmt das nicht wunder. Wenn aber junge Menschen der »Generation@« ihre Sexualität vollständig in den virtuellen Raum verlegen wollen, ihren Körper in jeder Hinsicht als Hindernis betrachten, welches sie in ihrer virtuellen Erfahrung einschränkt, dann ist Staunen angesagt. Was ist der Mensch und was ist »die« »menschliche« »Wirklichkeit«? Das sind die Fragen für den Religionsunterricht. Erfülltes Leben – und das heißt nach christlichem Verständnis auch echte »menschliche« Beziehung und Kommunikation – sind nicht allein auf technischem Wege zu verwirklichen. Das bedeutet: »Menschliches« Lernen darf nicht auf die Ebene der medialen Vermittlung reduziert werden.

Echte »Erfahrung«, wirkliches Begreifen ist mehr, und dies gilt es erfahrbar und bewusst zu machen. Für den Anfang würde es genügen, jeder computertechnisch gestalteten Unterrichtsstunde eine auf Ganzheitlichkeit angelegte Schulstunde gegenüberzustellen. Wenn ich mit Schülerinnen und Schülern ihre acht Pfarrgemeinden im Netz »aufsuche«, dann liegt es nahe, den Pfarrer via E-Mail in den Unterricht einzuladen. Wenn ich im Computerraum medienkritisch über die Symbolik der Windows-Oberfläche reflektiere, dann lasse ich meine Schülerinnen und Schüler den realen Himmel nachher / vorher im Freien abzeichnen und zwar den gesamten Himmel, was entsprechende Fragen an dieses Symbol impliziert. Der virtuelle Horizont im virtuellen »Fenster«, welchen mir die Soft- und Hardwareproduzenten eröffnen, ist faszinierend, bleibt aber nur ein »Himmel aus zweiter Hand«. Das »Menü«, welches uns so manche Software-Oberfläche bietet, macht den Menschen letztlich nicht satt. Nur wenn wir den Menschen in Schule und Kirche wirklich menschlich-sinnliche Erfahrungen, Gegenwart und Begegnung ermöglichen, können wir verhindern, dass sie auswandern, aus unseren Kirchen, aus ihren Beziehungen, aus ihrem Körper, in das »virtuelle Exil«. Dem gilt es entgegenzuwirken, aber nicht im Sinne einer »Bewahrpädagogik«, die den Religionsunterricht zum medienfreien Raum erklärt. Religionspädagogen sollten gegenwärtig sein, im Raum der Schule und in der modernen Medienwelt. Sie sollten die Symbole moderner Kommunikation verstehen, sich in neue Kulturtechniken einüben, um die Schülerinnen und Schüler in ihrer Lebenswelt abzuholen und ein Stück weit begleiten zu können. Künftigen Generationen wird es zunehmend schwer fallen, Distanz zum Medium zu halten, Medienerfahrung wirklich zu reflektieren und zu relativieren. Wenn Mensch und Maschine zunehmend verschmelzen, haben wir hier ein neues zusätzliches Aufgabenfeld für Religionsunterricht und Kirche, damit die Maschinen menschlichen Bedürfnissen angepasst werden, nicht umgekehrt.

Praktische Hinweise

Was immer schon für den Umgang mit Filmen und anderen modernen Medien galt, gilt erst recht für den Computer: Das Medium mit all den multimedialen Varianten ist kompliziert. Man darf nicht einfach davon ausgehen, dass Schülerinnen und

Schüler »von Natur aus« richtig damit umgehen können. Eine einzelne Stunde macht da keinen Sinn. Zu viele technische Anfangsschwierigkeiten müssen noch bewältigt werden, solange es an der Schule kein durchgängiges mediendidaktisches und medienpädagogisches Konzept gibt.

Auf Seiten der Lehrkraft erfordert die Arbeit mit neuen Medien einen hohen Vorbereitungsaufwand. Es gilt, sich mit den technischen Gegebenheiten vor Ort vertraut zu machen, Möglichkeiten der Informationsrecherche, der multimedialen Informations- und Textverarbeitung und vor allem der Ergebnissicherung zu eruieren. Wer mit einer Klasse unvorbereitet in den Computerraum geht, wird sich schnell einer extremen Stresssituation ausgesetzt sehen.

Um beim Stundenende anzufangen: Die Ergebnissicherung scheitert häufig daran, dass Anweisungen nicht befolgt werden. Bei aller Prozessorientierung haben wir doch fachliche und medienpädagogische Lern- und Stundenziele im Hinterkopf. Schülerinnen und Schüler, die sich für Fachleute halten, technisch gesehen vielleicht auch wirklich welche sind, werden alles andere tun, jenseits der Hinweise und Arbeitsaufträge des Lehrers oder der Lehrerin. Andere werden ständig wegen technischer Probleme nachfragen. Dieser praktischen Konsequenz der offenkundigen Polarisierung lässt sich durchaus begegnen, etwa durch Partnerarbeit, wobei die »Fachfrau« und der »Fachmann« das Gerät natürlich selbst nicht berühren, sondern die Anfängerin und den Anfänger nur anleiten dürfen.

Im Medienraum ist strengste Disziplin notwendig. Es empfiehlt sich, schon in der Vorstunde, im Klassenzimmer die Regeln und die Arbeitsaufträge gemeinsam zu klären. Wer einmal versucht hat, bei laufenden Computern noch Arbeitsaufträge zu geben, weiß, was gemeint ist. Es wird schwer, die Aufmerksamkeit wieder vom Bildschirm wegzulenken. Mit dem Hauptschalter gelingt es nur scheinbar. Besser ist ein vereinbartes, immer gleiches akustisches Signal (Musik), das den Schülerinnen und Schülern Zeit lässt, den Stand ihrer Arbeit abzuspeichern und ihren Körper und ihre Konzentration wieder der Lehrkraft zuzuwenden. Hier ist Konditionierung sinnvoll.

→ Bildung, → Fächerverbindender Unterricht, → Ganzheitlichkeit, → Methoden, → Religiöses Lernen, → Sprache im Religionsunterricht

Zur Diskussion gestellt

- Überlegen Sie im Hinblick auf eine Unterrichtseinheit, an der Sie gerade arbeiten, welche Möglichkeiten eine oder mehrere Unterrichtsstunden im Computerraum bieten könnten. Worauf müsste man achten? Welche Vorbereitungen wären zu treffen?
- Stellen Sie sich eine Kollegin oder einen Kollegen vor, die sich aus ernst zu nehmenden religionspädagogischen Gründen dem Medium Computer grundsätzlich verweigern. Tragen Sie ihre Argumente zusammen. Machen Sie diese Argumente stark. Inszenieren Sie ein Streitgespräch.

Literaturempfehlung

Andreas Greis, Identität, Authentizität und Verantwortung. Die ethischen Herausforderungen der Kommunikation im Internet. München 2001. – Andreas Mertin, Internet im Religionsunterricht. Göttingen, 2., überarbeitete Aufl. 2001. – Clifford Stoll, Logout – Warum Computer nichts im Klassenzimmer zu suchen haben. Frankfurt / M. 2001.

Ralf Heinrich

Disziplinprobleme

Ein Fallbeispiel

Sobald der Lehrer die Klasse betreten und die Unterrichtsstunde angefangen hatte, vollzog sich mit unschöner Regelmäßigkeit ein beinahe zwangsläufiges Ritual: Der Lehrer begrüßte die Klasse und kaum dass der Unterricht beginnen konnte, fing in der letzten Reihe auch schon ein Schüler mit seinem Nachbarn halblaut zu schwatzen an. Anfangs ignorierte der neue Religionslehrer diese störende Intervention des Schülers, um nicht zusätzlich weitere (negative) Aufmerksamkeit auszulösen. Dann allerdings war es meist nur eine Frage der Zeit, bis an einer anderen Stelle im Klassenzimmer zwei weitere Schülerinnen zu schwatzen begannen. Jetzt überlegte sich der Kollege, ob er nicht doch auf einen der »Störenfriede« reagieren und das sozial unerwünschte Verhalten sanktionieren sollte oder ob er es weiter tapfer akustisch ignorieren wollte. Da er diese Religionsklasse neu übernommen hatte und man sich noch in einer Kennenlernphase befand, wollte er möglichst verständnisvoll mit seinen Schülerinnen und Schülern umgehen und auf gar keinen Fall in irgendeiner Form »überreagieren«. Mit zunehmender Dauer entschied er sich dafür, den schwatzenden Schüler anfangs noch sehr freundlich, in der Folgezeit dann immer ungehaltener zu ermahnen. Diese Vorhaltungen hielten den Schüler im Schnitt wenige Minuten vom Reden ab, bis sich dann das Eskalationsmuster von neuem abzuspulen begann. Eines Tages beschloss der Kollege, die Klassenlehrerin sowie zwei weitere Kollegen auf das inzwischen unerträglich gewordene Verhalten des besagten Schülers anzusprechen. Schließlich wurde eine kurzfristige Klassenkonferenz einberufen, um geeignete Sanktionsmaßmahmen zu ergreifen.

Dieses Fallbeispiel hat sich vor einigen Jahren zugetragen und dürfte in ähnlicher, zumindest aber vergleichbarer Art und Weise manchen Kolleginnen und Kollegen nicht ganz unbekannt vorkommen. Auf diesem Hintergrund ist es zunächst erstaunlich, dass das Thema »Disziplin- bzw. Verhaltensprobleme« in der religionspädagogischen Literatur nicht oder allenfalls am Rande vorkommt.[1] Dieser Befund ist um so verwunderlicher, da nicht wenige Kollegengespräche in der Schule genau um diesen Themenkomplex kreisen und auch engagierte Referendarinnen und Referendare im zweiten Ausbildungsjahr nicht selten mit der mangelnden Disziplin ihrer Religionsklassen schmerzliche Erfahrungen machen. Gerade auch wenn manche Störung im Unterricht wohl Folge eines bestimmten Rufs ist, den das Fach Religion genießt, lässt sich wohl in der Praxis durch einen entsprechend soliden und methodisch gut aufbereiteten Unterricht manches Verhalten auffangen.

---

1 In den einschlägigen religionspädagogischen Einführungen sucht man im Register die Stichworte »Disziplin«, »Verhaltensprobleme« zumeist vergeblich. Vgl. aber die Hinweise bei Helmut Anselm, Schülerbedingte Störungen im Religionsunterricht, in: Arbeitshilfen für den evangelischen Religionsunterricht an Gymnasien II / 1992, herausgegeben von der Gymnasialpädagogischen Materialstelle der Ev.-Luth. Kirche in Bayern.

Es kommt indes ein begriffliches Problem beim Reden über *Disziplinprobleme* hinzu. Wohl jeder Kollege kennt solche *disziplinbedingten Störungen* aus eigener Anschauung und assoziiert damit spezifische, in der eigenen beruflichen Biographie verortete Erfahrungen. Dies führt zu der Schwierigkeit, dass, wenn sich zwei über das scheinbar gleiche Thema unterhalten, noch nicht beide dasselbe meinen müssen. Über *Disziplin* (und *Disziplinprobleme*) reden bedeutet daher zwangsläufig mit einem wenig trennscharfen Begriff zu operieren, der vielen (negativen) Konnotationen Raum eröffnet. Gleichzeitig besteht Unklarheit darüber, bis wann ein Schülerverhalten als »diszipliniert« gelten darf und ab welchem Zeitpunkt es zu »disziplinieren« sei. Wenn also im Folgenden scheinbar selbstredend klar und eindeutig von *Disziplin* und *Disziplinproblemen* die Rede ist, dann geschieht dies in einem pragmatisch-konventionellen, das Einverständnis der Lesenden voraussetzenden Sinne.

Verhaltensprobleme – personenzentrierte und systemische Sichtweise

Die Unterbrechung des Unterrichtsgeschehens durch störende Schüleraktivitäten – wie in dem oben geschilderten Fall – lässt die Frage aufkommen: *Woran liegt es, dass dieser Schüler sich auch nach wiederholtem Konflikt nicht einzuordnen weiß?* In der Regel werden wir geneigt sein, Ursache und Auslöser für solch unerwünschtes Verhalten in der betreffenden Person selbst zu sehen: Der Schüler weiß sich nicht zu *beherrschen*, er verhält sich *respektlos* gegenüber dem Lehrer und ist trotz wiederholter Ermahnungen *uneinsichtig* und augenscheinlich *unfähig*, sein Verhalten anzupassen. Bei entsprechender Dauer und zunehmender Hartnäckigkeit der Unterrichtsstörung hat dieser Schüler alle »Chancen«, dass sein Problemverhalten chronifiziert und sozial als »verhaltensauffällig« etikettiert wird. Diese Sichtweise ist den meisten gut vertraut; es handelt sich hierbei um die Überzeugung, dass menschliches Verhalten am besten erläutert werden kann durch Introspektion, den Blick in den einzelnen Menschen hinein: Ursachen für ein bestimmtes defizitäres Verhalten sind in der Person zu suchen und diagnostisch aufzufinden. Diese Sichtweise mag im Einzelfall zutreffen und ihre evidente Berechtigung haben; sie entspricht auf der Interaktionsebene jedenfalls einer eher *personenzentrierten* Perspektive mit dem vorläufigen Ergebnis: *Es liegt am Schüler*.

Diese Deutung störender Schülerverhaltensweisen soll im Folgenden erweitert werden um eine *systemische*, d. h. den Kontext der Klasse und der in ihr stattfindenden Interaktionen mitreflektierenden Perspektive.[2] Angenommen, diese Religionsklasse hatte bislang einen Lehrer, der bei der Begrüßung seiner Schüler zunächst Raum für Schülergespräche gelassen und erst nach einer gewissen Zeit den Unterricht offiziell eröffnet hatte, dann könnte das scheinbar störende Schülerverhalten durchaus »Sinn« machen. Dieser schwatzende und den Unterricht störende Schüler würde sich nämlich an eine (zumindest implizite) Spielregel halten, dass am Stundenanfang mit dem Tischnachbarn noch gesprochen werden darf. Wenn man nun dieses *Disziplinproblem* deuten und verstehen möchte, dann lässt sich unschwer

2 Vgl. hierzu insbesondere Niklas Luhmann, Soziale Systeme – Grundriß einer allgemeinen Theorie. Frankfurt / M., 4. Aufl. 1994. – Frederic Vester, Die Kunst vernetzt zu denken. Ideen und Werkzeuge für einen neuen Umgang mit Komplexität. Stuttgart 1999.

erkennen, dass der Fokus der Aufmerksamkeit sich in dieser Sichtweise verlagert von den einzelnen beteiligten Personen (Lehrer – störender Schüler – Mitschüler) hin zum *Beziehungsmuster* zwischen den an der Interaktion beteiligten Personen. Selbst wenn der hier exemplarisch genannte Schüler nicht gestört hätte, wären möglicherweise andere an seine Stelle getreten und hätten an die frühere Spielregel (*Am Anfang einer Religionsstunde dürfen wir noch etwas miteinander reden.)* in ihrem (Problem-)Verhalten erinnert. Aus systemischer Perspektive kann man also schließen, dass das Verhalten des Schülers weniger – zumindest nicht notwendigerweise – Ausdruck von innerseelischen Prozessen und Befindlichkeiten ist, sondern mithin Konsequenz und Ergebnis bestehender sozialer Spielregeln innerhalb dieser Klasse. Gerade deshalb wird es in der pädagogischen Praxis umso wichtiger sein, soziale Spielregeln gemeinsam zu verabreden und bei entsprechenden Störungen auch konsequent zu reagieren und auf die Einhaltung der Regeln zu achten.

Im Übrigen ist auch noch darauf hinzuweisen, dass jedes als *Störung* definierte Verhalten immer das *Konstrukt* eines Beobachters bzw. Hörers ist. Was für den einen Kollegen ein Zeichen von Missachtung und auffälligem Schülerverhalten ist, könnte in der gleichen Situation für eine andere Kollegin Autonomiestreben und nachvollziehbares Aufbegehren eines Jugendlichen ausdrücken.[3] Das beobachtete Problemverhalten wird auch durch eine moralische Qualifizierung (sowohl in positiver als auch negativer Hinsicht) nicht *objektiver*. Insofern lässt sich auch schwerlich von *der* Disziplinstörung oder *dem* Verhaltensproblem in einem objektivierenden Sinne sprechen, sondern nur als *Beobachtung* eines subjektiv wahrnehmbaren und damit auch in seinen weiteren Konsequenzen veränderbaren Verhaltens. Beobachtungen sind somit Interpretationen, und diese können auch höchst unterschiedlich ausfallen. Die hier skizzierte systemische Perspektive sollte somit als zusätzliche Ressource neben einer stärker personenzentrierten Sichtweise verstanden werden. Sie stellt gleichsam eine Erweiterung eigener Handlungsmöglichkeiten dar.

Von »Disziplin-Problemen« zu konstruktiven »Verhaltens-Lösungen«

Wer ein Disziplinproblem *hat*, gleich ob als Lehrer oder als Schüler, hat scheinbar einen Mangel – woran auch immer. Lehrende, die keine oder nur unzureichende Disziplin herstellen können, haben ein elementares Defizit, das es auszugleichen gilt, vorhandene Lücken müssen aufgefüllt, mögliche Ursachen und Fehler erkannt und abgestellt werden. Eine solche lineare, nach Ursachen forschende Sicht muss Probleme ergründen und verstehen, um sie lösen zu können. Dabei erhöht allerdings die fokussierte Aufmerksamkeit auf das ausgemachte Problem das Risiko, das sozial nicht erwünschte Schülerverhalten mit der Schülerpersönlichkeit selbst zu verwechseln und damit Person und Verhalten in einer unguten Weise gleichzusetzen; ganz abgesehen davon, dass der »Expertenblick« für echte und vermeintliche Verhaltensdefizite die Konzentration auf das, was ja möglicherweise schon gut läuft, in den Hintergrund drängt. Gegenüber dieser defizitären Sicht von Problemen könn-

3 Vgl. hierzu Winfried Palmowski, System Schulklasse, in: System Schule – Zeitschrift für innovative Schulpraxis 1 / 1998, S. 4–8.

te man zumindest im Rahmen eines Gedankenexperiments ebenso gut vorhandene Handlungsoptionen, soziale Kompetenzen auf Schülerseite zu aktivieren suchen. Dabei geht es verständlicherweise nicht um Schönfärberei oder um schlichtes »positives Denken«, sondern darum, den Fokus der eigenen Aufmerksamkeit vom *Disziplin-Problem* zur *Verhaltens-Lösung* zu verändern, und gleichermaßen um die Herstellung erweiterter Handlungsmöglichkeiten für Schüler wie Lehrer. Mit einer solchen Haltung dürfte es vermutlich um einiges leichter fallen, wechselseitige sich selbst erfüllende Prophezeiungen hinsichtlich der festgestellten Disziplinlosigkeit als sich aufbauendes Beziehungsmuster zwischen Lehrer und Schüler zu unterbrechen.[4] In systemischer Sicht ist auch das störende Verhalten des Schülers nicht einfach eine negative Eigenschaft des Schülers, dem es an irgendetwas fehlt, sondern ein durch Kommunikation erzeugtes Problem. Nicht der Schüler *ist* möglicherweise undiszipliniert oder am Ende nach ausreichender Chronifizierung gar »verhaltensgestört«. Vielmehr zeigt und verhält sich der Schüler dem Lehrer gegenüber in einer Art und Weise, die dieser als unerwünscht (und insofern zu sanktionieren) und als veränderbar (!) beurteilt. Die Bewertung des Lehrers enthält die Aufforderung an den Schüler, sein Verhalten zu ändern, wobei kränkende oder gar diffamierende Abwertungen ein vorhandenes Eskalationsmuster weiter verstärken würden und folglich tunlichst vermieden werden sollten. Neben aller Bestimmtheit im Auftreten und klaren »Ich-Botschaften« (Was erwartet der Lehrer in der Folge konkret von seinem Schüler?) bleibt es wünschenswert, dass ein solcher Konflikt mit dem erforderlichen Maß an Einfühlungsvermögen und Fingerspitzengefühl ausgetragen wird.

Um den Fokus vom Problem auf eine mögliche Lösung zu verschieben, benötigt man gerade nicht eine präzise Analyse des Problemverhaltens in seinen verschiedenartigsten Facetten oder ein vermeintliches Wissen, um »die Ursache« des Problems (sofern es eine solche überhaupt geben sollte). Vielmehr darf im Zentrum der Aufmerksamkeit das Auffinden von positiven Ausnahmen (vom Problemverhalten) und das Entdecken von vorhandenen Kompetenzen (bei der Suche nach möglichen Lösungen) des Schülers stehen. Dazu sollen die folgenden konstruktiven Fragen zum Abschluss dienen.

Nützliche Interventionen im Umgang mit »Disziplinstörungen«

- Was läuft (abgesehen vom Problem) mit dem betreffenden *Problemschüler* im Unterricht u. U. schon *positiv* und könnte von Ihrer Seite Anerkennung finden?
- Was hat Ihnen bislang im Umgang mit Disziplinproblemen geholfen bzw. Abhilfe geschaffen?
- Wann war es das letzte Mal, dass das unerwünschte Verhalten *nicht* auftrat – was haben Sie dabei möglicherweise *anders* gemacht als sonst?
- Wie lange, schätzen Sie, wird es wohl dauern, bis das Problem mit dem betreffenden Schüler gelöst ist?

---

4 Welchen enormen Einfluss so genannte sich *selbst erfüllende Prophezeiungen* in der Pädagogik entfalten können, zeigen u. a. die *Oak-School-Experimente*, beschrieben in: Paul Watzlawick (Hg.), Die erfundene Wirklichkeit. Wie wissen wir, was wir zu wissen glauben? Beiträge zum Konstruktivismus. München 1981, S. 91–110.

- Wer von Ihren Kolleginnen und Kollegen könnte Ihnen bei der Lösung am ehesten auf welche Weise hilfreich sein?
- Angenommen, Sie müssten auf einer Skala von 0 bis 100 Prozent angeben, mit wie viel Prozent Veränderung Sie zufrieden wären – mit *wie viel* Besserung werden Sie zufrieden sein? (100 Prozent = optimale Problemlösung!)
- Stellen Sie sich einmal folgende Situation vor: Über Nacht geschieht ein kleines Wunder und das Problem mit dem besagten Schüler ist mit einem Mal verschwunden – *woran* werden Sie es am nächsten Tag im Unterricht am ehesten merken?
- Wer würde es nach Ihnen als nächster bemerken, dass sich etwas Entscheidendes verändert hat – und wer würde sich mit Ihnen am meisten darüber freuen?[5]

Das Auffinden von *Ausnahmen* von der Problemsituation dient insbesondere dazu, vorhandene Ressourcen auszumachen, die als Grundlage genutzt werden können, um den Problemfokus zu verändern bzw. um bestehende Eskalationsmuster aufzulösen. Eine weitere Möglichkeit, ein als problematisch qualifiziertes Verhalten anders zu bewerten, ist die *positive Umdeutung* aus der möglichen Perspektive des Schülers. Es geht dabei darum, dass der Lehrer eine konstruktive *Deutung* des Schülerverhaltens konstruiert, die es ihm erlaubt, mit verändertem Blick auf das bisherige Problemverhalten zu schauen. Daraus kann in einer neuerlichen Konfliktsituation die Fähigkeit erwachsen, auf das störende Verhalten in einer neuen, kreativen Weise zu reagieren und so im günstigen Fall zur Lösung des Problems beizutragen.

Schließlich sei noch auf das Instrument von »*Fallbesprechungsgruppen*« (bzw. *Supervision* in pädagogischen Kontexten) verwiesen, das auf dem Hintergrund der inneren Schulentwicklung eine zunehmende Bedeutung erlangen dürfte.[6]

→ Elternabende, → Fallbesprechungsgruppen / Supervision, → Religionslehrer(in)

Zur Diskussion gestellt

- Erinnern Sie sich an *Disziplinprobleme* aus Ihrer eigenen Schulzeit. Wie gelang es Ihren Lehrerinnen und Lehrern, eine notwendige *Disziplin* wiederherzustellen? An welche Interventionen denken Sie dabei gerne zurück?
- Wie sind Sie selbst bislang mit störenden Verhaltensweisen in Ihrer eigenen Unterrichtspraxis umgegangen? Was ist Ihnen dabei schon gut gelungen und was möchten Sie noch verbessern?
- Stellen Sie sich einmal vor, wann Sie sich das letzte Mal so richtig über einen Schüler bzw. eine Schülerin wegen seiner (ihrer) *Disziplinlosigkeit* geärgert haben. Wenn Sie jetzt versuchen, kurzfristig in die Rolle dieses Schülers zu schlüpfen: Wie könnten Sie aus dessen Sicht eine positive Umdeutung des eigentlich unerwünschten Verhaltens erreichen?

---

5 Vgl. Rolf Balgo, Vom Defizit zum »Profizit«, in: System Schule – Zeitschrift für innovative Schulpraxis 3 / 1997, S. 90–93.

6 Vgl. hierzu Peter Kliemann, Impulse und Methoden – Anregungen für die Praxis des Religionsunterrichts. Stuttgart, 2. Aufl. 2003, S. 108–110.

Literaturempfehlung

Friedrich Jahresheft 2002: Thema »Disziplin. Sinn schaffen – Rahmen geben – Konflikte bearbeiten«. – Alex Molnar / Barbara Lindquist, Verhaltensprobleme in der Schule – Lösungsstrategien für die Praxis. Dortmund, 5. Auflage 1997. – Hans-Peter Nolting, Störungen in der Schulklasse. Ein Leitfaden zur Vorbeugung und Konfliktlösung. Weinheim / Basel 2002. – Wilhelm Rotthaus: Wozu erziehen? Entwurf einer systemischen Erziehung. Heidelberg, 4. Aufl. 2002. – Jörg Schlee / Wolfgang Mutzek (Hg.), Kollegiale Supervision – Modelle zur Selbsthilfe für Lehrerinnen und Lehrer. Heidelberg 1996.

Wolfgang A. Kasper

Elternabend

Kahle Klassenzimmer, zu kleine Stühle, langatmige Lehrermonologe und in alte Schülermuster zurückfallende Eltern, das ist nur selten die Atmosphäre, die eine Kommunikation zwischen Lehrern und Eltern beim Elternabend fördert. Und in dieser Atmosphäre soll die Religionslehrerin von Gott, Sinn oder Hoffnung reden. Ein Ding der Unmöglichkeit?

Es gibt drei Rollen, in denen Religionslehrer/innen bei Elternabenden auftreten können:

- als Fachlehrer/in
- und / oder als Moderator/in eines Teils des Elternabends oder des ganzen Elternabends, wenn er themenbezogen stattfindet;
- als Gestalterin eines ganzen Abends, wenn die Religionslehrerin auch Klassenlehrerin ist.

Meist wird Ersteres zutreffen: Der Religionslehrer stellt in einer Reihe von Fachlehrern einem Teil der anwesenden Eltern sein Fach vor. Das Problem dabei ist, dass er nicht weiß, welchem Teil. Er weiß nicht, welche Eltern seine eigentliche »Zielgruppe« sind, da sich nur die Eltern seiner Konfession angesprochen fühlen. Er redet also auch zu Eltern, die ihr Weghören nur aus Höflichkeit verbergen.

Hinzu kommt, dass das Fach Religion im Vergleich zu Mathematik, Deutsch oder den anderen Sprachen in der Meinung der meisten Eltern sowieso wenig »zählt«. Wenn dann noch der Religionslehrer durch sein Auftreten die Meinung der Eltern spiegelt und sich mit Sätzen wie »Ich mach's nur ganz kurz« oder »Ich möchte Ihre Zeit nicht zu sehr beanspruchen« beim Auditorium anbiedert, dann hat er seine letzten Zuhörer verloren.

Wie können Religionslehrer beim Elternabend tatsächlich die Eltern erreichen, die sie erreichen möchten? Dazu ein paar praktische Ratschläge:

- Im Vorfeld kann die Religionslehrerin den Klassenlehrer bitten, dass zu Beginn des Elternabends von allen Eltern Namensschilder aufgestellt werden. So kann sie wenigstens mit Blickkontakt die Eltern der Schüler ansprechen, die im Religionsunterricht tatsächlich vertreten sind. Eine Alternative wäre, dass sich die betroffenen Eltern kurz vor den Ausführungen der Religionslehrerin melden.
- Eine weitere Möglichkeit wäre, ein Tandem mit dem Religionslehrer der jeweils anderen Konfession zu bilden. So wären bei den Ausführungen zum Fach Religion die meisten Eltern angesprochen und inhaltliche Redundanzen besser zu vermeiden.

Um den Religionsunterricht auch in der wenig kommunikativen Atmosphäre eines Elternabends angemessen darzustellen, sollte der Religionslehrer folgende Punkte beherzigen:

- Der Religionslehrer stellt das Proprium seines Faches anhand des Jahrgangsthemas bzw. einzelner Lehrplanthemen dieser Klassenstufe vor. Beispiel: »Der

Religionsunterricht ... weckt und reflektiert die Frage nach Gott, nach der Deutung der Welt, nach dem Sinn und Wert des Lebens und nach den Normen für das Handelns des Menschen ... «[1] Dieser Passus aus dem Synodenpapier der Deutschen Bischofskonferenz könnte am Beispiel der Lehrplaneinheiten »Wer bin ich – wer möchte ich werden? Jungen und Mädchen in der Pubertät«, »Angst und Leid – Hoffnung über den Tod hinaus«; »Glück und Sinn« verdeutlicht werden.

- Der Religionslehrer stellt ein geplantes Projekt im Rahmen des Religionsunterrichts oder den Anteil des Faches Religion beim fächerübergreifenden Unterricht vor. Denkbar wären hier anstehende Exkursionen oder die Aspekte, die vonseiten des Religionsunterrichts zu fächerübergreifend behandelten Jahrgangsthemen beigetragen werden, vielleicht sogar im Rahmen eines gemeinsamen mehrtägigen Projekts.
- Wichtig ist, im Vorfeld zu überlegen, warum das Fach Religion in dieser Klassenstufe, für Schülerinnen und Schüler dieses Alters eine Bereicherung sein kann. Dann kann der Religionslehrer mit dem Impetus auftreten: »Ich habe für die Schülerinnen dieser Klasse mit meinem Fach etwas Attraktives anzubieten.«
- Vorstellbar wäre auch das Aufgreifen eines gesellschaftspolitischen Diskussionsgegenstands, der ethische Fragestellungen enthält (z. B. die Debatte um den Import embryonaler Stammzellen). Der Hinweis auf die Präsenz der Kirchen bei der Beratung der politischen Entscheidungsträger macht vielen Eltern erst deutlich, wie wichtig die Ausbildung eines fundierten ethisch-theologischen Standpunktes heutzutage ist und dass ein fundierter christlicher Standpunkt in weiten Kreisen gehört und respektiert wird.
- Auch ein Verweis auf den hohen Methodenreichtum im Fach Religion, für den angesichts eines nicht überfrachteten Lehrplans viel Raum ist und der die viel zitierten Schlüsselqualifikationen in besonderer Weise fördert, verfehlt seine Wirkung nicht.

Der Religionslehrerin als Fachlehrerin sollte klar sein, dass sie – mehr als für andere Fächer – Interesse an und Verständnis für ihr Fach wecken muss. Deshalb genügt die bloße Vorstellung der zu behandelnden Inhalte nicht. Wesentlich ist die Haltung, mit der sie die Notwendigkeit des Faches auch gegenüber kirchenfernen Eltern vertritt. Sie sollte ihnen vermitteln, dass es die gleichen Fragen sind, die sie, die Kinder und Lehrer bewegen. Sie sollte vermitteln, dass die Auswahl aus der Vielfalt der Sinnangebote in einer pluralen Welt ohne Kriterien unmöglich ist und dass gerade diese Kriterien Bestandteil des Unterrichts sind. Die angemessene Haltung der Religionslehrerin kann nicht die einer Randfigur beim Elternabend sein. Selbstbewusstsein und eigene Klarheit über die Wichtigkeit des Religionsunterrichts sollten sich in der Vorstellung der Arbeit der Religionslehrerin widerspiegeln.

Ist der Religionslehrer auch Klassenlehrer, sollten die Elternabende immer in der kommunikativen, partnerschaftlichen Atmosphäre und mit derselben methodischen Vielfalt wie der Religionsunterricht gestaltet sein. Implizit wird so schon eine zentrale Botschaft des Evangeliums vermittelt, nämlich dass der Glaube immer zur

1 Synode der Bistümer in der Bundesrepublik Deutschland, Der Religionsunterricht in der Schule (1974), Absatz 2.5.1; abgedruckt in: Sekretariat der Deutschen Bischofskonferenz (Hg.), Texte zu Katechese und Religionsunterricht. Arbeitshilfe 66. Bonn 1998, S. 164.

Tat drängt. Dazu gehört auch, dass der Religionslehrer die Eltern zeitlich und inhaltlich nicht überfordert, ihre Erwartungen an den Elternabend abfragt und berücksichtigt, eine angenehme Gesprächsatmosphäre schafft, in der keine Frage falsch, kein Redebeitrag unzulänglich ist. Methodische Vielfalt, wie sie im Religionsunterricht selbstverständlich ist, kann auch bei den Eltern die Aufmerksamkeit erhöhen. Und natürlich gehört zu einer angemessenen Gestaltung des Elternabends auch die Rücksicht darauf, dass die Eltern bereits einen vollen Arbeitstag hinter sich haben.

→ *Entwicklungsstufen,* → *Jugend und Religion,* → *Konfessionalität und konfessionelle Kooperation,* → *Konzeptionen des Evangelischen Religionsunterrichts,* → *Konzeptionen des Katholischen Religionsunterrichts,* → *Religionslehrer(in),* → *Religionsunterricht zwischen Kirche und Staat*

Zur Diskussion gestellt

- Welche Methoden können verhindern, dass Eltern in ein »Schülerverhalten« zurückfallen? Welche Methoden können helfen, ein partnerschaftliches Verhältnis zum (Religions-)Lehrer aufzubauen?
- Eltern bringen eigene Erfahrungen mit ihrem Religionsunterricht zum Elternabend mit. Wie lassen sich diese Erfahrungen thematisieren, Vorurteile abbauen?
- Welche Worte können für kirchenferne Eltern belastet sein?
- Welches Bild habe ich als Religionslehrerin von meiner eigenen Arbeit? Wie sinnvoll empfinde ich sie?

Literaturempfehlung

Wolfgang Hund, Der Elternabend. Mülheim / Ruhr 1999. – Walter Kowalczyk / Klaus Ottich, Guten Abend, Elternabend! Anregungen für einen kreativen Elternabend. Mülheim / Ruhr, 6. Aufl. 1998. – Manfred Reichgeld, Elternabend. Gemeinsam geht es besser. Informieren, Beraten, Zusammenarbeiten. München 2001.

Cornelia Patrzek-Raabe

Ergebnissicherung

Begriffsklärung

Unter den Begriff »Ergebnissicherung« werden in der pädagogischen Literatur unterschiedliche, den jeweiligen Unterrichtskonzepten entsprechende Begriffe wie »Anwendung«, »Stufe des Behaltens und Bereitstellens«, »Lernzielkontrolle«, »Auswertung«, »Übung«, »Festigung«, Transfer« subsumiert. Allen gemeinsam ist, dass damit ein eigenständiger, formal abgrenzbarer Schritt der Stundenartikulation mit einer eigenen didaktischen Funktion gemeint ist.

Neben der direkten Ergebnissicherung, die nach der Behandlung bzw. Erarbeitung eines thematisch begrenzten Stoff- und Lernpensums erfolgt, gibt es Formen der fortdauernden indirekten Ergebnissicherung, die gezielt oder unabsichtlich, innerhalb oder außerhalb des schulischen Rahmens erfolgen, die uns hier aber nicht weiter beschäftigen werden. Doch verstehe auch ich unter Ergebnissicherung mehr als nur einen Unterrichtsschritt, deshalb wird unten auch auf das Festigen und Üben und die Hausaufgaben im Religionsunterricht eingegangen.

Funktionen der Ergebnissicherung[1]

Art, Umfang und Durchführung der Ergebnissicherung als Unterrichtsschritt sind abhängig von verschiedenen Faktoren des Unterrichtsprozesses wie der Struktur des Inhalts oder den Zielen, von Rahmenbedingungen des Unterrichts oder den Lernvoraussetzungen bzw. Handlungszielen der Lerngruppe, nicht zuletzt von der Zeitökonomie. Dabei muss und kann die Ergebnissicherung nicht alles festhalten, was im Unterricht tatsächlich bewirkt wurde; zumeist beschränkt sie sich auf kognitive, sprachlich zu vermittelnde Ergebnisse.

Die Ergebnissicherung protokolliert und dokumentiert zusammenfassend, wiederholend und / oder vertiefend einen Unterrichtsabschnitt, gewichtet und bewertet Erreichtes (z. B. einer Gruppenarbeit), ergänzt oder vervollständigt (z. B. nach Einzel- oder Partnerarbeit), korrigiert Falsches oder Unvollständiges, kann die Übung des Gesicherten oder die Veröffentlichung der Ergebnisse (z. B. in einer Ausstellung oder Internet-Homepage) vorbereiten, wird aber auch immer wieder mit Leistungskontrolle verkoppelt. Neben diesen manifesten Funktionen kommen der Ergebnissicherung weitere latente zu: Sie dient der Zeitraffung, der Disziplinierung (zwingt zum zielgerichteten Arbeiten, zur Kürze und Prägnanz, verhindert damit aber auch vielleicht Seiten- und Umwege) sowie der Normierung bzw. Kanonisierung (drückt dem Erarbeiteten das Gütesiegel der / des Lehrenden auf).

Übergeordnetes Ziel der Ergebnissicherung ist das Aufarbeiten der Differenz zwischen den Zielen der / des Lehrenden und den Handlungszielen der Schülerinnen und Schüler. Deshalb ist es entgegen konventionellen Formen notwendig, dass

---

1 Hilbert Meyer, UnterrichtsMethoden II: Praxisband. Berlin, 9. Aufl. 1997, S. 163–167.

Lehrende(r) und Lernende in Verantwortung möglichst gemeinsam das Erarbeitete festigen, vertiefen, üben und kontrollieren.

Die Ergebnissicherung hält Unterrichtsergebnisse fest. Dadurch wird die Verbindlichkeit der Unterrichtsarbeit gesichert: Die Ergebnissicherung ist schlecht, wenn sie nichts anderes als die Exekution und Verschriftlichung der Unterrichtsvorbereitung des Lehrers darstellt. Die Ergebnissicherung ist ebenfalls als schlecht zu bezeichnen, wenn sie nur ein Schüler-Brainstorming liefert, also lediglich dokumentiert, was schon zu Beginn der Stunde in den Köpfen der Schüler gesteckt hat. Die Ergebnissicherung ist gut, wenn sie dokumentiert, wie sich Lehrer und Schüler an der gestellten Lernaufgabe abgearbeitet haben, was sie dabei an Neuem gelernt oder an Altbekanntem in neues Licht gerückt haben. Darüber hinaus werden in der Ergebnissicherung die von den Schülerinnen und Schülern angeeigneten Kenntnisse, Fähigkeiten und Fertigkeiten geübt und vertieft. Damit dient diese Unterrichtsphase der Festigung der Sach-, Methoden-, Sozial- und Sprachkompetenz.

Nicht zuletzt hat die Ergebnissicherung die gemeinsame kritische Bewertung und vernünftige Verständigung über die vorausgegangene Unterrichtsarbeit zu leisten. Damit wird im Lehr-Lern-Geschehen ansatzweise eine demokratische Kontrolle eingeübt, ohne dass die Lehrperson ihre spezifische Rolle verliert.

Ergebnissicherung und Religionsunterricht

Religionsunterricht findet unter den schulischen Rahmenbedingungen statt. In diesem Kontext hat er schulpädagogische Grundsätze zu beachten; dabei handelt es sich um ein zielgerichtetes Interaktionsgeschehen, dem – auch von seinem Selbstverständnis her – immer Ergebnisse bis hin zu prüfungsrelevanten Anteilen zu Eigen sind. Dass Religionsunterricht auch darüber hinausgehende Ziele verfolgt, stellt diese Tatsache prinzipiell nicht in Frage. So wie hier generelle Aspekte der Stundenartikulation zu berücksichtigen sind (ohne dass in der Regel einem festen Schema gefolgt werden könnte), spielt auch die Ergebnissicherung mit den oben angedeuteten Funktionen ihre Rolle.

Insbesondere aber gilt für das Fach Religionslehre die Einschränkung, dass nicht alles zu sichern ist, was bewirkt wird. Gerade zentrale Ziele dieses Faches liegen außerhalb dessen, was man »Schwarz auf Weiß nach Hause tragen kann«. Haltungen und Einstellungen können weder normierend kanonisiert noch gesichert werden; sie bleiben individuell zu verantworten und sind durch ihren Prozesscharakter bestimmt. Und immer wieder einmal muss die Lehrerin / der Lehrer ihr / sein zielgerichtetes Arbeiten phasenweise verlassen, um aktuellen Fragen oder Sorgen der Schülerinnen oder Schüler gerecht zu werden. Dennoch gibt es auch im Fach Religionslehre Anteile, die als Ergebnis der Unterrichtsarbeit zu sichern sind. Dabei sollte gerade darauf geachtet werden, dass nicht allein nur der kognitive Wissensanteil Berücksichtigung findet; auch erworbene Kompetenzen (z. B. Aspekte der Bild- oder Musikerschließungskompetenz) müssen immer wieder festgehalten werden, um für einen späteren Rückgriff zur Verfügung zu stehen. Auch stellt das Ergebnis einer individuell-kreativen Einzelarbeit durchaus eine Form von Ergebnissicherung dar, auch wenn dieser keine Allgemeingültigkeit zukommt.

Tafelbild und Hefteintrag[2]

Die Tafel ist trotz neuer technischer Mittel nach wie vor das wichtigste und selbstverständlichste Medium im Klassenzimmer. Die Vorteile, welche die Tafel bietet, sind vielfältig: Sie ist (normalerweise) jederzeit in allen Klassenzimmern verfügbar, kann individuell unterschiedlich gestaltet werden; die Tafel ist ohne technischen Aufwand und in verschiedenster Weise verwendbar: Tafelteile lassen sich auf- und zuklappen, dienen nicht nur zum Schreiben oder Malen, sondern können auch abgeklebt oder zur Pinnwand, Projektionsfläche oder Theaterkulisse umfunktioniert werden.

Unter didaktischen Gesichtspunkten ergeben sich für die Tafel bei jedem Lernschritt im Stundenverlauf vielfältige Einsatzmöglichkeiten. Das Tafelbild kann das Unterrichtsgeschehen und die Lernschritte widerspiegeln. Dies wird besonders betont, wenn die einzelnen Teile der normalerweise dreigliedrigen Tafel unterschiedlich verwendet und bewusst differenziert gewichtet werden. Da das Tafelbild entsprechend der Schreibrichtung von links nach rechts entsteht, wird dabei die linke Seitentafel für (durchaus unstrukturierte) Sammlungen im Notizblockstil benutzt, während die Haupttafel den Kern der Stunde wiedergibt, also Zielangaben, Stundenthemen, Unterrichtsschritte und Ergebnisse.[3] Die rechte Seitentafel dient dann etwa dazu, die Hausaufgabe schriftlich zu fixieren. Zwei Arten des Tafelbildes sind zu unterscheiden: Zum einen das vorgegebene Tafelbild, das womöglich schon vor Unterrichtsbeginn fixiert wurde. Da hier die Lehrerzentrierung eindeutig ist und die Ergebnisse bereits unabhängig vom Unterrichtsgeschehen festgelegt sind, ist diese Verwendungsart möglichst zu vermeiden. Zu bevorzugen ist vielmehr das unterrichtsbegleitende Tafelbild, dessen Teile Lernschritt für Lernschritt entstehen. An der Erstellung sind Lehrende(r) und Schülerinnen / Schüler gemeinsam beteiligt. Die Kunst, Beiträge aus der Lerngruppe in das Tafelbild so zu integrieren, dass ein inhaltlich richtiges, syntaktisch einheitliches und aus sich heraus verständliches Ergebnis an der Tafel erscheint, benötigt freilich Übung. Als Mischform ist denkbar und gelegentlich praktikabel, bei der Tafelbilderstellung bereits vorbereitete Wort- oder gar Textkarten anzuheften.

Unter lernpsychologischen Aspekten betrachtet bietet das Tafelbild zum einen den Vorteil, dass eine notwendige Verdichtung und Visualisierung des Unterrichtsinhaltes erfolgt. Dies korrespondiert mit dem Unterrichtsprinzip der Anschaulichkeit. Wird das Tafelbild zudem tatsächlich als »Bild« ernst genommen, d. h. bietet es nicht nur eine Verschriftlichung der Ergebnisse, sondern zudem eine durch Strukturierung,

---

2 Vgl. Wolfgang Fleckenstein, Die Funktion des Tafelbildes im (Religions-)Unterricht, in: Katechetische Blätter 1995, S. 198–205. – Hilbert Meyer, a. a. O., S. 217–222. – Zum Thema »Tafelbild« sehr erhellend: Gerhard Büttner, Dem Wesen der Sache Gestalt verleihen. Tafelbild und Tafelanschrieb im Religionsunterricht der Sekundarstufen I und II, in: Hartmut Lenhard, Arbeitsbuch Religionsunterricht. Überblicke – Impulse – Beispiele. Gütersloh, 3., neu bearbeitete und erweiterte Aufl. 1996, S. 168–174. – Vgl. auch Hans-Joachim Winzer, Das Tafelbild im Literaturunterricht, in: Seminar 2 / 2001, S. 118–142.

3 Werden allerdings Ergebnisse oder gar das Tafelbild als Ganzes in der oder den Folgestunden benötigt, so ist zu überlegen, ob die Sicherung auf Folie nicht hilfreicher ist. Zur Arbeit mit Folien vgl. Lothar Schmalfuß / Reinhard Pertsch, MIRIAM. Methoden im Religionsunterricht. Ideen – Anregungen – Modelle. München 1987, S. 89–102.

Farben, Symbole, Zeichnungen, Pfeile tatsächlich bildhafte Visualisierung[4], so ermöglicht es, auf die in jeder Lerngruppe vorhandenen unterschiedlichen Lerntypen Rücksicht zu nehmen. Erkenntnisse, die der Kinesiologie entnommen sind und beim Mindmapping[5] umgesetzt werden, können – ohne dogmatisiert zu werden – auch bei der Tafelbildgestaltung Verwendung finden. Das Zeichnen an der Tafel sollte von jeder Lehrerin / jedem Lehrer immer wieder geübt und praktiziert werden[6].

Darüber hinaus hat das Tafelbild eine wichtige pädagogische Funktion: Seine Gestaltung ist Vorbild für die Heftführung der Schülerinnen und Schüler. Diese Orientierung für die privaten Aufzeichnungen ist in allen Klassenstufen (auf unterschiedliche Art und Weise) ernst zu nehmen. Dabei bietet sich zudem die Möglichkeit, in den Lerngruppen den Sinn für Ästhetik zu fördern. Notwendige Bedingungen dafür sind allerdings: Die Handschrift der / des Lehrenden muss für alle gut lesbar sein und gegebenenfalls geübt werden; das Tafelbild muss vorbereitet und strukturiert sein; Tafelbild und der entsprechende Hefteintrag müssen auch ohne unmittelbaren Unterrichtszusammenhang aus sich heraus noch verständlich sein (wenn es / er etwa Wochen später die Grundlage darstellen soll um die Klassenarbeit vorzubereiten); dazu ist es immer wieder einmal notwendig, verwendete Zeichen, Symbole, Abbreviaturen, Pfeile etc. in ihrer Funktion zu klären und diese Erklärung eventuell sogar als Legende festzuhalten.

Das Tafelbild wirkt aber auch disziplinierend, insofern es die Konzentration nach vorne lenkt, die Aufmerksamkeit bündelt und Schülerbeteiligung erwirkt. Dies darf aber nicht dazu führen, dass Frontalunterricht zu häufig oder gar ausschließlich eingesetzt wird.

Die Hefte bzw. Mappen der Schülerinnen und Schüler sichern die Unterrichtsergebnisse und machen sie für späteren Unterricht oder Leistungsmessung verfügbar. Deshalb muss die / der Lehrende bewusst zur Heftführung anleiten. Kontinuität und Qualität des Tafelbildes spielen eine wichtige Rolle, damit Schülerinnen und Schüler sich die Kompetenz aneignen können, ein Heft beständig, vollständig, übersichtlich und ästhetisch ansprechend zu führen. Die Bedeutung der Heftführung wird unterstrichen, indem auf ältere Hefteinträge immer wieder einmal zurückgegriffen wird, indem ferner die Heftführung regelmäßig überprüft wird und konkrete Gestaltungshinweise gegeben werden.

Die Frage, wann die Sicherung des Ergebnisses im Heft erfolgt, wann das Tafelbild ins Heft übernommen werden soll, ist nicht generell zu beantworten. Im Rahmen seines prinzipiellen Ansatzes, dass sich nach ca. 20 Minuten die Dramatur-

---

4 Vgl. Themenheft 10 / 1994 der Zeitschrift »Pädagogik«: »Mit den Augen lernen. Visualisierungstechniken in Unterricht und Seminar«.

5 Mogens Kirchhoff, Mind Mapping. Einführung in eine kreative Arbeitsmethode. Offenbach, 8. Aufl. 1995. – Für die Erstellung von Arbeitsblättern und Folien mit dem PC vgl. außerdem: *www.mindjet.com*. – Der »Klassiker« des Mind Mapping ist wohl: Tony und Barry Buzan, Das Mind Map-Buch. München, 5., aktualisierte Aufl. 2002. – Siehe auch Wolfgang Maxlmoser, Mind Mapping im Unterricht. Wien 1998.

6 Hilfreiche Hinweise zum Erstellen von Sprechzeichnungen, Glyphen und anderen Gestaltungselementen in: Lothar Knecht, Bibel im Unterricht. Kreative Praxis in Primar- und Sekundarstufe I. Teil 1: Einleitung und Grundformen des Gestaltens. Freiburg, 4. Aufl. 1988. – Horst Gerlach, Sprechzeichnen im Religionsunterricht, in: Gottfried Adam / Rainer Lachmann (Hg.), Methodisches Kompendium für den Religionsunterricht. Göttingen, 4., überarbeitete Aufl. 2002, S. 237–246.

gie einer Unterrichtsstunde von der Außengerichtetheit zur Innengerichtetheit, von der Orientierung am Neuen zum Verweilen beim Bisherigen zu ändern habe, sieht Hans Schmid das Schreiben der Schülerinnen und Schüler in der zweiten Stundenhälfte als wichtig an. Es erhält für ihn eine eigene Dignität und Aufgabe, weil beim Schreiben zumindest in geringem Maße die Motorik der Schülerinnen und Schüler in den Vordergrund tritt. Dabei kann die gestalterische Dimension des Schreibens bewusst berücksichtigt und gefördert werden. Die (nicht zu kurze) Sicherungs- und Vertiefungsphase kann dann den »Charakter einer Ruhezone in der Dramaturgie der Unterrichtsstunde haben.«[7]

Festigen und Üben im Religionsunterricht[8]

In einem Vortrag über Lehrplanentwicklung stellte Günter Stachel fest: »Religionsunterricht ist häufig eher ein Gerede über dieses und jenes als ein auf Lernfortschritt zielender Vorgang. Wenn offen und freundlich geredet wird, erreicht man mindestens, dass beim Schüler emotionale Barrieren niedergelegt werden. Das kognitive Lernprodukt ist allerdings bei den meisten ... Stunden fast null: kein Zuwachs an Wissen und Verstehen.«[9]

Die nicht nur hier beklagte geringe Nachhaltigkeit des Religionsunterrichtes hat viele Ursachen. Eine liegt auch darin, dass konsequentes Üben und Wiederholen von Gelerntem vom Lehrplan her zumeist zu wenig vorgesehen und im konkreten Unterricht in der Regel nur in geringem Maße praktiziert wird. Neue Kenntnisse müssen aber, sollen sie wirklich behalten werden und verfügbar sein, durch bewusstes Üben gesichert und mit anderen Kenntnissen verknüpft werden. Konsequent versucht z. B. auch Hubertus Halbfas in seinem Unterrichtswerk dem Prinzip der Wiederholung Rechnung zu tragen, indem er Bilder, Symbole und Texte auf je neuer Ebene immer wieder aufgreift, so dass Gelerntes z. B. durch die Arbeit mit den Arbeitsheften gefestigt wird.[10]

Bernhard Jendorff stellt unterschiedliche Methoden und Medien vor, die am Ende einer Unterrichtsphase bzw. -stunde, nach zwei oder drei Unterrichtstunden oder nach Abschluss einer Unterrichtseinheit zur Übung und Festigung eingesetzt werden können: mündliche, schriftliche oder visuell-gestalterische Formen, Festigung durch Musik, durch Handeln oder Besinnen in einer Stillephase. Ratsam ist wie bei der Hausaufgabenstellung der lebendige Wechsel der Übungsformen.[11]

---

7 Hans Schmid, Die Kunst des Unterrichtens. Ein praktischer Leitfaden für den Religionsunterricht. München, 2. Aufl. 2001, S. 55.

8 Vgl. Bernhard Jendorff, Religion unterrichten – aber wie? Vorschläge für die Praxis. München, 3. Aufl. 1997, S. 177–190. – Ders., Üben und Wiederholen, in: Gottfried Adam / Rainer Lachmann, a. a. O., S. 187–199.

9 Günter Stachel, Erfahrung interpretieren. Beiträge zu eine konkreten Religionspädagogik. Zürich / Köln 1982, S. 50f. – Vgl. auch ders. (Hg.), Die Religionsstunde – beobachtet und analysiert. Eine Untersuchung zur Praxis des Religionsunterrichts. Zürich / Köln 1976.

10 Vgl. dazu Hubertus Halbfas, Religionsunterricht in Sekundarschulen. Lehrerhandbuch 6. Düsseldorf 1993, S. 55–58. – Zu einem erweiterten Begriff des Übens vgl. ders., Religionsunterricht in Sekundarschulen. Lehrerhandbuch 5. Düsseldorf 1992, S. 93f.

11 Anregend auch die Beispiele zur Ergebnissicherung bei Hilbert Meyer, a. a. O., S. 172–180.

Insbesondere im Zusammenhang mit der Sicherung von Wissen bietet Hilbert Meyer lernpsychologische Regeln für erfolgreiches Üben, die auch im Religionsunterricht berücksichtigt werden müssen.[12] Der Gegenstand der Übung soll für die Übenden subjektiv bedeutsam sein. Dies ist gerade für den Religionsunterricht eine wichtige Regel, vermissen doch Schülerinnen und Schüler immer wieder die Lebensrelevanz der verhandelten Unterrichtsinhalte. Die Übung sollte möglichst selbstständig ablaufen, wobei sinnvolle und strukturierte Zusammenhänge den Lernerfolg erhöhen. Das zu Übende ist möglichst vorzubereiten, indem zunächst Gesetzmäßigkeiten, Oberbegriffe etc. erarbeitet werden. Bei der Übung sollen Verknüpfungen mit älteren Wissensbeständen bzw. Kompetenzbereichen erwirkt werden; das Gesetz der Ähnlichkeitshemmung ist zu berücksichtigen, ebenso die Tatsache, dass Gelerntes nur schwer behalten wird, wenn danach interessante neue Inhalte aufgenommen werden; Übungsphasen sind in regelmäßigen Abständen anzusetzen; den unterschiedlichen Lerntypen ist durch mehrkanaliges Lernen und Üben Rechnung zu tragen; Gesetzmäßigkeiten des Behaltens und Vergessens, aber etwa auch des Biorhythmus sollten beachtet werden.

Schließlich gilt generell und damit auch für Ergebnisse des Religionsunterrichts, dass nur das, was immer wieder reaktiviert und angewandt wird, gesichert, dauerhaft behalten oder gekonnt wird, damit verfügbar ist.

Hausaufgaben im Religionsunterricht[13]

Der Einsatz von Hausaufgaben im Religionsunterricht wird mit unterschiedlichen Argumenten als notwendig angesehen oder abgelehnt.[14] Wiederum gilt meines Erachtens: Als reguläres Schulfach sollte auch der Religionsunterricht nicht einfach aus dem an der Schule Üblichen ausscheren. Somit haben auch im Religionsunterricht Hausaufgaben ihren Platz. Sinnvolle Hausaufgaben zu stellen und einzufordern gehört zu den Aufgaben der Religionslehrerin / des Religionslehrers. Bernhard Jendorff, der sich öfter und ausführlich mit dieser Problematik beschäftigt und die Praxis realistisch im Blick hat, listet überzeugende didaktische Gesichtspunkte auf[15]: Demnach sollen Hausaufgaben die Schülerinnen und Schüler motivieren, sich mit dem Gegenstand des Unterrichts auseinander zu setzen; ebenso können sie den Unterricht vorbereiten oder unterstützend / vertiefend fortsetzen. In den Hausaufgaben können Kenntnisse, Fähigkeiten oder Fertigkeiten, die im Unterricht erworben wurden, angewendet und geübt werden. Nicht zuletzt haben Hausaufgaben auch eine Informationsfunktion, indem sie der Schülerin / dem Schüler den momentanen Leistungsstand signalisieren und der / dem Lehrenden die Möglichkeit bieten, die Leistung zu messen.

---

12 Hilbert Meyer, a. a. O., S. 169f. – Vgl. auch Gislinde Bovet, Lernpsychologie für die Schule, in: Gislinde Bovet / Volker Huwendiek (Hg.), Leitfaden Schulpraxis. Pädagogik und Psychologie für den Lehrberuf. Berlin, 3., erweiterte und bearbeitetete Aufl. 2000, S. 267–300. – Jürgen Bredenkamp, Lernen, Erinnern, Vergessen. München 1998.

13 Vgl. Horst Herion, Methodische Aspekte des Religionsunterrichts. Ein Kompendium zu Grundsatzfragen, Planung und Gestaltung des Unterrichts. Donauwörth 1990, S. 131–134. – Bernhard Jendorff, a. a. O., S. 203–223. – Hilbert Meyer, a. a. O., S. 174–176.

14 Vgl. Horst Herion, a. a. O., S. 131f.

15 Bernhard Jendorff, Hausaufgaben im Religionsunterricht. München 1983.

Sinnvoll gestaltet sind Hausaufgaben, wenn sie keinen »Racheakt« der / des Lehrenden darstellen, wenn sie vom Umfang und Anspruch her für die Schülerinnen und Schüler der jeweiligen Lerngruppe (und nicht für die Eltern!) machbar sind und in den Unterrichtsablauf integriert werden. Deshalb sind Hausaufgaben rechtzeitig im Stundenverlauf zu stellen (und nicht nach dem Gong). Erarbeitetes sollte nicht nur überprüft, gelobt oder gegebenenfalls korrigiert werden, sondern auch das weitere Unterrichtsgeschehen mitbestimmen. Zu den berechtigten Ansprüchen an eine Hausaufgabe gehört zudem, dass sie abwechslungsreich ist, d. h. dass ein ausgewogenes Verhältnis zwischen schriftlichen, mündlichen und produkt- bzw. projektbezogenen Formen gesucht wird. Das alles setzt in der Regel voraus, dass die Hausaufgabenstellung bereits bei der Planung und Stundenvorbereitung mit reflektiert wird.

→ *Ganzheitlichkeit,* → *Leistungsmessung – Notengebung – Evaluation,* → *Methoden*

Zur Diskussion gestellt

- Erinnern Sie sich noch an einzelne Inhalte aus ihrem eigenen Religionsunterricht? Können Sie sagen, warum Sie gerade das behalten haben?
- Überprüfen Sie Ihre Schrift und Ihr Tafelbild einmal aus der Distanz. Versuchen Sie dabei die Perspektive Ihrer Schülerinnen und Schüler einzunehmen.
- Welche Wiederholungselemente gab es in dieser Woche in Ihrem Religionsunterricht?
- Überlegen Sie sich, welche Fehler bei der Hausaufgabenstellung gemacht werden können.

Literaturempfehlung

Bernhard Jendorff, Religion unterrichten – aber wie? Vorschläge für die Praxis. München, 3. Aufl. 1997. – Hilbert Meyer, UnterrichtsMethoden II: Praxisband. Berlin, 9. Aufl. 1997. – Hans Schmid, Die Kunst des Unterrichtens. Ein praktischer Leitfaden für den Religionsunterricht. München, 2. Aufl. 2001.

Georg Gnandt

Erzählen

Es gibt sie noch, jene Glücklichen, die mit Großeltern aufwuchsen, die über einen unendlichen Schatz an Geschichten verfügten. Langweilige Zugreisen, ausgedehnte Spaziergänge und all die in jedem Kinderleben sich unvermeidlich häufenden Zeitspannen, welche mit von Erwachsenen für sinnvoll erachteten, für Kinder aber sich unerträglich in die Länge ziehenden Aktivitäten oder – schlimmer noch – mit Nichtstun angefüllt waren, wurden so auf zauberhafte Weise zu kurzweiligen Angelegenheiten.

Dass in den Märchen von Tausendundeiner Nacht Scheherazade nur mittels ihrer spannenden Erzählungen den Sultan von seiner unerfreulichen Angewohnheit, allmorgendlich die Auserwählte seiner Nacht gleich nach dem Frühstück ermorden zu lassen, abbringen konnte, erschien ganz selbstverständlich.

Aber wie ist das heute mit unseren medienerprobten und fernsehgewohnten Kindern und Jugendlichen? Erstaunlicherweise lässt sich die für jeden Lehrenden idyllische Situation, in der die Lernenden gebannt an seinen Lippen hängen, auch heute noch im Klassenzimmer herstellen. Selbst notorisch unruhige und ständig störende Schüler sind durch eine spannende Erzählung wie gebannt und hören atemlos zu.

So nimmt es nicht wunder, dass nach dem Vorwurf aus den 70er Jahren, das Erzählen fördere den autoritären Charakter, dieses seit Anfang der 80er Jahre eine Renaissance erfuhr. Auf evangelischer Seite wurde die religionspädagogische Debatte über das Erzählen biblischer Geschichten durch die beiden Erzählpositionen von Dietrich Steinwede und Walter Neidhart repräsentiert,[1] wobei Steinwede für eine eher texttreue und Neidhart für eine mehr dem eigenen Glauben und der Fantasie verpflichtete Erzählweise steht. Beiden gemeinsam ist die in der Religionspädagogik im Zuge der *Narrativen Theologie* allgemein vertretene Ansicht, dass das Christentum sich als eine Erzählgemeinschaft versteht und deshalb Religionsunterricht ohne die sinn- und gemeinschaftstiftende Kraft der biblischen Erzählung nicht zu denken ist.[2] Nicht ohne Grund begegnet uns Jesus als Erzähler und Erzählter und wird auch die Geschichte Israels über weite Strecken eindrucksvoll erzählt.

Dabei kann das freie Erzählen die unterschiedlichsten *Aufgaben* erfüllen:

Ganz allgemein gesprochen kann Wirklichkeit ins Klassenzimmer geholt werden, und das gehört zum Elementaren jeder Unterrichtstätigkeit. Ohne äußere Hilfsmittel kann ich mich mit meinen Schülerinnen und Schülern in ferne Zeiten und Orte versetzen und so die für unsere Schülergeneration so schwer nachvollziehbare historische Dimension erschließen, ohne die Religionsunterricht nicht möglich ist.

---

1 Vgl. hierzu Hartmut Lenhard (Hg.), Arbeitsbuch Religionsunterricht. Überblicke – Impulse – Beispiele. Gütersloh, 3. neu bearbeitete und erweiterte Aufl. 1996, S. 131–138.

2 Vgl. hierzu Gottfried Adam / Rainer Lachmann (Hg.), Methodisches Kompendium für den Religionsunterricht. Göttingen, 4. Aufl. 2002, S. 139–141.

Durch Einbettung in lebendige Zusammenhänge können Informationen und Sachverhalte im Gedächtnis der Lernenden verankert werden; dies kann innerhalb einer biblischen oder auch in Form einer nicht-biblischen, z. B. kirchengeschichtlichen Erzählung geschehen.

Viele biblische Geschichten, aber auch andere, thematisieren Gefühle (beängstigende oder beflügelnde), Wertvorstellungen und Konflikte, die heutigen Kindern und Jugendlichen durchaus vertraut sind. Sie fordern von den Lernenden durch Identifikation eine eigene Entscheidung, die bewusst oder unbewusst Orientierung für das eigene Leben gibt und so die Identität der Heranwachsenden stärkt. Indem ich in der Geschichte mit David Goliath besiege, erfahre ich, dass nicht immer die Großen die Kleinen vernichten, sondern ganz andere überraschende Wendungen möglich sind. Gute Geschichten eröffnen Zukunft und lassen Hoffnung entstehen angesichts scheinbar unausweichlicher Sachzwänge und bedrängender Fragen. Christliche Symbole, die den Lernenden nicht mehr präsent sind, können durch Erzählen eingeführt werden und so erst ihre befreiende und Zukunft eröffnende Kraft auch heute entfalten. Die Offenheit der christlichen Symbole stellt nach wie vor ein Identifikationsangebot für Jugendliche dar. Indem Geschichten vielfach vom Zusammenleben und den sich daraus ergebenden Konflikten handeln, fördern sie soziales Lernen.

Welche *Bedingungen* müssen erfüllt sein, damit eine Erzählung die Schülerinnen und Schüler erreicht?

- Will ich eine Klasse fesseln, so muss ich von dem, was ich erzähle, überzeugt sein und, mehr noch, mit meiner ganzen Person dafür einstehen.[3] Ich kann mich nicht hinter Medien verstecken oder mit Ironie aus der Affäre ziehen, sondern liefere mich ein Stück weit aus. Vielleicht ist das der Grund dafür, dass viele Religionslehrerinnen und Religionslehrer dem freien Erzählen aus dem Wege gehen. Geschichten – und ganz besonders biblische – lassen sich nur dann überzeugend erzählen, wenn ich selbst von ihrem Wahrheitsgehalt und ihrer Qualität überzeugt bin. Es gibt eine Fülle von Geschichten mit »erfahrungsgesättigten und bildhaften Inhalten« (Hubertus Halbfas), so dass die Auswahl schwer fallen kann.
- Erzählungen müssen detailliert vorbereitet werden. Das beginnt bei der genauen Information über sachliche Gegebenheiten wie geographische, historische und kulturhistorische Zusammenhänge.[4] Nur dann können der Erzählung die notwendigen realistischen Züge verliehen werden.
- Weiter muss sich eine Beschäftigung mit den theologischen Fragen und Schlüsselbegriffen anschließen, die in der Geschichte vorkommen.
- Für ungeübte Erzähler empfiehlt es sich, zunächst die Geschichte wortgetreu aufzuschreiben, unter Umständen auch auswendig zu lernen, zumindest deren Inhalt so zu verinnerlichen, dass sie frei erzählt werden kann. Fühle ich mich zu unsicher, kann es besser sein, die Geschichte ausdrucksvoll vorzulesen; wichtig ist, sich klar für eines von beiden zu entscheiden.

---

3 Vgl. Hilbert Meyer, UnterrichtsMethoden II. Praxisband. Frankfurt / M., 2. Aufl. 1997, S. 302 (hier weitere nützliche praktische Hilfen zum Erzählen!) – Ingo Baldermann, Erzählen als Notwendigkeit, in: Jahrbuch für Religionspädagogik 6 (1989), S. 93–110.

4 Werner Laubi demonstriert dies in seinen Erzählbüchern. Vgl. Werner Laubi, Geschichten zur Bibel. Lahr 1993ff.

- Beim Erzählen selbst sollte man für Ruhe sorgen und diese dann auch selber ausstrahlen, indem man an einem Platz stehen bleibt oder sich für alle gut sichtbar hinsetzt.
- Das schließt nicht aus, dass ich an besonders spannenden Stellen in eine Rolle schlüpfe und diese selbst sprechen lasse. Immer wird man besonders auf Tonfall, Mimik und Körpersprache achten, um die Zuhörer durch detailgetreue Schilderungen (bei einem Gewitter z. B. Donner, Blitze, schwüle Luft) in eine andere Welt zu versetzen. Sinnliche Empfindungen sollten so geschildert werden, dass Dinge fühlbar, sichtbar, schmeckbar und hörbar gemacht werden und die Schüler das Erzählte vor ihrem inneren Auge sehen können. Die Gefühle der Personen sollten mitgeteilt und von den Zuhörern nachempfunden werden.
- Der große Vorteil des freien Erzählens liegt im unmittelbaren Blickkontakt, den ich beim Erzählen mit allen in der Klasse aufnehmen kann. So kann ich Reaktionen unmittelbar wahrnehmen und direkt darauf eingehen.
- Klären sollte man, ob Zwischenfragen zugelassen werden sollen. Der Gang der Erzählung wird unterbrochen und es könnte sein, dass dadurch der Eindruck und die Sammlung verloren gehen. Gerade unsere in einer unruhigen Zeit aufwachsenden Schülerinnen und Schüler brauchen Ruhepole und wissen diese auch durchaus zu schätzen.
- Sinnvoll kann es dagegen sein, von vornherein eine Unterbrechung mit einer bestimmten didaktischen Funktion vorzusehen.
- Wichtig ist es, vor der Erzählung zu entscheiden, wie mit Störungen umgegangen werden soll.
- Warnen sollte man vor einer Aufweichung der Form der Erzählung. Von einem fragend-entwickelnden Unterrichtsgespräch ist die Erzählung klar zu unterscheiden. Es ist unfair, Schülerinnen und Schüler, nachdem sie sich auf eine Erzählung eingelassen haben und in die Atmosphäre der Geschichte eingetaucht sind, durch Fragen wieder herauszureißen. Spontane Äußerungen der Schüler nach dem Erzählen sollten dagegen selbstverständlich sein, denn sie sind von unschätzbarem Wert. Sie zeigen oft, wie kreativ Schüler mit dem Erzählten umgehen und wie aktuell gerade die Inhalte biblischer Erzählungen sind.
- Für eine Vertiefung des Erzählten eignen sich gut vorbereitete Arbeitsaufträge wie Malen, freies Schreiben, eine Fortsetzung schreiben, Rollenspiel u. a.
- Altersgrenzen gibt es beim Erzählen nicht. Lediglich die Auswahl des Erzählstoffes und die spezielle Thematik, die in einer Erzählung herausgestellt werden soll, muss altersgemäß sein.

→ *Biblische Themen,* → *Konzeptionen des Evangelischen Religionsunterrichts,* → *Konzeptionen des Katholischen Religionsunterrichts,* → *Methoden*

Zur Diskussion gestellt

- Erinnern Sie sich an Erzählungen aus Ihrer Schulzeit, die Ihnen besonderen Eindruck machten. Welche Gestalten wurden Ihnen so nahe gebracht? Gibt es erzählte Personen, mit denen Sie sich identifizieren konnten, die Sie möglicherweise in Ihrer Lebensführung beeinflusst haben?
- Wählen Sie eine biblische Gestalt aus oder wählen Sie Ihre Lieblingsgeschichte und versuchen Sie, diese in einer Erzählung Schülerinnen und Schülern verschiedener Altersstufen nahe zu bringen.
- Üben Sie das Erzählen vor einer kleinen Gruppe. Übung macht den Meister und die Meisterin. Das gilt hier ganz besonders.

Literaturempfehlung

Ingo Baldermann, Einführung in die biblische Didaktik. Darmstadt 1996, S. 69–131. – Werner Laubi, Die Himmel erzählen. Narrative Theologie und Erzählpraxis. Lahr 1995. – Christel Oehlmann, Einfach erzählen. Ein Übungsbuch zum Erlernen des freien und des gestalteten mündlichen Erzählens. Paderborn 2001.

Christiane Müller

Fallbesprechungsgruppen / Supervision

Anlässe

Auf dem Hintergrund zunehmender Schwierigkeiten mit größer werdenden Klassen, verhaltensauffälligen Schülern sowie dem vielfach konstatierten Burnout-Syndrom bei Lehrerinnen und Lehrern entsteht seit den 90er Jahren verstärkt der Wunsch nach Beratung und supervisorischer Unterstützung innerhalb und außerhalb der Schule. Dabei mochte zu Beginn der Entwicklung von pädagogischer Supervision noch die Skepsis überwogen haben, ob man denn nicht selbst mit seinen schulischen Schwierigkeiten klarkommen müsste, ohne Hilfe von »außen« durch den neuen Berufsstand der Supervisoren in Anspruch nehmen zu müssen. Bisweilen mag auch der schillernde Begriff »Supervision«, der ursprünglich aus der angelsächsischen Sozialarbeit entlehnt wurde, ein gewisses Maß an Verunsicherung (Ist es denn schon so weit, dass wir Supervision brauchen?) hervorgerufen haben. Doch ist in den letzten Jahren eine ausführliche Klärung des Anspruchs, was Supervision ist und leistet, sowie die Reflexion der zu Grunde liegenden Annahmen und theoretischen Modelle in Gang gekommen.

Was eigentlich ist nun Supervision? Nach einer aktuellen Definition von Kurt Buchinger handelt es sich dabei um »professionelle Reflexionshilfe«[1], die als eine spezielle Beratungsform effizientes Arbeiten im Beruf ermöglichen soll. Prinzipiell erscheint es dabei sinnvoll, sich vor Augen zu führen, dass die gegenwärtigen Beratungs- und Supervisionsmodelle im pädagogischen Bereich ursprünglich diversen Modellen klinisch-therapeutischer Schulen und Richtungen der vergangenen Jahrzehnte entstammen.

Modelle und Annahmen pädagogischer Beratung und Supervision

Wer bei seiner Arbeit ein Problem hat oder bei anderen ein solches feststellt, hat zwangsläufig eine wichtige Vorentscheidung zu treffen: Soll ich das ausgemachte Problem durcharbeiten und nach allen Regeln der Kunst erforschen, indem ich nach möglichen Ursachen fahnde, oder soll ich nach einer konstruktiven Lösung suchen, die mir zwar vielleicht keine endgültige Ursachenerklärung bietet, aber dafür möglicherweise ein schwieriges Thema bewältigen hilft? Man wird im ersten Teil der Frage unschwer eine tiefenpsychologisch-psychoanalytische orientierte, im zweiten Teil eine stärker systemisch-lösungsorientierte Sichtweise erkennen. Diese zunächst scheinbar polemische Gegenüberstellung ist Ausdruck und Ergebnis zweier therapeutischer Traditionen der letzten beiden Jahrzehnte. Unter dem Eindruck kybernetischer und systemischer Modelle von Bateson, Watzlawick, Maturana, Luhmann u. a. fand eine Abkehr von pathologie- und defizitorientierten Erklärungsmustern statt hin zu einer Hervorhebung konstruktiver Entwicklungs- und Handlungsmög-

1 Kurt Buchinger, Die Zukunft der Supervision. Heidelberg 1999, S. 20.

lichkeiten aller an einem Problem beteiligten Personen.[2] Ferner bricht sich nach den kontroversen Diskussionen früherer Jahre die Erkenntnis Bahn, dass ein eklektischer Umgang mit verschiedenen beratend-supervisorischen Ansätzen zum Nutzen der Klienten sein könnte.

Dennoch bleibt jedes Modell pädagogischer Supervision der Aufgabe verpflichtet, die eigenen theoretischen Vorannahmen (z. B. die Betrachtung von *Problemen* und die daraus abzuleitenden Überlegungen über *Lösungen*) darzulegen und zu begründen.

Lösungsorientierte Fallbesprechungsgruppen – Überlegungen und Hypothesen

In traditionellen Ansätzen bestehen die Ziele von Supervision im Wesentlichen in der genauen Einordnung der dargestellten Problemsituation und der in ihr enthaltenen innerseelischen Prozesse mit dem Ergebnis einer diagnostischen Abklärung. Das Verstehen von internalen oder externalen Problembedingungen wird folgerichtig zum zentralen Imperativ erhoben. Demgegenüber haben Vertreter eines konsequent lösungsorientierten Ansatzes seit den 80er Jahren die Frage untersucht: *Wie entstehen Lösungen im therapeutischen Prozess?*[3] Grundannahmen sind hier u. a.:

- Komplexe Probleme erfordern nicht zwangsläufig komplexe Lösungen (auch komplizierte Schlösser können durch einen einfachen Dietrich geöffnet werden).
- Lösungen sind durch einen wechselseitigen Prozess zwischen Berater und Klient konstruierbar.
- Es gibt meist mehrere Lösungen für ein Problem.
- Die möglichen Ursachen eines Problems müssen nicht zwangsläufig in Erfahrung gebracht werden, um es zu lösen. (Albert Einstein sagte einmal zu Recht: »Ein Problem kann man nicht mit der Art des Denkens lösen, die es geschaffen hat.«)
- Ein geschildertes Problem eines Klienten ist ein Konstrukt, kein objektiv erkennbares und feststellbares Faktum.

Um an dieser Stelle kein Missverständnis aufkommen zu lassen: In einer lösungsorientierten Perspektive wird nicht behauptet, dass die Entstehungsbedingungen eines Problems keinen Einfluss auf die supervisorische Arbeit hätten, aber sie werden eher als Kontextbedingungen des Lösungsprozesses angesehen. Oder um es mit Worten erfahrener Supervisoren zu sagen: »Es zeigt sich zunehmend, dass eine Fokussierung der Aufmerksamkeit weg von Problemerhellungen und hin zu Lösungsvorschlägen nicht nur eine ökonomische Strategie, sondern vor allem auch eine konstruktive Hinwendung zu persönlichen Ressourcen und Kompetenzen und damit auch zu Handlungsalternativen darstellen kann.«[4]

---

2 Einer der therapeutischen Pioniere auf diesem Feld ist bis heute der amerikanische Systemtherapeut Steve de Shazer; vgl.: Ders., Das Spiel mit Unterschieden. Wie therapeutische Lösungen lösen. Heidelberg, 3. Aufl. 1998.

3 Vgl. Steve de Shazer, »Der Dreh« – Überraschende Wendungen und Lösungen in der Kurzzeittherapie. Heidelberg, 7., korrigierte Aufl. 2002. – William O'Hanlon, Shifting Contexts, New York 1987.

4 Karl-Ludwig Holtz / Dieter Thiel, LoB – Lösungsorientierte Beratung und Supervision in pädagogischen Handlungsfeldern, in: Jörg Schlee / Wolfgang Mutzek (Hg.), Kollegiale Supervision. Modelle zur Selbsthilfe für Lehrerinnen und Lehrer. Heidelberg 1996, S. 168–190; dort, S. 177.

Man kann ferner feststellen, dass in herkömmlichen Beratungssituationen der Vorgang der *Problemanalyse* die Beteiligten in ihrer Wahrnehmung so sehr auf unerwünschte Aspekte einengen lässt, dass mögliche Lösungskompetenzen buchstäblich aus dem Blick geraten können, obwohl sie in der Regel vorhanden sind. Eine Fokussierung auf erfolgreiche Strategien im bisherigen Umgang mit einem Problem soll dabei gezielt helfen, *Ausnahmesituationen* zu eruieren, in denen ein erwünschtes und erfolgreiches Handeln schon einmal möglich war.

Was aber sind nun genau *Lösungen*? Im Anschluss an Steve de Shazer kann unter Lösungen in Beratung und Supervision Folgendes verstanden werden: Sie beinhalten entweder Veränderungen auf der (beobachtbaren!) Verhaltens- bzw. Wahrnehmungsebene, die Supervisor und Klient in einem gemeinsamen Interaktionsprozess konstruieren und die zu einer neuen Umgangsweise mit dem beklagten Problem führen sollen; oder aber es geht um Erarbeitung einer veränderten Zukunftsperspektive, die die bisherigen Beschwerden nicht mehr enthält. Die zentralen methodischen Elemente einer lösungsorientierten Supervision für die Arbeit in Fallbesprechungsgruppen umfassen dabei folgendes Instrumentarium:

- *Zielfindung und -beschreibung*: Ein frühzeitiges Formulieren von Zielen hat den Vorteil, dass man über die wechselseitigen Erwartungen zwischen Supervisor und Klient Klarheit bekommt und Kriterien für ein erfolgreiches Ende des Beratungsprozesses entwickelt. Eine klare und präzise *Auftragsklärung* zwischen den am Supervisionsprozess Beteiligten entspricht einer *kundenorientierten* Haltung.
- *Fokussierung auf Kompetenzen und Ressourcen:* An Fallbeispielen lässt sich deutlich machen, wie bestimmte, zu einer gewünschten Lösung beitragende Ressourcen aktiviert bzw. neu gewonnen werden können.
- *(Um-)Deutung und positive Konnotation:* Defizitorientierte Beschreibungen von Supervisoren wie von Klienten werden konstruktiv reformuliert und auf den jeweiligen (Problem-)Kontext gedeutet. Der Vorgang des *Umdeutens* beinhaltet insofern eine paradoxe Zumutung, als dabei für ein bislang als problematisch empfundenes Verhalten eine konstruktive Deutung entwickelt wird, um diese dann auf die Problemsituation zu übertragen.
- *Eruierung neuer Optionen und Handlungsalternativen:* Eine lösungsorientierte Supervision wird kontinuierlich die verhandelten Interaktions- bzw. Beziehungsmuster, die ein geschildertes Problem stabilisieren helfen, reflektieren. Auch hier liegt die Betonung auf den *wahrnehmbaren* Interaktionen und weniger auf interpretatorischen Deutungen oder gar Diagnosen nach dem Motto: Ich weiß schon, was für Sie in diesem Fall gut ist.
- *Systemische Haltung beim Entwickeln von Lösungen:* Eine herkömmliche Defizithaltung lädt in der Regel dazu ein, klientbezogene Problembeschreibungen für *wahr* zu halten und den Kontext, d. h. das soziale Beziehungsgeflecht und die an einem Problem beteiligten Institutionen (z. B. Schule, Jugendamt, Beratungsstellen), außer Acht zu lassen. Eine systemische Grundhaltung kann den Umgang mit den in den Problemzusammenhang involvierten Einrichtungen in den Lösungsprozess einbeziehen.

Ablauf einer lösungsorientierten Fallbesprechung[5]

- *Ankommensphase*: Zu Beginn einer Fallbesprechung kann eine Erwartungsrunde (Was wünsche und erwarte ich mir heute von unserer gemeinsamen Sitzung?), eine Ressourcenrunde (Was ist seit dem letzten Mal bei mir gut gelaufen und soll einfach so bleiben?) oder eine allgemeine Orientierungsrunde (Wo befinde ich mich gerade gedanklich und wo möchte ich heute hin?) stehen.
- *Sammelphase*: Es folgt eine Bestandsaufnahme, bei der die für diese Sitzung einzubringenden und zu verhandelnden »Fälle« gesichtet und in eine Reihenfolge gebracht werden (hier ist dann auch entsprechend Raum für terminliche und organisatorische Absprachen).
- *Falldarstellung*: Die Fallschilderung orientiert die Gruppe darüber, was beim vorliegenden Problem passiert ist und welche Fragen an den Supervisor bzw. die Gruppe vorliegen (Auftragserteilung: Was könnte / sollte ich beim nächsten Mal möglicherweise anders machen?). Ferner ist hier Gelegenheit, die eigenen Erwartungen abzuklären (Woran würde ich merken, dass diese Supervision heute erfolgreich für mich verlaufen ist?).
- *Interview und Lösungserarbeitung*: Hier können die Gruppenmitglieder weitere Informationen zum vorgetragenen Fall (*Unklarheiten*) und lösungsorientierte Nachfragen beitragen. Dabei ist es wiederum wichtig, Interaktionen, d. h. Verhaltensmuster der am Problem Beteiligten, zu beschreiben, und nicht deren mögliche charakterlichen Eigenschaften zu inspizieren. Es kann ferner nach in der Vergangenheit erfolgreichen Interaktionen gefragt werden: Wie haben Sie sich verhalten, als das Problem einmal nicht oder kaum auftrat? Woran haben Sie gemerkt, dass Sie mit dem Problem erfolgreich umgegangen sind? Hierher gehört auch die von Steve de Shazer eingeführte »Wunderfrage«: Stellen Sie sich vor, über Nacht geschieht ein Wunder und Ihr Problem ist mit dem morgigen Tag gelöst – woran werden Sie im Umgang mit XY merken, dass sich etwas Grundlegendes geändert hat, und was wird dann künftig anders sein?
- *Beratungsphase*: Hier wird die Gruppe nun eingeladen, ihre eigenen Lösungsvorschläge in Form von Ideen und Hypothesen zu artikulieren oder in einem kurzen Rollenspiel darzustellen. Der / die zu Beratende hat an dieser Stelle die Möglichkeit zuzuhören, ohne weitere Kommentare abgeben zu müssen.
- *Schlusskommentar und Reflexion*: Damit ein möglicher Spielraum für vorhandene Ressourcen entfaltet werden kann, versucht die Gruppe, eigene Lösungsvorschläge mit positiven Hinweisen im Blick auf die Dinge, die bereits jetzt gut laufen, zu verbinden (Komplimente) und daran Anregungen für Problemlösungen anzuschließen. Häufig kann dies zunächst durch kleine Beobachtungsaufgaben geschehen: Was läuft jetzt schon gut und ist es wert, in Zukunft beibehalten zu werden? Wichtig ist hierbei, dass immer das jeweilige Gruppenmitglied, das einen Fall eingebracht hat, darüber entscheidet, welche Lösungsangebote eine hilfreiche und nützliche Anregung für die Zukunft darstellen. Mitunter haben sich auch abschließende *Skalierungsfragen* in Bezug auf Vorhersagen über das betreffende

5 Das folgende idealtypische Schema lehnt sich eng an die von Karl-Ludwig Holtz / Dieter Thiel entwickelte Konzeption an. Vgl. dies., a. a. O., S. 183ff.

Problem bewährt: Wie bewerte ich die Schwere des Problems heute und wie wird es sich bis zum nächsten Mal konstruktiv entwickelt haben?

→ *Disziplinprobleme,* → *Ganzheitlichkeit,* → *Religionslehrer(in),* → *Schulseelsorge*

Zur Diskussion gestellt

- Überlegen Sie, unter welchen Bedingungen Sie die Ressource einer *Fallbesprechungsgruppe* in Zukunft nutzen wollen. Welche Bedenken haben Sie?
- Welche Vorteile bzw. Nachteile könnten in einer *kollegialen Supervision* (ohne leitenden Supervisor!) gegenüber einer *Gruppe unter supervisorischer Anleitung* bestehen?
- Welche möglichen Zusammenhänge sehen Sie zwischen *Supervision* auf der einen und Impulsen für *Organisationsentwicklung* von Schule auf der anderen Seite? Welche Chancen und Risiken sehen Sie?

Literaturempfehlung

Kurt Buchinger, Die Zukunft der Supervision. Aspekte eines neuen Berufs. Heidelberg 1999. – Clin Feltham / Windy Dryden, Grundregeln der Supervision. Ein Lehr- und Praxisbuch. Weinheim / Basel 2002. – Steve de Shazer, Das Spiel mit Unterschieden. Wie therapeutische Lösungen lösen. Heidelberg, 3. Aufl. 1998.

Wolfgang A. Kasper

Filme

Der Film ist das Leitmedium unserer Epoche. Dem Religionsunterricht ist es dennoch nicht hinreichend gelungen, diesem Medium einen sinnvollen und angemessenen Platz zukommen zu lassen. Im gleichen Maße, wie Jugendliche mit Filmen Vergnügen und Unterhaltung verbinden, scheinen diese manchen Pädagogen für wirkliche Bildungsarbeit ungeeignet zu sein. Unbestritten bleibt den Filmen das Reservat der letzten Stunden vor den Ferien und des Abends im Schullandheim. Einen festen Platz haben sich auch einige »Klassiker« erworben, religiös verortete Problemfilme, Bibel- oder Jesusfilme wie *Jesus von Montreal*. Aber sonst?

Das Angebot

Medienstellen der Kirchen wie Kreismedienzentren bieten einen umfangreichen Katalog an Filmmedien. Kurzfilme, Dokumentarfilme, Reportagen, Zeichentrickfilme, Spielfilme verschiedener Länge sind in den Katalogen nach Problemfeld, Gesprächsanlässen, Zielgruppe und altersgemäßer Eignung geordnet. Meist werden Materialien, Analysen und Gesprächshinweise in Begleitheften mitgeliefert. Leiht man die Filme bei den offiziellen Medienstellen, so ist das rechtlich unbedenklich. Anders steht die Sache, wenn man privat hergestellte oder entliehene Videomitschnitte im Unterricht verwendet. Lediglich Schulfunksendungen dürfen für einen beschränkten Zeitraum im Unterricht gezeigt werden. Ansonsten lässt das Urheberrecht noch den Einsatz von »Zitaten« aus Filmen zu. Der Rest (private Aufnahmen bzw. in Videotheken ausgeliehene Filme) ist mangels eines Abkommens der Kultusbehörden mit den Verwertungsgesellschaften illegal. Dieser Zustand ist unbefriedigend – lässt er doch einen raschen und unkomplizierten Zugriff auf aktuelle Sendungen des Fernsehens oder der Massenkultur nicht zu. So wird man umso dankbarer die nicht immer brandneuen Medien der kirchlichen und staatlichen Leihstellen nutzen.

Wie viel Filmkunde brauchen Unterrichtende?[1]

Die meisten Kolleginnen und Kollegen haben in den letzten Jahren an Seherfahrung, Dechiffriervermögen und überhaupt Beheimatung in der Welt des Films dazugewonnen. Die jüngeren unter ihnen kennen dazu noch die Filme, die *man* kennt. Sie wissen, was ein Kultfilm ist, und sie kennen die Szene des Show-Biz. Umso wichtiger ist es, dass der selbstverständliche Umgang mit dem Medium durch Reflexion ergänzt wird.

Um Filme gezielt zu beobachten oder auch gründlicher zu analysieren, gibt es Kategorien, die je nach Bedarf weiter differenziert werden können:

---

1 Vgl. hierzu: James Monaco, Film verstehen. Kunst, Technik, Sprache, Geschichte und Theorie des Films und der Neuen Medien. Reinbek 2002.

- *Handlungsverlauf / Bildinhalte*: Welche Themen? – Hauptpersonen und ihre Charakterisierung – Personenkonstellationen – Konflikte und Handlungsmotive – Erzählhaltung – Dramatischer Aufbau, Höhepunkte und Lösung
- *Ausstattung*: Kulissen, Räume, Requisiten – Masken und Kostüme – Farbe und Licht
- *Kameraführung*: Einstellung – Blickwinkel – Kamerafahrten – Handkamera – Blende, Schärfe, Belichtung
- *Schnitt*: Tempo und Rhythmisierung – Harter oder weicher Schnitt – Stilmittel wie Überblendtechnik, Zeitlupe, Zeitraffer
- *Vertonung*: Verhältnis Sprache / Text und Bild – Filmmusik – Geräusche – Sprachstil der Darstellerinnen und Darsteller (Hochsprache, Dialekt, Redeweise) – Sprachliche Gestaltungsmittel wie Dialog, Kommentar, Erzähler
- *Gestalterische Absichten*: Symbolische Verweise – Realismus oder Naturalismus – Gesellschaftskritik – Komik – Spannung

Die Analyse filmischer Mittel ist im Religionsunterricht kein Selbstzweck, sondern dient einer vertieften Auseinandersetzung mit den Inhalten.

Häufig verblüfft der unhistorische Umgang mit Filmen. Dokumentar- wie Spielfilme haben ihren historischen Ort. Während Literatur selbstverständlich auf ihre Ursprungssituation hin befragt wird, hermeneutische Interpretationstechniken zur Verfügung stehen, genügt für Filme scheinbar das Kriterium: Was kommt bei den Zuschauern an? Was haben sie direkt verstanden? Will man mehr begreifen, so ist der Blick in ein Filmlexikon oder eine Filmgeschichte immer hilfreich.[2] Bei aktuellen Filmen empfiehlt sich die Lektüre von Film-Zeitschriften.[3] Vor allem aber ist es sinnvoll, auf die sachkundig hergestellten Begleitmaterialien der Medienstellen zurückzugreifen.

Organisatorische Checkliste

- *Raum* mit Geräteausstattung, wenn nötig verdunkelbar.
- *Vorführtechnik* (bei 16 mm-Filmen) und *Bedienungselemente* (bei Video, Beamer oder DVD) sind oft tückisch, also vorher zu klären. Große Fensterfronten machen eine spiegelfreie Aufstellung schwierig.
- *Das Aufsuchen einzelner Sequenzen* ist während des Unterrichts zeitraubend. Oft ist die Herstellung einer eigenen Videocassette mit den gewünschten Sequenzen für den Einsatz im Unterricht sinnvoll (sofern das Urheberrecht dies zulässt).
- *Zeit-Ökonomie*: Vor allem längere Filme sprengen den schulischen Stundentakt. Aber auch innerhalb der einzelnen Stunden sollte an sinnvolle Proportionen von Vorführzeit und Besprechung bzw. Aufarbeitung gedacht sein.

---

2 Vgl. Katholisches Institut für Medieninformation (Hg.), Lexikon des Internationalen Films. Reinbek 1996ff.

3 Z. B. *medien praktisch* oder *film-dienst*.

Didaktische Gesichtspunkte

In den meisten Fällen müssen Schülerinnen und Schüler zu Filmen nicht besonders motiviert werden (nicht einmal zu den langweiligen). Sie empfinden den Zugang als leicht, den Anteil an Arbeit als gering und erhoffen sich Lustgewinn im Rahmen des Möglichen. Das deutet auf Schwierigkeiten bei der unterrichtlichen Vermittlung:

- Filme – vor allem Spielfilme – sind darauf angelegt zu überwältigen. Ihr Reizpotenzial schafft Aufmerksamkeit ohne Konzentration. Sie wirken als Erlebnisse bzw. als Ereignisse. Um zur Erfahrung zu werden, ist Denkarbeit vonnöten, die Filme in ihrer eigenen Struktur selten anlegen oder anregen. Oft reicht ihre bewegende Kraft immerhin, um das Thema in anderer Form weiterzuverfolgen. Häufig muss aber eine Phase der Reflexion erst energisch aufgebaut werden.
- Auch dokumentarisches Filmmaterial führt nicht ohne weiteres zu reflektierender Vertiefung. Da für Schülerinnen und Schüler die Trennung zwischen Wirklichkeit und ihrer Darstellung im Film nicht gar zu tief greifend ist (Bildmedien genießen paradoxerweise ein ungleich größeres Vertrauen als Printmedien), gestaltet sich der Prozess des Hinterfragens je nachdem mühsam, ist aber doch unbedingt vonnöten.
- Dass privater Medienkonsum und schulischer Gebrauch nicht auseinander gehalten werden, führt zu mancherlei Enttäuschungen. Für Schülerinnen und Schüler wäre es schön, die Filmsensation im Unterricht zu sehen. In jedem Falle hätten sie es gerne, wenn Filme ihren Sehgewohnheiten in Stil, Ästhetik, modischer Aufmachung usw. entsprächen. Diese Erwartung kann in den seltensten Fällen erfüllt werden.
- Filme sind demnach nicht als Selbstläufer in den Unterricht einzuplanen, sondern sollten bewusst didaktisch in die Unterrichtsziele eingeordnet werden. Oder sie bilden selbst das Hauptthema der Einheit.

Thematische Aspekte

Natürlich sind biblische Stoffe im Film häufig verarbeitet worden.[4] Neben Monumentalfilmen zu alttestamentlichen Stoffen gibt es auch eine große Liste von Jesus-Filmen. Vor dem Einsatz im Unterricht ist daran zu denken, dass diese Filme die typischen Feiertags-Lückenfüller der Fernsehprogramme spielen müssen, also bekannt und verbraucht sind. Dennoch gibt es gerade unter den Jesus-Filmen viele, die gut für Denkanstöße und vertieftes Verständnis der Person Jesu sind (z. B.: *Pasolini, Das erste Evangelium – Matthäus; Bunuel, Der Nazarener; Scorsese, Die letzte Versuchung; Arcand, Jesus von Montreal*).[5]

Gerade bei »direkten« Jesus-Filmen lässt sich deutlich machen, dass eine adäquate Verwendung im Unterricht eine zielstrebige Auswahl von Behandlungskriterien erfordert:

4 Vgl. Manfred Tiemann, Bibel im Film. Ein Handbuch für Religionsunterricht, Gemeindearbeit und Erwachsenenbildung. Stuttgart 1995.

5 Für eine vollständige Filmographie vgl. jetzt Manfred Tiemann, Jesus comes from Hollywood. Religionspädagogisches Arbeiten mit Jesus-Filmen. Göttingen 2002.

- *Jesusbild*: Historische Zeichnung Jesu oder christologische Überzeichnung? – Mensch oder Gott? – Rollenprofil Jesu (Rabbi, Prophet, leidender Gerechter, Aufrührer)? – Jesus zwischen Volksfrömmigkeit und Theologie – Material aus dem Leben Jesu – Charakter? – Urteile und Wertungen über Jesus im vorliegenden Film?
- *Umgang mit den Überlieferungen*: Verwendung von Evangelien und deren Erzählstoff – Evangelienharmonisierung oder ein Evangelium? – Fiktionale Ausgestaltung der Person Jesu – Wie werden einzelne literarische Gattungen der Evangelien aufgenommen (Wundergeschichten, Legenden, Streitgespräche, Gleichnisse)? – Außerbiblische Traditionen.
- *Religiöse oder ideologische Intention*: Religiöse Erbauung? – Umdeutung der Gestalt Jesu (z. B. als Revolutionär)? – Gesellschaftskritik?

Auch Themen der christlichen Geschichte sind immer wieder Stoff für Filme geworden. Für den Unterricht sind sie nützlich, weil sie oft in kurzer Zeit mehr geschichtliches Wissen in den Köpfen verankern als wochenlange Unterrichtseinheiten. So sind Filme wie *Der Name der Rose, Franz von Assisi, Anne Frank* (mehrere Fassungen), *Schindlers Liste* nicht nur spannend und eindrücklich, sondern vermitteln auch die Bilder ihrer jeweiligen Epoche. Die Gefahren historischer Verzeichnung muss man dabei in Kauf nehmen.

Vor allem im Bereich ethischer, hier besonders sozialethischer Problemstellungen ist der Einsatz von Filmen nicht mehr wegzudenken: Rassismus und Fremdenfeindlichkeit, gentechnische Manipulation des Menschen, Lebenssituation behinderter Menschen. Die Liste kann beliebig fortgesetzt werden.

Aber auch in eher theologisch-philosophischen Bereichen gewinnen Filme im Unterricht eine immer größere Bedeutung: Wie wirklich ist die Wirklichkeit? (*Matrix*). Was ist der Mensch ohne Überformung durch die Gesellschaft? (*Werner Herzog, Kaspar Hauser, 1974; Peter Sehr, Kaspar Hauser, 1994; François Truffaut, Der Wolfsjunge*)

Geht man davon aus, dass Gott mit der ganzen Welt zu tun hat, so ist Gott und die Welt, also im Grunde alles, was Filme engagiert darstellen, Thema des religiösen Nachdenkens. Für den Einsatz im Unterricht freilich sollte Paul Tillichs Maxime bedacht werden, dass in der Tiefe Wahrheit liegt. In diesem Sinne sind vorwiegend solche Filme unterrichtsgeeignet, die das Verständnis einer Sache vertiefen oder erweitern und nicht nur illustrieren.

Viele religiöse Themen sind heute in die Massenkultur ausgewandert. Religiöse Traditionen wie Heilssuche, Apokalyptik, Messianismus kehren in der aktuellen säkularen Ausdruckswelt wieder.[6] Dieser Übergang verdient gesonderte Überlegungen. Für Schülerinnen und Schüler ist es spannend, im nicht religiösen Milieu religiöse Gedanken, Motive, Symbole und Spekulationen aufzuspüren und zu durchdenken. Sie werden auch neugierig die Bezüge zur christlichen Tradition aufsuchen, sofern sie dabei nicht von einer oberlehrerhaften Besserwisserei abgeschreckt werden.

---

6 Vgl. Hans-Martin Gutmann, Der Herr der Heerscharen, die Prinzessin der Herzen und der König der Löwen. Religion zwischen Kirche, Schule und populärer Kultur. Gütersloh, 2. Aufl. 2000. – Inge Kirsner / Michael Wermke (Hg.), Religion im Kino. Religionspädagogisches Arbeiten mit Filmen. Göttingen 2000.

Vorführmethoden

Natürlich wirkt es immer als Akt der Barbarei, Kunstwerke (und das sind Filme eben auch) nicht in der integralen Form zu zeigen; und das heißt zunächst, sie nicht ganz zu zeigen. Deshalb wollen Filme, je mehr sie künstlerischen Charakter haben, desto eher in voller Länge zur Geltung kommen. Das entspricht ihrer künstlerischen Kalkulation in Spannung, Symbolik, Identifikation, inneren Verweisen.

Dagegen spricht allerdings auch einiges. Die Zeit ist in einem zweistündigen Fach knapp. Die Grenze zum Freizeit-Konsum wird fließend. Die Eigenarbeit beschränkt sich zunächst auf die Rezeption. Deshalb sind Alternativen zu prüfen:

- *Sequenzen*: Der Film kann in einzelne Abschnitte zerlegt werden. Nach jedem Abschnitt werden die wesentlichen Gesichtspunkte erarbeitet, so dass Problemfortschritt und Problemlösung vertiefend begleitet werden.
- Wo ein Film nicht ganz gezeigt werden kann, sollte an Überbrückungsreferate gedacht werden, um die Abschnitte oder *Schlüsselszenen* einzuordnen. Die Vorführung des Films kann natürlich auch auf die wesentlichen Sequenzen reduziert werden. Diese werden dann je nach Bedarf wiederholt. Grundsätzlich sollte man sich vom an sich guten Erinnerungsvermögen heutiger Jugendlicher bei Filmvorführungen nicht dazu verleiten lassen, die wesentlichen Elemente der Filmwerke allzu rasch vorauszusetzen. Häufig müssen Schlüsselszenen mehrmals gezeigt werden, um den künstlerischen Mehrwert abzuschöpfen.
- Manche Vorführmethoden lassen sich mit eigenen *Produktionsaufgaben* verknüpfen: Der Film kann an einem wohl bedachten Punkt (Wendepunkt, Höhepunkt, vor der Lösung) abgebrochen werden. Im Gespräch wie in Eigenarbeit können Fortsetzungen entworfen werden, alternative Handlungsstränge entwickelt, eigene Lösungen des Konflikts überlegt werden. Schaltet man den Ton ab, so ergeben sich überraschend kreative Aufgaben: Dialoge sind zu entwerfen, Verfremdungen sind möglich. Umgekehrt: Schaltet man das Bild ab und arbeitet nur mit dem Ton, so kann die Fantasie Bilder und Bildsequenzen entwickeln.

Formen der Auswertung

Oft wird man nach dem Ende des Filmes in einem offenen Gespräch Wirkung, Betroffenheit oder Fragen leicht aufnehmen können. Allerdings verlaufen solche Gespräche oft im Sande oder sie werden diffus. Sie sollten deshalb durch präzisere Methoden ergänzt werden:

- Auswertungsbogen, die Themen und Beobachtungen sichern, problematisierende Fragen aufwerfen und einen Übertragungshorizont in den Blick bringen, sind arbeitintensiv, aber fruchtbar. Sie können bereits vor dem Betrachten des Films eine Erwartungs- und Beobachtungshaltung aufbauen und während der Vorführung die Aufmerksamkeit steuern.
- Zur Bearbeitung von Einzelaspekten können Gruppen gebildet werden. Deren Ergebnisse dienen als Grundlage der gemeinsamen Diskussion.
- Je nach Thema bieten sich ritualisierte Diskussionsformen an wie »Pro und Contra«, Podiumsdiskussion, Partnergespräche, Schreibdiskussion.
- Kreative Aufgabe: zusätzliche Briefe, Tagebücher, Erlebnisse, Gespräche der Hauptpersonen im Film dazuerfinden.
- Verfassen einer Filmkritik, Gestaltung von Filmvorschau mit Filmplakaten

→ *Ganzschriften,* → *Religiöses Lernen,* → *Texte,* → *Unterrichtsgespräch*

Zur Diskussion gestellt

- *Das Jesusbild ist immer auch ein Spiegelbild der eigenen Epoche.* Überprüfen Sie diese Erkenntnis der »Leben-Jesu-Forschung« an einem Jesus-Film. Ziehen Sie zum Vergleich Ergebnisse der historisch-kritischen Forschung heran.
- Erlösungssehnsucht und die Gestalt des messianischen Retters spielen in vielen Filmen eine zentrale Rolle. Die Analyse eines Beispiels (z. B. *Matrix; Der Wüstenplanet; Terminator II)* könnte thematisieren: Worin besteht das »Böse«, von dem erlöst werden soll? Welche besonderen Fähigkeiten und Kräfte stehen dem »Retter« zu Gebote? Vor allem: Wie hält er es mit der Gewalt?
- Die biblische Botschaft als »Wort« und die bildhafte Gestaltung im Film lassen interessante Spannungen entstehen – vor allem bei »supranaturalen« Erzählmotiven: Schöpfung, Durchzug durchs Rote Meer, Wunderheilungen, Auferstehung. Versuchen Sie eine möglichst genaue Beschreibung der symbolischen Darstellungsformen.

Literaturempfehlung

Karsten Henning / Rainer Steib, Leitfaden Medienarbeit. Erfahrungsorientierte Medienpraxis für Religionsunterricht und Bildungsarbeit. München 1997. – Inge Kirsner / Michael Wermke (Hg.), Religion im Kino. Religionspädagogisches Arbeiten mit Filmen. Göttingen 2000.

Friedrich Spaeth

Freies Arbeiten

Auch eine Erfahrung von Unterricht ...

Mittwoch, 7.45 Uhr. Mit dem Gong betritt der Religionslehrer der 5b den Unterrichtsraum, die Tasche landet mit einem Schwung auf dem Pult. An einer Stelle des Klassenraums herrscht hektische Betriebsamkeit beim Bibel-Fußball, an einer anderen sitzen vier Schülerinnen und Schüler um einen Tisch und ordnen bunte Tücher um eine Christus-Ikone, an einer größeren Tischgruppe bekleben Schülerinnen kleine Streichholzschachteln mit den Titeln biblischer Schriften. Ein Pärchen sitzt in der Ecke und diskutiert, die Bibel und einen Schreibblock auf dem Schoß. Drei Schüler stehen am Klassenschrank und machen einen eher unschlüssigen Eindruck, ein anderer hat bereits sein Pausenbrot ausgepackt. Der Auftritt des Religionslehrers wird an manchen Stellen des Klassenraums mit einer kurzen Begrüßung kommentiert, andere Schülerinnen und Schüler scheinen ihn eher zu ignorieren. Erst nach einigen Minuten löst sich ein Schüler aus der Vierergruppe und wendet sich, mit einem Blatt in der Hand und einem Problem auf dem Herzen, an den »unterrichtenden« Lehrer.

Keine Utopie von Unterricht, sondern eine eher alltägliche Erfahrung mit einer eigentlich »uralten« Unterrichtsform – zugegebenermaßen in der Frühphase der Anwendung, bevor sich erste Verschleißerscheinungen in der Klasse bemerkbar machten.

Die Quellen: Neue Anforderungen und historische Wurzeln

»Freiarbeit« nimmt in Teilen der aktuellen didaktischen Debatte nahezu den Rang eines Zauberwortes ein, das eine Antwort auf die massiven Veränderungen im schulischen Umfeld (Individualisierung der Schülerinnen und Schüler, Veränderung des Lernbegriffs) verheißt. So sehr der Rede von der Freiarbeit (zumindest im gymnasialen Bereich) der Charakter des Neuen, Modernen, nahezu Avantgardistischen anhaften mag, so deutlich gilt doch: Die Wurzeln des Freiarbeitsgedankens liegen in der Reformpädagogik des beginnenden 20. Jahrhunderts, verbunden mit den Namen Peter Petersen, Maria Montessori, Célestin Freinet.[1] Dieser Rückgriff auf ältere Konzepte geht nun in der neueren didaktischen Debatte mit dem Konzept der »Schlüsselqualifikationen« eine nicht unproblematische Verbindung ein. Während die Überlegungen der genannten Reformpädagogen um die *conditio humana*, die Frage nach dem Bild vom Menschen, kreisten und auf eine Entwicklung der jungen Menschen in Richtung Emanzipation und Solidarität zielten, scheint in den neueren Ansätzen eher eine funktionalistisch-wirtschaftsnahe Formierung der Schülerinnen und Schüler in Richtung Effektivitätssteigerung im Vordergrund zu stehen.[2] In die-

1 Einen ersten Überblick hierzu bei Christel Wopp, Offener Unterricht, in: Werner Jank / Hilbert Meyer, Didaktische Modelle. Berlin, 5., überarbeitete Aufl. 2002. – Eine vertiefte Darstellung des Zusammenhangs mit der Montessori-Pädagogik bietet Horst Klaus Berg, Freiarbeit im Religionsunterricht. Konzepte, Modelle, Praxis. München 1997.

2 Letztendlich geht es um die Frage, ob Schule als »Funktion der Gesellschaft« oder als »Weg des

sem Spannungsfeld müssen zentrale Begriffe wie »Ich-Kompetenz«, »Sozialkompetenz«, »Methodenkompetenz« und »Sachkompetenz« für die didaktische Reflexion sorgsam untersucht und gerade auch im Hinblick auf das biblische Menschenbild je neu bestimmt werden.

Begriffsklärungen

Schon der für diesen Beitrag gewählte Oberbegriff »Freies Arbeiten« ist nicht ganz unproblematisch, da er eine Vielzahl möglicher unterrichtlicher Ansätze umfasst und in seiner weitest möglichen Definition eine grundsätzliche Öffnung von Schule impliziert. Im Folgenden sollen mithin jene »methodische Großformen« (Hilbert Meyer) thematisiert werden, die sich an den individuellen Lernbedürfnissen der Kinder und Jugendlichen orientieren und ihnen Entscheidungsfreiräume zu selbstbestimmtem Lernen eröffnen. Zentrale didaktische Kategorie aller dieser Unterrichtsformen ist die Erziehung zur Selbstständigkeit durch Selbsttätigkeit. Die Freiheit der Entscheidung bezieht sich dabei auf Auswahl, Umfang und Niveau des Lerngegenstandes und der Lernziele, den Lernweg und die Zeiteinteilung, unter Umständen auch auf den Lernort und die Wahl der Lernpartner. Wesentlicher als die Zunahme an Wissensinhalten ist dabei die Vermittlung von »Methoden, Erkenntniswegen und Strukturen« (Horst Klaus Berg), die den Schülerinnen und Schülern eine exemplarische Aneignung ihrer Welt ermöglichen.

Voraussetzungen

Der so geöffnete Unterricht kann nicht gelingen ohne grundlegende Veränderungen in Hinsicht auf die Rahmenbedingungen:

- An erster Stelle betrifft dies die personalen Voraussetzungen. Die Rollen von Schülerinnen und Schülern auf der einen und Lehrerinnen und Lehrern auf der anderen Seite müssen neu definiert werden: Den Schülerinnen und Schülern wird ein deutliches Mehr an Eigeninitiative und Selbstkontrolle zugemutet und zugetraut, während die Lehrerin oder der Lehrer lernen muss, Lernprozesse anzustoßen, zu begleiten und zu moderieren.
- Bei dieser indirekten Unterrichtsführung spielt, v. a. in den eher gebundenen Varianten des Freien Arbeitens, das dargebotene Material eine entscheidende Rolle. Es muss zielgerichtet sein und zugleich eine gewisse Bandbreite an Bearbeitungsmöglichkeiten bieten, es sollte exemplarisch ausgewählt, klar strukturiert, ästhetisch motivierend sein und die Möglichkeit zur Selbstkontrolle enthalten.[3]
- Nicht selten sind es jedoch unzureichende organisatorische Voraussetzungen (räumliche Enge, 45-Minuten-Takt des Unterrichts, im Religionsunterricht die konfessionelle Zusammensetzung der Lerngruppen), die die ersten und damit schwersten Hürden zur Freiarbeit darstellen.

Kindes« begriffen wird. Vgl. dazu Ludwig Duncker, Zeigen und Handeln. Studien zur Anthropologie der Schule. Langenau 1996.

3 Vgl. hierzu Horst Klaus Berg, a. a. O., S. 68ff; 98f.

Differenzierungen

Dass sich der didaktische Grundansatz »Selbstständigkeit durch Selbsttätigkeit« in verschiedene methodische Großformen differenziert, liegt im Wesentlichen an der je neu auszutarierenden Balance zwischen der Lehrerlenkung und den Freiräumen der Schülerinnen und Schüler. Die Übergänge zwischen den einzelnen Konzepten gestalten sich dabei fließend, so dass die nachfolgenden Kategorisierungen »Lernstraße / Lernzirkel«, »Freiarbeit im engeren Sinne« etc. eher als Orientierungspunkte denn als Definitionen zu verstehen sind.

Eine erste Annäherung an freie Arbeitsformen bieten die Unterrichtsformen der *Lernstraße oder* des *Lernzirkels*: Die Schülerinnen und Schüler arbeiten dabei an einer bestimmten Anzahl von Lernstationen, die im Klassenraum verteilt und in ihrer materiellen Ausstattung so konzipiert sind, dass sie selbstständig, d. h. ohne Anleitung des Lehrers, bearbeitet werden können. Dies kann in Einzel-, Partner- oder Gruppenarbeit geschehen. Die Reihenfolge der Bearbeitung kann linear festgelegt sein, wird aber in den meisten Fällen den Schülerinnen und Schülern freigestellt werden. Der Stationenwechsel erfolgt dann individuell, was die Absprache der Schülerinnen und Schüler untereinander notwendig macht. Bei umfangreicheren Lernzirkeln ist eine Differenzierung in Pflicht- und Wahlaufgaben sinnvoll. Zur Dokumentation der Arbeit kann ein »Werkstattheft« angelegt werden. Die Freiheit der Schülerinnen und Schüler bezieht sich hier also v. a. auf die Wahl der Reihenfolge der zu bearbeitenden Gegenstände, auf die dafür verwendete Zeit und eventuell die hinzuziehenden Partnerinnen und Partner.

Eine erhebliche Ausweitung der Wahlmöglichkeiten der Schüler erfolgt durch die Kooperation mehrerer traditioneller Unterrichtsfächer in der *Freiarbeit* (»Freiarbeit im engeren Sinne«). Zu den im Lernzirkel / in der Lernstraße gegebenen Freiheiten tritt nun in verstärktem Maße die Freiheit zur Auswahl der Gegenstände hinzu, oft auch die Wahl der Bearbeitung.

In einer sehr weit entwickelten Unterrichtskonzeption hat das Freie Arbeiten die Fächergrenzen endgültig gesprengt. In der nun eher in Anlehnung an den *Projektunterricht* zu denkenden »Freiarbeit als eigenständigem Unterrichtsfach« entwickeln die SchülerInnen einzeln oder in Gruppen je nach Interessen eine eigene Aufgabenstellung, legen die Form der Bearbeitung dieses Themas und der Darstellung der Arbeitsergebnisse fest und bestimmen Tempo und Richtung der weiteren Arbeit weitgehend selbst.

Die so graduell abgestuften unterrichtlichen Ansätze ließen sich auch verstehen als eine über die Schullaufbahn zu verteilende stufenweise Einübung in Selbsttätigkeit und Selbstständigkeit im Sinne eines aufeinander aufbauenden Systems, das schließlich übergehen könnte zu Projektunterricht und der gezielten Förderung der »besonderen Lernleistungen« in der Oberstufe, wie dies seit wenigen Jahren im Rahmen des Seminarkurses an baden-württembergischen Gymnasien der Fall ist.

Freiarbeit im Religionsunterricht

An dieser Stelle ist deutlich zu machen: Freiarbeit steht als Oberbegriff nicht nur für eine Ansammlung unterrichtlicher Ansätze, sondern basiert viel mehr noch auf einer bestimmten Haltung gegenüber den Schülerinnen und Schülern und der eigenen

Lehrerrolle. Diese Haltungen und Einstellungen stehen in einer deutlichen Affinität zu dem biblischen Bild vom Menschen und seinen Möglichkeiten: Wo die Theoretiker des Freien Lernens von der Achtung der Würde des Kindes sprechen, nennt die jüdisch-christliche Tradition dies Gottebenbildlichkeit; wo dort die Mündigkeit und Erziehung zum »aufrechten Gang« des Heranwachsenden betont wird, wird hier verwiesen auf die grundlegende Bestimmung des Exodus-Menschen zu Freiheit und Verantwortung.

Aus diesen Konvergenzen mit der biblischen Anthropologie lässt sich nicht nur die Relevanz dieses Unterrichtskonzeptes für den Religionsunterricht erweisen, viel mehr noch zeigen sie die Spur auf, in der sich Freies Arbeiten im Religionsunterricht zu bewegen hat. Gottebenbildlichkeit und Freiheit des Menschen ernst zu nehmen heißt den Schülerinnen und Schülern Freiräume zu schaffen, in denen sie in der freien Wahl ihrer Lernwege sich selbst und ihre Umwelt in Ruhe und Selbstbestimmung wahrnehmen und gestalten können. Nach Horst Klaus Berg beinhaltet dieser Prozess zwei zentrale Aspekte: Durch die dezidierte Organisation von Wahlmöglichkeiten werden die Schülerinnen und Schüler in ihrer Selbstwahrnehmung gestärkt und lernen, ihre eigene Freiheit mit der Freiheit der anderen in Beziehung zu setzen (prozessbezogener Aspekt). Gleichzeitig aber müssen die angebotenen Inhalte so gewählt und aufbereitet sein, dass sie für die Kinder und Jugendlichen »Schlüssel zur Welt« darstellen können, d. h., dass sie Erkenntnisse vermitteln, mit deren Hilfe sie methodisch befähigt werden, andere Inhalte selbstständig zu erschließen (»gegenstandsbezogener Aspekt«).[4]

Für den Religionsunterricht bedeutet dies insbesondere auch die Freiheit der Nicht-Annahme der dargebotenen Inhalte und Ziele. Ein sensibler Ausgleich zwischen der grundsätzlichen Offenheit der Welt- und Selbstdeutungsmuster im unterrichtlichen Prozess und der Orientierungsfunktion des Religionsunterrichts stellt die vermutlich größte Herausforderung innerhalb dieses Unterrichtskonzeptes dar und macht noch einmal Chancen und Grenzen gleichermaßen deutlich.

→ Fächerverbindender Unterricht, → Konfessionalität und Konfessionelle Kooperation, → Methoden, → Projektunterricht, → Räume und Zeiten

4 Horst Klaus Berg, der führende Theoretiker des Freien Arbeitens im Religionsunterricht, hat selbst eine ganze Reihe von Freiarbeitsmaterialien vorgelegt, bei deren Sichtung zu überlegen wäre, inwieweit ihm die Einlösung seiner eigenen Kriterien gelingt. Vgl. Horst Klaus Berg / Ulrike Weber, Mit Jesus beginnt etwas Neues. Stuttgart / München 1995. – Dies., So lebten die Menschen zur Zeit Jesu. Stuttgart / München 1996. – Dies., Ostern. In Bildern Spuren des Neuen Lebens entdecken. Stuttgart / München 1998. – Dies., Symbole erleben – Symbole verstehen. Stuttgart / München 2000. – Ansonsten vgl. z. B. auch folgende Freiarbeitsmaterialien für den Religionsunterricht: Eleonore von Dincklage / Andreas Diller, Unterwegs durch die Bibel. Lernstraße in 17 Stationen für die Sekundarstufe. Stuttgart 1996. – Eleonore von Dincklage / Elisabeth Herwerth, Die Schöpfung – Gottes Geschenk an uns. Eine Lernstraße in 5 Lernzonen. Stuttgart 1997. – Martin Hundt u. a., Vom Glauben und Leben der Juden. Stuttgart 1998.

Zur Diskussion gestellt

- Erinnern Sie sich an Ihre Schulzeit: Haben Sie selbst freie Formen des Unterrichts erlebt? Was stellt sich Ihnen in der Rückschau besonders positiv / fruchtbar / gewinnbringend dar? Erinnern Sie sich an problematische Situationen?
- Überlegen Sie, welche Unterrichtsinhalte – zum Beispiel aus den Bildungsplänen – Ihnen für einen Lernzirkel, eine Lernstraße oder ein Projekt besonders geeignet erscheinen. Welche erscheinen ihnen eher ungeeignet?
- Reflektieren Sie für sich Ihr eigenes Selbstbild als Lehrerin / Lehrer: Sehen Sie für sich in der besonderen Stellung der Lehrperson in freien Unterrichtsformen Chancen, entdecken Sie Probleme? Wie bestimmen Sie für sich das Verhältnis zwischen der Forderung nach Selbstständigkeit und (religiöser) Mündigkeit der Schülerinnen und Schüler und Ihrer Religionslehrerrolle im konfessions-, d. h. bekenntnisgebundenen Religionsunterricht?

Literaturempfehlung

Dietlind Fischer, Freiarbeit – eine neue Lernform für den Religionsunterricht an Gymnasien? In: rhs – Religionsunterricht an höheren Schulen 3 / 1999, S. 172–181. – Friedrich Gerve, Freie Arbeit. Grundkurs für die Ausbildung und Fortbildung. Weinheim / Basel 1998. – Claus Krieger, Schritt für Schritt zur Freiarbeit. Baltmannsweiler 2000.

Ulrich Baader

Ganzschriften

Welche Funktion haben literarische Texte im Religionsunterricht?

Es lohnt sich, dieser Frage, die sich in der religionsdidaktischen Diskussion der letzten Jahrzehnte immer wieder gestellt hat, kurz nachzugehen, bildet sie doch den Bezugsrahmen für den »Spezialfall« des Einsatzes von Literatur, dem von *Ganzschriften*.

Bis weit in die 70er Jahre hat die Behandlung literarischer Texte im Religionsunterricht allenfalls subsidiären Charakter.[1] Eindeutig wird der Bibel ein Vorsprung gegenüber der Literatur eingeräumt. Literatur »... darf lediglich Fragen stellen, die durch die Bibel beantwortet werden ... Literarische Texte werden zu Aufhängern und Ködern für biblische Stoffe ...«[2]

Die stärkere Hinwendung zu einem kontext- und problemorientierten Ansatz im Religionsunterricht verschiebt die unangefochtene Mittelpunktstellung der Bibel zugunsten literarischer Texte und hat gleichzeitig den Nebeneffekt, dass diese in ihrer literarischen Eigenart stärker ernst genommen werden. Interessant sind diesem Hintergrund die unterschiedlich akzentuierten »Funktionskataloge« moderner Literatur im Religionsunterricht,[3] die sich als »Analyse / Diagnose / Identifikation(smodell) / Motivation / (Stärkung von) Artikulation / Konfrontation / Provokation / Konkretion / Mobilisierung und Aktualisierung«[4] zusammenfassen lassen. Zweifellos ließe sich ein ähnlicher Funktionskatalog in der Methodik und Didaktik des Faches Deutsch finden.[5] Die »Quadratur des Kreises« für den engagierten Religionslehrer besteht nun darin, zwischen dem Verlust des eigenen fachlichen Propriums (»Deutschunterricht mit schlechteren Mitteln«) und einer Funktionalisierung literarischer Texte als »Trittbrett(er) der Verkündigung«[6] einen sachgemäßen eigenen Standort zu finden.

Ein wesentlicher Gesichtspunkt wird dabei die vor allem durch Hubertus Halbfas und Peter Biehl in die religionsdidaktische Diskussion eingebrachte Reflexion über Sprache im Allgemeinen und religiöse Sprache im Besonderen sein.

Ursula Baltz-Otto[7] versucht den oben erwähnten Spagat in ihrem erhellenden Aufsatz durch a) die Einführung der Schlüsselkategorie des Ästhetischen (es geht um die didaktisch reflektierte Beschäftigung mit Sprache), b) die Überwindung enger

---

1 Vgl. im Folgenden Bernhard Wolf, Domestizierte Texte. Bedeutung und Funktion moderner Literatur im Religionsunterricht, in: Der Evangelische Erzieher 1975, S. 370–385.

2 A. a. O., S. 372.

3 A. a. O., S. 374–375.

4 A. a. O., S. 375–377.

5 Vgl. Sonderheft Praxis Deutsch »Kinder- und Jugendliteratur im Unterricht«, Zeitschrift für den Deutschunterricht, Seelze 1995 und Sonderheft Praxis Deutsch »Leseförderung in einer Medienkultur«, Zeitschrift für den Deutschunterricht, Seelze 1998.

6 Brigitte Schwens-Harrant, Trittbrett für die Verkündigung? In: Christlich-pädagogische Blätter 5 / 1998, S. 4–6.

7 Ursula Baltz-Otto, »Religion« und »Literatur« – Theologie und Literaturwissenschaft. Hermeneutische und didaktische Perspektiven, in: Jahrbuch für Religionspädagogik 4 (1987), S. 21–41.

Fächergrenzen zu Gunsten einer Orientierung am Lernbereich (Deutsch, Religion, Ethik, Philosophie) und c) einer sich aus b) ergebenden höheren Flexibilität des Unterrichts. So kommt sie zu dem Fazit: »Die Methoden der Untersuchung literarischer und religiöser Texte sind *dieselben*. Aber andererseits: Die *Kontexte* literarischer und religiöser Texte sind *unterschiedlich*. Darin liegt die Spannung. Das macht die concordia discors (Walter Jens) ergiebig. Nicht eine Stimme sagt es, sondern zwei brauchen sich.«[8]

Die Behandlung von Ganzschriften im Religionsunterricht stellt nun einen Sonderfall der Literaturbehandlung im Religionsunterricht dar.

Aus zeitökonomischen (der Lehrplan!), methodisch-didaktischen, lernpsychologischen und nicht zuletzt auch aus finanziellen Gründen erweist sich die Behandlung einer Ganzschrift im Religionsunterricht als problematisch.

Zunehmend weniger Schülerinnen und Schüler haben Lust am Lesen – wie jüngst die PISA-Studie zeigte. Es gilt nicht als ehrenrührig, vor allem unter Schülern, sich als passionierten »Nicht-Leser« zu outen. Ohnehin ist der Religionsunterricht, vor allem der der Oberstufe, stark »vertextet« und damit »verkopft«. Unsere Schulbücher und Unterrichtsmodelle sind eine bunte Mischung von theologischen, literarischen und sonstigen »Gebrauchstexten«. Außerdem gehört der sachgemäße Umgang mit Texten sicherlich zu den unaufgebbaren Schlüsselqualifikationen, die Religionsunterricht vermitteln soll. Handlungs- und produktionsorientierte Verfahren ermöglichen neue, unverbrauchte Zugänge auch zu altbekannten, allzu vertrauten Texten.[9]

Und dennoch – gegen allgemeine Leseunlust auch noch eine Ganzschrift?

Die »Häppchen-Theologie«, vor allem im Religionsunterricht der Oberstufe, befriedigt nicht. Selbstverständlich ist didaktische Reduktion notwendig, ist Vielfältigkeit von (theologischen) Meinungen und Positionen anregend, aber es fehlt doch häufig der »lange Atem«, das »Am-Ball-Bleiben« an einer Fragestellung, an einem breiter ausgeführten Thema.

Zu begrüßen ist auch ein gewisser *Verfremdungseffekt*. Kolleginnen und Kollegen geht es manchmal so, dass ihre Stunden im anderen Fach, die sich mit Themen wie Hoffnung, Sinn, Angst u. Ä. beschäftigen, die besseren »Religionsstunden« sind. Könnte das daran liegen, dass sie unbelastet sind vom schweren, erdrückenden »Stuckrahmen« hehrer Theologie und Schülerinnen und Schüler nicht in das Fahrwasser gebremst-gemäßigter Reaktion ziehen?

Die Behandlung einer Ganzschrift im Religionsunterricht wird *Parallelen* zu der des Deutschunterrichts, aber auch entscheidende eigene *Akzentsetzungen* aufweisen.

- Es sollte sich um einen Text handeln, der ein *theologisch-anthropologisch relevantes Kernthema* behandelt.
- Bei der Texterschließung geht es neben der Entwicklung und Förderung des sprachlichen Ausdrucks und der Textanalyse vor allem um die *Entwicklung von kommunikativer Kompetenz in Fragen, »die mich unbedingt angehen«*.[10]

---

8 A. a. O., S. 40.

9 Vgl. Peter Kliemann, Impulse und Methoden. Anregungen für die Praxis des Religionsunterrichts. Stuttgart, 2. Aufl. 2003, vor allem das Kapitel »Vom Deutschunterricht lernen«, S. 66–82.

10 Zu Recht weist Bernhard Wolf, a. a. O., S. 379, mit einem Zitat auf die Gefahren einer »Über-

Nach all diesen theoretischen Vorüberlegungen aber nun konkret die Frage: Was »geht« im Religionsunterricht? Ein kleiner Einblick in die einschlägige Literatur zeigt unterschiedliche Möglichkeiten auf.[11]

Einige Vorschläge für die Unterrichtspraxis

Oberstufe

Jean Paul Sartre, Geschlossene Gesellschaft (rororo tb 5769): Drei Menschen werden nach ihrem Tod für alle Ewigkeit in einem Hotelzimmer zusammen sein. Sie reißen sich gegenseitig die Masken der Scheinsicherheiten, der Eitelkeiten und des Selbstbetrugs von den Gesichtern und sind mit »Augen ohne Lidern« gezwungen, in den Spiegel, den ihnen der Andere vorhält, zu schauen.

Diese Höllenvorstellung ist wirklich furchterregend. Der Leser erlebt ein Selbstgericht ohne Gnade und Barmherzigkeit. Der kurze Einakter eignet sich zum Gespräch über Schuld – Sühne – Gericht – Hölle sowie natürlich auch als Vertiefung und Veranschaulichung von Jean Paul Sartres existenzialistischer Philosophie.

Sartres Höllenvorstellung lässt sich gut kontrastieren mit der in einem der frühen Hörspiele von *Günter Eich, »Festianus, Märtyrer« (in: Günter Eich, Fünfzehn Hörspiele. suhrkamp tb 120)*, in dem die Endgültigkeit der Hölle – durchaus im Gefolge von Origines und Schleiermacher – in Frage gestellt wird durch die Güte und Liebe eines Einzelnen.

Zum Thema »Kirche« bietet sich ein Versuch an mit *Brian Moore, Katholiken (Diogenes TB 20546)*. In diesem utopischen Roman wird ein junger Priester von der ökumenischen Zentrale in Rom zu einer kleinen sturen irischen Mönchsgemeinschaft ge-

---

didaktisierung« von Literatur hin, wonach Literatur in die Rolle gedrängt wird, »der dröhnende Bauchredner dessen zu sein, was Unzählige unartikuliert bewegt.«

11 Stefan Heil, Ganzschriften im Religionsunterricht der Gymnasialen Oberstufe. Religionsdidaktische Impulse zur jugendlichen religiösen Identitätsbildung anhand des Romans »Jugend ohne Gott« von Ödön von Horváth, in: Informationen für Religionslehrer, Limburg, 4 / 1999, S. 13–18. – Heinz Ivkovits, John Steinbecks »Früchte des Zorns« – eine Aktualisierung. Bausteine für ein fächerübergreifendes Multimediaprojekt Englisch – Geschichte – Religion auf der Sekundarstufe II, in: Christlich-pädagogische Blätter 4 / 1997, S. 202–206. – Gerd Neuhaus, Urvertrauen und Absurditätserfahrung: Camus' »Die Pest«, in: Katechetische Blätter 1993, S. 164–170 (Der Autor wendet sich hier explizit gegen die »Verhackstückung« einzelner Ausschnitte aus dieser Erzählung – z. B. des Dialogs zwischen Doktor Rieux und Pater Paneloux – und plädiert für die Behandlung als Ganzschrift!). – Rolf Sistermann, Der gehörnte Gott von Avalon. Untersuchung eines mythischen Motivs im Religionsunterricht einer Klasse 13, in: Der Evangelische Erzieher 1988, S. 87–99 (Der Verfasser nimmt das Schülerinteresse an Esoterik mit der gemeinsamen Lektüre von Marion Zimmer Bradley, Die Nebel von Avalon, auf). – Michael Wermke, Literatur im Religionsunterricht, in: Loccumer Pelikan 1 / 1999, S. 87–89. (Vf. befasst sich in diesem Artikel mit Theodor Fontanes Roman »Ellernklipp«, einer literarischen Adaption des biblischen Buches Ruth.) – Zwei neuere Dissertationen beschäftigen sich mit der Thematik: Clauß Peter Sajak, Exil als Krisis. Selbstkundgabe, Erinnerung und Realisation als Beitrag deutschsprachiger Exilliteratur zu einer narrativen Religionsdidaktik. Ostfildern 1998, und Michael Wermke, Jugendliteratur über den Holocaust. Eine religionspädagogische, gedächtnissoziologische und literaturtheoretische Untersuchung. Göttingen 1999.

schickt, die es immer noch wagt, lateinische Messen zu lesen, die Ohrenbeichte abzunehmen und überhaupt unökumenische Riten und Bräuche zu pflegen – und das mit großem Zulauf aus aller Welt!

Er soll den Mönchen und vor allem ihrem Abt gehörig den Kopf waschen und die rechte Ordnung durchsetzen – die neue, liberale Ordnung, wohlgemerkt. Die Begegnung verläuft anders als geplant. Durch die verzwickt vertauschten Positionen von Progressivität und Konservatismus und die dem Buch zu Grunde liegende Frage, was eigentlich »religiöse Heimat« ausmacht, bieten sich manche Gesprächsanlässe.

Mittelstufe

Peter Pohl / Kinna Gieth, Du fehlst mir, du fehlst mir (München 1994) zum Thema Tod – Trauer – Identitätsfindung (das Buch handelt vom Tod der Zwillingsschwester der Ich-Erzählerin) und *Aldous Huxley, Schöne Neue Welt (fischer tb 26).*

Die jeweiligen Textabschnitte zu den Themen: Was ist Glück? Wie werde und bleibe ich glücklich? Gibt es Schuld und Sünde? Wie geht man in der »Schönen Neuen Welt« mit Schmerz und Tod um? Welche Rolle spielt hier Religion? können als »roter Faden« und Einstieg in die entsprechenden Fragestellungen dienen.

Unterstufe

Jutta Richter, Der Hund mit dem gelben Herzen oder die Geschichte vom Gegenteil (München 1998): Das Buch erzählt vom großen Erfinder G. Ott und seinem besten Freund, dem merkwürdigen Lobkowitz, der aus einem wunderbaren Garten geflohen ist. Nun ist er auf der Suche nach diesem Garten und seinem Bewohner, eben G. Ott. Es ist reizvoll, dieses Buch in einer Unterstufenklasse einmal im Zusammenhang mit dem Thema Schöpfung und Gottesbild zu behandeln.[12]

Sicherlich ist der Einsatz von Ganzschriften im Religionsunterricht der Mittel- und vor allem der Unterstufe besonders zeit-, vorbereitungs- und methodenintensiv. Und welche *Methoden* eignen sich hier?

Als geeignete Methode, mit einer solch »ausführlichen« Lektüre umzugehen, erscheint das Ausfüllen von Leerstellen. Jeder Text verfügt über solche Leerstellen. Da passiert etwas, es ist bedeutsam und hat Konsequenzen, wird aber nur angedeutet. Diesen Bedeutungsüberschuss gilt es nun kreativ umzusetzen.

Weiterhin bietet sich in der Unterstufe das Verfassen von Dialogen an, ebenso das Schreiben eines Dialogs, eines Zeitungsartikels, eines Lexikonartikels, eines Tagebucheintrags.

Auch die Erarbeitung eines Rollenspiels (das dann auch gespielt wird!) motiviert sowie das »Bauen« eines »Standbildes« zu den Gefühlen und Empfindungen einer / mehrerer der jeweiligen Hauptpersonen.

Nicht zu vergessen sind alle kreativen Umsetzungsmethoden (Malen, Collagen zu zentralen Fragestellungen in Gruppen erarbeiten, Diarähmchen kratzen usw.). Um das »Besondere« dieser Unterrichtsform zu betonen, erarbeiten Kinder gerne ein

12 Vgl. die hervorragende Umsetzung dieses Literaturprojekts durch Hannelore Richter, Der Hund mit dem gelben Herzen. Ein Jugendbuch von Jutta Richter im Religionsunterricht der 5. Klasse, in: entwurf 1 / 2002, S. 55–63.

»Schönes Heft«, das die Arbeit mit der Ganzschrift dokumentiert (und sich nebenbei auch gut als Geschenk an die Eltern, Großeltern und andere Freunde und Verwandte eignet).

→ *Bibliodrama / Szenisches Spiel,* → *Erzählen,* → *Fächerverbindender Unterricht,* → *Symboldidaktik,* → *Texte*

Zur Diskussion gestellt

- Haben Sie in letzter Zeit ein Buch gelesen, das Sie von Anfang bis Ende gefesselt hat?
  Könnten Sie sich vorstellen, dieses Buch mit einer Ihrer Lerngruppen im Religionsunterricht zu lesen?
- Fragen Sie Ihre Kinder und Ihre Schülerinnen und Schüler: Was lest ihr gerne? Könnt ihr euer Buch in der Klasse vorstellen? Vielleicht motiviert diese Vorstellung dazu, einmal ein Buch gemeinsam in Angriff zu nehmen.
- Fragen Sie die Deutschkollegin / den Deutschkollegen Ihrer Lerngruppen: Gibt es ein Buch, das sich fächerübergreifend zu lesen lohnt (unterschiedliche Fragestellung, Akzentsetzung, verschiedene Arbeitsformen)?

Literaturempfehlung

Peter Conrady, Zum Lesen verlocken. Jugendbücher im Unterricht für die Klassen 5–10, Landau 1990 (mit didaktisch-methodischen Bausteinen). – Hannelore Daubert / Hans-Heino Ewers, Lesen in der Schule mit dtv junior. Moderner Kinderroman. Unterrichtsvorschläge für die Altersstufen 9–12 Jahre. München 1996. – Dies., Jugendromane. Unterrichtsvorschläge für die Klassen 6–11. München 1997.

Iris Bosold

Gestaltpädagogik

Begriff und Hintergrund

Die Bezeichnung »Gestaltpädagogik« umfasst zunächst als Sammelbegriff Elemente unterschiedlicher reformpädagogischer Konzepte.[1] Gemeinsam ist diesen Konzepten die Orientierung an der Humanistischen Psychologie sowie an Elementen der Gestalttherapie. Von ihrer eigenen Zielsetzung her will die Gestaltpädagogik jedoch kein in sich geschlossenes Erziehungskonzept vorlegen, sondern einen Beitrag zu einer guten Pädagogik leisten. Zentral ist stets die Bemühung um eine ganzheitliche Erziehung, welche dem Menschen in all seinen Dimensionen und Bedürfnissen gerecht zu werden versucht.

Der Begriff »Gestalt« meint eine wahrnehmbare Ganzheit, bei Lebewesen etwas organisch Gewachsenes, das sich ständig weiterentwickelt. »Gestalt« ist immer etwas Konkret-Anschauliches und Einmaliges. Seine besondere Ausprägung erhielt der Begriff durch Christian von Ehrenfels (1859–1932) und die *Gestaltpsychologen*, die sich vor allem mit Problemen der Wahrnehmung beschäftigten. Zu den bedeutsamsten Gestaltqualitäten gehört nach Ehrenfels die »Übersummativität« (»Das Ganze ist mehr als die Summe der Teile«), die »Transponierbarkeit« (Beispiel: Ist mir die Gestalt eines Kreises einmal bekannt, so erkenne ich diese in unterschiedlichsten Größen und Ausprägungen wieder.); das »dynamische Figur – (Hinter-)Grund – Prinzip« (Nur wenn sich eine Figur oder Gestalt von ihrer Umgebung unterscheidet, sich abgrenzt, können wir sie deutlich wahrnehmen.). Die Grundsätze und Beobachtungen der Gestaltpsychologie (wichtigste Vertreter: Wertheimer, Köhler, Koffka) bilden bis heute ein zentrales Element der Gestaltpädagogik.

Von der Gestaltpsychologie maßgeblich beeinflusst war auch der Arzt und Psychotherapeut Fritz Perls (1893–1970). Ausgehend von der Psychoanalyse entwickelte er eine eigenständige Therapieform, die er zunächst »integrative Therapie« und später *Gestalttherapie* nannte. Die Gestalttherapie, welche Perls gemeinsam mit seiner Frau Laura in den USA ständig weiterentwickelte, bildet neben der Gestaltpsychologie die zweite Säule der *Gestaltpädagogik*. Diese stellt den Versuch dar, Erkenntnisse und ausgewählte Handlungsformen der Gestaltpsychologie und Gestalttherapie in die Berufsfelder der Pädagogik zu übertragen. Dabei geht es darum, »persönliches Wachstum zu ermöglichen, Entwicklungsblockaden zu überwinden und die selbstunterstützenden Kräfte zu fördern.«[2]

Wie in der gesamten Humanistischen Psychologie ist auch in der Gestaltpädagogik das Interesse leitend, sich gegen die Zerstückelung der psychologischen und pädagogischen Prozesse zu wehren und eine ganzheitliche Sicht zu entwickeln. Wichtige theoretische Ansätze werden auch aus der Existenzphilosophie gewonnen (z. B. Martin Buber, Jean Paul Sartre).

---

1 In dieser Hinsicht ähnelt die Gestaltpädagogik der Themenzentrierten Interaktion (TZI). Vgl. hierzu Ruth Cohn / Christina Terfurth, Lebendiges Lehren und Lernen. TZI macht Schule. Stuttgart, 4. Aufl. 2001. – Friedhelm Lott, Religionsunterricht als themenzentrierte Interaktion im Kontext einer Schule der Zukunft. Ostfildern 2001.

2 Vera Schmidt-Riese, Grundlagen zur Gestaltpädagogik. Studienbrief 1. Freiburg 1994, S. 5.

Gestaltprinzipien

Die Gestaltprinzipien sind als Zielorientierung der gestaltpädagogischen Arbeit zu verstehen. Im Rahmen dieses Beitrags können sie nur stichwortartig und unvollständig genannt werden:

- Betonung des *Hier und Jetzt*. Die Beachtung dieses Prinzips lenkt die Aufmerksamkeit auf die aktuellen Wirkfaktoren einer Kernsituation. Vergangenes und Zukünftiges sind für die Gestaltarbeit nur insofern relevant, als sie in das gegenwärtige Erleben hineinwirken.
- Förderung von *Kontakt* und *Bewusstheit*. Dabei geht es zunächst um den Kontakt, den eine Person zu sich selber, ihren Gedanken, Gefühlen und körperlichen Empfindungen hat und wie sie dies wahrnimmt. Eine zweite Ebene bezieht sich auf den Kontakt des Einzelnen zu anderen Personen, zu Gruppen; eine dritte Ebene meint den Kontakt, den eine Person zu einem bestimmten Thema hat. Bedeutsam wird dies vor allem dann, wenn der Kontakt in irgendeiner Form beeinträchtigt oder gestört ist, wenn beispielsweise eine Person keinen befriedigenden Kontakt zu eigenen unbewussten Motiven finden oder keinen Kontakt zu einer Gruppe herstellen kann. Praktisch alle Übungen der Gestaltpädagogik zielen darauf, den Kontakt auf den verschiedenen Ebenen zu fördern und den Grad der Bewusstheit dafür zu verbessern.
- Förderung der eigenen Ressourcen (*self-support*). Zu Grunde liegt die Annahme, dass der Mensch grundsätzlich alle helfenden und heilenden Kräfte, die er zur Bewältigung seiner Lebenssituation braucht, selbst besitzt oder entfalten kann. Die therapeutische oder pädagogische Situation soll dabei einen angstfreien Raum schaffen, in welchem sich der Klient seiner selbst bewusst wird und Wege findet, wie er für sich selber sorgen und seine Probleme lösen kann.
- Übernahme von *Verantwortung*. Verräterisch ist oft die Sprache: »Man« sollte eigentlich, Schuld sind immer »die andern«. Im pädagogischen Prozess sollte es vor allem um das Ich-Sagen, um die Übernahme eigener Verantwortung gehen. Diese Forderung steht in engem Zusammenhang mit dem so genannten »self-support«. In der Selbstwahrnehmung können Projektionen unterbrochen werden, um den jeweils eigenen Anteil zu erkennen. Nur so ist Veränderung möglich.
- *Lernen durch Erfahrung*. In der Gestaltarbeit steht die Erfahrung im Zentrum; d. h. der Lernende muss bereit sein, sich mit seiner Biographie und allen Dimensionen seiner Persönlichkeit einzulassen. Allein die Reflexion oder eine bloße Besprechung bewirken noch keine Veränderung des Verhaltens. Voraussetzung des Lernens auf der persönlichen Ebene ist stets die Selbsterfahrung.
- *Freiwilligkeit*. Da Ziel jeder Therapie und Pädagogik die Gewinnung von Verantwortung und Selbstbestimmung ist, entscheidet jeder Beteiligte freiwillig, auf welche Übung er sich einlassen will, was er jeweils aussprechen oder für sich behalten will. Alle Übungen sind in diesem Sinn als Angebote zu verstehen; jeder Zwang ist zu vermeiden.

Gestaltmethoden und -medien

Da die Methoden der Gestaltarbeit oft als sehr eindrucksvoll erlebt werden, kommt immer wieder das Missverständnis auf, Gestaltpädagogik sei eine reine Methodenlehre. Dagegen ist zu sagen, dass die angewandten Methoden oft nicht spezifisch sind, sondern auch in anderen Zusammenhängen und pädagogischen Konzepten ihren Ort haben können. Entscheidend ist nicht die Methode allein, sondern die damit verbundene Zielsetzung, die Selbsterfahrung und ihre Reflexion. Besonders häufig, weil ihrer Zielsetzung sehr dienlich, werden in der Gestaltarbeit folgende Methoden eingesetzt:

- *Fantasiereisen.* Da sie vor allem die kreativen Fähigkeiten ansprechen, helfen sie Möglichkeiten des Erlebens zu schaffen und eine überstarke Intellektualisierung zu vermeiden. Man kann zwischen gelenkten und nicht gelenkten Fantasiereisen unterscheiden. Oft bilden sie den Einstieg in gestaltpädagogisches Arbeiten, das dann zu kreativen Arbeitsformen weitergeführt wird.
- *Experiment.* Für Fritz Perls war das oft spontan erfundene Experiment ein entscheidender Unterschied zur Methodik der klassischen Psychoanalyse. Im spielerischen Ausagieren zeigte sich ihm mehr von den unbewussten Motiven eines Klienten als im ruhigen Gespräch auf der Couch. Grundsätzlich haben alle angebotenen Übungen der Gestaltarbeit einen experimentellen Charakter. Das gilt für das Psychodrama ebenso wie für das kreative Malen.
- *Feedback.* Es kann auf unterschiedlichste Weise gegeben werden. Grundsätzlich geht es immer darum, sich mit einer Fremdwahrnehmung auseinander zu setzen. Das Feedback macht deutlich, wie ich in meinem Reden und ganzen Verhalten auf andere wirke. Die notwendigen Rückmeldungen durch andere können zu einer realistischen Selbsteinschätzung beitragen.
- *Arbeit mit Medien.* Die Gestaltarbeit bevorzugt solche Medien, welche das Selbstgewahrwerden und den Ausdruck der einzelnen Person fördern. Dies gelingt am ehesten mit »kreativen Medien«: Gemeint sind damit beispielsweise Fingerfarben, Wachsmalstifte, Ton oder Modelliermasse. Andere Autoren bezeichnen diese als »Materialmedien«. Ihnen gegenüber stehen die »technischen Medien« wie Musik (auf Tonträgern), projizierte Dias oder vervielfältigte Texte. Am bedeutsamsten in der Gestaltarbeit sind »Handlungsmedien« wie Rollenspiel, Pantomime, Arbeit mit Masken, Psychodrama / Bibliodrama, Puppenspiel, Bewegungsspiele, Tanz, Musizieren (z. B. mit Orff-Instrumenten) und Singen; Formen des Imaginierens wie z. B. Fantasiereise oder Meditation. Bei jedem Medieneinsatz wird darauf geachtet, wie weit er zur Selbsterfahrung beiträgt, die Kontaktprozesse fördert und die Verantwortung des Klienten stärkt. Nie soll die Methode oder das gewählte Medium für sich allein stehen, stets geht es um Prozesse auf der Kontakt- oder Beziehungsebene.

Wichtig ist: Wird mit diesen Methoden und Medien im Unterricht gearbeitet, so ist dies allein noch nicht als gestaltpädagogisches Arbeiten qualifiziert. Entscheidend bleibt dabei stets die Intention der Bildung der ganzen Persönlichkeit, der Selbsterfahrung, des Kontakts. Erst wenn diese Intention vorausgesetzt ist, kann man von gestaltpädagogischer Arbeit sprechen. Führt eine Lehrkraft in der Klasse z. B. eine Fantasiereise durch, so arbeitet sie allein deshalb noch nicht gestaltpädagogisch.

Merkmale gestaltpädagogischen Lernens

Zentrales Anliegen der Gestaltpädagogik ist die Förderung und Entwicklung der Persönlichkeit als entscheidender Größe allen pädagogischen Handelns. Wachstum und Entfaltung der Persönlichkeit, der Lehrkräfte wie der Schüler und Schülerinnen, sind möglich, wenn diese als Ganzheit in ihrem Wahrnehmen, Denken, Fühlen und Handeln gefördert werden (»Entdecke, was in dir steckt!«). Kennzeichnend für die dabei angestrebten Lernprozesse sind:

- das *integrative* oder *ganzheitliche* Lernen: Alles Lernen sollte möglichst anschaulich, sinnenhaft, konkret und leibhaftig sein. Dazu gehört, dass neben das kognitive Denken gleichrangig die Förderung emotionaler, sozialer und körperlicher Fähigkeiten tritt. Denken, Fühlen und Handeln sollten nicht gegeneinander stehen, sondern sich zu gelungener Gestalt ergänzen.
- *Handlungsorientiertes* Lernen. Der handelnde Umgang mit den Lerninhalten ermöglicht nach allgemeinen Erkenntnissen der Pädagogik einen vertieften Zugang. In der tätigen Auseinandersetzung mit Inhalten und Personen erfahren alle Beteiligten eine Verstärkung ihrer Interessen; im handelnden oder auch praktischen Lernen entdecken sie sich als verantwortliche Subjekte ihres Lernens.
- *Persönlich bedeutsames Lernen.* Die im schulischen Alltag immer wieder beobachtete Langeweile oder Lernverdrossenheit hat meist damit zu tun, dass die Lernenden den Zusammenhang zwischen den vorgestellten (fremden) Gegenständen und ihrer eigenen Lebenssituation nicht mehr wahrnehmen. Um solch negative Lernerfahrungen nach Möglichkeit zu reduzieren, macht die Gestaltpädagogik immer wieder den Versuch, dem Lernen eine Erlebnisqualität zu geben, die es persönlich bedeutsam macht.
- *Spielerisch-kreatives Lernen.* Gestaltpädagogisch akzentuiertes Lernen ergänzt die Lernzielorientierung durch spontane, ungeplante, kreative Elemente. »Man wirft einen Ball in die Klasse und schaut gespannt, was die Schüler damit machen.« (Höfer). Kreative Elemente sind in allen bevorzugten Unterrichtsformen enthalten: Rollenspiel, Bibliodrama, kreatives Malen und Schreiben, Gestalten mit Ton oder Modelliermasse, Musik und Tanz.
- *Soziales Lernen, Beziehungslernen.* Ganz besonders achtet die Gestaltpädagogik auf die Lernatmosphäre, den Umgangsstil der Schülerinnen und Schüler untereinander. Lehrer und Schüler versuchen, gemeinsame Lernwege zu entdecken, ihre Kräfte wechselseitig zu fördern. Es gilt nicht nur das bekannte Montessori-Prinzip: »Hilf mir, es selbst zu tun!«, sondern auch die Devise: »... nach dem für uns beide geeigneten Weg!« Dabei soll stets die Eigenverantwortung der Lernenden gefördert werden.

Christlich orientierte Gestaltpädagogik

Innerhalb des relativ breiten Spektrums gestaltpädagogischer Schulen und Institute nimmt die christlich orientierte Gestaltarbeit ihren besonderen Platz ein. Sie arbeitet auf dem Fundament des biblischen Menschenbildes und orientiert sich an den jesuanischen Wertvorstellungen. Christlich orientierte Gestaltinstitute verpflichten sich in ihren Satzungen auf das Bekenntnis zum Evangelium. Damit rückt neben die Erweiterung persönlicher und beruflicher Kompetenzen vor allem auch die Förderung biblisch-christlicher Spiritualität und religiöser Kompetenz in das Zentrum der Fort- und Weiterbildung.

Initiator christlicher Gestaltpädagogik ist der Grazer Religionspädagoge, Priester und Therapeut Albert Höfer (*1932). Nach seiner Erblindung (1977) absolvierte er eine Ausbildung für integrative Gestalttherapie und gründete 1983 das österreichische Institut für Integrative Gestaltpädagogik und Seelsorge (IIGS). In zahlreichen Kursen und Veröffentlichungen konnte er seine Arbeit bekannt machen und die Gründung weiterer Tochterinstitute anregen (inzwischen in Bayern, Baden-Württemberg, Rheinland-Pfalz, Saarland, Luxemburg, Schweiz, Slowenien).[3]

Ausgangspunkt der Arbeiten Höfers sind meist die großen biblischen Erzählzyklen, die in ihrer Darstellung und Durcharbeitung menschlicher Konfliktsituationen auch zur Orientierung des modernen Menschen beitragen können. Zentral ist für Höfer die Gestalt des heilenden Jesus, der in der Verkündigung seiner Botschaft und in der Tatverkündigung seiner Heilungen ein verpflichtendes Beispiel gegeben hat. Im Rahmen christlicher Gestaltkurse haben neben den schon oben erwähnten Arbeitsformen vor allem auch liturgische Feiern (z. B. Morgenlob, Vesper, Complet) und Gottesdienste, das Psalmensingen, christliche Rituale und Gebete ihre wichtige Funktion.

→ *Bibliodrama / Szenisches Spiel*, → *Fallbesprechungsgruppen / Supervision*, → *Ganzheitlichkeit*, → *Meditative Unterrichtsformen*, → *Symboldidaktik*

Zur Diskussion gestellt

- Stellen Sie sich eine konkrete Klasse vor, in der Sie gerade unterrichten. Worin könnte die Ergänzung oder Bereicherung Ihres pädagogischen Handelns durch gestaltorientiertes Arbeiten liegen?
- Unter den Teilnehmerinnen und Teilnehmern gestaltpädagogischer Kurse sind auffallend wenige aus dem gymnasialen Bereich. Wie erklären Sie sich diesen Sachverhalt?

Literaturempfehlung

Jürgen Heinel, Der König ruht im Klassenzimmer. Gestaltpädagogik zum Kennenlernen. Frankfurt / M. 1993. – Albert Höfer, Gottes Wege mit den Menschen. Ein gestaltpädagogisches Bibelwerkbuch. München 1993. – Alois Müller, Gestaltpädagogik in Religionsunterricht und Gemeinde. Stuttgart 1998.

Helmut Kurz

3 Auskünfte erteilt das Institut für Gestaltpädagogik in Erziehung, Seelsorge und Beratung Baden-Württemberg e.V., Karmeliterstr. 9, 72108 Rottenburg. – Vgl. auch: *www.members.tripod.com / iigs.*

Karikaturen

Die politische Karikatur ist aus den Tages- und Wochenzeitungen kaum wegzudenken. In der Regel soll sie dort aktuelle Ereignisse fokussieren und in ein kritisch-ironisches Licht setzen. Abgeleitet vom italienischen *caricare* (= auf-, beladen), bedeutet Karikatur »übertreiben, überbetonen«. Das heißt, eine Karikatur ist nicht einfach nur eine lustige Zeichnung (dies könnte auch ein gezeichneter Witz sein, der lediglich unterhalten will). Karikaturisten arbeiten »mit ironisierender Zweideutigkeit ebenso wie mit eindeutiger Ironie«[1] und wollen mit Hilfe dieser »visuellen Form der Satire«[2] entlarven, kritisieren und verändern.

Die Steinmetze und Holzschnitzer waren die Karikaturisten des Mittelalters: Sie haben ihren Unmut über und ihre Kritik an ihren kirchlichen Auftraggebern, ihren Spott und ihre Ironie im Schnitzwerk von Chorgestühlen, in Fresken und Hochaltären alter Dome und Kathedralen (beispielsweise in Gestalt von Fratzen) zum Ausdruck gebracht.

Begünstigt durch Gutenbergs Erfindung des Buchdrucks konnten Karikaturen, die im Rahmen der Auseinandersetzungen der Reformationszeit den jeweiligen Gegner verteufeln sollten, eine schnelle Verbreitung finden. Im 19. Jahrhundert erwiesen sich Karikaturisten »als (politische) Moralisten«[3]: »Kübelweise wurde Spott ausgeschüttet über Machthabende, über Thron und Altar.«[4] Bis zum ausgehenden 20. Jahrhundert hat sich die Karikatur vom Medium, mit dem u. a. gegen die Kirche gestritten wurde, wegentwickelt – hin zum Medium auch innerkirchlicher Auseinandersetzung. Helmut Mayer definiert als heute »angemessene Karikatur« eine Grafik, die zunächst zum befreienden Lachen reizt, beim zweiten Blick aber bereits den Fehler nicht mehr nur beim anderen, sondern auch bei sich selbst erkennen lässt; in diesem Sinne wollen Karikaturen auch helfen, eigenes Verhalten zu reflektieren und zu ändern.

Man unterscheidet die *Karikatur* als aktuellen kritischen Kommentar zum Tagesgeschehen oder ironisierende Darstellung von Persönlichkeiten vom zeitlosen *Cartoon*, der gesellschaftliche Zustände oder menschliche Eigenschaften zum Thema hat, und vom abenteuerlich grotesken *Comicstrip*.

Wo und bei welchen Gelegenheiten kann mit Karikaturen gearbeitet werden? Außerhalb des Unterrichts eignen sich Karikaturen für den Einsatz bei Freizeitgruppen, in der Erwachsenenbildung, bei Sitzungen, Tagungen, Elternabenden und für Informationsschreiben.

Was können Karikaturen bewirken? Karikaturen können Sachverhalte konkretisieren; sie fokussieren gezielt ganz bestimmte Aspekte und Probleme und helfen, komplexe Sachverhalte zu differenzieren. Karikaturen konzentrieren die Aufmerksamkeit einer

---

1 Bernhard Müller, Menschlich – Allzumenschlich. Karikaturen für Religionsunterricht und Ethik. München / Stuttgart 1992, S. 11.

2 Horst Klaus Berg, Arbeiten mit Karikaturen, in: Gottfried Adam / Rainer Lachmann, Methodisches Kompendium für den Religionsunterricht. Göttingen, 4., überarbeitete Aufl. 2002, S. 262.

3 Helmut Mayer, Sag's schmunzelnd. Erfahrungen mit Karikaturen in der Kirche. Hamburg 1992, S. 3.

4 Ebenda.

gesamten Klasse oder Gruppe auf ein Medium, sorgen mit Hilfe eines vordergründigen Humors für eine entspannte Atmosphäre und regen durch ihre Hintergründigkeit die Fantasie der Betrachter an. Dosiert eingesetzt wecken sie Interesse und dienen so der Motivation; in diesem Sinne haben sie eine Art »Türöffnerfunktion« und stehen oft am Beginn einer Unterrichtsstunde als Einstieg in einen Themenbereich. Aber auch zur Vertiefung bzw. Wiederholung desselben sind sie geeignet.

Wie kann mit Karikaturen im Religionsunterricht umgegangen werden? Negativ formuliert: Nicht vorschnell deuten (lassen)! Positiv ausgedrückt: Es kommt wesentlich darauf an, die Details der meist sparsamen Zeichnungen wahrzunehmen. Und dafür bedarf es eines systematischen Vorgehens: [5]

- *Beschreibung der (wenigen) Bildzeichen*
  Was sehe ich? Wie ist die Anordnung? Was steht im Vorder- bzw. Hintergrund? Welche Bezüge zu Personen, Gegenständen und Ereignissen gibt es?
- *Analyse*
  Viele Karikaturen verbinden Bildzeichen miteinander, die nicht zueinander passen; diese »Disjunktion als Verbindung widersprüchlicher Bildzeichen« soll »den Blick für Widersprüche im dargestellten Sachverhalt«[6] schärfen. Welche Bildzeichen haben einen allgemein gültigen, symbolischen Stellenwert? Womit werden menschliche Schwächen und fragwürdige Zustände offen gelegt? Wie ist das Verhältnis von Übertreibung und Reduktion? Inwiefern wird generalisiert und kritisiert?
  Inwieweit zieht der Zeichner Vergleiche zwischen seinen Figuren und (prominenten) Personen? Inwieweit gibt es Vergleiche zwischen Personen und Zuständen, Gegenständen oder Ereignissen?
  Welche Bezüge zu zeitgeschichtlichen, kulturhistorischen, literarischen Ereignissen und Hintergründen liegen zugrunde? Inwiefern lässt sich mit dieser Information (diesem Code) die Karikatur entschlüsseln?
- *Transfer in den eigenen Erfahrungsbereich*
  Was kritisiert diese Karikatur?
  Inwiefern (be-)trifft die Kritik auch mich?
  Was ergibt sich aus der Kritik am Bestehenden an Perspektiven, Handlungsmaximen und Veränderungen im Blick auf die Zukunft?
- *Verknüpfung mit dem Unterrichtsthema*
  Sammlungen von Karikaturen lassen sich kaum konsequent systematisch ordnen, weil eine Karikatur ganz unterschiedliche Themenbereiche abdecken kann. Wer eine Karikatur sucht, entdeckt sie häufig deshalb, weil sie ihn beim Durchblättern anspricht. Ein weiteres Kriterium ist die Frage der Altersgemäßheit: Jüngere Schüler und Schülerinnen können mit Ironie leicht überfordert werden, weil sie die beabsichtigte Verfremdung (u.U. trotz Hilfestellung) nicht erkennen. Hilfreich beim Erschließen kann die Ab- bzw. Aufdeckmethode sein: Bei manchen (auch

---

5 Horst Klaus Berg, Arbeiten mit Karikaturen, in: Gottfried Adam / Rainer Lachmann (Hg.), Methodisches Kompendium für den Religionsunterricht. Göttingen, 4., überarbeitete Aufl. 2002, S. 262ff und ders., Karikaturen für das 4.–7. Schuljahr. Ausgewählt und didaktisch kommentiert. Stuttgart / München 1981, S. 3ff.

6 Horst Klaus Berg, Arbeiten mit Karikaturen, S. 264.

mehrteiligen) Karikaturen empfiehlt es sich, einzelne Details (z. B. Symbole, Personen, Sprechblasen oder Textteile) abzudecken, um entweder durch schrittweises Entdecken die Komplexität zu entlasten oder ganz bestimmte Effekte (Fragestellungen, Spekulationen, Visionen) zu erzielen. Wichtig ist am Ende einer Analyse der Hinweis, dass eine Karikatur nicht die ganze Wirklichkeit abbildet, sondern nur ein Segment herausgreift und mikroskopiert.

Kraeusel

Sensibel dosiert können Karikaturen den Unterricht aktuell und lebendig machen; methodisch empfiehlt sich ein kreativer und abwechslungsreicher Einsatz, der die Spannung, die zu einem Gutteil bereits im Medium selber liegt, bewahrt und steigern hilft.

→ Bilder, → Filme, → Methoden

Zur Diskussion gestellt

- Wo begegnen Ihnen im Alltag Karikaturen, welche Art von Karikaturen spricht Sie an?
- Reflektieren Sie anhand konkreter Beispiele, warum Sie zu manchen Karikaturen keinen Zugang finden und warum Sie diese Karikaturen im Unterricht nicht einsetzen würden.
- *Karikaturen – ein methodischer Gag oder aufklärerisches Medium?* Diskutieren Sie diese Anfrage mit Ihren Kolleginnen und Kollegen.

Literaturempfehlung

Horst Klaus Berg, Karikaturen für das 4.–7. Schuljahr. Ausgewählt und didaktisch kommentiert. Stuttgart / München 1981. – Ders., Karikaturen für das 7.–10. Schuljahr. Stuttgart / München 1978. – Bernhard Müller, Um Himmels willen. Karikaturen zum Thema »Kirche und Religion«. München / Stuttgart 1996. – Löwensteiner Cartoon-Service, Wilhelmstraße 4, 78532 Tuttlingen (Fax 07461 / 164606); E-Mail: SAGRAL@t-online.de.

Anton Binder

Leistungsmessung – Notengebung – Evaluation

Der Religionsunterricht ist ein Schulfach wie jedes andere auch. Der Religionsunterricht ist *kein* Schulfach wie jedes andere auch. Die besondere und nicht ganz widerspruchsfreie Rolle des Faches Religionslehre an öffentlichen Schulen lässt sich an kaum einem anderen Phänomen besser zeigen als an dem der Leistungsmessung.

Orientiert man sich an der Situation im Bundesland Baden-Württemberg, so wurden die entscheidenden Weichen in den 70er Jahren gestellt. Bis dahin wurden im Fach Religionslehre zwar Noten erteilt, diese »zählten« jedoch nicht, waren also nicht versetzungserheblich. Als die Ständige Konferenz der Kultusminister 1972 beschloss, die gymnasiale Oberstufe zu reformieren und ein System von Grund- und Leistungskursen einzuführen, stellte sich für die Kirchen die Frage, ob Religionslehre auch Abiturfach sein sollte. Die Entscheidung fiel im Ergebnis positiv aus und führte dazu, dass ab dem Schuljahr 1974 / 75 zunächst für die Oberstufe und dann, Schritt für Schritt, für alle Klassenstufen die Versetzungserheblichkeit eingeführt wurde.

So selbstverständlich diese Entscheidung heute erscheinen mag, so umstritten war sie damals. Evangelischer Religionsunterricht wurde seinerzeit in noch höherem Maße als heute von Pfarrern erteilt, von denen nicht wenige die Versetzungserheblichkeit als Tribut an eine unbarmherzige Leistungsschule und als Beschneidung ihrer religionspädagogischen Freiheit empfanden. Sogar Parallelen zur Situation des Kirchenkampfes im Nationalsozialismus wurden bemüht. Vor diesem Hintergrund beauftragte der Stuttgarter Oberkirchenrat den Tübinger Professor für Religionspädagogik und Allgemeine Pädagogik Karl Ernst Nipkow, die Sachlage grundsätzlich zu prüfen. Dies führte zu einem umfangreichen Gutachten Nipkows, in dem alle wesentlichen Argumente pro und contra Leistungsmessung im Religionsunterricht diskutiert wurden:[1]

Nipkow prüfte die Frage der möglichen Versetzungserheblichkeit des Faches Religion zunächst unter *juristischen Gesichtspunkten*. Religionsunterricht ist nach Art. 7, 3 des Grundgesetzes »ordentliches Lehrfach«, und man könnte meinen, damit sei die Frage der Versetzungserheblichkeit schon entschieden. Dies ist aber keineswegs so. Nach einer Entscheidung des Bundesverwaltungsgerichts von 1973 *kann* die Religionsnote zwar versetzungserheblich sein, sie *muss* es aber aber *nicht* unbedingt sein. Das Grundgesetz lässt den Bundesländern und den Religionsgemeinschaften hier einen entsprechenden Spielraum. Die Versetzungserheblichkeit des Faches gehört nicht zwingend zu seiner »Ordentlichkeit« dazu.

Als Nächstes prüfte das Gutachten die Problematik aus *schultheoretischer und schulpädagogischer Sicht*. Hier ist zunächst festzuhalten, dass das Leistungsprinzip trotz aller Schwächen und Widersprüche gerechter ist als andere Selektionsmechanismen. In jeder Gesellschaft gibt es eine begrenzte Anzahl privilegierter Positionen, und es ist zweifellos angemessener, diese Positionen nach Gesichtspunkten der Leistung und Kompetenz als nach denen von Herkunft, Macht oder Beziehungen zu vergeben. Schulische Leistungsmessung kann in diesem Kontext einen wichtigen

---

1 Karl Ernst Nipkow, Religionsunterricht in der Leistungsschule. Gutachten – Dokumente. Gütersloh 1979.

Beitrag zu einer vernünftigen Organisation moderner Gesellschaften erbringen. Außerdem verweist Nipkow darauf, dass für Kinder und Jugendliche Freude an der eigenen Leistung auch aus entwicklungspsychologischer Sicht von großer Bedeutung ist. Dennoch lautet das Ergebnis dieses Prüfschrittes für Nipkow, dass Religionsunterricht aus schultheoretischer und schulpädagogischer Sicht nicht unbedingt versetzungserheblich sein müsste. Es wäre durchaus denkbar, dass Schulen die oben skizzierten Aufgaben erfüllen, dies aber nur in den Kernfächern und nicht in Fächern wie Sport, Musik, Werken oder Religionslehre geschieht.

Auch *theologische Überlegungen* führen nach Nipkow zu keinem eindeutigen Ergebnis: Oft wird kurzschlüssig argumentiert, der Kern des christlichen Glaubens sei die Rechtfertigung allein aus Glauben und nicht aus Werken, Christinnen und Christen müssten deshalb dem Leistungsdenken energisch entgegentreten und sich der Beurteilung von Menschen auf Grund ihrer Leistungen widersetzen. Dem könnte man z. B. entgegenhalten,

- dass der Glaube nach biblischer und reformatorischer Überzeugung durchaus zu Werken der Liebe führt;
- dass etwa im Lukasevangelium auf das Gleichnis vom Pharisäer und dem Zöllner (Lk 18,9–14) – ein Kapitel weiter – das Gleichnis von den anvertrauten Pfunden folgt;
- dass das Leistungsprinzip als historisch gewachsenes Organisationsprinzip wohl eher zu den »weltlichen« und somit mit Hilfe der Vernunft zu entscheidenden Dingen gehört
- und dass auch die anderen Schulfächer sich bemühen, schulische Leistungen und nicht Menschen zu beurteilen.

Die Entscheidung für oder gegen die Versetzungserheblichkeit des Schulfaches Religionslehre fällt deshalb, wie Nipkow überzeugend darlegt, unter *religionspädagogischen Gesichtspunkten*: Eine erste Möglichkeit wäre, dass das Fach sich seelsorgerlich definiert und versucht, möglichen Auswüchsen der Leistungsschule durch einen bewussten Verzicht auf Versetzungserheblichkeit entgegenzuwirken. Im Zentrum des Religionsunterrichts könnten dann etwa Methoden der kirchlichen Kinder- und Jugendarbeit stehen. Der Preis für einen derartigen Sonderstatus und Freiraum wäre eine Isolierung des Faches Religionslehre im Fächerkanon. Es bestünde die Gefahr, dass Schülerinnen und Schüler das Fach nicht ernst nehmen. Die Vermittlung von nicht mehr selbstverständlichem Sachwissen über die christliche Religion würde unter Umständen erschwert. – Die zweite Möglichkeit, die das Gutachten favorisiert und der sich dann auch die württembergische und die badische Kirchenleitung anschlossen, ist die, dass der Religionsunterricht sich »in kritisch-konstruktiver Solidarität« unter dieselben Bedingungen stellt wie die anderen Schulfächer auch und dabei »als Anwalt für ein pädagogisch verantwortetes Unterrichten, Lernen und Lehren« bestrebt ist, Fehlentwicklungen der Leistungsschule gegenzusteuern. Anzustreben wäre somit ein vorbildlicher, menschlicher und vernünftiger Umgang mit Leistung und Leistungsmessung.

Der so formulierte Anspruch ist hoch und sollte eigentlich eine sehr intensive, gerade für das Fach Religion aber nicht immer gesicherte Religionslehrerausbildung zur Folge haben. Die angehenden Religionslehrerinnen und Religionslehrer müssten anhand von immer neuen Beispielen in einem zeitaufwändigen Prozess u. a. lernen,[2]

- zwischen verschiedenen, zum Teil wünschenswerten, zum Teil problematischen Funktionen von Leistungsmessung (Rückmeldung, Bericht, Anreiz, Disziplinierung, Sozialisierung, Selektion, Allokation, Chancenausgleich) sachgerecht zu unterscheiden;
- Unterricht und Leistungsmessung professionell, also z. B. langfristig, zielorientiert, ohne Hektik, transparent und kalkulierbar zu gestalten und so zu einer deutlichen Reduktion von Prüfungsängsten beizutragen;
- bei Aufgabenstellungen verschiedene Anforderungsniveaus (Reproduktion, Reorganisation, Transfer, problemlösendes Denken) in angemessener Weise zu berücksichtigen;
- bei der Formulierung von Aufgabenstellungen die Probleme der Objektivität, Validität und Reliabilität zu erkennen;
- individuelle, soziale und objektive Relation der Leistungsmessung (individueller Lernfortschritt, Lernfortschritt im Vergleich zur Lerngruppe, Lernfortschritt im Hinblick auf einen externen Maßstab) in ein vernünftiges Verhältnis zu bringen;
- bei der Beurteilung von mündlichen Schülerbeiträgen zwischen Mitarbeit und mündlicher Leistung zu unterscheiden;
- sich mit subjektiven Fehlerquellen (z. B. Sympathie, Vor- und Zusatzinformationen, Geschlecht, Halo-Effekt) auseinander zu setzen.

Im Hinblick auf die genannten Gesichtspunkten stehen die Religionslehrerin und der Religionslehrer vor den gleichen Aufgaben wie Kolleginnen und Kollegen anderer Schulfächer auch. In mancher Hinsicht sind sie allerdings auch mit speziellen Problemen konfrontiert:

- So müssen Religionslehrerinnen und Religionslehrer z. B. den Schülerinnen und Schülern überzeugend darlegen können, dass Fragen des persönlichen Glaubens im Religionsunterricht zwar von zentraler Bedeutung sind, gerade der persönliche Glaube aber nicht bewertet wird. Es muss möglich sein, dass auch ein Schüler, der nicht an Gott glaubt, im Fach Religionslehre eine »sehr gute« Note bekommt. Und eine gläubige und engagierte CVJM-Jugendgruppenleiterin kann nicht davon ausgehen, dass sie allein auf Grund ihrer Überzeugung und ihres außerschulischen Engagements schon die Note »ausreichend« erhält.
- Ingesamt haben Schülerinnen und Schüler, aber auch deren Eltern, oft die Erwartung, dass im Religionsunterricht nur gute Noten erteilt werden. Geben Religionslehrerinnen und Religionslehrer diesen Erwartungen nach, verliert ihr Fach in der Schulöffentlichkeit leicht an Ansehen, gilt als »Laberfach«. Geben sie diesen Erwartungen nicht nach, riskieren sie Konflikte und Austritte »aus Gewissensgründen«.

In jüngster Zeit wird in der allgemeinen schulpädagogischen Diskussion zunehmend angeregt, Klassenarbeiten, Klausuren und die üblichen Formen der Bewertung

---

2 Vgl. hierzu Hans Gert Wengert, Leistungsbeurteilung in der Schule, in: Gislinde Bovet / Volker Huwendiek, Leitfaden Schulpraxis. Pädagogik und Psychologie für den Lehrberuf. Berlin, 3. Aufl. 2000, S. 221–250.

mündlicher Schülerleistungen durch »neue Formen der Leistungsbeurteilung«[3] zu ergänzen oder auch zu ersetzen. Nachvollziehbar wird argumentiert, dass Projektunterricht, Freiarbeit, Stationen- und Wochenplanarbeit, Erarbeitungen von Präsentationen, selbstorganisiertes Lernen und andere neue Lernformen von den Schülerinnen und Schülern nur dann ernst genommen werden, wenn die im Rahmen dieser Arbeitsformen erbrachten Leistungen auch entsprechend durch Noten gewürdigt werden. Kolleginnen und Kollegen aller Fächer stehen hier vor völlig ungewohnten Herausforderungen: Neue Kriterienkataloge müssen erarbeitet, erprobt und den Schülerinnen und Schülern plausibel gemacht werden. Es muss überlegt werden, ob Schülerinnen und Schüler ihre Leistungen auch gegenseitig bewerten sollen und müssen. Die Unterscheidung zwischen dem, was ein Schüler schon an Talenten und Fähigkeiten in den Unterricht mitbringt, und dem, was er erst im Unterricht durch Anstrengung gelernt hat, aber auch das Verhältnis von Lerninhalt und Präsentation des Lerninhalts werden neu zu bedenken sein. Insgesamt ist in Zeiten allgemeiner Reformbegeisterung wohl auch darauf zu achten, dass Bewährtes nicht allzu schnell über Bord geworfen wird. Sicherlich ist es richtig, in der Schule neben der fachlich-inhaltlichen auch die sozial-kommunikative und die methodische Kompetenz sowie die Selbst- und Persönlichkeitskompetenz der Schülerinnen und Schüler fördern zu wollen. Ob all diese Kompetenzen auch gemessen und bewertet werden müssen und können, darf mit guten Gründen jedoch auch bezweifelt werden. So macht eine Passage aus Nipkows Gutachten von 1979 heute fast nachdenklich, enthält warnende Töne:

»Wir vertreten den doppelten Grundsatz, dass nichts geprüft werden sollte, was nicht unterrichtet worden ist, dass aber nicht nur das unterrichtet werden sollte, was geprüft wird. Der Umkreis der Unterrichtsaufgaben einschließlich der tiefer reichenden erzieherischen Dimensionen sollte größer sein als der Umfang der Prüfungsgegenstände. Entsprechendes gilt für die Frage der Häufigkeit: Es muss nicht alles und darum nicht immer geprüft werden. Die Folge könnte sonst sein, dass die durch Prüfungen bewirkte extrinsische Motivation das Lernen aus Freude an der Sache und aus innerer Befriedigung allmählich vollständig verdrängt.«[4]

Wenn über Leistungsmessung gesprochen wird, ist schließlich auch noch an die aktuelle, nicht zuletzt auf dem Hintergrund der PISA-Studie virulent gewordene Diskussion zur Evaluation und Qualitätssicherung von Unterricht zu erinnern.[5] Gemessen werden sollen im Interesse einer Verbesserung der Unterrichtsqualität nicht nur die Leistungen von Schülerinnen und Schülern, sondern auch die von Lehrerinnen und Lehrern. Die Frage, wer wen nach welchen Maßstäben, auf welcher sozialwissenschaftlichen Basis und mit welchen Konsequenzen evaluieren soll, ist von höchster Brisanz. Vermutlich sind auch Unterrichtsforscherinnen und

---

3 Vgl. Hans Ulrich Grunder / Thorsten Bohl (Hg.), Neue Formen der Leistungsmessung in den Sekundarstufen I und II. Hohengehren 2001.

4 Karl Ernst Nipkow, a. a. O., S. 85.

5 Vgl. z. B. Christoph Burkard / Gerhard Eikenbusch, Praxishandbuch Evaluation in der Schule. Berlin 2000. – Seminar – Lehrerbildung und Schule 2 / 2001: Thema »Evaluation in der Lehrerausbildung«. – Pädagogik 11 / 2001: Thema »Praxishilfen Evaluation«.

-forscher vor gravierenden, oft interessegeleiteten Fehlern bei der Messung und Bewertung von »Leistungen« nicht gefeit.

Für den Religionsunterricht könnte eine gründliche, vielleicht auch externe Evaluation durchaus hilfreich und erhellend sein.[6] Allzu oft wurde in der Geschichte der Religionspädagogik eine problematische Praxis durch eine ideologisch überhöhte religionspädagogische Theorie schön geschrieben. Andererseits ist aber gerade auch aus religionspädagogischer Perspektive zu betonen, dass wesentliche pädagogische Phänomene durch objektivierende Messverfahren nur sehr unzulänglich zu erfassen sind. Menschliche Kommunikation, die im Religionsunterricht im Mittelpunkt steht, ist ein vielschichtiges und sensibles Phänomen. Auch ausgeklügelte Evaluationsraster können nur Teilaspekte erfassen, und es ist sogar zu überlegen, ob ein Zuviel an Evaluation pädagogische Prozesse nicht auch behindern kann.

→ Bildung, → Ergebnissicherung, → Ganzheitlichkeit, → Lernzieldidaktik, → Religionsunterricht zwischen Kirche und Staat, → Schulseelsorge

Zur Diskussion gestellt

- Im Zusammenhang mit einer relativ schlecht ausgefallenen Klassenarbeit werden Sie auf einem Elternabend aggressiv gefragt: »Warum muss man im Religionsunterricht auch noch Noten geben?!« Überlegen Sie sich eine Antwortstrategie.
- Unter welchen Umständen würden Sie einer Schülerin oder einem Schüler im Religionsunterricht die Noten »mangelhaft« oder »ungenügend« geben?
- Als Religionslehrerinnen müssen Sie in der Sekundarstufe I keine Klassenarbeiten schreiben. Überlegen Sie, was dafür und was dagegen spricht, und welche alternativen Formen der Leistungsmessung Sie für praktikabel halten.

Literaturempfehlung

Thorsten Bohl, Prüfen und Bewerten im Offenen Unterricht. Neuwied / Kriftel 2001. – Friedrich Jahresheft 1999: Thema »Leistung«. – Bernhard Jendorff, Schriftliche Lernerfolgskontrolle im Religionsunterricht, in: Katechetische Blätter 2001, S. 62–70. – RU–Zeitschrift für den Religionsunterricht 1 / 2001: Thema »Leistung«.

Peter Kliemann

6 Vgl. hierzu Anton A. Bucher, Religionsunterricht zwischen Lernfach und Lebenshilfe. Eine empirische Untersuchung zum katholischen Religionsunterricht in der Bundesrepublik Deutschland. Stuttgart / Berlin / Köln 2000. – Peter Kliemann / Hartmut Rupp (Hg.), 1000 Stunden Religion. Wie junge Erwachsene den Religionsunterricht erleben. Stuttgart 2000. – Wolfgang Michalke-Leicht u. a. (Hg.), Gezählt, gewogen und befunden. Eine Evaluation zum Lehrplan für den Religionsunterricht in Baden-Württemberg. Münster u. a. 2002.

Meditative Unterrichtsformen

Veränderungen in Lebenswelt und Wirklichkeitsbezug der Schüler

Die Lebensbedingungen der Schülerinnen und Schüler verändern sich mit zunehmendem Tempo in einer von vielen Erziehern und Bildungsinstitutionen als dramatisch empfundenen Weise. Dabei sind viele Phänomene miteinander verflochten: Veränderungen in der Familienstruktur, im Rollenverständnis der Eltern, auf dem Arbeitsmarkt, im Konsum- und Freizeitverhalten führen zu einer Zeitorganisation der Kinder und Jugendlichen in Anlehnung an den Lebensstil der Erwachsenen: Institutionalisierung und Kommerzialisierung der Freizeitgestaltung treten an die Stelle spontaner Kontakte in Nachbarschaft und Freundeskreis. Vielgestaltigkeit und hohes Anspruchsniveau in sportlichen oder musischen Kursen gehen einher mit einer Reduzierung des Fantasiebedarfs durch Regelung von außen; der Kontakt mit der Natur und ihren Realzusammenhängen tritt zurück, vielfach zu Gunsten vorpräparierter Präsentation ausgewählter Bereiche durch Freizeitindustrie und Medien.

Es gibt noch kein zusammenhängendes Bild von den Auswirkungen dieser Veränderungen auf die Schüler. Von Beobachtungen in der Schule her drängen sich jedoch einzelne Vermutungen auf:

Die Wahrnehmungsfähigkeit und die Fantasie der Schüler werden von Bildwelten überflutet, die durch den Charakter der AV-Medien und ihre kommerzielle Ausrichtung weitgehend standardisiert sind. Medial inszenierte Erfahrungen, die an die Stelle von Wahrnehmungen aus unmittelbarem Wirklichkeitskontakt treten, besetzen zunehmend das Schülererleben, Eigentätigkeit und direkte Wahrnehmung der Welt nehmen ab. Die heutige Schülergeneration reagiert darauf durch eine andere Wahrnehmungsstruktur, bis hin zu manifesten Änderungen der Reizverarbeitung im Gehirn. Allgemein sinkt die Verarbeitungsfähigkeit des Gehirns für weniger grobe Empfindungen, früher deutlich wahrgenommene Reize werden nun aus dem Bewusstsein herausgefiltert, werden nicht mehr mit anderen Reizen vernetzt und auch nicht mit Emotionen versehen. Hirnphysiologen und Psychologen sprechen von einem »neuen Gehirn«. Dem Gehirn gehen die Maßstäbe verloren, und es verfällt einer neuen Dialektik der Sinnenverarbeitung: Es bemüht sich ausschließlich darum, die heranstürmenden Reizwellen zu verarbeiten. Ungeprüft speichert es gegensätzliche und widersprüchliche Informationen ab, ohne eine Synthese herzustellen. Wir müssen bei den Schülerinnen und Schülern also zunehmend mit einer anders akzentuierten inneren Welt rechnen.[1]

Die hier an Kindern und Jugendlichen beobachteten Phänomene stammen ursächlich sämtlich aus der Erwachsenenwelt und lassen sich an allen Altersstufen der Erwachsenen – unterschiedlich ausgeprägt – beobachten. Sie werden jedoch in einem von Projektionen bestimmten Entlastungsvorgang gerne an Kindern und Jugendlichen diagnostiziert, kritisch konstatiert und zum Gegenstand kulturkriti-

---

1 Vgl. Hartmut J. Zeiher, Die vielen Räume der Kinder, in: Ulf Preuss-Lausitz, Kriegskinder, Konsumkinder, Krisenkinder. Weinheim, 4. Aufl. 1995, S. 84.

scher, pädagogischer und therapeutischer Initiativen gemacht, ohne dass Erwachsene mit gleicher Intensität ihren eigenen Lebensstil und Wirklichkeitsbezug überprüfen und gegebenenfalls revidieren.

Die Situation der Schule

Die Schule kann die ihr heute im Bildungsplan durch die allgemeinen Erziehungsziele gestellten Aufgaben nur erfüllen, wenn sie sich nicht auf die Vermittlung von bloßem Sachwissen beschränkt, sondern das vermittelte Wissen in der Erfahrung und in der Existenz der Lernenden verwurzelt. Dazu bedarf es der Weckung der Organe für die Wahrnehmung der existenziellen Aspekte der Lerngegenstände. Schüler müssen für eine mehrdimensionale Wirklichkeitserfahrung erst einmal durch das Üben einer inneren Erfahrungstätigkeit disponiert werden. Ohne dass das Innenleben des jungen Menschen geweckt wird, läuft eine Vermittlung von Lebenswissen an ihm ab wie der Regen an einem Gummimantel.

Während die Heranbildung einer inneren Erfahrungstätigkeit früher durch Institutionen wie Familie, religiöse Gemeinden, Jugendgruppen getragen war, bleibt heute für immer mehr Schülerinnen und Schüler die Schule der einzige Ort, an dem wirkungsvolle Impulse einer Hilfe zur Selbstfindung und Selbstwerdung an sie weitergegeben werden können.

Über diese heute der Schule neu gestellte Aufgabe hinaus ist die Entwicklung einer »allgemeinen Meditationsfähigkeit«[2] eine entwicklungspsychologisch begründete Aufgabe der Schule. Die Schülerinnen und Schüler machen von der Orientierungsstufe bis weit in die Sekundarstufe II hinein starke körperliche Veränderungen durch, von denen sie in vielfältiger Weise beansprucht und verunsichert werden. Auf dem Weg zum Erwachsenwerden müssen sie unter erschwerten Bedingungen und weitgehend auf sich allein gestellt erst wieder zu einer neuen Ganzheit, einer Einheit von Leib und Seele finden.

Meditative Übungen zielen auf den Zusammenhang von Körper und Geist. Atemübungen, Anregungen zur Entspannung und Körperwahrnehmung haben dabei eine Grundlagenfunktion. Und sie müssen geübt werden. Es geht dabei nicht um ein Übernehmen modischer Elemente, etwa um eine Anlehnung an das gegenwärtige Interesse an der Esoterik, auch nicht um eine einseitige Introvertiertheit, wohl aber um ein ausgeglichenes Verhältnis zwischen Aktivität nach außen und Aufmerksamkeit nach innen, also um eine Fähigkeit, mit größerer Offenheit, besserer Wahrnehmung und persönlicherem Anteilnehmen einen Text zu lesen, ein Bild zu betrachten, ein Musikstück zu hören.[3]

Unterricht als Einübung in ganzheitliches Menschsein, der entspannt und der die an Sachwissen und an der Oberfläche unseres Daseins orientierten Schichten durchlässig macht für die Tiefe und das eigentliche Wesen des Daseins, kann hier eine wesentliche Hilfe sein. Das wird bestätigt durch aktives Interesse und Aufgeschlossenheit der Schüler für meditative Formen, wenn diese ihnen einmal nahe gebracht wurden.

---

2 Vgl. Bernhard Grom, Religionspädagogische Psychologie. Düsseldorf, 5., vollständig überarbeitete Aufl. 2000, S. 155.

3 Vgl. Hans G. Bastian, Stille-Räume im (Musik-)Unterricht, in: Musik und Bildung 6 / 1994, S. 51–57.

Bewegung auf die Mitte hin, Suche nach Stille, meditative Formen

Suche nach Stille im Raum der Schule umschließt eine Vielzahl mitunter auch problematischer Wünsche: Stille-Übungen als der endlich dauerhaft wirksame Trick, Schülerinnen und Schüler ruhig zu stellen, ohne ihre Arbeitsfähigkeit zu beeinträchtigen, sie konzentriert, aufmerksam, gelassen zu machen, vor allem aber still – ein pädagogischer Knüppel-aus-dem-Sack für gelingenden Unterricht par excellence. Und das auch noch in Soft-Ausführung, voll im Trend!?

Stille-Übungen und meditative Unterrichtsformen sind jedoch weder Trick noch Methoden der Disziplinierung und Konditionierung zum Lernen, obwohl die erhofften Wirkungen durchaus feststellbar sind, sondern Erschließung eines zentralen Erfahrungsfeldes im Umgang des Menschen mit sich selbst. Sie zielen in Übungen des Entspannens und Loslassens auf eine Öffnung der Wahrnehmungsfähigkeit für die Tiefe des eigenen Wesens und des Daseins überhaupt. Es geht darum, dass die Übenden Zugang finden zur Mitte ihrer eigenen Existenz und diese mit ihrem bewussten Ich in Verbindung zu bringen lernen. In den offenen und freien Prozessen des Lernens in Stilleübungen bewegen sich die Kinder und Jugendlichen in unterschiedlichen Erfahrungsbereichen:

- Sie begegnen sich selbst, erfahren persönliche Kompetenz und erweitern diese.
- Sie begegnen ihren Mitschülern, mit denen sie Erfahrungen teilen und sie ihnen mitteilen, verbal und in Formen kreativen Handelns. Dabei erwerben sie soziale Kompetenz.
- Sie setzen aufgenommenes und erlebtes Wissen in Beziehung zu ihrer eigenen Person und gewinnen dadurch inhaltliche Kompetenz.
- Sie machen Erfahrungen der Begegnung mit dem tiefsten Grund ihrer Existenz und sammeln darin Erfahrungen mit Gott. Indem sie eine Beziehung zu Gott erleben, gewinnen und erweitern sie ihre spirituelle Kompetenz.

Entsprechend der pädagogischen Grundregel, dass nicht lehrend vermittelt werden kann, was der Lehrende sich nicht selbst zu eigen gemacht hat, beginnt das Suchen nach der Stille nicht bei den Schülern, sondern bei den Lehrerinnen und Lehrern. Es geht zuerst nicht um das Erlernen einer Methode, sondern darum, sich als Lehrende bzw. Lehrender selbst der Erfahrung der Stille auszusetzen und damit auch der Begegnung mit sich selbst und mit dem letzten Grund des Daseins.

Gerade bei Übungen der Stille lassen sich Persönlichkeit des Lehrers, Methode und inhaltliche Absicht nicht voneinander trennen. Deutlicher noch als sonst im Unterricht prägt sich hier ein persönlicher Vorgang zwischen der Lehrperson und den Schülern aus. So wie der Lehrer sich seiner Mitte bewusst ist und authentisch aus ihr heraus handelt, »tönt« seine Person durch sein Handeln »hindurch« und wird von den Schülern wahrgenommen (lateinisch *personare*).

Während es in der gegenständlichen Meditation um ein kreisendes, einem Gegenstand zugewandtes Nachdenken geht, sind Übungen der Stille eher auf dem Weg dorthin, wenn auch mit fließenden Übergängen. Sie lösen heraus aus der Verflochtenheit in den Umtrieb des (Schul-)Alltags und entfernen die Kulissen der Geräusche und der Aktivitäten, die von außen auf den Einzelnen einwirken bzw. ihn nach außen ziehen.

Mit der Meditation gemeinsam haben Übungen der Stille das Element der Konzentration, des Hinüberführens der Aufmerksamkeit des bewussten Ich vom aktiven

Bemühen in einen Zustand des Geschehenlassens, das nicht amorphe Passivität bedeutet, sondern Gesammeltsein.

Anders als in der eigentlichen Meditation mischen sich in Übungen der Stille gegenständliche und nicht gegenständliche Elemente. Dinge der wahrnehmbaren Wirklichkeit spielen in ihnen eine Rolle: Steine, Pflanzen, Tiere, Gerüche. Es werden aber auch Bilder und Worte zum Schweigen gebracht, wenn es etwa um das Innewerden des Atems geht. Stille-Übungen können deshalb als meditative Formen angesprochen werden, sie sind nicht eine mindere Vorform von Meditation oder Kontemplation, sondern ein eigenständiges Element. Sie können etwas leisten, was durch Übernahme systematischer Meditationstypen, etwa aus der östlichen Tradition, in den Raum der Schule kaum möglich wäre, weil diese Meditationstypen ganz auf Regelmäßigkeit und Dauer ausgelegt sind und den Rahmen schulischen Lernens sprengen würden. Meditative Formen können jungen Menschen durchaus ein erstes Gespür geben für eine Ahnung der Transzendenz im Alltag und ihnen dazu verhelfen, ihre eigene religiöse Sprache zu finden und ihre Identität weiter zu gestalten.

Als Anfangsphase einer Unterrichtsstunde wirken Übungen der Stille in die Arbeitshaltung von Schülern und Lehrer und in die Wahrnehmungsformen während der Unterrichtsarbeit hinein. Das folgende Zitat von Simone Weil weist in diese Richtung und deutet den Zusammenhang an, der in einem ganzheitlichen Lernen zwischen diskursiv-analytischen und assoziativ-intuitiven Unterrichtsverfahren besteht:

»Der Schlüssel zu einem christlichen Konzept des Studiums liegt in der Erkenntnis, dass das Gebet aus Aufmerksamkeit besteht. Es ist die Orientierung aller Aufmerksamkeit, dessen die Seele fähig ist, um sich auf Gott zu richten. Die Qualität der Aufmerksamkeit zählt viel für die Qualität des Gebets. Herzenswärme allein genügt nicht. …

In jeder Schulübung gibt es einen besonderen Weg, um die Wahrheit zu empfangen, unser Herz darauf zu richten und doch unserem Herzen nicht zu erlauben, danach zu suchen. Es gibt einen Weg, unsere Aufmerksamkeit auf die Daten zu richten, z. B. auf ein Problem der Geometrie, ohne zu versuchen, eine Lösung zu finden; oder zu den Worten eines lateinischen oder griechischen Textes, ohne dessen Bedeutung zu wissen; einen Weg des Wartens, während wir schreiben, des Wartens darauf, dass das rechte Wort von selbst aus dem Ende unseres Füllers kommen möge, während wir bloß alle unpassenden Worte zurückweisen.«[4]

Hier wird deutlich, dass es mit Stillephasen, die der Unterrichtsarbeit vorangestellt werden, und mit einer einzelnen Unterrichtseinheit über Meditation nicht getan ist, wenn verhindert werden soll, dass die innere Erfahrungsfähigkeit junger Menschen unentwickelt bleibt.[5] Im Unterricht muss durch die Wahl der Unterrichtsformen die Möglichkeit der Hinführung zu Ruhe, Stille, Sammlung genutzt werden: Meditation als Unterrichtsprinzip, nicht im formalen Sinne der gegenstandslosen Meditation, sondern als Arbeitsweise,[6] die zu einer inneren Verfasstheit befähigt, die über eine

---

4 Simone Weil, Betrachtungen über den rechten Gebrauch des Schulunterrichts, in: Dies., Das Unglück und die Gottesliebe (Attente de Dieu). München 1961, S. 101.

5 Vgl. Ludwig Rendle, Zur Mitte finden. Meditative Formen im Religionsunterricht. Donauwörth 2002, S. 6–11.

6 Vgl. Peter Kliemann, Impulse und Methoden. Stuttgart, 2. Aufl. 2003, S. 24–37.

eindimensionale Wirklichkeitserfahrung hinausgeht, sie zu transzendieren vermag (Hans Urs v. Balthasar: »Alle Dinge kann man doppelt betrachten: als Faktum und als Geheimnis.«).

Einmal ist meditativ ausgerichteter Religionsunterricht eine Antwort auf die zunehmende Außengelenktheit unserer Schüler. Wir versuchen eine innere Disposition dafür aufzubauen, dass die Schülerinnen und Schüler sich auf weitere Prozesse des Sich-Sammelns und Innewerdens einlassen, bis hin zu eigentlicher Meditation und zum Gebet. Dann ist noch zu bedenken, dass viele Schüler, bedingt durch ihre Entwicklungssituation und durch Einflüsse ihrer Umwelt, religiöse Fragen als etwas Belastendes, Zusätzliches, Forderndes empfinden. Gerade für solche Kinder und Jugendliche kann es eine befreiende Erfahrung sein zu erleben, dass der Weg zu sich selbst, in die eigene Mitte, gleichzeitig auch der mögliche Weg zu Gott ist. Für den Religionsunterricht liegen hier Ansätze zur Korrelations- und Symboldidaktik.

Hinweise zum Durchführen von Übungen der Stille, der Entspannung, der Meditation

Grundlegend sind die Voraussetzungen beim Lehrer
- generell: Er muss sich um eigene Erfahrungen mit solchen Übungen bemühen.
- aktuell / spezifisch: Er sollte selber sich in einem Zustand inneren Gesammeltseins befinden – was der Alltag eines Schulvormittags nicht gerade begünstigt. Wohl aber kann ein Lehrer versuchen, wenn er solche Übungen unternimmt, sich über seine momentane Verfassung bewusst klar zu werden.

Übungen der Stille sollten inhaltlich und organisatorisch vorbereitet sein, am besten vorher vom Lehrer oder der Lehrerin ausprobiert. Das Antizipieren der Verfassung und möglicher Reaktionen der Lerngruppe zusammen mit der Reflexion über die eigene Erfahrung setzen frei für angemesseneres Umgehen mit der Schülergruppe während der Übung.

Wichtig sind Riten der Einleitung und Ausleitung.[7] Sie geben Übungen der Stille allmählich einen natürlichen, vertrauten Charakter. Dazu gehören:
- das Verändern des Klassenraums vor der Übung (Stuhlkreis oder Auslegen eines Teppichs, von Polstern, Gestaltung / Dekoration einer Raummitte)[8]
- die Einladung zur Teilnahme und ein Überblick über die Form der Übung, verbunden mit dem Hinweis auf die Möglichkeit, sich abseits zu halten (Prinzip der Freiwilligkeit)
- die *Grundübung:*
  – das Einnehmen einer bequemen, auf Dauer schmerzfreien *Körperstellung* (meist sitzend), bei der die Wirbelsäule, ohne anzulehnen, gerade aufgerichtet ist, während die Unterarme auf den Oberschenkeln aufliegen, die Handflächen nach oben geöffnet und locker übereinandergelegt
  – Schließen der *Augen* oder Verweilen auf einem bestimmten Raumpunkt

---

7 Vgl. Ludwig Rendle u. a., Ganzheitliche Methoden im Religionsunterricht. München, 4. Aufl. 2000, S. 26–48.

8 Vgl. Hans Schmidt, Die Kunst des Unterrichtens. München, 2. Aufl. 2001, S. 21–28.

– das *Ankommen* im bewusst nachvollzogenen Kontakt mit Boden und Sitzfläche
– *Entspannung und Sammlung* durch Konzentrieren auf die absichtlose
– Wahrnehmung des *Atems*, auf die Wirkung der ein- und ausströmenden Luft

- *nach der Übung das Zurückkommen in den Alltag:*
  – im Öffnen der Augen
  – im Sichdehnen, Ausstrecken der Extremitäten, Lockerschütteln des Oberkörpers und der Arme als bewusstem Ausdruck des Ablösens und des Zurückgekommen-Seins
  – gegebenfalls im Erfahrungsaustausch über die Übung
  – im Wiederherrichten des Arbeitsraums.

Eine Neigung zur Sammlung, zum Bei-sich-Sein, die Wertschätzung der Stille ergeben sich nur durch regelmäßiges Üben, wobei Intensität und Dauer erst allmählich zunehmen sollen.

Äußere Störungen sind oft nicht zu vermeiden. Sie sollten, wie Ablenkungen durch dazwischenkommende Gedanken bei der Meditation, hingenommen und möglichst wenig beachtet werden.

Übungen der Stille sind wertungsfrei und nicht erfolgsgebunden. Wertende Kommentare beim Erfahrungsaustausch sollen vermieden werden.

→ *Bilder*, → *Ganzheitlichkeit*, → *Korrelationsdidaktik*, → *Methoden*, → *Musik*, → *Räume und Zeiten*, → *Symboldidaktik*

Zur Diskussion gestellt

- Versuchen Sie einmal eine Woche lang, sich über Ihren Zustand, Ihre Gestimmtheit klar zu werden, etwa indem sie sich dazu jeweils ein kennzeichnendes Adjektiv ausdenken und dieses aufschreiben.
- Achten Sie auf den Zeitbedarf, den Sie aufwenden, um zu Unterrichtsbeginn eine Arbeitsatmosphäre herzustellen.
- Tauschen Sie sich mit Ihren Kolleginnen und Kollegen aus über Ihre eigenen Erfahrungen mit meditativen Formen und über deren Einsatz im Unterricht.

Literaturempfehlung

Almuth und Werner Huth, Handbuch der Meditation. München 1996. – Dies., Praxis der Meditation. München 2000. – Bernhard Müller, Meditative Übungen für unruhige Geister. München 1997. – Ludwig Rendle, Zur Mitte finden. Meditative Formen im Religionsunterricht. Donauwörth 2002.

Franz Martin

Methoden

Im allgemeinen Sprachgebrauch versteht man unter »Methode« eine Verfahrensweise, nach der Denkprozesse oder Handlungsabläufe organisiert werden, um ein bestimmtes Ziel zu erreichen. Dem entspricht die Etymologie des Fremdwortes aus dem Griechischen: *meta* = nach, *hodos* = Weg. Wissenschaft und Philosophie fragen in erster Linie nach Methoden der Erkenntnis. Sie suchen Zugang zu einem bestimmten Gegenstandsbereich. Die Sache, auf die sie sich ausrichten, bestimmt ihre Vorgehensweise mit. So ist den Geschichts- und Geisteswissenschaften bewusst, dass ein Vorverständnis von der Sache nötig ist, um besondere Verstehensleistungen, die methodisch gefördert werden können, erst zu ermöglichen.[1] Auch in den Naturwissenschaften ist die Frage nach der richtigen Methode nicht von apriorischen Normen her zu klären. Die Methode hat Anteil an der Konstitution des Gegenstandsbereichs.

Für Unterricht gilt ebenso, dass Methodenfragen nicht von den Sachverhalten, um die es geht, losgelöst werden dürfen. Methodenentscheidungen sind in Wechselwirkung mit Entscheidungen über Ziele, Inhalte und Medien zu treffen. Unterrichtsplanung, die an den Schülerinnen und Schülern orientiert ist, sucht zuerst nach Zugängen zu den Sachverhalten, die im Horizont der Schülergruppe liegen, bevor konsequent methodisch Arbeitsprozesse initiiert werden. Methoden als Techniken dürfen nicht verselbstständigt oder hypostasiert werden, sondern sollen begründet in Lehr-Lern-Prozesse eingefügt sein. Wilhelm H. Peterßen warnt in seinem Kleinen Methoden-Lexikon vor dem »schönen Schein im Unterricht«, der dann entsteht, wenn durch falsche Methodenentscheidungen ein glitzerndes Unterrichtsarrangement geschaffen wird, das weder mit einer didaktischen Reflexion über Ziele und Inhalte verbunden ist noch in einem Lern- und Entwicklungsprozess der Schülerinnen und Schüler seinen Ort hat.[2] Für den Religionsunterricht gilt in besonderem Maße, dass Unterrichten als kommunikatives Geschehen nicht auf die Anwendung von »Techniken« reduziert werden darf. Andererseits ist es kaum vorstellbar, dass ein Religionsunterricht, der glaubt, auf Methodenreflexion und Methodenrepertoire verzichten zu können, Schülerinnen und Schüler zu Einsichten und zur Erweiterung ihrer personalen und religiösen Kompetenz führen kann. Zur Kompetenz der Religionslehrerin und des Religionslehrers gehört demnach die Kenntnis der Vorzüge und Nachteile einzelner Unterrichtsmethoden und der mit ihnen verbundenen Anforderungen.

Es fällt auf, dass unter dem Überbegriff »Unterrichtsmethode« oft ganz verschiedenartige Dinge zusammengefasst werden. So findet sich bei Peterßen – beliebig herausgegriffen – das Stichwort *Ganzheitliches Lernen,* ein Prinzip für die grundsätzliche Gestaltung von Unterricht, neben *Einstieg,* der Eingangsphase in der Artikulationsstruktur von Unterricht, *Einzelarbeit,* einer der vier Sozialformen des Unterrichts, *Fragend-entwickelnder Unterricht,* nach Hilbert Meyer[3] ein Handlungsmuster des Unterrichts, *Lernkartei,* einer Form des Methodenlernens der Schüler, oder

---

1 Friedrich Rapp, Artikel »Methode« in: Hermann Krings / Hans Michael Baumgartner / Christoph Wild, Handbuch philosophischer Grundbegriffe, Band 4. München 1973, S. 923.

2 Wilhelm H. Peterßen, Kleines Methoden-Lexikon, München 1999, S. 30f.

3 Hilbert Meyer, UnterrichtsMethoden Band II: Praxisband. Berlin, 9. Aufl. 1987.

Kugellager, einer Technik, um für das Lernen in Gruppen Kommunikationsvoraussetzungen zu schaffen. Ähnlich verhält es sich bei den »212 Methoden für den Religionsunterricht« von Franz Wendel Niehl und Arthur Thömmes.[4] Die Autoren verstehen ihre Sammlung als »Steinbruch, in dem jeder suchen und finden kann, was in seiner Situation passt«[5]. Sie bieten eine breite Palette an: Umgang mit Bildern, Liedern und Texten, Gestaltungsaufgaben und Spiele, meditative Übungen. Freiarbeit ist dabei genauso erfasst wie Rätsel, Kommunikations- und Interaktionsspiele, kreatives Schreiben im Bibelunterricht oder Gesprächsformen im Religionsunterricht.

Für die Verständigung über den Methodenbegriff liefert Ewald Terhart ein Modell, das die bisherigen Definitionsversuche systematisiert.[6] Es soll eine Verständigungsbasis für Erörterungen des Methodenproblems liefern und unterscheidet vier Dimensionen.

Einmal kann der Akzent beim Verständnis von »Methode« auf der Orientierung an Unterrichts- bzw. Lernzielen liegen. Methoden dienen der *Zielerreichung*. Im Extremfall werden sie nur als technische Mittel zum Zweck verstanden. Zu bedenken ist jedoch, dass Methoden nie wert- oder inhaltsneutral sind. Erforderlich ist also, Ziele des Unterrichts zu klären und zu begründen und nach der Kompatibilität von Zielen und Methoden zu fragen.

Die zweite Dimension ist die der *Sachbegegnung*. Entsprechend dem bildungstheoretischen Denken hat hier der Lehrer bzw. die Lehrerin die Aufgabe, die Begegnung des Lernsubjekts mit Lernobjekten (Inhalte, Kulturgüter) methodisch zu ermöglichen. Bei der wechselseitigen Erschließung von Subjekt und Objekt darf keine Seite der anderen untergeordnet werden. Im Religionsunterricht wäre das dann der Fall, wenn den Schülerinnen und Schülern die Glaubenstradition entweder nur als in sich geschlossene und unveränderliche Größe oder nur als Spielmaterial und Anregung für die Ausbildung der eigenen Persönlichkeit vorgestellt würde.

Die Dimension *Lernhilfe* ist am Lernprozess der Schülerinnen und Schüler orientiert. Die Rolle des Lehrers besteht darin, günstige Bedingungen und Arrangements für das Lernen der Schülergruppe zu schaffen. Im Mittelpunkt des Unterrichts stehen nicht Lehrermethoden, sondern die Lehrer tragen, ausgehend von Erkenntnissen der Lernpsychologie, zum Aufbau einer Methodenkompetenz der Schülerinnen und Schüler bei. Lernen ist dabei komplex zu verstehen als kognitives, soziales, moralisches und ästhetisches Lernen. Von besonderer Bedeutung sind sowohl Lern- und Arbeitstechniken als auch Gesprächs- und Kooperationstechniken der Schüler.[7] Die einseitige Betonung der Dimension Lernhilfe birgt die Gefahr, Unterrichten nur noch als angewandte Lernpsychologie zu verstehen. Im Religionsunterricht dürfen kommunikative Prozesse nicht nur unter dem Aspekt von Lern- und Kommunikationstechnik gesehen werden. Der bibeltheologische Ausgangspunkt, dass Gott Menschen anspricht und will, dass sie ihren Weg in Gemeinschaft untereinander und mit ihm gehen,

4 Franz W. Niehl / Arthur Thömmes, 212 Methoden für den Religionsunterricht, München, 4. Aufl. 2000.

5 A. a. O., S. 9.

6 Ewald Terhart, Dimensionen des Methodenproblems im Unterricht, in: Pädagogik 2 / 2000, S. 32–34; ders., Lehr-Lern-Methoden. Eine Einführung in Probleme der methodischen Organisation von Lehren und Lernen. Weinheim, 3., ergänzte Aufl. 2000.

7 Vgl. dazu Heinz Klippert, Methoden-Training. Übungsbausteine für den Unterricht. Weinheim / Basel, 11. Aufl. 2000.

bedingt ein offeneres Verständnis von »Lernhilfe«. Dabei ist das Einüben von menschenwürdigem Umgang miteinander, von Achtung des Mitmenschen impliziert.

Schließlich ist als vierte Dimension des Methodenproblems im Unterricht die *Rahmung* zu bedenken. Die Entscheidung über Methoden wird weitgehend mitbestimmt durch die Institution Schule und die damit gegebenen Bedingungen für Lehr-Lern-Prozesse: Schulpflicht, Jahrgangsklassenprinzip, Noten und Zeugnisse, Zeitstruktur des Schuljahres bzw. -tages, Schularchitektur, Klassenraumgestaltung usw. Zu diesem Rahmen gehören auch stabile Berufstraditionen der Lehrerschaft, die immer wieder zu ähnlicher Grundgestalt von Unterricht und methodischer Monokultur führen. Trotz der institutionellen Verfasstheit von Lehren und Lernen besteht ein Spielraum für methodische Variation und Innovation.

Warum im Unterricht eine möglichst große Variabilität und Vielfalt der eingesetzten Methoden anzustreben ist, wird von Ewald Terhart differenziert begründet.[8] Die jeweils angestrebte Lernqualität, die jeweilige Art des Lernens erfordert bestimmte Methoden. Analog zur Taxonomie / Hierarchie der Lernziele ist zwischen unterschiedlichen Lernqualitäten zu unterscheiden, die mehr oder minder komplex und anspruchsvoll sein können. So kann Lernen, das auf analysierende oder beurteilende Leistungen abzielt, nicht mit dem Methodenrepertoire bestritten werden, das für Reproduktion, z. B. mechanisches Auswendiglernen, geeignet ist. Die Methoden des Schulunterrichts müssen sich auch deshalb in Richtung auf selbstständiges, methodisches Lernen der Schüler hin erweitern, weil sich die Lern- und Sozialisationsbedingungen, die Zugänglichkeit von Wissen, die Art der Informationsgewinnung und Wissensrepräsentation ändern. Ewald Terhart weist ebenfalls darauf hin, dass Methodenentscheidungen mit der Frage nach Gerechtigkeit zusammenhängen: Durch die Festlegung auf jeweilige Methoden eröffnen sich Vorteile für bestimme Lernstile, Nachteile für andere. Manche Schüler lernen bei dieser Methode besser, andere bei jener. Nicht zuletzt ist schon die Abwechslung im Unterricht motivierend für Schüler und Lehrer.

Wie vollzieht sich nun methodisch angeleitetes Lernen im Unterricht? Gemäß dem Strukturmodell Hilbert Meyers trifft der Lehrer in dreierlei Hinsicht Entscheidungen, um zielbezogene Arbeit und Interaktion mit den Schülern und der Schüler untereinander zu initiieren: Er bedenkt die *Sozialformen* des Unterrichts, gliedert den geplanten Unterricht in einzelne *Unterrichtsschritte* und sieht bestimmte *Aktionsformen oder Handlungsmuster* vor.[9] Wir haben am Beispiel des Methoden-Lexikons Peterßens schon gesehen, dass Elemente auf jeder dieser drei Ebenen als Methoden angesehen werden können.

Die vier *Sozialformen*, Klassenunterricht, Einzelarbeit, Partnerarbeit und Gruppenarbeit, die die Beziehungsstruktur des Unterrichts regeln, werden in diesem Band in einem eigenen Artikel behandelt. Für die methodische Reflexion des Religionsunterrichts ist es z. B. von Bedeutung, den Gruppenunterricht im Zusammenhang mit theologischen Grundlagen und spezifischen sozialen Lernzielen zu sehen.[10]

---

8 Ewald Terhart, Dimensionen des Methodenproblems im Unterricht, a. a. O., S. 34.
9 Hilbert Meyer, UnterrichtsMethoden Bd. I: Theorieband. Berlin, 9. Auflage 1987, S. 235.
10 Dazu Christine Reents in: Gottfried Adam / Rainer Lachmann (Hg.), Methodisches Kompendium für den Religionsunterricht. Göttingen, 4., überarbeitete Aufl. 2002, S. 56–80.

Die Prozessstruktur, traditionell als Artikulation bezeichnet,[11] entscheidet über die Dramaturgie der Unterrichtsstunde. Eine mögliche Phasengliederung unterscheidet die *Unterrichtsschritte* Einstieg / Motivation, Erarbeitung, Sicherung / Vertiefung, Ausdruck / Gestaltung, Ausklang.[12] Für jede dieser Lernsequenzen wären methodische Überlegungen anzustellen, die der Aufnahmefähigkeit und Situation der Schüler und den Entscheidungen über Inhalte und Ziele des Unterrichts entsprechen.

Die methodisch geplanten *Aktionsformen* des Religionsunterrichts umfassen spezifische Handlungen des Lehrers bzw. der Lehrerin oder gemeinsame Tätigkeiten, beides im Unterricht wohl überwiegend sprachliches Handeln bzw. sprachliche Interaktion: Darbietungs- und Gesprächsformen.[13]

Das Darbieten und Präsentieren durch die Lehrperson wird häufig als didaktisch überholt kritisiert. Dosiert eingesetzt und gut vorbereitet können Darbietungsformen jedoch sehr effektiv sein. Allerdings sollte der Lehrervortrag auf bestimmte Phasen des Unterrichts beschränkt sein und nicht nur Wissen reproduzieren, sondern schülergemäß aufbereiten und lebendig machen. Im Erzählen stecken besondere Chancen für den Religionsunterricht, entsprechend den Einsichten der narrativen Theologie, die vom Christentum als Erzählgemeinschaft ausgeht. Das Tafelbild hat, trotz neuerer technischer und elektronischer Präsentationsmöglichkeiten (Tageslicht-Projektion, Multimedia), für den Unterricht weiterhin große Bedeutung, da es vielfältige Funktionen erfüllen kann: Visualisierung der Stunde, Unterrichtseinstieg, Gliederungsfunktion, Ad-hoc-Notizen, Arbeitsaufträge und -ergebnisse, Ideensammlung usw.

Die Gesprächsformen im Unterricht unterscheiden sich je nach dem Grad der Lenkung durch den Lehrer und dem Freiheitsspielraum, der sich dadurch ergibt. So kann sich das Unterrichtsgespräch zwischen dem kleinschrittigen »fragend-gelenkten Verfahren«, das den Denk- und Handlungsspielraum der Schülerinnen und Schüler stark einschränkt, und dem Kreisgespräch mit symmetrischer Kommunikationsstruktur bewegen. Das Gelingen von Unterrichtsgesprächen hängt von der Fähigkeit des Lehrers ab, ein gutes Gesprächsklima zu schaffen, angemessen zu moderieren, wesentliche Inhalte anzusteuern, einzelne Gesprächsteilnehmer zu fördern. Es gibt verschiedene Methoden, die dem Aufbau von Gesprächsklima und -kompetenz dienen: Aquarium, Blitzlicht, Brainstorming, Anklage- oder Verteidigungsrede, Diskussion oder Debatte, Kugellager, Klagemauer, Methode 66, Morgenkreis.

Für die Methoden im Religionsunterricht sind Handlungsorientierung und Ganzheitlichkeit von besonderer Bedeutung. Dass die Selbsttätigkeit und Eigenverantwortlichkeit der Schülerinnen und Schüler betont wird, hängt mit dem vorausgesetzten

---

11 Dem Begriff »Artikulation« liegt die Auffassung zu Grunde, dass Lernen sich rhythmisch in der Abfolge von bestimmten Phasen vollzieht. Von den Schülern J. F. Herbarts wurde dieses Konzept auf Unterrichtsstunden aller Fächer bezogen, deren Verlauf durch Formalstufen bestimmt ist.

12 So bei Hans Schmid, Die Kunst des Unterrichtens. Ein praktischer Leitfaden für den Religionsunterricht. München, 2. Aufl. 2001. – Vgl. auch Fritz Weidmann, Artikulation, in: Ders. (Hg.), Didaktik des Religionsunterrichts. Donauwörth, 8., mehrfach neu bearbeitete und erweiterte Aufl. 2002, S. 298–309.

13 Für die Systematisierung der Aktionsformen im Unterricht vgl. Volker Huwendiek, Methodik: Formen der Unterrichtsplanung, in: Gislinde Bovet / Volker Huwendiek, Leitfaden Schulpraxis. Pädagogik und Psychologie für den Lehrberuf. Berlin, 3., erweiterte und bearbeitete Aufl. 2000.

Welt- und Menschenbild zusammen. Der Religionsunterricht ist auf die Person in ihrer Freiheit und Verantwortlichkeit ausgerichtet. Ziel ist nicht nur Sachwissen, sondern auch Orientierungswissen, nicht nur wissenschaftliches, sondern auch existenzielles Erkennen, nicht nur Reflexion von Sachverhalten und Problemen, sondern auch Erstellen eines Handlungsergebnisses entsprechend dem Dreischritt Sehen – Urteilen – Handeln. Dabei geht es nicht um eine Verabschiedung des kognitiven Anspruchs, sondern um eine anspruchsvollere Form der Theorie-Orientierung, die Denken und Handeln ausgewogen verknüpft.[14] Die Schülerinnen und Schüler sollen an Planung und Auswertung des Unterrichts beteiligt sein und mehr Raum für ihre Selbsttätigkeit haben.[15] Weiterhin können Handlungsmöglichkeiten erprobt werden, die außerhalb der Schule immer mehr verschüttet werden: Stilleübungen, Meditation, Gebet, Entfaltung von Fantasie (Fantasiereisen) und Kreativität (kreatives Gestalten, kreatives Schreiben). Gefördert werden können mit solchen Methoden auch die soziale und kommunikative Kompetenz und die Sensibilität für Sinn- und Wertfragen (Spiele, Interaktionsspiele, Standbild-Bauen, Pantomime, szenisches Spiel, Rollenspiel, Bibliodrama). Als methodische Großformen bieten sich der Projektunterricht mit Einschluss des fächerverbindenden Unterrichts und das freie Arbeiten im Religionsunterricht an. Diese offenen Unterrichtsformen dürfen natürlich nicht unkritisch als ideale Lösungen für die Probleme des traditionellen Unterrichts ausgespielt werden, sondern sind differenziert zu beurteilen. Empirische Untersuchungen zeigen, dass offener Unterricht nicht direkt zu besserem Lernerfolg, Sozialverhalten und Wohlbefinden in der Schule führt, dass er leistungsstarken und aktiven Schülern entgegenkommt, andere aber bei herkömmlichen Unterrichtsmethoden sich besser entwickeln.[16]

→ Bibliodrama / Szenisches Spiel, → Bilder, → Bildung, → Didaktik, → Ergebnissicherung, → Erzählen, → Freies Arbeiten , → Ganzheitlichkeit, → Lernzieldidaktik, → Meditative Unterrichtsformen, → Projektunterricht, → Sozialformen, → Spiele, → Unterrichtsgespräch

Zur Diskussion gestellt

- *Über das methodische Vorgehen sollte stets im Einvernehmen mit den Schülerinnen und Schülern entschieden werden.* Diskutieren Sie anhand von Unterrichtsbeispielen die Berechtigung und die Grenzen dieser These.
- Informieren Sie sich über gängige Definitionen der Begriffe *Didaktik* und *Methodik*. An welcher Stelle Ihrer Unterrichtsvorbereitung wird Didaktik, an welcher Methodik relevant?

---

14 Werner Jank / Hilbert Meyer, Didaktische Modelle. Berlin, 5., überarbeitete Aufl. 2002, S. 338.

15 Wie schülerorientierter, erfahrungsoffener und kommunikativer Unterricht gerade auf der Oberstufe des Gymnasiums möglich ist, zeigt Peter Kliemann, Impulse und Methoden. Anregungen für die Praxis des Religionsunterrichts. Stuttgart, 2. Aufl. 2003. Ein breites Spektrum von Methoden wird anhand von Unterrichtsbeispielen vorgestellt und erläutert.

16 Vgl. dazu Siegfried Uhl, Die »neuen Lehrverfahren«: Inhalt, Erfolgsaussichten, Problematik, in: Neue Unterrichtsformen am Gymnasium – Chancen und Grenzen, Dokumentation der 19. Bildungspolitischen Tagung des Philologenverband vom 17. bis 18. März 1998, S. 9–19; ders., Zur Wirksamkeit neuer Lehr- und Lernverfahren, in: Lehren und Lernen 12 / 1996, S. 14–16, 25–27.

Literaturempfehlung

Wilhelm H. Peterßen, Kleines Methoden-Lexikon. München 1999. – Franz W. Niehl / Arthur Thömmes, 212 Methoden für den Religionsunterricht. München, 4. Aufl. 2000. – Gottfried Adam / Rainer Lachmann (Hg.), Methodisches Kompendium für den Religionsunterricht. Göttingen, 4., überarbeitete Aufl. 2002. – Dies. (Hg.), Methodisches Kompendium für den Religionsunterricht 2. Aufbaukurs. Göttingen 2002. – Jürgen Wiechmann (Hg.), Zwölf Unterrichtsmethoden. Vielfalt für die Praxis. Weinheim / Basel 1999.

Eberhard Schwefel

Musik

Jugendliche und Musik

Kinder und Jugendliche hören heute weit mehr Musik als frühere Generationen. Die technischen Möglichkeiten bis hin zum Walkman und zum tragbaren CD- und Mini-Disc-Player ermöglichen es, dass Musik überall präsent ist. Bei Parties und Jugendtreffs sind Musik und Tanz die bestimmenden Elemente. Jugendliche entspannen sich bei Musik und bewegen sich zu ihrem Rhythmus, sie singen ihre Lieblingssongs mit, können die Texte auswendig und beschäftigen sich mit den Musikern und Bands. Aber auch das eigene Musikmachen ist in der Jugendszene etabliert, professionelle Instrumentalausbildung und Ensemblespiel in Jugendbands gehören zum Programm vieler Musikschulen. Hans Schmid vermutet, dass die Dominanz des Sprachlich-Kognitiven in der Schulwirklichkeit eine Ursache dafür ist, dass Jugendliche einen Ausgleich in exzessivem – oft allerdings nur konsumierendem – Musikverhalten suchen[1].

Empirische Untersuchungen zeigen, dass das stark ausgeprägte Musikinteresse Jugendlicher unabhängig ist von Geschlecht und Schichtzugehörigkeit. Musikhören ist die bevorzugte Freizeitbeschäftigung; gekauft und bis zu fünf Stunden pro Tag gehört wird am liebsten Popular- bzw. Rockmusik in der Vielfalt ihrer Formen (Beat, Rock'n Roll, Folkrock, Hardrock etc.).[2] Gemäß der Allensbach-Studie »Jugend 86« muss es für 73 Prozent der Befragten in einer idealen Welt Rockmusik geben.[3] Diese zieht Jugendliche in ihren Bann, bei Rockkonzerten geht das passive Zuhören der Jugendlichen schnell über in Mitklatschen, Mitsingen und Tanzen – teilweise bis zur Ekstase. Diese (auch) körperliche Wirkung ist wesentlich verursacht durch die entscheidenden musikalischen Faktoren der Popularmusik, nämlich Rhythmus (meist motorische Metrik im 4 / 4-Takt, mit Gegenakzentuierung des zweiten und vierten Schlages = »off-beat«) und Sound (= die Summe aller den Gesamteindruck der Musik bestimmenden Elemente, wie Technik, Interpretation, Komposition). Auch Text und Wörter haben zuallererst als Klänge und erst in zweiter Linie als Aussagen Bedeutung, der inhaltliche Gesichtspunkt steht also keineswegs im Vordergrund. Vielmehr ist es der Gesamtgestus eines Songs, der Lebensgefühl und Haltungen, Protest, aber auch Hoffnungen vermittelt. Die Kraft der Musik liegt in der Einbettung in ein harmonisches Ganzes aus Rhythmus und Melodie bei gleichzeitiger Relativierung der Sprache und des Logos. So vermag Musik zu überzeugen und zu motivieren – und dies wohl immer schon. Hier allerdings liegt auch die Gefahr des Missbrauchs. Diese zeigte sich im Propagandaliedgut der Nationalsozialisten ebenso wie sie gegenwärtig z.B. in Gewalt-, Hass- und Ausgrenzungsliedern rechter Gruppierungen auftritt.

---

1 Hans Schmid, Die Kunst des Unterrichtens. München, 2. Aufl. 2001, S. 203.

2 Zum Begriff, zur Geschichte und den besonderen Merkmalen der Rockmusik vgl. Hubert Treml, Spiritualität und Rockmusik. Anregungen für die Religionspädagogik aus dem Bereich der Rockmusik. Ostfildern 1997, S. 170–185. Umfassender ist allerdings der Begriff »Popularmusik«.

3 Ralph Sauer, Mystik des Alltags. Jugendliche Lebenswelt und Glaube. Eine Spurensuche. Freiburg 1990, S. 75f.

Popularmusik ist, auch wenn sie längst nicht mehr nur jugendliche Zuhörer und Fans hat, auch heute gesellschaftlich nicht immer voll akzeptiert; sie wird zwar toleriert, nicht aber von allen gemocht. So ermöglicht ihre Musik den Jugendlichen Abgrenzung gegenüber der Erwachsenenwelt und Identifikation im Hinblick auf jugendliche Teilkulturen. Dies muss auch immer gesehen und respektiert werden, wenn etwa der Einsatz von Popularmusik im Religionsunterricht reflektiert wird.

Musik und Religion

Über Jahrtausende und über alle Kultur- und Völkergrenzen hinweg waren – bei aller zeitbedingten Formänderung – Musik und Religion eng miteinander verbunden, Kunst ging aus der Liturgie hervor, Kultur aus dem Kult.[4] Umso erstaunlicher ist es, dass diesem Faktum sowohl in der Musik- als auch in der Religionswissenschaft wenig Aufmerksamkeit geschenkt wird, während die Theologie ihr Hauptaugenmerk vor allem auf die Verwendung der Musik im liturgischen Zusammenhang gelegt hat.

Seit der Antike wurde in der Ästhetik ein betont rationaler Musikbegriff vertreten. Vorherrschend war die Vorstellung, dass, wie Platon formulierte, Musik aus *harmonia* (= geregelte, rational in ein System gebrachte Tonbeziehungen), *rhythmos* (= Zeitordnung) und *logos* (= Sprache als Ausdruck menschlicher Ratio) bestehe. Wurde die Kompositionstechnik des Barockzeitalters noch »sprechend« empfunden und verstanden, so ist das Selbstverständnis, dass die so genannte »absolute« Musik, also die von der Sprache emanzipierte Instrumentalmusik ohne Text oder Programm, die »eigentliche« Musik sei, erst rund zwei Jahrhunderte alt.

Ein enger Zusammenhang zwischen Musik und Religion scheint aber erst dann auf, wenn Musik transrational verstanden wird, wenn man Musik gerade wegen ihrer Begrifflosigkeit und Offenheit konsequent als Symbol betrachtet und akzeptiert, dass sie letztlich in Sprache nicht übersetzbar und analytisch nicht restlos zu erschließen ist. Damit gelangen wir in einen eigenen nicht-begrifflichen, vorbewussten bzw. bewusstseinstranszendierenden religiösen Bereich. Musik vermag so mit ihrem eigentümlichen Charakter auf eine andere Wirklichkeit zu verweisen und kann gewissermaßen Sinnbild dieser Wirklichkeit werden. Somit steckt in ihr eine religiöse Potenz.[5]

Sicher kann Musik dabei auch zur Ersatzreligion oder Droge werden. Obwohl Ralph Sauer gerade mit Blick auf die Musik in der Lebenswelt heutiger Jugendlicher diese Bedenken teilt und diskutiert, stellt er dennoch fest: Ist es abwegig, »wenn wir die Vermutung äußern, in dem so ambivalenten Musikerlebnis junger Menschen unserer Tage zeichnen sich gelegentlich auch ›Spuren der Engel‹ oder ›Chiffren der Transzendenz‹ ab? In diesen Augenblicken durchbrechen sie die scheinbare Geschlossenheit einer eindimensionalen Welt und stoßen in eine übersinnliche Welt vor, empfinden einen ›Appell zum überirdischen Glück‹, wie ihn M. Proust im 5. Band seines großen Romans ›Auf der Suche nach der verlorenen Zeit‹ beim Anhören

4 Vgl. Hans Zender, Happy New Ears. Das Abenteuer, Musik zu hören. Freiburg, 2. Aufl. 1997, S. 79–102.

5 Vgl. Klaus König, Religiöses Lernen durch Musikhören. Absolute Musik im Religionsunterricht, in: Katechetische Blätter 1996, S. 306–310.

einer Sonate farbenreich schildert.«[6] Diese Chancen gilt es zu nutzen, wenn Musik im Religionsunterricht eingesetzt wird.

Musik hören im Religionsunterricht

Musik gehört wesentlich zur Schulkultur: Das Fach Musik ist selbstverständlicher Bestandteil des Fächerkanons, Musik bildet die Grundlage der Sportgymnastik, Chor, Orchester oder Bands bereichern vielfach das Schulleben. Aber auch in anderen pädagogischen Arbeitsfeldern wird in der Zwischenzeit bewusst auf Musik zurückgegriffen, wie etwa in der Gestaltpädagogik oder in der auf Georgi Lozanov zurückgehenden Suggestopädie.

Der Einsatz von Musik im Religionsunterricht rechtfertigt sich aus dem oben Gesagten. Grundsätzlich ist dabei der Eigenwert des Mediums zu beachten, Musikstücke dürfen nicht funktionalisiert werden. Die Dignität des Mediums erfordert zumeist (auch) die musikwissenschaftliche Analyse, wenngleich der oben angedeutete Mehrwert eines Musikstücks zu beachten und zu gewichten ist.

»Klassische« Werke

Kirchenmusik in ihrer Vielfalt von Kantaten, Oratorien, Passionen, Messen oder Motetten prägte von den ersten Melismen und der Gregorianik bis in die Gegenwart die abendländische Musikgeschichte. Die Begegnung mit diesen Zeugnissen christlichen Glaubens zu ermöglichen und ein sachgemäßes Verständnis zu erwirken, gehört mit zum Kulturauftrag des Religionsunterrichts. Die Erschließungskompetenz im Bereich der Kirchenmusik zu fördern, ist ein gerechtfertigtes Erziehungsziel. Dies erfordert Geduld und kontinuierliche Arbeit. Für eine musikalische Werkbetrachtung bietet sich folgendes *Methodenschema* an, das im Einzelfall zu modifizieren und differenzieren ist: Vorbereitung auf die Hörerfahrung – Erstbegegnung (wobei auf die Qualität der Einspielung zu achten ist), eventuell erneutes oder mehrmaliges Anhören – Äußerung der ersten Eindrücke – Verbalisierung von Hörbeobachtungen (unter Umständen unter Zuhilfenahme des Notentextes bzw. der Partitur), werkimmanente »Beobachtungen« und Verifizierung am »Musiktext« (z. B. Aspekte der Musikform und Kompositionstechnik, Berücksichtigung der Aspekte Tongeschlecht, Melodik, Themen, Harmonie, Rhythmus, Dynamik, Instrumentierung, Wort-Text-Verhältnis etc.) – Einbezug kontextueller Informationen (ursprünglicher »Zweck« des Werkes; Aufführungspraxis; Biographie des Komponisten und dessen weitere Werke; Vergleich von Musikstücken; Interpretationsvergleich, da Musik ja immer »nur« in der Interpretation des jeweiligen Künstlers und nicht in der Idee des Komponisten zu hören ist; zeitgeschichtliche Aspekte; Wirkungsgeschichte von der Uraufführung bis heute etc.) – Entschlüsselung des musikalischen Codes – Bedeutung des Musikstücks für den Einzelnen.

Verständlicherweise steht im Religionsunterricht nur begrenzte Zeit zur Verfügung, klassische Musikwerke zu hören und zu erarbeiten. Doch sollte im Interesse

6 Ralph Sauer, a. a. O., S. 83f.

einer religiös-kulturellen Alphabetisierung darauf nicht verzichtet werden.[7] Bachs Weihnachtsoratorium und Matthäuspassion,[8] Mozarts Requiem oder Krönungsmesse, Haydns Schöpfung, Brahms Deutsches Requiem oder Verdis Requiem dürfen an der Schulwirklichkeit ebenso wenig vorbeigehen wie Brittens War Requiem, die Musik Messiaens, Pendereckis oder die »Antiphonen« von B. A. Zimmermann.[9] Chancen für fächerübergreifendes und -verbindendes Arbeiten können hier effektiv genutzt werden. Auch zeitgenössische Musik kann im Religionsunterricht Platz finden – von Arnold Schönberg[10] bis hin zum gesellschaftskritischen Chanson. Auch sollte beim Einsatz von Filmen die musikalische Gestaltung nicht unreflektiert bleiben, ebenso wenig der jeweils spezifische musikalische Aspekt bei der Behandlung der Weltreligionen.[11]

Religiöse Thematik und Popularmusik[12]

Eine auffällig häufige Thematisierung religiöser Inhalte findet sich in Popular- und Rocksongs. Die Texte der Popularmusikszene enthalten dabei sowohl eindeutige als auch implizite religiöse Aussagen. Sänger wie Van Morrison, Bruce Cockburn oder Bob Dylan haben immer wieder ihren eigenen religiösen Haltungen Ausdruck verliehen. Daneben gibt es die offene christliche Rockmusik (z. B. die irische Gruppe U2) und im Heavy-Metal-Bereich Bands, die bewusst mit einem christlich-missionarischen Anspruch auftreten (»White Metal«). Implizit religiöse Aussagen finden sich, insofern Popularmusik immer wieder existienzielle und ethische Fragestellungen thematisiert (z. B. partnerschaftliche Liebe). Sie dient damit vielfach als Transportmittel persönlicher Gedanken über die letzten Sinnhorizonte des Lebens, kann so eine mehr oder weniger bewusste Auseinandersetzung mit dem Lebensgeheimnis darstellen und erweist sich damit als Fundgrube für den Unterricht. Beim Einsatz sollten

7 Hubertus Halbfas moniert zu Recht: »Bislang noch keine Tradition hat das Musikhören im Religionsunterricht ... Die bedeutenden musikalischen Traditionen des Christentums verdienen aber nicht weniger schulische Beachtung wie die Werke der bildenden Kunst, der Literatur und der Theologie. Auch die nichtchristlichen Religionen lassen sich nicht allein über Text und Bild, sondern ebenso über deren eigengeschichtliche Musik- und Klangwelt vermitteln. Es wird eine zukünftige Aufgabe sein, auf diesem Gebiet dem Religionsunterricht eine neue Dimension christentums- und religionsgeschichtlicher Erfahrung zu eröffnen und zu erschließen« (ders., Religionsunterricht in Sekundarschulen. Lehrerhandbuch 6. Düsseldorf 1993, S. 48).

8 August Everding, »Zu Gottes Ehre und Recreation des Gemüths«. J. S. Bach – Anmerkungen zur Wirkungsgeschichte und Anregungen zur Werkerschließung, in: Katechetische Blätter 1987, S. 299–302.

9 Vgl. Hans Zender, a. a. O., S. 102.

10 Vgl. Peter Kliemann, Impulse und Methoden. Anregungen für die Praxis des Religionsunterrichts. Stuttgart, 2. Aufl. 2003, S. 129–146.

11 Vgl. Unterrichtseinheit »Hinduismus« in: Johannes Lähnemann, Weltreligionen im Unterricht. Eine theologische Didaktik für Schule, Hochschule und Gemeinde. Teil I: Fernöstliche Religionen. Göttingen, 2. Aufl. 1994, S. 98 –140. Schallplattenhinweise dort S. 153.

12 Vgl. Arthur Thömmes, Populäre Musik im Religionsunterricht. Gott in der Hitparade, in: Katechetische Blätter 2000, S. 143f. – Ders., Populäre Musik im Religionsunterricht. HipHop – Die Philosophen der Straße, in: Katechetische Blätter 2000, S. 287–289. – Aktuelle Information (CHRI-POP-ARCHIV) auch unter der Internet-Adresse: *http://www.bistum.fulda.net/kircheaktiv/ffh.html.*

allerdings auch hier die Songs über die emotionale Wirkung hinaus immer wieder unter musikalischen Gesichtspunkten analysiert werden.[13]

»Hintergrundmusik« – Musik als meditatives Element im Religionsunterricht

Häufig werden im Religionsunterricht Musikstücke als Hintergrundmusik bei Einzelarbeit oder als meditatives Element eingesetzt. Hier kommt die beruhigende oder gar therapeutische Seite der Musik zum Tragen, die mit ganz bestimmten menschlichen Hör- und Harmoniegewohnheiten korrespondiert und eng damit verbunden ist, dass der rhythmische Grundschlag eines Musikstückes unmittelbar die Pulsfrequenz zu beeinflussen vermag.[14] Solcher Musikeinsatz sollte gezielt, reflektiert und sparsam erfolgen, zum einen um Musik in ihrer Dignität zu würdigen, zum anderen um »musikalische Sprinkleranlagen« zu vermeiden.[15] Zur bewussten Musikbegegnung gehört auch das Aushalten der Stille.

Kreativer Einsatz von Musik: Singen

Traditionelles Liedgut, wie es sich im »Gotteslob« bzw. im »Evangelischen Gesangbuch« findet, ist Glaubenszeugnis und Grundlage der Gottesdienste beider Kirchen. Auch wenn der Religionsunterricht fehlende kirchliche Sozialisation nicht ersetzen kann, vermag er dennoch exemplarisch an das Singen religiöser Lieder heranzuführen. Dabei spielen traditionellerweise Lied und Liedkatechese im evangelischen Bereich eine stärkere Rolle als im katholischen. Bezeichnenderweise wird auch aus Sicht der Schülerinnen und Schüler Singen im Religionsunterricht weitgehend positiv beurteilt.[16] Für das Singen im Religionsunterricht sind folgende Methodenschritte hilfreich: Hören – Aufnehmen / Singen – Interpretieren (Dechiffrieren des eigenständigen Liedcodes) / Aktualisieren – Einüben / Gestalten (Memorieren).

Neben traditionellen Liedern haben so genannte Neue Geistliche Lieder, die in den »Spirituals«, der weißen und schwarzen Gospelmusik und in der Popmusik wurzeln, ihren Platz im Religionsunterricht.[17] Da gerade hier die Vielfalt groß und die Qualität unterschiedlich ist, sollten wichtige Auswahlkriterien berücksichtigt werden. Dabei sind neben inhaltlichen und sprachlichen Gesichtspunkten die musikalische Gestalt, die musikalisch-sprachliche Kongruenz sowie die Singbarkeit zu beachten.

---

13 Dafür hilfreich u. a. Kurt Rohrbach, Rockmusik. Die Grundlagen. Ein Arbeitsbuch für den Musikunterricht in Schulen (mit CD). Oldershausen 1995.

14 Vgl. die Bücher und CDs von Joachim E. Berendt, z. B. ders., Das Leben – ein Klang. Wege zwischen Jazz und Nada Brahma. München 1998.

15 Vgl. Rüdiger Liedtke, Die Vertreibung der Stille. Wie uns das Leben unter der akustischen Glocke um unsere Sinne bringt. München 1988.

16 Vgl. Peter Kliemann / Hartmut Rupp (Hg.), 1000 Stunden Religion. Wie junge Erwachsene den Religionsunterricht erleben. Stuttgart 2000, Register-Stichworte Singen; Lieder. Zur Liedkatechese vgl. Christian Möller (Hg.), Ich singe dir mit Herz und Mund. Liedauslegungen, Liedmeditationen, Liedpredigten. Ein Arbeitsbuch zum Evangelischen Gesangbuch. Stuttgart 1997.

17 Günter Esser, Sacropop – in Gottesdienst und Unterricht, in: Katechetische Blätter 1994, S. 38–46 (mit Kriterienkatalog zum Umgang mit Neuen Geistlichen Liedern).

Weitere methodische Möglichkeiten

Mit all dem sind die Einsatzmöglichkeiten von Musik auch im gymnasialen Religionsunterricht längst noch nicht erschöpft. Gerade im kreativen Bereich bieten sich zahlreiche weitere Möglichkeiten, die an dieser Stelle nur exemplarisch aufgelistet sein sollen: Melodie- und / oder Rhythmusinstrumente spielen, Musik in Gesten / Bewegung / Tanz umsetzen, neue Liedtexte schreiben, Lieder komponieren, eine Geschichte vertonen, Bibeltexte verklanglichen, eine Klanggeschichte erfinden, Bilder vertonen, Musik malen, Musikcollagen erstellen etc.[18]

Solche methodischen Formen gehen gewöhnlich über das im schulischen Alltag Übliche hinaus und sind auch nicht immer leicht in den 45-Minuten-Takt zu integrieren. Dennoch sollten sie immer wieder einmal bewusst versucht werden. Sie erfordern Mut, vor allem aber eigene Erfahrung und Authentizität der / des Lehrenden. Bei allen methodischen Gestaltungsformen mit Musik und musikalischen Elementen im Religionsunterricht ist – wie bei jedem Methodeneinsatz – die Interdependenz von Zielen, Inhalten, Medien und Methoden reflektiert zu beachten.

→ *Fächerverbindender Unterricht*, → *Filme*, → *Ganzheitlichkeit*, → *Gestaltpädagogik*, → *Jugend und Religion*, → *Meditative Unterrichtsformen*

Zur Diskussion gestellt

- Überprüfen und reflektieren Sie Ihren eigenen alltäglichen Umgang mit Musik. Welchen Musikstil bevorzugen Sie, welchen lehnen Sie ab?
- Welches Kirchenlied singen Sie gerne? Können Sie dafür Gründe angeben? Halten Sie dieses Kirchenlied für einen Einsatz im Religionsunterricht geeignet?
- Informieren Sie sich über die bei Jugendlichen derzeit aktuelle Musikszene.
- Erkundigen Sie sich bei Musikkolleginnen / -kollegen oder anhand des Lehrplans nach Möglichkeiten, fächerverbindend zu unterrichten.

Literaturempfehlung

Gottfried Bitter, Musik, in: Gottfried Bitter u. a. (Hg.), Neues Handbuch religionspädagogischer Grundbegriffe. München 2002, S. 79–82. – Uwe Böhm / Gerd Buschmann, Popmusik – Religion – Unterricht. Modelle und Materialien zur Didaktik von Popkultur. München 2000. – Markus Brauck / Oliver Dumke, Techno: 180 Beats und null Worte. Ekstase ohne Botschaft? Gütersloh 1999. – Ilse Kögler, Umgang mit Lied und Musik, in: Gottfried Bitter u. a. (Hg.), Neues Handbuch religionspädagogischer Grundbegriffe. München 2002, S. 493–496. – Markus Lonardoni, Popularmusiklehre. Pop, Rock, Jazz. Stuttgart 1996, mit Begleit-CD. – Michael Schäfers, Jugend – Religion – Musik. Zur religiösen Dimension der Popularmusik und ihrer Bedeutung für die Jugendlichen heute. Münster 1999.

Georg Gnandt

18 Kerstin Kuppig, Tanz als Ausdruck des Glaubens. Der religiöse Tanz in Unterricht, Gruppe und Gemeinde. Limburg 1995. – Franz W. Niehl / Arthur Thömmes, 212 Methoden für den Religionsunterricht. München, 4. Aufl. 2000, S. 47–62. – Edgar Bechter, Klangbausteine im Religionsunterricht, in: Ludwig Rendle u. a., Ganzheitliche Methoden im Religionsunterricht. Ein Praxisbuch. München, 4. Aufl. 2000, S. 226–249.

Projektunterricht

Wenn der schulfremde, aber nicht schulunkundige Besucher gegen Schuljahresende das Schulgebäude betritt und ihn eine umfangreiche Clipboard-Landschaft (»Englische Limericks in 205« – »Theater-Workshop in der Aula« – »Fußball nach der Ajax-Methode verlegt in die Turnhalle« – »Einladung an alle zum Präsentationstag am 23. Juli« ...) begrüßt, dann weiß er: Es ist wieder einmal so weit – Projektwochen!

Dabei hatte, was heute nur allzu oft als Alibi-Veranstaltung mit Spaß-Charakter daherkommt, doch einmal verheißungsvoll angefangen, damals, Mitte der 70er Jahre, als die Wiederentdeckung des Projektbegriffs gefeiert wurde als Kulminationspunkt der Anküpfung an die große Reformbewegung aus dem ersten Drittel des 20. Jahrhunderts. Und doch war dieser Enthusiasmus schon fast von Beginn an Gegenstand kontroverser Debatten. Kaum ein Schlagwort hat die allgemeindidaktische Diskussion der letzten 30 Jahre so sehr geprägt wie der Projektgedanke.

Der Projektbegriff

Schon die Auseinandersetzung um den Projektbegriff selbst zeigt bereits die gesamte Problematik des Projektunterrichtes: ein weit gefasster Projektbegriff, abgeleitet von den amerikanischen Pragmatikern Dewey und Kilpatrick und beladen mit allen Hoffnungen auf eine reformierte Schule, die die Schülerinnen und Schüler durch Eigentätigkeit und Selbstverantwortung zu Autonomie und Selbstbestimmung führt, auf der einen Seite; auf der anderen Seite, aufgeschreckt durch eben jenes Reformpathos, die Vertreter eines wesentlich enger gefassten Begriffs des Projekts, die eigens zu diesem Zweck hinabsteigen in die Tiefen der Geschichte, um von den Ingenieurstudien des 18. und den Architekturschulen des 16. Jahrhunderts eine Vorstellung von »Projekt« hervorzuholen, die sich begrenzt auf das praktische Problemlösen.[1] Schon in dieser zunächst eher terminologisch anmutenden Auseinandersetzung wird das grundsätzliche Spannungsfeld deutlich, das die didaktische Diskussion bestimmt: Während die sozialtechnologisch ausgerichteten Repräsentanten eines engen Projektbegriffs für die Orientierung an der Sache und die Instruktion durch die Lehrperson eintreten,[2] betonen die Vertreter des klassischen, sozialpsychologisch begründeten Projektunterrichts als grundsätzliche Zielsetzungen die Erhöhung der Schülerselbsttätigkeit, die Orientierung an den Interessen der Schülerin, des Schülers und ihrer Fähigkeiten zur selbstständigen Konstruktion der Wirklichkeit sowie die Bedeutung kommunikativer und sozialer Prozesse im Unterrichtsgeschehen. In die Perspektive des Religionsunterrichts übersetzt lautet die Alternative: Beibringen von

1 Vgl. hierzu: Pädagogik 7–8 / 1993: Themenheft »Der Streit um den Projektbegriff«.

2 Die Debatte hat in der Zwischenzeit auch sprachlich wunderbare Stilblüten getrieben, mit denen v. a. die Vertreter des Instruktionsmodells das Reformpathos zu konterkarieren versuchen: »Grübeln statt Dübeln« oder im religionsdidaktischen Segment: »Beten statt Kneten« bzw. »Bücher statt Tücher«.

Glaubensinhalten im Sinne lehrhafter Sätze versus gemeinsamer Annäherung an das Christsein als Lebensvollzug.[3]

In einer vorläufigen Begriffsbestimmung, die versucht, den Projektbegriff so auszulegen, dass der Freiraum für eine flexible Standortbestimmung möglichst groß bleibt, soll der Projektunterricht bestimmt werden als unterrichtliche Form, die ein Vorgehen nach einem gemeinsam entworfenen Plan und eine weitgehend selbstständige Durchführung dieses Plans ermöglicht. Die Orientierung an einem gemeinsam zu erstellenden Produkt erleichtert dabei das Vorgehen.

Zielsetzungen

Unschwer sind im Streit um ein angemessenes Verständnis des Begriffes »Projekt« die alten, die Didaktik des 20. Jahrhunderts prägenden Gratwanderungen wiederzuerkennen. Die darin angelegte Dialektik von Lehrerlenkung und Schülerorientierung kann jedoch nicht statisch bestimmt werden, sondern ist je neu auf die Situationen von Schülern und Schule auszulegen.

Im Sinne eines erziehungsphilosophischen Grundansatzes ist diese Dialektik jedoch nicht beliebig zu setzen, sondern enthält eine ihr immanente Grundausrichtung in Richtung Autonomie und Selbstverantwortung. Mit Hilfe der seit einiger Zeit stark favorisierten Begrifflichkeit der »Schlüsselqualifikationen« kann diese Grundausrichtung entfaltet werden in folgenden Zielstellungen:

- Stärkung der Ich-Kompetenz durch Selbsttätigkeit und Selbstbestimmung
- Aufbau der Sozialkompetenz durch Erwerb von Team- und Kommunikationsfähigkeiten, Erfahrung von Solidarität
- Erwerb von Methodenkompetenz durch Einüben bestimmter Arbeitsformen
- Aufbau von Sachkompetenz durch die Erweiterung des eigenen Kenntnisstandes.

In religionspädagogischer und theologischer Hinsicht gilt bei der Auseinandersetzung mit dem Konzept der Schlüsselqualifikationen: Die angegebenen Qualifikationen dürfen sich nicht erschöpfen in einer Ansammlung berufspropädeutischer Fertigkeiten, sondern sind zu integrieren in ein durch das biblisch-christliche Menschenbild ausgewiesenes Persönlichkeitsziel.

Merkmale der Projektarbeit

Um die angegebenen Zielstellungen zu erreichen, haben die Theoretiker und Praktiker des Projektunterrichts eine Anzahl von Essentials formuliert, die der Arbeit an und mit Projektunterricht einen Rahmen geben:[4]

- Orientierung an Schülerinteressen
- Selbstverantwortung und Selbstorganisation

---

3 Vgl. z. B. Engelbert Groß, Handlungsorientierung – das Projekt Wirklichkeit des Glaubens als Dimension des gymnasialen Religionsunterrichts, in: rhs – Religionsunterricht an höheren Schulen 3 / 1999, S. 151–160.

4 Vgl. hierzu etwa: Johannes Bastian / Herbert Gudjons (Hg.), Das Projektbuch II. Über die Projektwoche hinaus. Projektlernen im Fachunterricht. Hamburg, 3. Aufl. 1998, S. 28ff.

- zielgerichtete Planung
- soziales Lernen
- Produktorientierung
- Interdisziplinarität
- Einbeziehung vieler Sinne
- gesellschaftliche Praxisrelevanz.

Projektarbeit in der Praxis

Die große Projektwoche der Schule stellt lediglich eine »dramaturgische Sonderform« des projektorientierten Unterrichtens dar. Darüber hinaus sind viele weitere Organisationsformen denkbar, die meisten von ihnen erfordern einen gewissen Grad an Öffnung der Schule in organisatorischer und inhaltlicher Hinsicht (Projekttage in einer Klasse, fächerverbindende Projekte über eine ganze Klassenstufe hinweg). Aber auch solche Organisationsformen, die sich ohne größeren Aufwand in den Rahmen des Schulalltags einer Regelschule einpassen lassen, sind möglich und sinnvoll. Diese Didaktik der kleinen Schritte stellt keinen »Verrat am Ziel« der Projektidee dar, sondern ermöglicht oftmals erst einen Einstieg in offenere Arbeitsformen.[5] So ist projektorientiertes Arbeiten auch bezogen auf den Fachunterricht denkbar, ein Umstand, der insbesondere für den Religionsunterricht von großem Interesse sein dürfte, da hier auf Grund der konfessionellen Gruppenstruktur interdisziplinäres Arbeiten auf die größten organisatorischen Schwierigkeiten stößt.

Auch unter diesen Rahmenbedingungen lässt sich projektorientiertes Arbeiten in mehrere Phasen strukturieren:

- *Einstiegsphase*: Meist ausgehend von einer Vorstrukturierung durch die Lehrperson einigt sich die Lerngruppe auf ein übergreifendes Thema, auf die Möglichkeiten der Bearbeitung und die organisatorischen Rahmenbedingungen (Zeit, räumliche und materiale Voraussetzungen, Leistungsmessung).
- *Planungsphase*: Die Schülerinnen und Schüler wählen ein Teilthema aus und legen die Sozialform fest, in der sie ihr Thema bearbeiten wollen.
- *Durchführungsphase*: Die Schülerinnen und Schüler bearbeiten das von ihnen gewählte Thema. Sie grenzen das Thema ein, suchen und sichten das Material und strukturieren ihre Ergebnisse.
- *Produktphase*: Die Schülerinnen und Schüler erstellen das von ihnen ausgewählte oder vorgegebene Handlungsprodukt, in das die in der Durchführungsphase erworbenen Erkenntnisse einfließen.
- *Präsentationsphase*: Die Schülerinnen und Schüler stellen einer ausgewählten Öffentlichkeit (der Klasse, der Klassenstufe, der Schule, der außerschulischen Öffentlichkeit) die Ergebnisse ihrer Arbeit vor.
- *Evaluationsphase*: Die Schülerinnen und Schüler reflektieren gemeinsam den Arbeitsprozess; sie überprüfen noch einmal ihre Vorgehensweise und denken über mögliche Alternativen nach. In diese Phase fällt gegebenenfalls auch die Beurteilung der Leistungen durch die Lehrerin.

5 Vgl. Herbert Gudjons, Kleine Schritte sind kein Verrat am Ziel. Über hinführenden Formen zur Freien Arbeit und Projektunterricht, in: Pädagogik 11 / 2000, S. 6–9.

- Für den Ablauf wichtig erscheinen außerdem regelmäßige *Plenumsphasen,* in denen die Gruppen Rechenschaft ablegen über den Fortschritt ihrer Arbeit, in denen sie Probleme und Hindernisse ansprechen und Lösungswege diskutieren.

In das praktischen Beispiel einer 9. Religionsklasse umgesetzt könnte *ein Projekt zum Thema »Sekten und Weltanschauungsgruppen«* etwa folgendermaßen aussehen:

- *Einstiegssphase*: Die Schülerinnen und Schüler erheben ihre Vorkenntnisse zu Sekten und Weltanschauungsgruppen. Sie tauschen sich über eigene Erfahrungen aus und erstellen ein Tableau möglicher Gruppen.
- *Planungsphase*: Die Jugendlichen wählen unter den angebotenen Gruppen eine aus und konstituieren sich in interessengeleiteten Arbeitsgruppen (z. B. Zeugen Jehovas, Scientology, Satanistische Gruppen).
- *Durchführungsphase*: Mittels Internetrecherche, durch Kontakt zu Sektenbeauftragten der Kirchen usw. tragen die Schülerinnen und Schüler Material zu »ihrer« Gruppe zusammen. Sie sichten und bewerten das Material nach einem im Plenum erarbeiteten Kriterienkatalog.
- *Produktphase*: Die Klasse hat sich mittlerweile darauf geeinigt, zu ihrem Thema eine schulinterne Ausstellung mit Postern und Plakatwänden zu erstellen. Im Rahmen einer Ausstellungseröffnung wollen die einzelnen Gruppen kurze Einführungsreferate halten.
- *Präsentationsphase*: Eröffnung der Ausstellung und Vorstellung der Ergebnisse vor allen neunten Klassen der Schule.
- *Evaluationsphase*: Feedback der einzelnen Gruppen zum Projekt; Benotung der Poster und der Referate durch Lehrerin und Lehrer; dabei werden die individuellen Werkstattbücher einbezogen.
- Als *Plenumsphase* wird jeweils zu Beginn und am Ende einer Unterrichtsstunde ein kurzer Arbeitsbericht vorgelegt, in dem die Jugendlichen an einem großen Poster und mit Hilfe von Gruppenpfeilen den Fortgang ihrer Arbeit dokumentieren. Außerdem findet jeweils ein ausführlicheres Plenum in der Mitte der Durchführungsphase (Erstellung der Kriterienliste zur Bewertung) und zu Beginn der Produktphase (Festlegung auf Handlungsprodukte Poster, Ausstellung und Vortrag) statt.

Leistungsmessung

Ein heikles Thema innerhalb des Projektgedankens stellt die Frage nach der Leistungsfeststellung dar. Diese ist angesichts des umfangreichen Anforderungskatalogs an das Arbeiten der Schülerinnen und Schüler nur partiell möglich. Während das Handlungsprodukt noch am ehesten einer Bewertung im traditionellen Sinne zugänglich ist, kommt die prozessuale Komponente der Projektarbeit dafür nur bedingt in Frage. Unter Umständen könnte das bei größeren Projekten obligatorische Führen eines »Arbeitsprozessberichtes« / »Werkstattbuches« eine Teillösung des Problems eröffnen. Wesentlich scheint insgesamt eine grundsätzliche Transparenz der Bewertungskriterien schon im Vorfeld der Erarbeitungsphasen.

→ *Fächerverbindender Unterricht,* → *Freies Arbeiten,* → *Leistungsmessung – Notengebung – Evaluation,* → *Methoden,* → *Sozialpraktikum*

Zur Diskussion gestellt

- Versuchen Sie sich an projektorientierte Unterrichtsphasen Ihrer eigenen Schulzeit zu erinnern: Welche Eindrücke hat diese Arbeitsform bei Ihnen hinterlassen?
- Suchen Sie im Lehrplan für das Fach Religion nach Themen, die Ihnen für Unterrichtsprojekte geeignet erscheinen.
- Diskutieren Sie mit Kolleginnen und Kollegen und gegebenenfalls mit der Schulleitung, welche Formen der Öffnung der Schule auf Projektarbeit hin möglich wären.

Literaturempfehlung

Johannes Bastian u. a., Theorie des Projektunterrichts. Hamburg 1997. – Dagmar Hänsel (Hg.), Projektunterricht. Ein praxisorientiertes Handbuch. Weinheim / Basel, 2., neu ausgestattete Aufl. 1999. – Katechetische Blätter 6 / 2000: Themenheft »Handlungsorientiertes Lernen«.

Ulrich Baader

Räume und Zeiten

Raum- und Zeitmuster ordnen unsere Wahrnehmung und ermöglichen uns die Orientierung. Deshalb gewöhnen wir uns leicht an sie und halten das uns Vertraute für den Regelfall. Weder Raum noch Zeit sind jedoch feste, unveränderliche Größen. Historisch gewachsene Raum- und Zeitstrukturen sind zwar vom Einzelnen nicht beliebig veränderbar, zumindest langfristig aber durchaus einer kulturellen Gestaltung unterworfen.[1]

Referendarinnen und Referendaren, die nach vielen Jahren das erste Mal wieder ein Gymnasium betreten, fällt gelegentlich noch auf, wie ungewöhnlich die Situation ist: Der Unterricht beginnt in Deutschland sehr früh, in der Winterzeit oft im Dunkeln, wenn viele andere Arbeitnehmerinnen und Arbeitnehmer noch mit der Morgentoilette und dem Frühstück beschäftigt sind. Eine schrille Glocke oder neuerdings auch ein von Flughäfen und Großstadtbahnhöfen vertrauter Gong strukturieren den Tag in Einheiten zu 45 Minuten: Auf Mathematik folgt Englisch, auf Englisch Religion, auf die Lehrerin A der Lehrer B. In den mehr oder weniger kurzen Pausen drängeln dann mehrere hundert, oft über tausend Schülerinnen und Schülern durch die Flure, um nach wenigen Minuten erstaunlich zielgerichtet in einem anderen Klassenzimmer wiederum jede und jeder einen bestimmten Tisch und einen bestimmten Stuhl für sich in Anspruch zu nehmen. Die Unterrichtsräume mögen einem Außenstehenden übermöbliert, aber dennoch oft recht unwohnlich erscheinen. Oft finden sich drei Tischreihen, getrennt durch zwei Gänge, das Ganze nach vorne ausgerichtet, zur Tafel und zur Lehrperson hin. Sensible Gemüter bemerken noch aus der eigenen Schulzeit vertraute Gerüche von Kreide, Körperausdünstungen und Putzmitteln, wie sie sich in dieser Mischung nur in Schulgebäuden finden.

Wer tagein, tagaus dieselbe Schule besucht, denkt über all dies in der Regel nicht mehr nach.

Abiturientinnen und Abiturienten verbringen acht oder neun Jahre, Lehrerinnen und Lehrer oft Jahrzehnte an ein und derselben Schule. Nur wer die Schule wechselt, wer viel in anderen Schulen zu Gast ist oder einige Zeit an einer Schule im Ausland verbracht hat, kommt noch ernsthaft auf die Idee, man könne das eine oder andere vielleicht auch ganz anders organisieren.

Und es gibt sie: lichtdurchflutete, großzügig und abwechslungsreich zugeschnittene Schulbauten, die eine freundliche Atmosphäre ausstrahlen, Gebäude, die man gerne betritt; von Eltern, Lehrern und Schülern liebevoll eingerichtete und dementsprechend auch verantwortlich in Ordnung gehaltene Klassenzimmer, in denen auch Platz ist für Stellwände, für Bücherregale, für Materialschränke, Blumen und Bilder, vielleicht sogar für ein Sofa; Schulbauten mit Cafeteria, Gruppenräumen, Besprechungszimmern, Aula, Schulgarten und Erholungsräumen; Ganztagsschulen mit gleitendem Unterrichtsbeginn, mit Epochenunterricht und in das Schuljahr inte-

1 Vgl. hierzu z. B. Norbert Elias, Über die Zeit. Frankfurt / M., 5. Aufl. 1994. – Martina Löw, Raumsoziologie. Frankfurt / M. 2001.

grierten Projektwochen, mit einem über den ganzen Schultag verteilten, ausgewogenen Wechsel von Arbeit und Freizeit, von Plenums- und Gruppenphasen …

Ohne ins Schwärmen zu geraten: Es ist wichtig, sich bewusst zu machen, dass die Schule, in der man sich aufhält, nicht die Schule schlechthin ist, sondern ein historisch bedingter Sonderfall. Vor 100 oder 150 Jahren sahen Schulen in Deutschland anders aus, ein Kollege des ausgehenden 19. Jahrhunderts, käme er in eine unserer Schulen, wäre mit Sicherheit einigermaßen irritiert. In anderen Ländern findet schulisches Lernen oft unter völlig anderen, nicht selten viel schlechteren Bedingungen statt. Und zahlreiche kirchliche Bildungshäuser und Akademien zeigen sehr deutlich, dass gerade religiöses Lernen auch unter ganz anderen räumlichen und zeitlichen Bedingungen erfolgreich stattfinden kann.

Bedenkt man, wie stark die räumlichen und zeitlichen Umstände auch außerhalb der Schule unser Wohlbefinden und unser Unwohlsein prägen, so ist es erstaunlich, wie wenig in der Religionspädagogik bisher über diesen Aspekt nachgedacht wurde. Einer der wenigen, die sich pointiert zum Thema geäußert haben, ist Hubertus Halbfas:

»Es hat den Anschein, dass auch die Fachkollegen glauben, eine Didaktik des Religionsunterrichts von den allgemeinen Schulverhältnissen abheben zu können. Jedenfalls nimmt die religionspädagogische Literatur erstaunlich selten, um nicht zu sagen nie, von der allgemeinen Schulwirklichkeit Kenntnis. Es ist dem Religionslehrer darum auch kaum bewusst, dass er über seine Fachstunde hinaus für das Niveau des gesamten Schullebens mitverantwortlich ist – genau genommen sogar mehr verantwortlich als jeder andere Fachlehrer. Denn was immer der Religionsunterricht thematisiert – die Beziehung zu sich selbst und zu anderen, die Suche nach Sinnerfüllung und Glück –, die erste und grundlegende Beglaubigung all dieser Bezüge geschieht im Schulleben selbst. Es nutzt nicht viel, nur vom späteren Leben zu sprechen oder von Wirklichkeiten jenseits der Schule, die konkret gegebene Situation aber auszuklammern. In solcher Praxis fallen (Lehrer-)Wort und (Schüler-) Erfahrung heillos auseinander. Wer »Gott« sagt, muss auch »alles« meinen: den Klassenraum und seine Atmosphäre, die Gemeinsamkeit des Lebens und Lernens, das Spiel, die Besinnung, die Entwicklung beheimatender Häuslichkeit in der Schule.«[2]

In den letzten Jahren wurde immer wieder gefordert, Ziel des Religionsunterrichts müsse in einer unübersichtlichen, sich schnell wandelnden Gesellschaft nicht zuletzt auch eine Schulung der Wahrnehmung (griech. *aisthesis)* und der Sinne sein.[3] Religionslehrerinnen und Religionslehrer werden sich deshalb in besonderer Weise auch für die ästhetische Gestaltung des Schulgebäudes und des Schulalltages einsetzen. Die erste und wichtigste Voraussetzung für solches Engagement ist, dass

2 Hubertus Halbfas, Das dritte Auge. Religionsdidaktische Anstöße. Düsseldorf 1982, S. 165f. – Vgl. auch: Ders., Religionsunterricht in Sekundarschulen. Lehrerhandbuch 5. Düsseldorf 1992, bes. S. 54ff.

3 Vgl. z. B. Peter Biehl, Festsymbole. Zum Beispiel: Ostern. Kreative Wahrnehmung als Ort der Symboldidaktik. Neukirchen-Vluyn 1999. – Joachim Kunstmann, Religion und Bildung. Zur ästhetischen Signatur religiöser Bildungsprozesse. Gütersloh / Freiburg 2002.

Kolleginnen und Kollegen nicht unter dem Druck des Alltags abstumpfen und nur noch in den Kategorien eines zynisch-nüchternen Kosten-Nutzen-Kalküls denken, sondern sich um die Erhaltung ihrer eigenen Sensibilität und Kreativität bemühen. Denn es darf nicht übersehen werden, dass gerade auch der räumliche Ausbau von Schulen, insbesondere in Zeiten von hohen Schülerzahlen, mit einem erheblichen Maß von Investitionen verbunden ist. Zu solchen Investitionen ist die Öffentlichkeit, auch wenn sie behauptet, dem Thema »Bildung« eine besondere Priorität einzuräumen, keineswegs immer bereit.

Wer als Fernziel eine »Schule als Lern- und Lebensraum«[4] anstrebt, wird gleichzeitig, um nicht allzu schnell zu resignieren, versuchen, in vielen kleinen Schritten aus den gegebenen Arrangements von Zeit und Raum das jeweils Beste zu machen. Gerade auch wenn sich mehrere Kollegen und Fachschaften zusammentun, sind – ein langer Atem vorausgesetzt – die möglichen Spielräume oft größer, als man zunächst denkt:

- So eignen sich Doppelstunden im Fach Religion aus atmosphärischen Gründen und im Hinblick auf bestimmte Arbeitsformen oft besser als Einzelstunden.
- Randstunden haben den Vorteil, dass man einzelne Stunden ausfallen lassen kann, um dann einen ganzen Nachmittag für eine Exkursion oder ein Projekt zu nutzen.
- Kolleginnen und Kollegen, denen aus pädagogischen Gründen an variablen Zeitstrukturen gelegen ist oder die ihre Fachstunde in einen Freiarbeitspool geben wollen, können die Schulleitung bitten, ihre Stunden auf einen gemeinsamen Wochentag zu legen.
- Einstündiger Religionsunterricht in Klasse 8 lässt sich oft leichter ein Halbjahr zweistündig als ein ganzes Schuljahr einstündig erteilen.
- Eine Projektwoche der Fächergruppe Religion / Ethik – in Kooperation mit den Trägern der Jugendarbeit außerhalb des Schulortes durchgeführt – könnte in einer Klassenstufe vielleicht einmal en bloc den Religionsunterricht für ein ganzes Schuljahr ersetzen ...
- Die Mühe, einen Klassenraum anders als frontal zu bestuhlen, wird sich für ein Fach wie Religion, das auf vertiefte Gespräche angewiesen ist, in sehr vielen Fällen lohnen. Klassen, die sich gegen das Umstellen der Tische und Stühle aus den verschiedensten Gründen wehren, akzeptieren Hufeisen und Sitzgruppen – vor allem, wenn mehrere Kolleginnen und Kollegen an einem Strang ziehen – in der Regel doch relativ bald als Normalfall.
- Wenn Gruppenarbeitsplätze fehlen, sind manche Schulen dazu übergegangen, auf den oft kahlen Gängen Arbeitsnischen einzurichten.
- Ein Fachraum Religion erscheint oft jahrelang als utopischer Traum, und dann bietet sich manchmal doch eine Gelegenheit.
- Für Schulverschönerungsaktionen, die den Pausenhof ebenso einbeziehen wie die Klassenzimmer, findet sich häufig bei der Schülermitverantwortung und bei Elternvertretungen eine hilfreiche Lobby ...

---

4 Vgl. Zukunft der Bildung – Schule der Zukunft. Denkschrift der Kommission »Zukunft der Bildung – Schule der Zukunft« beim Ministerpräsidenten des Landes Nordrhein-Westfalen. Neuwied / Kriftel / Berlin 1995, bes. S. 77ff.

Wer unter pädagogischen Gesichtspunkten über Räume und Zeiten nachdenkt, sollte aber insbesondere auch die Möglichkeiten wahrnehmen, die sich nicht zuletzt für den Religionsunterricht durch Exkursionen, Schullandheim-Aufenthalte, Theaterwochenenden, Tage der Orientierung in einem Kloster, Fahrten zum Kirchen- oder Katholikentag, Taizéaufenthalte, Studienfahrten u. a. ergeben. Erich Kästner entwickelte schon vor vielen Jahrzehnten in seinem Roman »Das fliegende Klassenzimmer« auf unterhaltsame Weise die Vision eines zukünftigen erfahrungs- und anschauungsgesättigten Unterrichts. Das Motto, unter dem Martin, Ulli, Matz, Johnny und die anderen Internatsschüler im Geographieunterricht den Vesuv erkunden und im Geschichtsunterricht Ramses II. persönlich am Nil besuchen, lautet: »Der Unterricht wird zum Lokaltermin.«

In Lerngruppen, die gemeinsam längere Zeit außerhalb des Schulgebäudes verbracht, die gemeinsam etwas gemacht, erlebt und manchmal auch überstanden haben, werden Lebenskompetenzen erworben, die auch optimal inszenierter Klassenzimmerunterricht kaum fördert. Und auch die positiven Rückwirkungen auf den »normalen« Unterricht sind unverkennbar. Einem Religionsunterricht, der nicht nur kulturelles Wissen vermitteln, sondern auch Hilfestellung zur Bewältigung des Alltagslebens geben möchte, wird daran gelegen sein, außerunterrichtliche Lernsituationen so weit wie möglich zu nutzen. Religionslehrerinnen und Religionslehrer kommen oft aus der kirchlichen Jugendarbeit und verfügen von daher über einen großen Fundus an organisatorischen Erfahrungen, an gruppendynamischen Kenntnissen und an handlungs- und erlebnisorientierten Methoden, der sie in besonderer Weise für die pädagogische Arbeit außerhalb des Schulhauses befähigt.[5]

Dabei dürfen der organisatorische Aufwand und die zeitliche, physische und psychische Beanspruchung, die außerunterrichtliche Aktivitäten mit sich bringen, nicht unterschätzt werden.[6] Lehrerinnen und Lehrer, die ein zweistündiges Fach und damit oft einige hundert Schülerinnen und Schüler unterrichten, werden sich sicherlich sehr gut überlegen müssen, in welcher Klasse sie in welchem Umfang zusätzliche Unternehmungen anbieten. Oft wird es sinnvoller und angemessener sein, kleineren Projekten den Vorrang vor größeren zu geben. Manchmal wird die zu Recht geforderte »Öffnung der Schule« vielleicht auch nur darin bestehen, dass wir außerschulische Gäste und Experten in unseren Unterricht einladen.

Zu den kleineren, gut kalkulierbaren, religionspädagogisch aber überaus sinnvollen Maßnahmen gehören sicherlich Unterrichtsgänge in die nähere Umgebung der Schule. Manche Beratungsstelle ist auf den Besuch von Schulklassen eingestellt, Museen haben oft sehr durchdachte museumspädagogische Programme vorbereitet,[7]

---

5 Vgl. u. a. Bernhard Grom, Methoden für Religionsunterricht, Jugendarbeit und Erwachsenenbildung. Düsseldorf / Göttingen, 10. Aufl. 1996.

6 Für die Vorbereitung und Durchführung insbesondere von Schullandheim-Aufenthalten vgl.: Frohmut Menze / Hertha Beuschel-Menze, Schullandheim & Gruppenfahrten. Be a hero, be a teacher! Lichtenau 2001. – Susanne Schöninger / Ursula Klotz, Das Schullandheimbuch. München 2002.

7 Vgl. Museumspädagogischer Dienst Berlin (Hg.), Schule und Museum. Vom Nutzen des Museums für die Schule. Anregungen für den Unterricht in den Fächern Geschichte, Deutsch, Physik, Bildende Kunst, Erdkunde / Sachkunde. Berlin 1998. – Klaus Weschenfelder / Wolfgang Zacharias, Handbuch Museumspädagogik. Orientierungen und Methoden für die Praxis. Düsseldorf, 3., überarbeitete und erweiterte Aufl. 1992.

für eine schülerorientierte Erschließung von Kirchengebäuden liegt inzwischen eine Fülle von methodischen Anregungen bereit.[8]

→ Ganzheitlichkeit, → Projektunterricht, → Schulseelsorge, → Sozialformen, → Symboldidaktik

Zur Diskussion gestellt

- Erinnern Sie sich an Schulgebäude und Klassenzimmer. Beschreiben Sie die Räumlichkeiten aus der Perspektive einer Schülerin bzw. eines Schülers, aus der Perspektive einer Lehrerin bzw. eines Lehrers und aus der Perspektive von Eltern mit unterschiedlichen Berufen. Achten Sie auf Ihre Gefühle und Empfindungen.
- Tauschen Sie sich untereinander über den für Sie jeweils optimalen Ablauf eines Tages aus: Wann würden Sie, wenn Sie frei entscheiden dürften, aufstehen, wann und wie essen, wann zu Bett gehen, in welchem Rhythmus würden Sie arbeiten, welche Erholungsphasen bräuchten Sie? Vergleichen Sie diese Tagesabläufe mit dem Ablauf eines Schultages und dem Ablauf einer Schulwoche.
- Die ideale Schule: Wie müsste sie aussehen? Wie sollten die zeitlichen Abläufe strukturiert und organisiert werden?
- Eine außerschulische Unternehmung, an der Sie selbst teilgenommen haben oder die Sie selbst geleitet haben: Was kann alles schief laufen? Was ist gut gelungen? Tauschen Sie sich aus. Planen Sie gemeinsam das nächste Projekt.

Literaturempfehlung

Gerold Becker / Johannes Bilstein / Eckart Liebau (Hg.), Räume bilden. Studien zur pädagogischen Topologie und Topographie. Seelze-Velber 1997. – Roland Degen, Den Räumen Raum geben, in: Jahrbuch der Religionspädagogik 18 (2002), S. 115–123. – Michael Göhlich, Die pädagogische Umgebung. Eine Geschichte des Schulraums seit dem Mittelalter. Weinheim 1993. – Georg Hilger, Wann wird gelernt? Vom Kairos und von guten Umgang mit der Zeit, in: Ders. u. a., Religionsdidaktik. Ein Leitfaden für Studium, Ausbildung und Beruf. München 2001, S. 248–259. – Pädagogik 3 / 2001: Themenheft »Umgang mit Zeit«.

Peter Kliemann

8 Vgl. z. B.: Roland Degen / Inge Hansen (Hg.), Lernort Kirchenraum. Erfahrungen – Einsichten – Anregungen. Münster 1998. – Margarete Luise Goecke-Seischab / Jörg Ohlemacher, Kirchen erkunden, Kirchen erschließen. Ein Handbuch mit über 300 Sachzeichnungen und Übersichtstafeln sowie eine Einführung in die Kirchenpädagogik. Lahr 1998. – Siegfried Macht, Kirchenräume begreifen. 70 Bausteine für Kirchenbesuch und Klassenzimmer. Lahr 2002.

Religionsbücher

Religionsbücher führen insbesondere bei Berufsanfängerinnen und Berufsanfängern oft zu großen Enttäuschungen. Nun hat man sich für diese Stunde auf Seite X des eingeführten Lehrwerks verlassen – und musste erkennen, dass der dort abgedruckte Text für den geplanten Unterricht untauglich war: zu lang, zu schwer, wenig anschaulich, nicht motivierend. Wozu wird er dann ins Religionsbuch aufgenommen?

Dagegen ist zu fragen: Wurde da nicht dem Schulbuch zu viel zugetraut und zu viel abverlangt? Sicher, viele Religionslehrerinnen und Religionslehrer wünschen sich ein möglichst gutes Schulbuch, das dann die Vorbereitung vereinfacht, verkürzt (oder abnimmt). Auch Didaktiker schätzen das Buch als »wichtigste Arbeitsunterlage für Lehrer und Schüler«, deren »zentrale Bedeutung selbst in einem radikal veränderten Bildungs- und Schulwesen unumstritten ist«. Es ermögliche 1. individuelles und differenziertes Lernen, 2. buchspezifische Arbeitsgänge, 3. selbstständige Orientierung und Kontinuität des Religionsunterrichts und 4. vertiefende Erschließung.[1]

Wie steht es aber mit dem Interesse der Schülerinnen und Schüler? Ein Buch muss Kinder und Jugendliche erst ansprechen, ehe sie es neugierig und interessiert lesen. Es ist also – wie jedes Medium – einer harten Konkurrenz ausgesetzt, der es sich stellen muss. Dazu schlagen die Herausgeber und Verlage ganz verschiedene Wege ein. Jedenfalls sind wir heute weit entfernt von einem Ende des Religionsbuches, wie es um 1970 teils angenommen, teils gefordert wurde.[2] Vielmehr gibt es heute eine Menge von Religionsbüchern, die weiter anwachsen wird:

- Es gibt bunte, vielseitige Bücher, die zu verschiedenen Bildern, Texten und Liedern mehr oder weniger Aufgaben und Fragen platzieren und die Aufmerksamkeit der Schüler auf sich ziehen,[3] teilweise fast wie Magazine.
- Daneben stehen eher »seriös« aufgemachte Schulbücher, die in ihrer Konzeption mehr oder weniger stark von dem »Religionsbuch« von Hubertus Halbfas[4] und seiner Konzeption beeinflusst sind und daher die wirkungsvolle Präsentation von Texten und Bildern ins Zentrum stellen.[5]
- Wieder andere versuchen, eine klare Methode vorzugeben,[6] folgen einem be-

---

1 Vgl. Karl Mühlek, Strukturelemente eines Religionsbuches heute, in: Wilhelm Albrecht, Das Religionsbuch. Donauwörth 1991, S. 45–52; dort S. 46.

2 So z. B. Gerhard Brockmann, Das Ende des traditionellen Religionsbuchs? Analysen am Beispiel der Sekundarstufe II. Frankfurt / M. 1976.

3 Vgl. etwa das *Kursbuch Religion 2000, Wege der Freiheit* oder die von Werner Trutwin u. a. herausgegebenen Bände *Zeit der Freude, Wege des Glaubens, Zeichen der Hoffnung*.

4 Hubertus Halbfas, Religionsbuch für das 1., 2., 3., 4. Schuljahr. Düsseldorf 1989ff; ders., Lehrerhandbuch 1, 2, 3 , 4. Düsseldorf 1983ff; ders., Religionsbuch für das 5./6., 7./8., 9./10. Schuljahr. Düsseldorf 1989ff; ders., Religionsunterricht in Sekundarschulen: Lehrerhandbuch 5, 6, 7, 8, 9, 10. Düsseldorf 1992ff.

5 Vgl. etwa am deutlichsten *SpurenLesen*.

6 Vgl. etwa *baupläne*.

stimmten didaktischen Ansatz[7] oder stellen die systematische Erschließung eines Stoffgebietes in den Vordergrund.[8]

- Unverkennbar ist zur Zeit ein gewisser Trend zu Mischkonzeptionen, die aus Einseitigkeiten früherer Schulbuchprojekte gelernt haben und nun versuchen, verschiedene didaktische und methodische Zugänge zusammenzuführen.[9]

Was ist ein Religionsbuch?

Wenn wir Lesebücher und Vorlesebücher, Textsammlungen u. Ä. davon unterscheiden, ergibt sich etwa folgende Bestimmung: »Das Religionsbuch ist ein für Schüler/innen bestimmtes, an den Lehrplan gebundenes, oft jahrgangsbezogenes Hilfsmittel im Religionsunterricht der Schule, das in Deutschland von den einzelnen Landesministerien eingeführt und von der kirchlichen Autorität genehmigt sein muss.«[10]

Da es dafür keine Anlehnung an Bibel, Dogmatik oder Katechismen mehr geben kann, werden Religionsbücher nach Themen strukturiert und meist auf zwei Jahrgangsklassen bezogen. Als Lehrbücher sind sie lehrgangsartig darbietend aufgebaut oder eher als Arbeitsbücher mit einer offenen Orientierung. Sie sollen nicht nur ergebnis-, sondern auch prozessorientiert angelegt sein, wozu entsprechend vielseitige Methoden und Aufgaben erwartet werden. Natürlich liegt jedem Religionsbuch eine didaktische Konzeption zu Grunde: »Ein Lehrbuch für den Religionsunterricht strukturiert den religiösen Lernprozess nach einer integrierenden ... didaktischen / religionspädagogischen Theorie ... für Schüler einer bestimmten Altersstufe vor und macht den Zusammenhang zwischen Intentionen, Inhalten und Lernverfahren ... deutlich.«[11]

Welche Aufgaben hat das Religionsbuch?

Aus allgemein-didaktischer Sicht ließe sich sagen: Lehrbücher wollen die Schüler zum Lernen anregen, es »fördern, stützen und begleiten, ... zum Nachlesen und Nachschlagen verlocken« und die Vorbereitung der Lehrer unterstützen.[12] Diese Hilfe für die Lehrer wird Religionsbüchern am wenigsten abgesprochen. Auch nach eher kritischen Umfrageergebnissen »werden Schul- und Lehrerhandbücher ... für

7 So die von der Bibeldidaktik Ingo Baldermanns geprägten Bände *Hoffnung lernen (5/6), Gerechtigkeit lernen (7/8), Versöhnung lernen (9/10).*

8 So z.B. eine von Wolfgang Müller, Max W. Richardt und Lothar Schmalfuß herausgegebene Schulbuchreihe für den Evangelischen Religionsunterricht in Bayern.

9 Vgl. etwa *Religion entdecken – verstehen – gestalten* oder das von Ulrike Baumann und Michael Wermke herausgegebene Unterrichtswerk.

10 Wolfgang Lentzen-Deis, Art. »Religionsbuch«, in: Walter Kasper (Hg.), Lexikon für Theologie und Kirche, 3. Aufl. 1999, Band 8, Sp. 1043.

11 Georg Hilger, Zur Funktion von Lehrbüchern für den Religionsunterricht, in: rhs – Religionsunterricht an höheren Schulen 1976, S. 162.

12 Erwin Kaufmann, Das Lehrbuch in Sekundarschulen, in: Josef Freund u. a. (Hg.), Guter Unterricht – Was ist das? Aspekte von Unterrichtsqualität. Wien 1998, S. 197.

die Planung und Vorbereitung ... häufig zu Rate gezogen«, auch wenn Schulbücher »keine bestimmende Rolle spielen« und im Klassensatz »nur sehr begrenzt und gezielt eingesetzt« werden.[13]

Von katholischen Religionsdidaktikern werden Religionsbüchern sehr umfangreiche Funktionen zugewiesen: Sie sollen »(1) motivieren für Religion und Glaube, (2) Basiswissen anbieten, (3) Problembewusstsein und Kreativität wecken, (4) Offenheit für alternative Positionen anbahnen, (5) Materialien anbieten, (6) die Sprache der Religion und des Glaubens lehren, (7) die Ästhetik der Religion und des Glaubens verständlich machen und (8) zu didaktisch verantworteter Unterrichtsgestaltung helfen.«[14]

Gegen eine Überbewertung und zu hohe Erwartungen scheinen mir Wolfgang Kramps Thesen hilfreich:

- Schulbücher sind prinzipiell nur Unterrichtsmittel (Medien), also allenfalls Planungshilfen, nicht Planungsersatz.
- Das Schulbuch nimmt eine Sonderstellung als Leitmedium ein, die den Primat der Didaktik zumindest gelegentlich gefährdet.
- Zu fürchten ist die Beliebtheit der Bücher, die durch ihre klare und geschlossene Struktur Schülern und Lehrern wenig Freiheit lassen (abverlangen).
- Es ist darauf zu achten, dass nicht die unkontrollierten Schulbuchautoren ein bischöfliches Wächteramt übernehmen.
- Daher sind offene Religionsbücher als »strukturierte Verbund-Medien« anzustreben, die die unterschiedlichen Funktionen des Schulbuchs transparent machen.[15]

Fragen und Probleme

Daraus ergeben sich für Autorinnen und Autoren solcher offener Leitmedien heute unter anderem folgende didaktische Fragen und Probleme:

- Soll ein Religionsbuch *für eine Schulart oder für alle drei* entworfen werden? Vor allem auf evangelischer Seite haben die Herausgeber lange an der schulübergreifenden Konzeption festgehalten, was für die Klassen 5 / 6 problemlos erscheint, aber in den Klassen 9 / 10 wegen der deutlicheren Differenzen kaum mehr allen Schülerinnen und Schülern gerecht werden kann. Die katholischen Verlage haben von den verschiedenen Lehrplänen aus eher schulartspezifische Bücher für wenige Bistümer herausgebracht.
- Ist eine weitere *Zersplitterung der Lehrbucharbeit* zu erwarten oder können konzentrierte Bemühungen zu einer kleineren Zahl ausgereifter und erprobter Religionsbücher führen? Kann eine Annäherung der Lehrpläne der beiden großen Konfessionen auch zu Schulbüchern führen, deren Gebrauch nicht an eine Konfession gebunden ist?

---

13 Reinhard Dross, Kriterien für die Analyse von Schulbüchern für den Religionsunterricht, in: Jahrbuch für Religionspädagogik 7 (1991), S. 179–195; dort S. 185f.

14 Fritz Weidmann, Das Religionsbuch; in: ders., Didaktik des Religionsunterrichts. Donauwörth, 7. Aufl. 1997, S. 351ff. – Ähnlich Karl Mühlek, a. a. O. (Anm. 1)

15 Wolfgang Kramp, Das Religionsbuch der Zukunft unter allgemeindidaktischem Aspekt, in: Herbert Schultze (Hg.), Das Religionsbuch der Zukunft. Stuttgart 1980, S. 21–23.

- Wie weit hat die *notwendige Schülerorientierung* Konsequenzen – auch für Sprache und Aufmachung? Einerseits bleibt die Frage wichtig: Wie nimmt das Buch Kontakt mit den Schülerinnen und Schülern auf? Andererseits sollen den Schülern Sprache, Ästhetik und Zusammenhänge der Religion und des Glaubens verständlich werden, die ihnen zunächst oft sehr fremd sind.
- Wieweit braucht ein Lehrwerk einen *theologisch-religionspädagogisch konsequenten Aufbau*, wie ihn etwa Halbfas mit dem Spiralcurriculum und einer »systematisch entfalteten religiösen Sprachlehre« fordert?[16] Oder reicht ein Angebot von Themen, die einer Mehrzahl von Lehrplänen und den Interessen der Schüler entsprechen? Neuere Lehrerhandbücher machen in der Einleitung deutlich, welche Grundkonzeption sie trägt. Werden die Lehrkräfte das verstehen und als Innovation in ihren Unterricht umsetzen?
- Wieweit soll das Religionsbuch den Religionsunterricht durch *Aufgaben und Vorschläge zur Methode* strukturieren ? Darauf finden wir in den neueren Büchern ganz unterschiedliche Antworten: Das *Kursbuch 2000* bietet viele Aufgaben und methodische Anregungen, so dass manche Lehrerinnen und Lehrer, insbesondere auch Gemeindepfarrer und Gemeindepfarrerinnen meinen, angesichts knapper Zeitressourcen auch ohne weitere Vorbereitung unterrichten zu können. Ist hier nicht zu fürchten, dass das Buch zum (schlechten) Ersatz für eine sorgfältige und didaktisch verantwortliche Unterrichtsplanung wird? Halbfas dagegen bot zunächst auch in den Lehrerhandbüchern keine Aufgaben an, wohl weil er überzeugt ist, dass dies die genuine Aufgabe jeder Lehrkraft in ihrer Situation sei. *SpurenLesen* folgte ihm darin zumindest in den Büchern für die Schülerinnen und Schüler. Ist es ein Zufall, dass beide Lehrwerke Arbeitshefte für die Hand der Schüler nachreichten? Andere schlagen einen Mittelweg ein, indem sie die Aufgaben aus dem Hauptteil herausnehmen und im Anhang abdrucken.
- Soll das Religionsbuch *Bibeltexte* enthalten? Dafür spricht lediglich, dass Schüler dann in Religion nur ein Buch brauchen. Ansonsten können nur außergewöhnliche Übersetzungen, Verfremdungen oder intensive Analysen den Abdruck rechtfertigen. Denn es kann doch in keinem christlichen Religionsunterricht darauf verzichtet werden, dass Schüler die Bibel kennen lernen und immer wieder – zumindest im Religionsunterricht – in die Hand nehmen und lesen. Unberührt vom Abdruck von Bibeltexten bleibt die zentrale Rolle der Bibel für den Religionsunterricht.
- Da ein Schulbuch zum größten Teil aus *Texten* besteht, sind diese genau zu analysieren. Wozu taugen diese Texte? Welche sind Lehrtexte, die den Lernstoff zusammenfassen (im Lehrbuch)? Wo haben wir Beispiele, an denen etwas erarbeitet werden kann (im Arbeitsbuch)? Wo gibt es Einstiegstexte, die motivieren oder ein Problem anreißen?
- Welche Rolle und Bedeutung kommt *Bildern* zu? In der allgemeinen Didaktik gilt Anschauung als wichtige Stütze des Lernens. Daher sollten Sachfächer wie der Religionsunterricht mit Skizzen, Karten, Illustrationen usw. ihre Stoffe anschaulich aufbereiten. In der Religionsdidaktik, besonders der Symboldidaktik, wurde klar, dass Religionen, auch die christliche, maßgeblich von Symbolen und Bildern leben und daher eine Schule des Sehens wichtiger Teil des Religionsunterrichts ist.

16 Hubertus Halbfas, Lehrpläne und Religionsbücher. Notizen zu einer didaktischen Theorie, in: rhs – Religionsunterricht an höheren Schulen 1990, S. 228–240.

Andererseits legt es das Kaufverhalten der Menschen nahe, Bücher ähnlich den Illustrierten bunt und effektvoll aufzumachen. Bei so gegensätzlichen Tendenzen ist es schwierig, ein Religionsbuch zu konzipieren, das Schülerinnen und Schüler anspricht und zugleich der Sache dient.

Das sind einige der wichtigen didaktischen Fragen, die sich für die Konzeption von Religionsbüchern stellen. Lehrkräfte stehen ja meist eher vor der Aufgabe, unter den vorhandenen und zugelassenen Büchern eines für die Anschaffung an der Schule auszuwählen.

Geht es um Anschaffungen für die Lehrer, dann werden die meisten Reinhard Dross zustimmen: »Wertvoll können Schulbücher … in zwei Hinsichten sein: als Vermittler verlässlicher Informationen und als Anreger zur unterrichtlichen Gestaltung.«[17]

Geht es um die Einführung eines Schulbuchs, so muss natürlich entscheidend auch von den Schülern aus über Art und Auswahl der Texte und Bilder, über Aufgaben und Aufmachung nachgedacht werden. Neuere Kriterienkataloge gliedern die Fragen meist in drei Blöcke: 1. Formalia – äußere Gestaltung, 2. Inhaltsebene, 3. Methodenebene.[18]

Die sorgfältige Auswahl eines Religionsbuchs enthebt die Lehrkräfte nicht einer gründlichen Analyse und didaktischen Planung und der Bestimmung der eigenen Unterrichtsziele. Auch das beste Lehrbuch bleibt – wie die besten Materialien – nur *ein* Unterrichtsmittel und kann Lehrkräften bei der Planung helfen.

→ Bilder, → Konzeptionen des Evangelischen Religionsunterrichts, → Konzeptionen des Katholischen Religionsunterrichts, → Lernzieldidaktik, → Methoden, → Texte

Zur Diskussion gestellt

- Welches Religionsbuch gefiel Ihnen, als Sie es zum ersten Mal aufschlugen? Können Sie angeben, warum? Welche Bedeutung haben diese Gründe für Schülerinnen und Schüler?
- Können Sie sich an die Religionsbücher Ihrer eigenen Schulzeit erinnern? Was haben Sie damals an ihnen geschätzt? Welche Bedeutung hatten sie für den Religionsunterricht?
- Wissen Sie, was Ihren Schülerinnen und Schülern an einem Religionsbuch wichtig ist, was für eines sie sich wünschen?

Literaturempfehlung

rhs – Religionsunterricht an höheren Schulen 4 / 1990: Themenheft »Das Religionsbuch«. – Wilhelm Albrecht u. a. (Hg.), Das Religionsbuch. Zugänge zum Glauben. Donauwörth 1991. – Rudolf Englert / Rainer Lachmann (Hg.), Schulbuchanalyse. Zeitschriften, Aufsätze, Bücher. Im Blickpunkt 16. Comenius-Institut Münster 1997.

Martin Uwe Schmidt

---

17 Reinhard Dross, a. a. O. (Anm. 13), S. 190.

18 Matthias Hahn, Religionsbücher, in: Harry Noormann u. a. (Hg.), Ökumenisches Arbeitsbuch Religionspädagogik. Stuttgart / Berlin / Köln 2000, S. 289ff. – Georg Hilger, Beobachtungsgesichtspunkte zur Analyse und Bewertung von Religionsbüchern, in: Hartmut Lenhard (Hg.), Arbeitsbuch Religionsunterricht. Überblicke – Impulse – Beispiele. Gütersloh, 3., neu bearbeitete und erweiterte Aufl. 1996, S. 186.

Sozialformen

Unterricht und Unterrichten bedeutet nach allgemeinem Verständnis die Voraussetzung einer Kommunikationssituation, in der einzelne oder mehrere Menschen Wissen und Kenntnisse an einzelne oder mehrere weitergeben, in der Interaktionen zwischen Gebenden und Nehmenden, Mitteilenden und Empfängern von Mitteilungen stattfindet. Die Standardsituation solcher Kommunikation ist der schulische Unterricht. Schulischer Religionsunterricht beansprucht dabei zunächst keinerlei Sonderstellung.

Andererseits ist der Religionsunterricht im Blick auf die zu verhandelnde Sache durch einen anderen Zusammenhang qualifiziert. Wenn Kinder und Jugendliche den Grundlagen jüdischer und christlicher Religion lernend begegnen sollen, dann geht es nicht nur um das Wissen um die kommunikative Grundsituation von Anruf und Antwort, Hören und Glauben im Blick auf die Selbstmitteilung Gottes. Es geht vielmehr auch um die Weitergabe dieses Glaubens, d.h. um Tradition, um einen ständigen sozialen Lernprozess zwischen Jungen und Alten, Wissenden und Unwissenden, eingebettet in soziale Zusammenhänge wie Familie, Gemeinde, Kirche. Wenn wir heute zu Recht eine gewisse religiöse Sprachlosigkeit von Heranwachsenden beklagen, dann weist diese sicher auch auf Defizite der »religösen Sozialisation«, also des Hineinwachsens in religöse Gemeinschaften und Milieus.

Allerdings kann die soziale Dimension von Unterrichten und Lernen nicht auf sprachliche Kommunikation beschränkt bleiben. Die Wiederentdeckung von handlungs- und erfahrungsbezogenen Lernformen, die Bedeutung des Affektiven und Emotionalen und nicht zuletzt die Bandbreite sozialer Verhaltensweisen und Dispositionen, angefangen von der Empathiefähigkeit bis zur Bereitschaft, soziale Verantwortung zu übernehmen, erweitern das Feld denkbarer »Sozialformen« um ein Mehrfaches.

Dennoch beschränken sich herkömmliche methodische Handbücher meistens auf die klassischen Formen des Unterrichts. So eröffnen Peter Moll und Hans Lieberherr das entsprechende Kapitel ihres Methodenbuchs zum Religionsunterricht mit der lapidaren Feststellung: »Grundsätzlich gibt es vier Sozialformen: Einzelarbeit, Partnerarbeit, Gruppenarbeit und Klassenarbeit.«[1]

Lothar Schmalfuß und Reinhard Pertsch[2] ordnen diese klassischen Sozialformen einem Konzept von auf Gesprächen basierender Kommunikation unter. Sie bestimmen zunächst die didaktische Funktion des Gesprächs im Unterricht, dem sie grundsätzlich zutrauen, den individuellen Lernprozess der Schüler zu fördern, die Kommunikation zwischen Lehrer und Lehrerin, Schülern und Schülerinnen und zwischen den Jugendlichen untereinander zu verbessern, die Mitarbeit aller Schüler im Unterricht zu mobilisieren und zu intensivieren sowie schließlich eine auch für den privaten Lebensbereich nützliche Fähigkeit des Gesprächs zu aktivieren.

1 Peter Moll / Hans Lieberherr, Unterrichten mit offenen Karten. Teil 1. Einsteigen. Zürich, 3. Aufl. 1998, S. 30.

2 Lothar Schmalfuß / Reinhard Pertsch, MIRIAM. Methoden im Religionsunterricht. Ideen – Anregungen – Modelle. München 1987, S. 54.

Zwar scheint die Diskussion über die Verbesserung von Unterrichtsprozessen derzeit bei weitem mehr vom Interesse am handlungs- und erfahrungsorientierten Untericht getragen zu sein, jedoch zeigen ein wacher Blick und ein aufmerksames Hineinlauschen in unsere Klassenzimmer überdeutlich, wie wichtig gerade die Förderung des gekonnten Gesprächs wäre, nicht zuletzt um diese neueren Unterrichtsformen nicht in einer unbeabsichtigten Sprachlosigkeit oder Spracharmut enden zu lassen.

Lehrerzentrierter Unterricht

Trotz aller berechtigten Versuche, die Sprechanteile des Lehrers zu Gunsten der Schüler zu zurückzudrängen und den bekannten Hang vieler Pädagogen zum Frontalunterricht zu bremsen, kommt dem Lehrer bzw. der Lehrerin dennoch der entscheidende Part im Unterrichtsprozess zu, sei es in der Rolle des Impulsgebers, des Fragestellers, des Informanten, des Organisators einfacher oder komplexer Lernprozesse, des Moderators oder auch des Coachs. So muss in der Lehrerausbildung, auch nach dem Bekunden der Lehramtsanwärter selbst, das Training dieser lehrerzentrierten Sozialformen intensiviert werden: Die Kunst der Fragestellung und des Lehrervortrags stehen häufig oben auf der Wunschliste von Referendarinnen und Referendaren, die bei diesen Fertigkeiten auf ihre Defizite aufmerksam werden. Darüber hinaus gibt es Anzeichen bei der Erforschung der Effizienz von Unterrichtsprozessen, dass die lehrende, d. h. auch die vortragende Tätigkeit von Lehrern nicht selten die Erfolgsquote von so genannten selbstgesteuerten Lernprozessen übertrifft oder zumindest egalisiert. Gerade aus diesem Grund wird es darum gehen, auch diese Formen der Lehreraktivität zu optimieren. Moderne Unterrichtstechniken können dies durch Formen der Visualisierung des Lehrervortrags unterstützen. Die Arbeit mit dem Overheadprojektor und die unterschiedlichen Präsentationsmöglichkeiten von Folien, die Verwendung von PCs mit Bildprojektoren (Beamern) und entsprechenden Präsentationsprogrammen, der Einsatz der Moderationsmethode, die eine aktive Beteiligung der Lernenden schon in der Informationsphase ermöglicht, unterstützen dabei in vielfältiger und abwechslungsreicher Weise den Lehrer als »Alleinunterhalter«.

Bemühen sich der / die Unterrichtende selbst um einen kultivierten und kommunikativ angelegten Vortragsstil, können sie so auch zum Vorbild für die Schülerinnen und Schüler werden, die sich dadurch anregen lassen, selbst mehr Methodenkompetenz zu erwerben und Schritt für Schritt kleine Vortragssequenzen in die Präsentation von Ergebnissen einbauen zu lernen.

Schülerzentrierte Arbeitsformen

Ausgangspunkt und Stütze jeglichen Unterrichts ist die *Einzelarbeit* von Schülerinnen und Schülern im Unterricht. Hier haben die Kinder und Jugendlichen die Möglichkeit, im Verbund und Wettbewerb mit den anderen Schülern der Klasse Aufgaben selbstständig zu lösen und Lösungen für die anschließende Präsentation im Sozialverband der Klasse vorzubereiten. Dabei kann es sich um ganz unterschiedliche

Aufgabenstellungen handeln, die mündlich oder schriftlich erarbeitet werden. Diese Form der »Stillarbeit« erlaubt den Schülern, in Ruhe und bei sich selbst Denkoperationen auszuführen, die zunächst nicht durch die Außenreize gestört sind, die die Lehrperson oder die Mitschüler durch Fragen oder Beiträge auslösen. Für die Abwechslung von Lehr- und Lernformen und damit für die Spannungskurve im Unterrichtsverlauf ist Einzelarbeit sehr wichtig. Sie stellt den Schülern den nötigen Lernort für selbstständiges Denken und Arbeiten zur Verfügung, an dem sich die Originalität und Kreativität der Einzelnen entfalten kann. Während der stillen Bearbeitung von Aufgaben durch die Schüler wird der Lehrer sich durch diskrete (!) Beobachtung und Hilfestellung um einen zügigen Fortgang der Arbeit kümmern, allerdings ohne die Schüler zu stören oder zu gängeln. Bei der Einholung der Ergebnisse sollte ein durchaus repräsentativer Querschnitt durch eine der Klassengröße angemessene Zahl von Einzellösungen angestrebt werden.

Eine klassische und im Unterricht leicht zu realisisierende Sozialform ist das *Partnergespräch* bzw. die *Partnerarbeit*. Da die Schüler in aller Regel paarweise an Zweiertischen sitzen, können sie Gesprächs- und Arbeitsaufträge erledigen, ohne sich vom Platz entfernen zu müssen. Vor allem jüngere Schülerinnen und Schüler schätzen diese Form des Arbeitens, da sie meistens ihre Tischnachbarn gut kennen und nicht selten mit ihnen befreundet sind. Dies kann eine sachbezogene Arbeit fördern, aber auch zu Störungen führen, da sich leicht andere Gesprächsthemen einschleichen. Da Jungen und Mädchen im Klassenzimmer meistens geschlechtsidentische und cliquenbezogene Paare bilden, sind Partnerarbeiten und Partnergespräche in aller Regel ergebnishomogen; eine fruchtbare Kontroverse wird nur in seltenen Fällen sichtbar. Partnerarbeit beschleunigt in aller Regel die Lösungsfindung. Sie ist aber auch relativ transparent in Bezug auf die jeweiligen Leistungsanteile.

Im Gegensatz dazu stellt die *Gruppenarbeit* eine Möglichkeit dar – zumindest idealtypisch betrachtet –, mehr Meinungen und unterschiedliches Vorwissen bei der Lösung von Aufgaben ins Spiel zu bringen. Die Zahl der Teilnahmer schwankt in der Regel zwischen drei und fünf, noch größere Gruppen lösen sich häufig während der Arbeit in kleinere Gruppen auf und entwickeln eine zum Teil schwieriger zu handhabende Gruppendynamik, d. h. sie sind auch störungsanfälliger. Einzelne Gruppenmitglieder können sich dann leichter um eine qualifizierte Mitarbeit herummogeln, da es immer noch genügend höher motivierte und konstruktiv mitarbeitende Leute in der Gruppe gibt. Damit ist auch bereits das Hauptproblem der Gruppenarbeit angesprochen. Um die Effizienz von Gruppenarbeit zu gewährleisten, ist sowohl der Gruppenbildungsprozess als auch die Aufgabenstellung von elementarer Bedeutung. Bei der Gruppenbildung kann man straff geführte und lehrerzentrierte Methoden beobachten, wie z. B. die vorher geplante Einteilung oder eine Einteilung, die auf einem Abzählschema beruht. Bei der gezielten Gruppenbildung können auch binnendifferenzierende Überlegungen eine Rolle spielen (besondere Interessen der Gruppenmitglieder oder Leistungsmerkmale). Überlässt man den Schülerinnen und Schülern die Wahl der Gruppenmitglieder, so kann es zu einer Reihe von unerwünschten Kombinationen und Auswirkungen kommen. Bestehende Cliquen finden sich schnell zusammen, nicht an Cliquen gebundene oder weniger beliebte Mitschüler finden sich in einer Außenseitersituation wieder. Bis alle Gruppen einigermaßen gleichmäßig eingeteilt sind, kann oft viel Zeit verloren gehen.

Die Aufgabenstellung muss gründlich geplant und überlegt sein. Daraus ergeben sich dann wiederum einige spezifische Überlegungen.

Aus dem Unterrichtsverlauf können sich zwei Möglichkeiten der Gruppenarbeit im Klassenverband ergeben: die *arbeitsteilige* und die *arbeitsgleiche Gruppenarbeit*. Arbeitsteilige Gruppenarbeit bietet sich an, wenn verschiedene Lösungsschritte auf mehrere Gruppen verteilt werden sollen, z. B. um unterschiedliche Aspekte aus einem Problemzusammenhang in gegenseitiger Ergänzung zu klären. Die Gruppen arbeiten zeitgleich, aber entweder mit unterschiedlichen Materialien oder mit unterschiedlicher Fragestellung zum gleichen Material. Bei der Auswertung der Gruppenarbeit muss auf alle Fälle genügend Zeit eingeplant sein, um das Lösungspuzzle mit den Beiträgen aus allen Gruppen zusammenzufügen. Arbeitsgleiche Gruppenarbeit liegt vor, wenn mehrere Gruppen am gleichen Material dieselben Aufgabenstellungen bearbeiten. Auch bei dieser Variante muss das Zeitmanagement der Stunde so angelegt sein, dass mehrere Gruppen ihre Ergebnisse präsentieren können. Der Reiz und die Plausibilität dieses Vorgehens liegen gerade in der Möglichkeit, dass unterschiedliche Blickwinkel sichtbar werden. Werden – und dies gilt für beide Varianten – die Ergebnisse der Gruppenarbeit erst in einer Folgestunde eingeholt, so fehlt es den Gruppen an der nötigen Spannung, an der ursprünglichen Motivation oder auch an der Erinnerung an wichtige Phasen der Lösungsfindung. Die Schüler werden so ihr Interesse an und ihre Bereitschaft zur Gruppenarbeit unter Umständen verlieren.

Gruppenarbeit kann nur gelingen, wenn die Schüler über den Sinn und die Zweckmäßigkeit dieser Form von Arbeit informiert werden, wenn ferner die Gruppenarbeit immer wieder in unterschiedlichen Varianten, eventuell auch kleinschrittig, eingeübt wird und wenn schließlich die Arbeitsanweisungen und die Rahmenbedingungen eindeutig geklärt und die Leistungsmöglichkeiten der Schüler angemessen berücksichtigt sind. Der zeitliche Rahmen und die Form der Ergebnispräsentation müssen geklärt sein, damit die Gruppenmitglieder sich rechtzeitig darauf einstellen können.

Eine reizvolle und sehr effiziente Variante der einphasigen Gruppenarbeit ist das *Gruppenpuzzle*, das nicht nur die Mitarbeit der einzelnen Gruppenmitglieder zusätzlich einfordert, sondern auch vertiefende Aufgabenstellungen erlaubt.

Die erste Phase des Gruppenpuzzles besteht in der arbeitsteiligen Erarbeitung von Teilaspekten eines Problemzusammenhangs durch mehrere Gruppen, so genannten »Stammgruppen«. Jedes Mitglied einer »Stammgruppe« muss sich während der ersten Phase in die Lage versetzen, anschließend in einer zweiten Phase in neuer Gruppenzusammensetzung die in der ersten Phase erzielten Ergebnisse als »Experte« darzustellen. Auf diese Weise wird puzzleartig alles Material in den neuen Gruppen (den so genannten »Expertengruppen«) zusammengestellt, das die Grundlage für die vertiefende Erarbeitung weiterer Aspekte des Problems bildet. Die zweite Phase kann im Sinne der einleitenden Darstellung von Gruppenarbeit nun wiederum arbeitsteilig oder arbeitsgleich erfolgen. In einer abschließenden Präsentation werden die Ergebnisse aus den Expertengruppen im Klassenplenum dargestellt. Ergänzende Rückfragen aus den Konkurrenzgruppen oder den Gruppen mit komplementärem Auftrag können die Ergebnisse vertiefen helfen. Angesichts der komplexen Abfolge verschiedener Arbeitsphasen empfiehlt es sich, für diese Arbeitsform eine Doppelstunde vorzusehen, wenn dies möglich ist. Andernfalls müssten die Fragestellungen und die entsprechende Arbeitszeit für beide Gruppenphasen konsequent reduziert werden.

Rahmenbedingungen

Ein entscheidendes Hindernis für einen abwechslungsreichen Kommunikationsstil in der Klasse ist nicht selten die Sitzordnung, die ein auf Gespräch und Interaktion angelegtes Lernen und Lehren erschweren kann. So kann kein echtes Rundgespräch in Gang kommen, wenn der oder die Lehrende einer in Blöcke und Reihen gestaffelten Sitzordnung der Klasse gegenüberstehen. Bereits eine hufeisenförmige Anordnung der Bänke kann hier weiterhelfen, da sich dann im Idealfall die Schülerinnen und Schüler in einer »Face-to-face« – Situation befinden. Ein ad hoc organisierter Sitzkreis schafft weitere reizvolle Möglichkeiten für die Kommunikation und das Gespräch. Für die Arbeit in Gruppen müssen in der Regel die Bänke neu angeordnet werden. Dabei ist eine möglichst auseinander gezogene Anordnung der Gruppenarbeitsplätze hilfreich, damit die Gruppen sich nicht gegenseitig stören und kein zu hoher Lärmpegel entsteht. Ältere Schüler können dabei, sofern sie auf die nötigen Verhaltensregeln hingewiesen werden, auch andere geeignete Räume im Schulbereich nutzen.

Die Lehrperson wird sich bei allen Formen schülerzentrierten Arbeitens um einen guten Überblick über den Arbeitsfortschritt bemühen, ohne allerdings die Lernenden durch störende und aufdringliche Interventionen in ihrer Arbeit zu behindern.

Außerunterrichtliche Felder sozialen Arbeitens

Im Blick auf die aktuelle schulische Alltagsrealität mag eine Beschränkung auf die oben aufgeführten Formen sozialen Lernens genügen. Allerdings wird gerade der Religionspädagoge, eingeengt durch die zeitlichen Begrenzungen seines Fachs, weitere Möglichkeitern sozialen Lernens seiner Schüler in Betracht ziehen. Zu denken wäre an Bemühungen, die Schule zu öffnen, Lernprozesse in den außerunterrichtlichen und außerschulischen Bereich zu verlagern oder auch außerschulische Personen und / oder Institutionen in den schulischen Religionsunterricht einzubinden. Solche Lern- und Lehrformen erfordern die Anpassung oder Weiterentwicklung der klassischen Sozialformen des Unterrichts. Insgesamt wird es darum gehen, die Eigenkompetenz der Schülerinnen und Schüler weiter zu fördern, Möglichkeiten eigenständigen Experimentierens in unterschiedlicher Gruppenzusammensetzung einzuüben und zu praktizieren. Bei der Erkundung außerschulischer Lernorte und beim Umgang und der zeitweiligen Zusammenarbeit mit schulfremden Personen ist die Lehrperson in der Regel nicht mit am Ort. Die Schüler müssen, bei aller gründlichen Planung und Vorerkundung durch die Lehrerin, selbstverantwortlich mit erwarteten oder unerwarteten Situationen umgehen, kurzfristig Entscheidungen treffen, situationsangemessen Ergebnisse festhalten, kurzum in authentischen Lebenssituationen agieren lernen. Als modellhaft können hier Erfahrungen gelten, wie sie z. B. im Seminarkurs der Oberstufe gemacht werden.

Von elementarer Bedeutung sind auch die Möglichkeiten außerunterrichtlicher Förderung der kommunikativen Kompetenz der Schüler, die im alltäglichen Unterrichtsgespräch häufig nach eingefahrenen Ritualen abläuft. Die Kommunikationsstruktur im Klassenzimmer ist bekanntlich oft zu monoton und lehrerfixiert, trotz Partnerarbeit und Gruppenarbeit. Hier könnten ein unter gewissen Voraussetzungen realisierbares gemeinsames Wochenende oder während der Unterrichtszeit in bestimmten Klassenstufen mögliche »Tage der Orientierung«[3] gezielt zum Kommunikationstraining genutzt werden. Kommunikative Spiele und Settings werden zu einem anhaltenden Erlebnis und gewinnen eine viel höhere Plausibiltät als in den kurzen Momenten gelingender Kommunikation im Klassenzimmer.

In diesen Zusammenhang gehören, auch wenn dies hier nur beiläufig erwähnt sein soll, Hinweise auf die Kommunikationsregeln der Themenzentrierten Interaktion (TZI) nach Ruth Cohn, deren Grundprinzipien hilfreich sein können, die allerdings einer beträchtlichen Übung und Schulung bedürfen, um adäquat praktiziert werden zu können.

→ *Computer,* → *Methoden,* → *Projektunterricht,* → *Räume und Zeiten,* → *Schulseelsorge,* → *Sozialpraktikum,* → *Spiele,* → *Sprache im Religionsunterricht,* → *Unterrichtsgespräch*

Zur Diskussion gestellt

- Versuchen Sie sich zu erinnern, welche Sozialformen Sie in Ihrer Schulzeit erlebten konnten / mussten.
- Welche dieser Sozialformen würden Sie selbst als »gelungen« oder »völlig misslungen« bezeichnen und warum?
- Welche Rolle spielte der Frontalunterricht in dem von Ihnen in Ihrer Schulzeit erlebten Unterricht?
- *Entscheidend für einen erfolgreichen Unterricht ist eher die bewusste Inszenierung der Stoffdarbietung durch den Lehrer als die Wahl der Sozialformen.* Diskutieren Sie diese These anhand von Beispielen aus Ihrem Unterricht.

Literaturempfehlung

Markus Bruderer, RU kreativ. Methoden, Konzeptionen, Materialien für einen erfolgreichen Religionsunterricht. München 1997. – Günther Gugel, Methodenmanual I »Neues Lernen«. Weinheim / Basel, 2. Aufl. 1999. – Ders., Methodenmanual II »Neues Lernen«. Weinheim / Basel 1998. – Heinz Klippert, KommunikationsTraining. Übungsbausteine für den Unterricht. Weinheim / Basel, 8., überarbeitete Aufl. 2001 – Jürgen Thal / Uwe Ebert, Methodenvielfalt im Unterricht. Mit Lust stressarm und effektiv lernen. Neuwied, 2., überarbeitete Auflage 2001.

Friedrich Grüner

3 In einigen Bundesländern gibt es für solche Veranstaltungen, z. B. in Abschlussklassen, eine Reihe von Tagen, die außerhalb der Schule abgehalten werden können.

Sozialpraktikum

Idee

Schülerinnen und Schüler haben oft das Gefühl, das wirkliche Leben spiele sich außerhalb der Schule ab. Die Forderung nach einer Öffnung der Schule zur Lebenswelt wird immer wieder laut. In didaktischen Modellen ist deshalb häufig von handlungsorientiertem Unterricht die Rede. Nicht abstraktes Lernen ohne nachvollziehbare Verbindung zur Wirklichkeit der Schülerinnen und Schüler, vielmehr konkret gemachte Erfahrungen sollen im Mittelpunkt des Unterrichts stehen.

Die Konzepte des Diakoniepraktikums bzw. des Compassion-Projekts setzen diese Forderungen beispielhaft um. Die Idee des *Compassion-Projekts* wurde unter der Federführung Katholischer Freier Schulen entwickelt.[1] Theologisch inspiriert war diese Initiative von dem, was der katholische Theologe Johann Baptist Metz mit dem Begriff »Compassion« beschrieben hat. Metz versteht darunter eine Haltung, die Gott sichtbar werden lässt im Entdecken, im Sehen von Menschen, die im alltäglichen Leben unsichtbar bleiben.[2] Ähnlich geht es – auf evangelischer Seite – im *Diakonischen Praktikum* darum, Fenster zu den Seiten des Lebens zu öffnen, die in Schule und Beruf, in der Freizeit und im Trubel der Städte meist ausgeblendet werden und doch zu unserem Leben gehören.[3] Als wesentliche Ziele dieser Projekte sind die Förderung der Bereitschaft zu sozialem Handeln sowie die Entwicklung von Mitgefühl und Hilfsbereitschaft zu nennen.

Waren Diakoniepraktika zunächst auf kirchliche Schulen begrenzt, sind inzwischen Konzepte für Sozialpraktika in staatlichen Schulen erprobt worden.[4] Zunehmend wird diakonisch-soziales Lernen als umfassende pädagogische Aufgabe verstanden.[5] Das Diakonische Werk und die Caritas sowie viele diakonische Einrichtungen unterstützen diese Formen ethischen Lernens mit eigenen Aktivitäten.

---

1 Compassion-Initiative. Ein Praxis- und Unterrichtsprojekt sozialen Lernens in der Schule. FORUM 27, Informationsheft für die Katholischen Freien Schulen der Erzdiözese Freiburg i. Br. 1999. Vgl. auch: *www.schulstiftung-freiburg.de*

2 Johann Baptist Metz / Lothar Kuld / Adolf Weisbrod (Hg.), Compassion. Weltprogramm des Christentums. Soziale Verantwortung lernen. Freiburg, 2. Aufl. 2000.

3 Walter Kummerow, Diakonische Praktika in Klasse 9, in: entwurf. Religionspädagogische Mitteilungen 3 / 1995, S. 40. – Britta von Schubert, Diakonisches Lernen in Schule und Unterricht, in: Praktische Theologie 3 / 2000, S. 190–198.

4 Vgl. Beate Kopp-Engel / Martin Engel, Handbuch zum ökumenischen Sozialpraktikum. Eine Arbeitshilfe zur Einführung und Durchführung eines schuljahrbegleitenden Sozialpraktikums. Kontaktadresse: Lessingstr. 6, 75203 Königsbach-Stein, E-Mail: beatekoppengel@aol.com

5 Vgl. Heinz Schmidt, Diakonisches Lernen – diakonische Bildung, in: Günter Ruddat / Gerhard K. Schäfer (Hg.), Diakonisches Kompendium. Göttingen 2003.

Durchführung

Wie das Praktikum durchgeführt wird, in welchem zeitlichen Umfang, wie es ins Schuljahr eingebettet werden kann, wird sich an den organisatorischen Gegebenheiten der jeweiligen Schule orientieren. Das Projekt bedarf eines längeren Vorlaufs. Wichtig ist, dass die Schülerinnen und Schüler vorher rechtzeitig Kontakt zu einer sozialen Einrichtung aufnehmen. Das kann z. B. ein Krankenhaus, ein Altenheim, eine Behindertenwerkstätte sein, möglich wäre auch die Betreuung einer Privatperson im Rahmen der Nachbarschaftshilfe. Bei der Suche nach einer geeigneten Stelle werden sie von den Lehrerinnen und Lehrern unterstützt.

Im Idealfall erstreckt sich das Praktikum über ein ganzes Schuljahr, unterteilt in Praxis- und Theorieblöcke.

Die Lehrerinnen und Lehrer ziehen für ihre didaktischen Vorüberlegungen zu den Theorieabschnitten den Bildungsplan zu Rate. Vieles spricht dafür, das Projekt im Zusammenhang mit Unterrichtseinheiten zu planen, die ethische und anthropologische Themen zum Inhalt haben. In jedem Fall ist es sinnvoll, das Projekt mit der ganzen Klasse durchzuführen.

Die Planung für ein ganzes Schuljahr könnte etwa so aussehen:
- Zu Beginn des Schuljahres wird die erste Praktikumsphase vorbereitet, es werden Erwartungen thematisiert, Informationen eingeholt, letzte Absprachen getroffen.
- Während des Praktikums besuchen die Lehrerinnen und Lehrer die Schülerinnen und Schüler vor Ort, lernen die Einrichtungen kennen und machen sich ein Bild vom Arbeitsfeld der Jugendlichen. Sie stehen als Gesprächspartner über erste Erfahrungen, eventuell auch Schwierigkeiten, zur Verfügung.
- In der nachfolgenden Unterrichtssequenz stehen zunächst Austausch und Auswertung der Erfahrungen im Vordergrund.
- Daran anknüpfend werden im kontinuierlichen Unterricht weitere Themen des Bildungsplans wirklichkeitsnah und exemplarisch vertieft. Im Laufe eines Schuljahrs können je zwei bis drei Praxis- bzw. Theorieblöcke abwechselnd stattfinden.
- Die Erfahrungen im Praktikum können in einem Tagebuch reflektiert und dokumentiert werden. Eine Zwischen- bzw. Endauswertung wird in Form eines Berichts vorgelegt, der allen Beteiligten zugänglich gemacht wird.

Reflexion

Die Rückmeldungen aus diesen Projekten zeigen, dass die Jugendlichen erfüllt sind von bewegenden Erfahrungen und Begegnungen aus ihrer Arbeit. Zentrale ethische Fragen nach »Kriterien« lebenswerten Lebens, der Bedeutung von Gesundheit und Krankheit, dem Verhältnis von Jugend und Alter werden mit in den Unterricht gebracht. Themen wie Solidarität und Gerechtigkeit drängen sich an konkreten Beispielen auf. Natürlich werden hier auch biblisch-theologische Antworten gesucht und eingefordert. Die Schülerinnen und Schüler wissen, wovon sie reden. Das ist ein großer Gewinn für die Diskussion ethischer Themen, die zu den schwierigsten im Religionsunterricht gehören. Die Jugendlichen lernen christliche Ethik nicht als einen Katalog von moralischen Appellen kennen, sondern als ein Handeln, das der Realität der Schwachen und unsichtbar gemachten Menschen verpflichtetet ist.

Sozialpraktika haben u. a. den Vorteil, dass Schülerinnen und Schüler nicht den Eindruck gewinnen, zum Helfen oder solidarischen Handeln erst erzogen werden zu müssen. Die Lehrerinnen und Lehrer werden die Erfahrung machen, dass die Motivation zu sozialem Handeln nicht auf entsprechende Appelle zurückzuführen ist und auch nicht anerzogen werden kann, sondern im Angerührt-Sein, in menschlichen Begegnungen ihren Grund hat. Wer mit einer Klasse solche Erfahrungen gemacht hat, wird die Rede vom »schwindenden Altruismus der heutigen Jugend« mit Verwunderung zur Kenntnis nehmen.

→ *Ganzheitlichkeit*, → *Projektunterricht*, → *Räume und Zeiten*, → *Sozialformen*

Zur Diskussion gestellt

- Wo begegnen Ihnen Menschen, die abseits des öffentlichen Interesses leben?
- Öffnung der Schule – welche Möglichkeiten finden sich vor Ort? Welche Schwierigkeiten sehen Sie? Wie könnte man sie überwinden?
- Bereitschaft zu sozialem, empathischen Handeln – wie entsteht sie Ihrer Meinung nach?

Literaturempfehlung

Lothar Kuld / Stefan Gönnheimer, Compassion. Sozialverpflichtetes Lernen und Handeln. Stuttgart / Berlin / Köln 2000. – Diakonisches Werk der EKD, Schule und Diakonie. Diakonie-Dokumentation 03 / 00, erhältlich über: vertrieb@diakonie.de.

Christel Zeile-Elsner

Spiele

Was spricht dafür, in der Schule und im Religionsunterricht zu spielen?

- *Der Mensch spielt nur, wo er in voller Bedeutung des Wortes Mensch ist, und er ist nur da ganz Mensch, wo er spielt* – so Friedrich Schiller. Soll Menschsein in allen seinen Lebensbezügen Thema unseres Unterrichts sein, gehört Spielen dazu. Es bietet die verschiedensten didaktischen Möglichkeiten: Kinder und Jugendliche können sich spielend »in die Welt der Erwachsenen vorwagen«[1], können Probe-Handlungen durchführen. Sie lernen ganzheitlich, mit Kopf, Herz, Hand und allen Sinnen.
- Sie können *soziale Intelligenz* entwickeln. Sie müssen Regeln miteinander aushandeln und diese einhalten. Bruno Bettelheim hält dies für eine der schwierigsten kulturellen Lernleistungen, die Heranwachsende bei Gesellschaftsspielen zu bewältigen haben, nämlich zunächst Regeln einhalten und mit zunehmender Reife diese als Vereinbarungen verstehen und sich dann auch darüber hinwegsetzen zu können. Wie schwer das sei, meint er, könne jeder sehen, der viel mit Erwachsenen (!) spiele.
- Beim Spielen kann die Lehrerzentrierung des Frontalunterrichts durch Selbsttätigkeit der Kinder und Jugendlichen ergänzt und deren Autonomie gestärkt werden. Erarbeitetes kann spielerisch geübt und angewendet werden, wie schon Friedrich Schleiermacher angeregt hat.
- Jean Piaget hält das Spielen gar für den Königsweg des kognitiven Lernens. Lehrende und Lernende entdecken beim Spiel aneinander ganz neue Seiten.

Man kann Plato also nur zustimmen, wenn er sagt, man erfahre mehr über einen Menschen in einer Stunde gemeinsamen Spiels als in einem ganztägigen Gespräch. Spielen erfordert den ganzen Menschen, entzieht sich der eigenen und fremden Kontrolle, befreit. Doch gerade dies macht das Spielen im Unterricht zu einem Wagnis, auf das man sich in einer im Wesentlichen zweckrationalen, auf bewertbare Ergebnisse festgelegten Schule ungern einlässt.

Aber auch die gesellschaftlichen Verhältnisse gefährden das Spiel. Man denke nur an die boomende Freizeitindustrie, die durch ihre Spielmoden und die damit einhergehende Kommerzialisierung das Spiel für ihre Zwecke instrumentalisiert und konterkariert. Hilbert Meyer meint, *konkurrenz- und wettkampforientierte Spiele* seien auf dem Vormarsch, und stellt fest, dass *traditionelle Spielformen ohne Sieger* – wie Spiele auf der Straße und dem Schulhof (Seilhüpfen, Himmel und Hölle, Volkstanz und Laienspiel) – weitgehend verdrängt sind.

Diese Entwicklung prägt unsere Kinder und Jugendlichen und erschwert verständlicherweise das Spielen in der Schule, gleichzeitig stellt sie eine echte Herausforderung an die Lehrenden dar, die Vorteile des freien Spiels den Kindern und Jugendlichen dennoch zugute kommen zu lassen.

---

1 Hilbert Meyer, UnterrichtsMethoden II: Praxisband. Frankfurt / M., 2. Aufl. 1997, S. 343. (Die äußerst anregende Lektion XIII widmet sich dem Thema »Spielen im Unterricht«.)

Was können die Lehrenden tun, um den Erfolg des Spielens zu sichern?

- Von Jean Piaget und Maria Montessori wissen wir, dass Spielen eine ernsthafte Angelegenheit ist. Das bedeutet für die Lehrenden, dass Spielstunden nicht als Lückenbüßer, weil nichts anderes »Vernünftiges« mehr anliegt, angesetzt werden sollten. Spielstunden erfordern eine sorgfältige Vorbereitung, eine Spieldidaktik, die genau Rechenschaft gibt über Voraussetzungen, Ziele und Methoden, und eine regelmäßige kontinuierliche Spielpraxis, bei der die Lerngruppe sich Spielkompetenz aneignen kann.
- Lehrende können in Spielstunden nicht mit besonderem Wohlverhalten, sozusagen als Belohnung an den Lehrer von Seiten der Kinder und Jugendlichen, ausgehen. Im Gegenteil wird der ungewohnte Freiraum zunächst in Unruhe münden, im Frontalunterricht angestaute Aggressionen werden erst einmal ausgelebt. Wie die Anmerkungen zu gesellschaftlichen Einflüssen weiter oben vermuten lassen, kann nicht davon ausgegangen werden, dass alle Kinder und Jugendlichen spielen können, so dass dies eben eigens gelernt und regelmäßig geübt werden muss.
- Um das ausufernde Angebot an verschiedensten Spielvorschlägen für den Religionsunterricht nutzen zu können, scheint eigene Spielerfahrung am hilfreichsten zu sein. So können Lehrende, indem sie sich selber im Spiel erleben, Sicherheit entwickeln und lernen, Spiele kompetent anzuleiten.
- Dieser so gewonnenen eigenen Gelassenheit müssen auf der anderen Seite eine akribisch vorbereitete Spielanordnung sowie ein unbedingtes Durchsetzen der Einhaltung von Regeln entsprechen. Wie immer benötigt eine freie Lernumgebung umso klarere Strukturen. Bei Spielen, die Darsteller und Zuschauer beinhalten, sollte zum Beispiel ein klares Setting die Bühne, den Zuschauerraum, den Vorhang andeuten. Unnötig zu sagen, dass diese symbolisch sein werden, aber die Darsteller und Zuschauer sollten genau wissen, wo gespielt wird, wann das Spiel beginnt (eventuell mit Hilfe einer Glocke) und wie alle sich zu verhalten haben. Die Zuschauer müssen auf ihre wichtige Funktion hingewiesen und zu konstruktivem »Zuschauerverhalten« angehalten werden. Requisiten oder andere Spielutensilien müssen bereitgehalten werden.

Mit zunehmender aktiver und passiver Spielerfahrung werden Lehrende mit sicherem Gespür nur solche Spiele in Gang setzen, deren Ablauf sie überschauen und die gegebenenfalls anschließend aufgearbeitet werden können. Lehrende sind gut beraten, wenn sie abgesehen von ganz bestimmten, themenabhängigen Spielanordnungen für einzelne Stunden sich ein breites Spielrepertoire aneignen.

Angesichts der Vielzahl von Spielen für den Religionsunterricht ist es schon schwierig, eine klare Definition dessen zu geben, was Spielen eigentlich ist, was möglicherweise in der Natur der Sache liegt. Noch komplizierter ist es, Spiele in Gruppen einzuordnen, da diese nicht eindeutig voneinander abzugrenzen sind. Trotzdem soll der Versuch einer Einteilung unternommen werden. In den ersten drei Punkten folge ich hierbei Hilbert Meyer, um dann noch zwei weitere Kategorien hinzuzufügen:

- Meyer beschreibt *Interaktionsspiele* (anders als in der Literatur üblich) als eine an »Spannung, Spaß und Erholung orientierte spielerische Auseinandersetzung mit den Spielpartnern«, worunter Lernspiele, Denkspiele, Gesellschaftsspiele, Mannschaftsspiele fallen, also im Wesentlichen solche, die Spaß und Erholung bieten und für die eine Unterscheidung in Spieler und Zuschauer entfällt. Im Religionsunterricht können wir viele Spiele dieser Art einsetzen – von den Würfelspielen (so bieten z. B. *Brot für die Welt* und *Misereor* eine Vielzahl von Spielen dieser Art an) – bis zu den Lernspielen zur Bibel.

- Im *Rollenspiel* aus Meyers zweiter Kategorie lernen Kinder und Jugendliche ihr eigenes Handeln zu reflektieren und sich in das ihrer Mitmenschen einzufühlen. Konflikte, die in der Bibel thematisiert werden (z. B. zwischen Geschwistern), können von den Schülerinnen und Schülern in ihre Lebenswelt übertragen und erlebbar gemacht werden. Weitaus komplexer geschieht das im *Planspiel*, in dem gesellschaftliche Realität simuliert wird und Jugendliche lernen, Konflikte auszutragen und politisch zu handeln.[2]
- In der dritten Gruppe, bei der eine Unterscheidung in Spieler und Zuschauer konstitutiv ist, reicht das Spektrum von stark verregelten Spiel- und Leseszenen[3] bis zu den freien *Formen von Darstellendem Spiel*, Standbild[4], Pantomime und Ähnlichem. Gerade das Standbild liefert eine Möglichkeit, Erfahrungen, Gefühle und Fantasien, die zeitlos und von daher aus den biblischen Berichten auf heute übertragbar sind, körperlich anschaulich zu machen.
- *»Ernste Spiele«*[5], Interaktionsspiele im eigentlichen Sinne, dienen ganz gezielt der Förderung von Kommunikation in Gruppen, es geht um die weiter oben erwähnte »soziale Intelligenz«. Aus Schulklassen sollen mit Hilfe dieser Spiele Lerngruppen werden, die kooperieren. Als Kennenlern-, Vertrauens-, Kooperations- und -Kommunikationsspiele lassen sie sich vielfach im Religionsunterricht verwenden.
- Die *interaktionelle Textauslegung*[6] wird von verschiedenen Autorinnen und Autoren als spezielle Methode der Bibelauslegung vorgestellt. Ähnlich wie beim Darstellenden Spiel geht es um einen hermeneutischen Prozess, bei dem die szenischen Strukturen und dramatischen Potenzen eines biblischen Textes herausgearbeitet werden und so die Schülerinnen und Schüler eine aktive, alle Sinnbereiche umfassende, möglichst eigenständige Interpretationsarbeit leisten. Anders als beim Bibliodrama geht es weniger darum, eigene Gefühle und Probleme zu offenbaren als vielmehr den Personen und Stimmungen im Text möglichst nahe zu kommen.

→ *Bibliodrama / Szenisches Spiel*, → *Ganzheitlichkeit*, → *Gestaltpädagogik*

---

2 Beispiele bei Peter Kliemann, Impulse und Methoden. Anregungen für die Praxis des Religionsunterrichts. Stuttgart, 2. Aufl. 2003, S. 98ff.

3 Vgl. Werner Laubi / Josef Dirnbeck, Lese- und Spielszenen zur Bibel. Düsseldorf / Lahr, 2. Aufl. 1991.

4 Vgl. Ludwig Rendle u. a., Ganzheitliche Methoden im Religionsunterricht. Ein Praxisbuch. München, 4. Aufl. 2000, S. 143ff.

5 Herbert Gudjons, Ernste Spiele. Über Möglichkeiten und Grenzen von Interaktionsspielen, in: Pädgagogik 1 / 1998, S. 6–11.

6 Vgl. Ulrich Bubenheimer, Spielformen, in: Gottfried Adam / Rainer Lachmann (Hg.), Methodisches Kompendium für den Religionsunterricht. Göttingen, 4. Aufl. 2002, S. 327–348.

Zur Diskussion gestellt

- Welche Art von Spielen liegt Ihnen? Wann und was spielen Sie gerne? Tauschen Sie sich mit Kolleginnen und Kollegen aus.
- Die besten Spielideen erhält man vermutlich von Referendaren, Kolleginnen, Schülerinnen und Schülern, Jugendleitern. Wer hat konkrete Erfahrungen mit welchem Spiel in welchem Kontext? Werden Sie zum Jäger und Sammler!

Literaturempfehlung

Ulrich Baer, 666 Spiele für jede Gruppe für alle Situationen. Seelze, 12. Aufl. 2001. – Hans Frör, Spielend bei der Sache. Spiele für Gruppen. Gütersloh, 11. Aufl. 1993. – Franz W. Niehl / Arthur Thömmes, 212 Methoden für den Religionsunterricht. München, 4. Aufl. 2000, S. 195–246. – Anna-Katharina Szagun, Standbilder / Statuentheater, in: Gottfried Adam / Rainer Lachmann (Hg.), Methodisches Kompendium für den Religionsunterricht 2. Aufbaukurs. Göttingen 2002, S. 256–266.

Christiane Müller

Texte

»Hi, Brummibärchen, hier ist Plüsch. Wollen wir ein bisschen miteinander reden?«
»Hier Qualle. Brummibärchen, bist auch mal wieder da?!«
»Ja, gern. Worüber??«
»Klar doch, war echt was los bei mir.«
»Bei mir regnet es jetzt schon seit Stunden. Quäl.«
»Ächz, heute in Reli drei Seiten gelesen, Vormittag versaut!!!«
»Gelesen, igitt!«
»Wer von euch kann hier lesen???«

So oder ähnlich sehen die Texte aus, die Schülerinnen und Schüler in Chatforen verfassen und lesen können. Chatten ist in. Noch kürzer sind die auf 130 Zeichen beschränkten SMS, die Texte, die via Handy oder Computer auf ein Handy gesendet werden. Zlatko, der Star aus der ersten Big-Brother-Staffel, rühmt sich, noch nie ein ganzes Buch gelesen zu haben, und er ist für viele Jugendliche Vorbild.
Kann man Schüler also noch mit längeren Texten konfrontieren – oder müssen die in der Schule behandelten Texte häppchenweise aufbereitet sein? Können im Unterricht auch noch schwierigere Texte durchgearbeitet werden oder scheitern die meisten Schüler ab einem gewissen Abstraktionsgrad des Geschriebenen?

Das Wort »Text« lässt sich zurückführen auf das lateinische Verb »texere«, was so viel bedeutet wie »weben, flechten, kunstvoll zusammenfügen«. Darin steckt schon sehr viel vom Wesen eines Textes, der als ein sprachliches Strukturgebilde definiert werden kann, das nach inhaltlichen, formalen und klanglichen Einzelelementen so zusammengefügt ist, dass daraus ein Sinnzusammenhang entsteht. Ein Text ist darüber hinaus immer auch Teil eines Prozesses, der zwischen dem Autor des Textes und dem Leser / der Leserschaft stattfindet.[1] »Einen Text lesen heißt also, ihn mit den Augen und dem Verstand entflechten, den Sinn zusammenfügen, den inneren Weg des Textes gehen.«[2]

Zur Erleichterung eines Textverständnisses bedarf es der Einteilung von Texten in unterschiedliche *Textsorten*, die je nach typischer Verwendungssituation, ähnlicher Intention und bestimmter sprachlicher Textfunktion bestimmte inhaltliche, sprachliche und strukturelle Merkmale gemeinsam haben. Eine Einteilung konzentriert sich auf die Differenzierung von Texten in literarische (poetische / fiktionale) Texte und Sachtexte (pragmatische Texte). Eine andere teilt die Texte eher soziologisch nach Verfasser-Bezug, Hörer-Bezug (z. B.: Meinungsäußerungen, Anschauungen), Sach-Bezug (z. B. Arbeitsanweisungen, Sachtexte) oder Sprach-Bezug (Texte mit bildhaftem Inhalt, wie Gedichte, Sagen, Gleichnisse, Märchen, Symbolgeschichten, religiöse Texte) in vier bzw. drei größere Textarten ein. Ich beschränke mich hier auf die Unterteilung in literarische Texte und Sachtexte.

---

1 Gerhard Röckel, Die Arbeit mit Texten im Religionsunterricht. Methoden – Arbeitsmodelle – Beispiele. Stuttgart / München 1973, S. 44.

2 Peter Moll / Hans Lieberherr, Unterrichten mit offenen Karten. Teil 2: Fortschreiten. Zürich, 3. Aufl. 1998, S. 76.

In *literarischen Texten* geht es um einen ganz eigenen Bezug zur Realität: Inhalte, die der Vorstellungskraft der Autorin, des Autors entspringen, werden so gestaltet, dass die Welt, in der sie spielen, dem Leser zwar als wirklich erscheint, aber ohne den Anspruch, wirklich zu sein. Die »erfahrbare« Wahrheit literarischer Texte liegt also auf einer tieferen Ebene als auf der einer überprüfbaren Richtigkeit des Dargestellten. Um diese »andere Ebene« deutlich werden zu lassen, bedarf es einer besonderen ästhetischen Gestaltung, die Mehrdeutigkeit zulässt und weitgehend von Zweckfreiheit gekennzeichnet ist. *Sachtexte* hingegen machen Aussagen über Dinge und Vorgänge, die es in Wirklichkeit gibt. Sie wollen informieren, und ihre Inhalte sind auf sachliche Richtigkeit hin überprüfbar. Die Sprache dient hier dem einen Zweck, den Inhalt wirklichkeitsgemäß und dem potenziellen Leser verständlich zu transportieren.

Texte haben schon deshalb einen unverzichtbaren Platz im Religionsunterricht,[3] weil sie christliche Tradition weitergeben. Was zunächst mündlich weitererzählt wurde, fand seine schriftliche Fixierung, und diese Schriften gehören zu den Grundlagen der »Erzählgemeinschaft Kirche«.

Der Prozess der *Texterschließung* lässt sich in vier Phasen einteilen:
- Textbegegnung
- eigentliche Texterschließung
- Auseinandersetzung mit dem Text
- Textanwendung.

Bereits bei der Textauswahl für den Unterricht sollte der Lehrer und die Lehrerin immer zuerst den persönlichen Bezug zu dem ausgewählten Text sowie die Wirkung, die der Text auf ihn / sie ausübt, reflektieren. Erst dann kann er / sie die mögliche Wirkung auf die Schüler bedenken.

Der Erschließungsvorgang von Texten stellt nach Hans Schmid[4] für heutige Schüler eine energieaufwändige und keineswegs mehr selbstverständliche Aufgabe dar. Dem Prozess des Leseverstehens und der Interpretation kommt deshalb eine größere Rolle im Kanon der Lehr- und Lernformen zu. Für den konkreten Unterricht bedeutet dies, dass die Texterschließung möglichst am Anfang der Stunde stehen sollte, da dann das Aufnahme- und Energiepotenzial der Schüler am größten ist.

Die erste Begegnung mit dem Text, die Art der *Textaufnahme,* ist für die weitere Auseinandersetzung damit von großer Bedeutung. Die Schülerinnen und Schüler müssen Raum dafür bekommen, sich einen ersten »subjektiv-naiven Eindruck von der Eigenart des Textes«[5] bewusst zu machen und zu formulieren. Hierbei spielt die Form der Text*präsentation* eine wichtige Rolle. Ob der Text laut vorgelesen wird oder ob die Begegnung mit ihm in Stilllektüre erfolgt, hat Auswirkungen auf den weiteren Erschließungsprozess und ist abhängig von der Textart. Meist sollte der Text nicht

3 Vgl. Dieter Haas / Kurt Bätz, Ratgeber Religionsunterricht. Hilfen zum Aufbau und zur Durchführung. Köln 1984, S. 91.
4 Hans Schmid, Die Kunst des Unterrichtens. München, 2. Aufl. 2001, S. 82.
5 Gerhard Röckel, Grundschritte der Texterschließung, in: Edith Verweyen-Hackmann / Bernd Weber (Hg.), Methodenkompetenz im Religionsunterricht. Unterrichtspraktische Konkretionen von Fach- und Arbeitsmethoden. Kevelaer 1999, S. 75.

nur einmal, sondern mindestens zweimal in unterschiedlicher Weise (laut, leise, mit verteilten Rollen) gelesen werden. Arbeitsblätter, auf denen die Texte meist präsentiert werden, sollten übersichtlich und mit Raum für eigene Notizen gestaltet werden. Am Ende dieser Phase kann die Formulierung einer Arbeits- und Interpretationshypothese bzw. einer Leitfrage stehen, die sich auf das Thema, den Hauptinhalt und die vermutete Intention des Autors bezieht. In der Phase der *Texterschließung* geht es zunächst um eine Inhaltsangabe des soeben Gelesenen unter Verzicht auf wertende Formulierungen. Bei Sachtexten wird dabei die Formulierung der Hauptaussagen des Textes im Vordergrund stehen, während bei literarischen Texten die Fragen nach Handlungsverlauf, handelnden Figuren, dem Ort des Geschehens, der zeitlichen Abfolge und der Erzählperspektive zu stellen sein werden. In der folgenden *Textbeschreibung* soll das Besondere eines Textes in formaler, struktureller und stilistischer Hinsicht benannt werden, um ein Fundament für die anschließende Deutung zu erhalten. Die *Textdeutung* sollte sich zunächst auf textimmanenter Ebene, einer Zusammenschau aller inhaltlichen und stilistischen Besonderheiten und der Frage nach dem Zentrum, der Bedeutung des Textes bewegen, und anschließend, wenn nötig, auf textexterne Aspekte eingehen, die zusätzlich der Interpretation dienen, wie Quelle, Autorenbiographie, Epoche, Wirkung / Rezeption. Hat der Leser im ersten Schritt der *Textbeurteilung* den im Text vermittelten Standpunkt nachvollzogen, so setzt er sich mit diesem im zweiten Schritt auseinander. Bei Sachtexten geht es dabei um den zentralen Sachverhalt oder die angeführten Argumente, bei literarischen Texten etwa um das vermittelte Wirklichkeitsverständnis, das Menschenbild, die Handlungsweisen von handelnden Personen, deren Wertmaßstäbe usw.

In der abschließenden *Textanwendung* soll der Leser / Schüler sich den Text auf kreative Weise zu eigen machen. Indem er sich auf fantasievolle Weise mit dem Text auseinander setzt, erfasst er den Textgehalt noch einmal neu und gibt ihm eine eigene Richtung. Der Vergleich des eigenen Produkts mit dem Originaltext und mit den neu produzierten Texten der Mitschülerinnen und Mitschüler führt ihn zu einem neuen Verständnis des Originaltextes sowie seines Ergebnisses. Für jede Phase der Texterschließung werden in der Literatur zahlreiche *Methoden* genannt, die ich im Folgenden exemplarisch anführe.[6]

Bei der *Textaneignung* kann die Unterrichtende die Schüler zunächst direkt mit dem Text konfrontieren, indem der Text vorgelesen oder von den Schülern selbst gelesen wird bzw. medial – auf Folie oder Tafel (z. B. stummer Textimpuls) – präsentiert wird. Es kann in dieser Phase aber auch schon eine tätige Auseinandersetzung der Schülerinnen und Schüler mit dem Text erfolgen, etwa durch Textpuzzle, Lückentext oder durch eine vorbereitete (Lektüre des Textes erfolgte bereits im Vorfeld) oder verzögerte (zunächst werden kleinere Abschnitte des Textes besprochen) Textbegegnung.

Zahlreiche Methoden bieten sich zur eigentlichen *Erschließung des Textes* an. Das Spektrum reicht vom gängigen Unterstreichen und Markieren eines Textes (z. B. nach dem so genannten »POZEK – Schlüssel«: alle Angaben zu Personen, Orten und

6 Vgl. Franz W. Niehl / Arthur Thömmes, 212 Methoden für den Religionsunterricht. München, 4. Aufl. 2000, S. 108ff.

*R*äumen, *Z*eiten, *E*reignissen und *K*ernaussagen werden markiert)[7] über seine Gliederung oder Zusammenfassung, Transponieren des Textinhalts in eine Tabelle oder das Löschen des Textes, bis nur noch die »Rohinformation« übrig ist. Man kann aber auch schon in dieser Phase die Schülerinnen und Schüler dazu anregen, mit dem Text umzugehen, indem sie ihn auseinander nehmen, wieder neu zusammensetzen, ein Wort- oder Satzpuzzle erstellen oder Titel bzw. Zwischentitel suchen. Auch die gestalterische Umsetzung des Textinhalts in Form einer Ablaufskizze oder eines Schaubildes trägt zu einem besseren Verständnis bei.

Bei der *Auseinandersetzung mit dem Text* sollten die Jugendlichen gleichsam mit ihm ins Gespräch kommen. Sie können eine mündliche oder schriftliche Stellungnahme abgeben, einen Antitext schreiben oder an eine handelnde Figur einen Brief richten bzw. sie interviewen. Verschiedene Gruppen könnten Plädoyers für oder gegen den Text abgeben bzw. Pro-und-Contra-Diskussionen zu gelesenen Thesen durchführen sowie eine »Hitliste« der beliebtesten Textpassagen anfertigen.

Eine große Rolle für den Umgang mit Texten spielt es auch, wenn die Schülerinnen und Schüler nicht nur Rezipienten (Reagierende), sondern auch Produzenten (Handelnde) sind. Sie gehen nun tatsächlich mit dem Gelesenen um, sie *wenden es an.* Diese Methode hat unter der Bezeichnung »gestaltendes Interpretieren« auch im Literaturunterricht ihren festen Platz.[8]

Der Text kann dargestellt und ausgestaltet werden, etwa in Form einer Pantomime / eines Standbildes, eines Rollenspiels oder Hörspiels, oder er kann bildlich oder musikalisch umgesetzt werden. Eine Verfremdung des gelesenen Textes ermöglicht oft ein besseres Verständnis: Die Jugendlichen können ihn in ihre Umgangs- bzw. Muttersprache übersetzen, ihn als Zeitungsartikel oder Nachrichtentext gestalten, ihn im Hinblick auf einen anderen Adressatenkreis verändern oder ihn in ein anderes Genre bzw. eine andere Zeit transponieren. Ebenso ermöglicht ein Perspektivenwechsel neue Einblicke in den Text. Die Schüler können sich auch als »Co-Autoren« betätigen und den Text um- bzw. weiterschreiben. Bei Geschichten mit offenem Schluss sollen sie einen eigenen Ausgang erfinden oder zum Text eine Vorgeschichte verfassen. Schlüsselstellen können weggelassen und von den Schülern geschrieben werden. Auch das Schreiben von Gegengeschichten verbessert oft das Verständnis des Ausgangstextes.

Den äußeren Bedingungen beim kreativen Arbeiten kommt eine besondere Bedeutung zu: Immer sollten die Schüler und Schülerinnen die Möglichkeit haben, zwischen mehreren Gestaltungsmöglichkeiten zu wählen. Es sollte eine entspannte, angstfreie Atmosphäre herrschen, die ihrer Kreativität Raum lässt.

Auch die Präsentation der Schülerarbeiten sollte in einem optimalen Rahmen – sowohl von der äußeren Form der Arbeiten her als auch von ihrer Platzierung im Stundenverlauf – stattfinden, um den »Produkten« der Schülergruppe das ihnen zustehende Gewicht zu verleihen. Dass dem im Religionsunterricht viel Raum

---

7 Vgl. Peter Moll / Hans Lieberherr, a. a. O., S. 77.

8 Peter Kliemann überschreibt das Kapitel über den Umgang mit Texten im Religionsunterricht: »Vom Deutschunterricht lernen«. Dort findet sich ein ausführliches Verzeichnis wichtiger Methoden eines handlungs- und produktionsorientierten Literaturunterrichts. Vgl. ders., Impulse und Methoden. Anregungen für die Praxis des Religionsunterrichts. Stuttgart, 2. Aufl. 2003, S. 66–82.

gegeben werden kann und muss, darin liegt die Chance und die Vorreiterrolle dieses Faches.

Mit jedem neuen Medium wandelt sich die Sprache. Es liegt an uns Lehrerinnen und Lehrern, Erhaltenswertes weiterzuvermitteln und sich Neuem gegenüber aufgeschlossen zu zeigen. Mit unseren Methoden können wir dazu beitragen, Freude am und Kompetenzen im Umgang mit – alten und neuen – Texten zu vermitteln.

→ *Fächerverbindender Unterricht,* → *Ganzschriften,* → *Methoden,* → *Religionsbücher,* → *Unterrichtsgespräch*

Zur Diskussion gestellt

- Welche Texte aus dem Religionsunterricht ihrer Schulzeit sind Ihnen noch in Erinnerung? Wie begegneten Sie diesen Texten? Was hat sich Ihnen besonders eingeprägt? Können Sie einige davon noch auswendig?
- Was lese ich am liebsten? Bei welchen Texten muss ich mich zum Weiterlesen zwingen? Welche Texte erleichtern Schülerinnen und Schülern das flüssige Lesen und schnelle Erfassen?
- »Blutet Ihnen das Herz«, wenn literarisch anspruchsvolle Texte mit »Schülerprodukten« (z. B. Transformation / Perspektivenwechsel / Antitext) verglichen werden? Diskutieren Sie diese Formen der Textbegegnung und -gestaltung mit Ihren Kolleginnen und Kollegen.

Literaturempfehlung

Praxis Deutsch Heft 161 / 2000: Themenheft »Texte«. – Adalbert Wegmann, Freie Texte im Religionsunterricht. Donauwörth, 2. Aufl. 2002.

Cornelia Patrzek-Raabe

Unterrichtsgespräch

Versteht sich der Religionsunterricht als herausfordernde Begegnung der Schülerinnen und Schüler mit dem christlichen Glauben, dann bildet das Gespräch seine innerste, unverzichtbare Mitte und sein Rückgrat. Obwohl das Gespräch im Religionsunterricht dauernd praktiziert wird, bleibt es die mit Abstand schwierigste und anspruchsvollste Unterrichtsmethode. Theologisch ist die dialogische Grundstruktur in der Anrede des Menschen durch Gott und in der entsprechenden Glaubensantwort des Menschen begründet. Religionspädagogisch und theologisch bleibt der Religionsunterricht also immer auf Dialog und partnerschaftliches Gespräch angewiesen.

Diese kommunikative Grundstruktur konkretisiert sich im Unterricht in unterschiedlichen Gesprächsformen. An dieser Stelle können nicht alle Gesprächsformen wie »Erzählen«, »Brainstorming«, »Diskussion«, »Streitgespräch« oder die »Debatte« im Einzelnen vorgestellt werden.[1]

Näher in Beziehung gesetzt und gleichzeitig voneinander abgegrenzt werden die beiden im Religionsunterricht am häufigsten eingesetzten Gesprächsformen: das *Lehrgespräch* und das *Unterrichtsgespräch*. Für beide Formen finden sich unterschiedliche Bezeichnungen. Auf der einen Seite das »Lehrer-Schüler-Gespräch«, das »gelenkte Lehrgespräch«, das »gelenkte Unterrichtsgespräch«, das »fragend-entwickelnde Verfahren«, auf der anderen Seite das »Rundgespräch«, das »Schülergespräch«, das »offene Unterrichtsgespräch«.

Lehrer-Schüler-Gespräch

Die Hauptunterschiede zwischen beiden Gesprächsformen liegen in der unterschiedlichen Lehrerrolle und in der jeweils verschiedenen Funktion der Gesprächsformen. Ohne Zweifel nehmen Lehrgespräch und das offene Unterrichtsgespräch weiterhin eine dominierende Rolle im Religionsunterricht ein. Die beherrschende Stellung des Lehrgesprächs ergibt sich aus folgenden positiven Funktionen im Frontalunterricht:

- Die im Religionsunterricht beliebten Einstiegsmedien für eine Einheit oder Einzelstunde wie Karikatur, Bild, Aphorismen usw. werden im Lehrgespräch am präzisesten erschlossen.
- Ein Sachverhalt kann rasch geklärt und vertieft werden. Das Lehrgespräch ist unumgänglich zur Text- und Bilderarbeitung.

---

1 Einen kurzen Überblick über die Gesprächsformen bietet Peter Orth, Gesprächsformen im Unterricht, in: Pädagogik 2 / 2000, S. 14–17. – Vgl. weiter die Methodenbücher, in denen die einzelnen Gesprächsformen vorgestellt werden: Franz W. Niehl / Arthur Thömmes, 212 Methoden für den Religionsunterricht. München, 4. Aufl. 2000, S. 70–81. – Helmut Kurz, Methoden des Religionsunterrichts. Arbeitsformen und Beispiele. München, 4. Aufl. 1998, S. 29–41. – Rainer Lachmann, Gesprächsmethoden im Religionsunterricht, in: Gottfried Adam / Rainer Lachmann (Hg.), Methodisches Kompendium für den Religionsunterricht. Göttingen, 4., überarbeitete Aufl. 2002, S. 122–135.

- Um das Vorwissen zu erheben, Wissen zu vertiefen oder Wissenslücken zu schließen, scheint das Lehrgespräch in seiner Zielgerichtetheit am besten geeignet. In kurzer Zeit können diese Lerninhalte erarbeitet werden.
- Das Lehrgespräch verklammert die verschiedenen Phasen einer Unterrichtsstunde und sorgt für eine sachgerechte Kontinuität der Teilschritte.

Die Lehrerinnen und Lehrer nehmen in dieser Form eine zentrale, aber nicht unproblematische Rolle ein. Sie lenken und kontrollieren dieses Gespräch, indem auf ein klares Ziel hin gefragt wird. Schülerinnen und Schüler werden in die Denkwege der Unterrichtenden mit hineingenommen, so dass sich Eigenständigkeit von Schülergedanken schwer entwickeln kann. Interaktionen zwischen Schülerinnen und Schülern sind selten, denn Schülerantworten und Schülerfragen laufen immer über die Vermittlung der Unterrichtenden.

Eine Schlüsselfunktion im Lehrgespräch nimmt die Frage- und Impulstechnik ein. Fragen steuern auf Unterrichtsziele zu und bringen den Lernprozess voran. Um diesen Lernprozess richtig einzuschätzen und entsprechende Fragen zu formulieren, ist auf die Argumentierfähigkeit der Schülerinnen und Schüler, ihr Sprachniveau und die Wissensbasis zu achten. Die alltägliche Lehrerfrage bleibt eine schwere Kunst, die gelernt und geübt werden muss. Schwache und unpräzise Fragen bremsen die Zügigkeit des Lernprozesses und wirken auf die Schülerinnen und Schüler ermüdend.[2]

Fragen können präzise geplant, Schlüsselfragen sorgfältig vorformuliert und insgesamt eine Sensibilität für Frageungenauigkeit und Fragefehlformen entwickelt werden. Eine Gefahr des Lehrgesprächs liegt in dem ermüdenden und den Unterricht in die Länge dehnenden »Ping-Pong« von Lehrerfragen und Schülerantworten.

Das Lehrgespräch scheint außerdem die normale Alltagskommunikation umzudrehen. Im Alltag wird gefragt, wenn jemand etwas nicht weiß. Im Lehrgespräch fragt der Unterrichtende nach etwas, was er schon weiß. Diese Fragen tragen den Schleier der Künstlichkeit. Kommt noch hinzu, dass viele Fragen während des Unterrichts nicht im Voraus überlegt sind, sondern sich spontan aus dem Unterrichtsprozess ergeben und daher »aus dem Bauch« heraus formuliert werden, dann bleiben sie sehr anfällig für Fehlformen.

Trotz dieser Krisenanfälligkeit behält das Lehrgespräch in einem lernzielorientierten Religionsunterricht weiterhin seinen legitimen didaktischen Ort. Jeder Unterricht, der Sachfragen klärt, ist auf ein Lehrgespräch angewiesen. Es wird auch im Religionsunterricht weiterhin viele Sachphasen geben, in der die gewünschte Schülernähe nicht zum Tragen kommt. So sind z. B. die historisch-kritische Methode, der Aufbau der Schöpfungserzählungen und viele andere historische bzw. informationsorientierte Fragestellungen Problembereiche, in denen nicht einfach ein Unterrichtsgespräch mit seiner besonderen Schülernähe eingefordert werden kann.

Auf ein Lehrgespräch generell kann also nicht verzichtet werden, sehr wohl aber auf ein unvorbereitetes. Obwohl die Unterrichtenden im Lehrgespräch eine zentrale und unverzichtbare Rolle einnehmen, kann mit Rainer Lachmann auch für ein Lehrgespräch als Grundregel festgehalten werden: «Wie in jedem echten Gespräch

2 Ein knapper Überblick über häufig beobachtete Fehlformen des Fragens findet sich bei Hilbert Meyer, UnterrichtsMethoden II: Praxisband. Frankfurt / M., 9. Aufl. 1987, S. 208f.

darf der Schüler auch im Lehrgespräch nicht zum mechanisch funktionierenden Fragenbeantworter degradiert werden, sondern muss in seiner Eigenart und mit seinen Voraussetzungen als Gesprächspartner ernst genommen werden.«[3]

Das offene Unterrichtsgespräch

Das offene Unterrichtsgespräch bleibt vom Lehrgespräch zu unterscheiden. Guter Religionsunterricht lebt von den »Sternstunden« eines gelungenen Unterrichtsgesprächs. Obwohl anthroprologische Themen wie Gerechtigkeit, Gewissen, Schuld, Sexualität, Leid und Tod, aber auch spezifisch theologische Themen wie Gottesglaube, Bibel, Jesus Christus sich dafür eignen, ereignet sich ein Unterrichtsgespräch seltener als angenommen. Das Unterrichtsgespräch bleibt offen in seinen Ergebnissen, aber nicht offen in seiner Struktur. Die Struktur sollte den Unterrichtenden bewusst sein.

Das Verhalten der Schülerinnen und Schüler und die Lehrerrolle sind auch hier die tragenden Säulen des Unterrichtsgespräches. Es lebt von der Mitarbeit der Schülerinnen und Schüler, die einen Sach- oder Problemzusammenhang im Gespräch erörtern. Wie in keiner anderen Unterrichtsform können die unterschiedlichen Schülererfahrungen mitgeteilt, präzisiert und diskutiert und gegebenenfalls Handlungskonsequenzen aufgezeigt werden. Der Bereitschaft, eigene Erfahrungen mitzuteilen, ist daher breiter Raum zu lassen. Die Erfahrungen können durch Rollenspiele oder kurze Statements mitgeteilt werden. Die Mitteilung eigener Erfahrungen setzt allerdings eine vertrauensvolle und geschützte Lernatmosphäre voraus. »Keine andere Art unterrichtlichen Gesprächs ist so dringend auf ein Klima vertrauensvoller Offenheit und gegenseitiger Achtung angewiesen wie gerade das Schülergespräch. Dabei hängt für sein Gelingen viel davon ab, wie es der Lehrer versteht, seinen schwierigen Doppelpart als Gesprächspartner und Gesprächshelfer zu spielen.«[4]

Diese Chance, eigene Erfahrungen mitzuteilen, birgt auf der anderen Seite ein Risiko für das Gelingen des Unterrichtsgespräches. Religiöse Positionen und Einstellungen der Schülerinnen und Schüler zu Lebensfragen werden auf diese Erfahrungen gestützt. Da Erfahrungen nicht bestritten werden können und zudem der Religionsunterricht zum Respekt und zur Toleranz fremder Meinungen und Erfahrungen erziehen soll, neigen Religionslehrerinnen und Religionslehrer schnell dazu, alles und jedes gelten zu lassen. Dies entspricht sicher dem heutigen Trend zur Subjektivierung und Individualisierung weltanschaulicher Fragen. Auf den Unterricht bezogen, liegt darin die Gefahr unverbindlichen Geredes, von Denkfaulheit und eine Quelle für den Ruf des Religionsunterrichts als »Laberfach«. »Wenn Sie vermeiden wollen, dass Gespräche im Niemandsland der Selbstbestätigungen verkommen, sollten Sie auf der sachlichen Auseinandersetzung mit der Analyse von Prämissen, Argumenten und Schlussfolgerungen bestehen. Auch das Insistieren auf den ›eigenen Erfahrungen‹ kann fruchtbare Gespräche blockieren, wenn diese Erfahrungen für undiskutierbar erklärt werden.«[5]

---

3 Rainer Lachmann, a. a. O., S. 124.
4 Rainer Lachmann, a. a. O., S. 130.
5 Hartmut Lenhard, Gespräche im Religionsunterricht – Tips für Anfänger und Fortgeschrittene,

In der Gestaltung des Verlaufs eines Unterrichtsgespräches können die Schülerinnen und Schüler verschiedene Funktionen wahrnehmen. Sie können in ein Gespräch einführen, den Gesprächsverlauf eigens beobachten und ein kritisches Urteil über den Verlauf geben.

Unbestritten ist, dass ein Unterrichtsgespräch die Selbstständigkeit und die Interaktion der Schülerinnen und Schüler fördert, eigene Denkfähigkeit fordert und helfen kann, eigene Positionen zu klären.

Während im »Lehrer-Schüler-Gespräch« die Unterrichtenden das Gespräch initiieren und strukturieren, sind die Lehrerinnen und Lehrer im Unterrichtsgespräch eher Moderatoren und »Regelwärter« des Gesprächs. Sie sorgen zunächst einmal für einen Gesprächsrahmen. Am besten eignet sich ein Stuhlkreis ohne Tische.

Sodann ist die Fragestellung für das Unterrichtsgespräch klar herauszuarbeiten oder durch Medien zu präsentieren. Ohne eine gemeinsame Informations- und Erfahrungsgrundlage zu schaffen, kann ein Unterrichtsgespräch nicht gelingen. Die Lehrerin und der Lehrer haben zuerst eine Informationsfunktion. Ist das Gespräch einmal in Gang gekommen, dann sind sie eher »Regelwärter«. Sie moderieren das Gespräch und bringen sich als gleichberechtigte Gesprächspartner mit ihren eigenen Erfahrungen ein, ohne die Erfahrungen der Schülerinnen und Schüler zu bewerten oder gar abzuqualifizieren. Intervenieren müssen die Unterrichtenden besonders dann, wenn das Gespräch auseinander zu driften droht. Manchmal fehlt den Lernenden die Konzentration, Argumente ihrer Mitschülerinnen und Mitschüler anzuhören und sie mit eigenen Vorstellungen zu verknüpfen. Sie haben ihre eigenen Ideen zu einer Fragestellung parat und wollen sie auch, gelegen oder ungelegen, äußern. An dieser Stelle müssen die Lehrerin und der Lehrer die unterschiedlichen Positionen verknüpfen und dürfen »den roten Faden« nie verlieren. Sie / er wird auf die Notwendigkeit, Meinungen und Positionen zu begründen, hinweisen müssen. Zu viel Disparates zu einer Frage lässt ein Gespräch schnell versanden. Um die Argumentier- und Zuhörfähigkeit zu verbessern, kann von den Unterrichtenden und den Schülerinnen und Schülern »aktives Zuhören« eingeübt werden. Nach einem Schülerbeitrag wird dieser in eigenen Worten wiederholt, d. h. »gespiegelt«. Schülerinnen und Schüler werden unterstützt, präzise zu formulieren und Missverständnisse zu vermeiden. Allerdings können nur komplexe Argumente »gespiegelt« werden, um Überlängen eines Gesprächs zu vermeiden.

Es empfiehlt sich, in großen Klassen »Gesprächsregeln« festzulegen, wobei die Lehrerin und der Lehrer auf deren Einhaltung achten.

Gelegentliche Zusammenfassungen der erreichten Ergebnisse und einzelner Positionen mit Tafelanschrieb weisen auf Zielgerichtetheit und Ergebnisorientiertheit hin, wirken dem Eindruck eines in sich kreisenden Gespräches entgegen und bringen gleichzeitig abgleitende Gesprächsphasen wieder in Gang.

Insgesamt liegt die schwere Kunst der Gesprächsführung in der Balance zwischen der Eigendynamik des Gespräches ohne dauernde Intervention des Unterrichtenden und einem hilfreichen, den Gesprächsverlauf unterstützenden Eingreifen.

---

in: Ders. (Hg.), Arbeitsbuch Religionsunterricht. Überblicke – Impulse – Beispiele. Gütersloh, 3., neu bearbeitete und erweiterte Aufl. 1996, S. 201.

→ *Bilder*, → *Erzählen*, → *Methoden*, → *Sozialformen*, → *Texte*

Zur Diskussion gestellt

- Erinnern Sie sich an ein besonders gelungenes Unterrichtsgespräch. Was machte diese »Sternstunde« aus: Thema? Gelungene Gesprächsimpulse und -bündelungen? Besondere Rahmenbedingungen?
- Diskutieren Sie mit Kolleginnen und Kollegen, welche Möglichkeiten es gibt, die bei erfahrungsbezogenen Themen so beliebte Pauschalrelativierung »Das muss jeder selbst wissen« aufzubrechen und in Frage zu stellen.
- Wie sinnvoll und praktikabel erscheinen Ihnen von der jeweiligen Lerngruppe selbst aufgestellte Gesprächsregeln?

Literaturempfehlung

Thorsten Knauth / Sibylla Leutner-Ramme / Wolfram Weisse, Religionsunterricht aus Schülerperspektive. München / Berlin 2000. – Jörg Petersen / Hartmut Sommer, Die Lehrerfrage im Unterricht. Ein praxisorientiertes Studien- und Arbeitsbuch mit Lernsoftware. Donauwörth 1999. – Hartmut Thiele, Trainingsprogramm Gesprächsführung im Unterricht. Bad Heilbrunn 1983. – Wolf-Dieter Zimmermann, Lehrerbildung kompakt. Band 1: Gespräche führen, moderieren, beraten. Hohengehren 1997.

Albrecht Rieder

Themen- und Arbeitsfelder

Andere Religionen

Ältere Menschen erzählen gelegentlich noch von Zeiten, in denen es keine Fernsehgeräte und kein Internet gab, in denen die Reise in die nächste Großstadt noch ein Abenteuer war und in denen die Angehörigen einer anderen christlichen Konfession als unverständliche Fremde erschienen. Kinder und Jugendliche heute reisen mit ihren Eltern in den Schulferien unter Umständen zu den ägyptischen Pyramiden, zu den Heiligtümern von Stonehenge und Delphi, sie besuchen die Moschee von Kairouan oder gar indische Tempelanlagen. Durch die Medien erfahren sie von der Voodoo-Religion der Karibik ebenso wie von der Möglichkeit, sich dem Buddhismus zuzuwenden.

In unserem Land leben etwa drei Millionen Muslime, die Esoterikabteilungen der großen Buchhandlungen stellen die wenigen verbleibenden Regale mit christlicher und theologischer Literatur in aller Regel längst in den Schatten. Weltweit beobachten Religionswissenschaftler eine Renaissance der Religionen, ein Umstand, den wir angesichts leerer mitteleuropäischer Kirchen oft allzu schnell vergessen.

Auf diesem Hintergrund mag es überraschen, wie lange die Religionspädagogik brauchte, um die Beschäftigung mit anderen Religionen als einen zentralen Bestandteil des christlichen Religionsunterrichts wahrzunehmen. Auf evangelischer Seite hat diese Abwendung des Religionsunterrichts von den Religionen mit den Nachwirkungen der Dialektischen Theologie und der Evangelischen Unterweisung zu tun. Karl Barth hatte in seiner Kirchlichen Dogmatik (allerdings vor allem im Hinblick auf das Christentum seiner Zeit) bekanntlich formuliert: »Religion ist Unglaube; Religion ist eine Angelegenheit ... des gottlosen Menschen.«[1] Helmuth Kittels Programmschrift trug den bezeichnenden Titel »Vom Religionsunterricht zur Evangelischen Unterweisung«[2], aber auch für die Konzeptionen des Hermeneutischen und Problemorientierten Religionsunterrichts blieben die außerchristlichen Religionen eher ein Randphänomen.

Auf katholischer Seite stellte sich die Situation immer etwas anders dar. In der Tradition natürlicher Theologie heißt es in den offiziellen Dokumenten des Zweiten Vatikanischen Konzils:

»Von den ältesten Zeiten bis zu unserem Tagen findet sich bei den verschiedenen Völkern eine gewisse Wahrnehmung jener verborgenen Macht, die dem Lauf der Welt und den Ereignissen des menschlichen Lebens gegenwärtig ist, und nicht selten findet sich auch die Anerkenntnis einer höchsten Gottheit und sogar eines Vaters ... Die katholische Kirche lehnt nichts von alledem ab, was in diesen Religionen wahr und heilig ist. Mit aufrichtigem Ernst betrachtet sie jene Handlungs- und Lebensweisen, jene Vorschriften und Lehren, die zwar in manchem von dem abweichen, was sie selber für wahr hält und lehrt, doch nicht selten einen Strahl jener Wahrheit erkennen lassen, die alle Menschen erleuchtet ... Deshalb mahnt sie ihre Söhne, dass sie mit Klugheit und Liebe, durch Gespräch und Zusammenarbeit mit den Bekennern

---

1 Karl Barth, Kirchliche Dogmatik I / 2. Zürich 1938, S. 327f.

2 Helmut Kittel, Vom Religionsunterricht zur Evangelischen Unterweisung. Wolfenbüttel 1947.

anderer Religionen ... jene geistlichen und sittlichen Güter ..., die sich bei ihnen finden, anerkennen, wahren und fördern.«[3]

Dies klingt für heutige Ohren natürlich noch stark vereinnahmend und nicht unbedingt nach einem offenen, gleichberechtigten Dialog, führte aber doch dazu, dass sich katholische Theologen und Religionspädagogen den außerchristlichen Religionen wesentlich früher und intensiver zuwandten als ihre evangelischen Kollegen. Wegweisend ist in diesem Zusammenhang das Werk von Hubertus Halbfas.[4] Andererseits konnte allerdings auch auf katholischer Seite noch 1997 eine Didaktik des Religionsunterrichts neu aufgelegt werden, in der das Kapitel »Inhalte des Religionsunterrichts« lediglich die Bibel, »Glaubenslehre«, kirchengeschichtliche Themen, Ethik sowie Spiritualität als Gegenstand des Faches vorstellt.[5]

Eine Didaktik des Umgangs mit außerchristlichen Religion im konfessionellen Religionsunterricht (aber auch im Ethikunterricht) ist erst im Entstehen begriffen. Einige Problemfelder seien skizziert:

- Bisher lag der Akzent von Lehrplänen und Unterrichtsmaterialien in der Regel auf lehrgangsartigen Überblicksdarstellungen religionskundlicher Art. Weniger ausgearbeitet sind bislang thematische Zugänge (z. B. Vergleich des Gottes- und Menschenbildes in verschiedenen Religionen, Vergleich des Umgangs mit Pflanzen und Tieren, die Stellung von Frauen und Männern, der Umgang mit dem Tod in verschiedenen Religionen), und auch die Behandlung biblischer Themen reflektiert und nutzt bisher viel zu wenig den religionsgeschichtlichen Kontext des biblischen Gottesglaubens (ägyptische und mesopotamische Religion, Religion der Kananäer, jüdisches und hellenistisches Umfeld des Neuen Testaments).
- Weitgehender Konsens herrscht heute darüber, dass andere Religionen und Weltanschauungen nicht nur karikierend oder als Negativfolie verwendet werden dürfen.
- Als Faustregel kann gelten, dass die andere Religion im christlichen Religionsunterricht so dargestellt werden sollte, dass auch ein Angehöriger der anderen Religion dieser Darstellung zustimmen könnte. Doch wie funktioniert das in der Praxis? Etwa bei der Behandlung der Scientology Church oder der Zeugen Jehovas? Welcher evangelische oder katholische Religionslehrer oder auch welcher Ethiklehrer könnte z. B. die Anthroposophie ohne Verzeichnung darstellen? Und wie reagiert die Lehrperson gerade in unteren Klassen auf das entwicklungspsychologisch erklärbare Bedürfnis, die eigene Gruppenidentität auf Kosten anderer Gruppen zu stabilisieren?
- Wie erreicht man es, fremde Religionen in begrenzter Unterrichtszeit so zu präsentieren, dass nicht nur grobe Wahrnehmungsmuster festgeschrieben werden, sondern

---

3 Erklärung über das Verhältnis der Kirche zu den nichtchristlichen Religionen »Nostra aetate II«, in: Karl Rahner / Herbert Vorgrimler, Kleines Konzilskompendium. Freiburg 1968, S. 355–359; dort S. 356f.

4 Hubertus Halbfas, Das dritte Auge. Religionsdidaktische Anstöße. Düsseldorf, 4. Aufl. 1989. – Ders., Religionsbücher für das 1.–10. Schuljahr mit den dazugehörigen Lehrerbänden. Düsseldorf 1983ff. – Ders., Wurzelwerk. Geschichtliche Dimensionen der Religionsdidaktik. Düsseldorf 1989. – Wegweisend auch die Publikationen von Werner Trutwin, Die Weltreligionen. Arbeitsbücher für die Sekundarstufe II. Düsseldorf 1998.

5 Günther Staudigl, Inhalte des Religionsunterrichts, in: Fritz Weidmann, Didaktik des Religionsunterrichts. Donauwörth, 7., völlig neu bearbeitete und erweiterte Aufl. 1997, S. 213–257.

auch die Sinnmitte, das Menschen- und Gottesbild der anderen Weltanschauung zum Tragen kommen? Wie schwierig dies ist, kann sich jede und jeder klarmachen, wenn man sich vorstellt, ein iranischer Religionslehrer oder eine chinesische Religionslehrerin würden – ohne je im Westen gelebt zu haben, ohne vielleicht Christinnen und Christen persönlich zu kennen, nur auf Grund von Lektüre und Filminformationen – versuchen, *das* Christentum, also nicht nur seine lutherische oder römisch-katholische Spielart, in zehn oder auch 20 Unterrichtsstunden vorzustellen.

- Kinder und Jugendliche wachsen heute in einer Welt der Medien, der Unterhaltung und des Konsums auf. Dies fördert nicht unbedingt die Entwicklung religiöser Erfahrungen. Insofern haben wohl alle Religionen, soweit sie diesen Namen verdienen, tatsächlich ein gemeinsames Anliegen, indem sie einer nur oberflächlichen Betrachtung des Lebens und einer Reduktion des Menschen auf rein wirtschaftliche Gesichtspunkte entgegentreten. Auch kann man überlegen, ob die verschiedenen Religionen nicht ein gemeinsames »Weltethos« beinhalten.[6] Andererseits können diese Kongruenzen natürlich nicht darüber hinwegtäuschen, dass gerade auch das Christentum einen unaufgebbaren Wahrheitsanspruch beinhaltet. Gegenwärtig wird dieser Wahrheitsanspruch nicht mehr exklusiv *(Nur wir haben die Erkenntnis der Wahrheit!)* oder inklusiv *(Nur wir haben die Erkenntnis der vollen Wahrheit, wir gestehen den anderen aber die Erkenntnis von Teilwahrheiten zu!)*, sondern im Sinn einer pluralen Theologie der Religionen diskutiert: Da das menschliche Erkenntnisvermögen begrenzt ist und die Offenbarung der vollen Wahrheit noch aussteht, gibt es verschiedene gleichberechtigte Zugänge zu der einen göttlichen Wahrheit. Obwohl es den Anschein hat, als bringe die plurale Option die Gesprächs- und Kommunikationsfähigkeit des Christentums und damit auch die vom Christentum verkündigte Menschenfreundlichkeit Gottes besser zum Zuge, wäre kritisch zu fragen, ob ein allzu »weicher« Pluralismus mit dem unübersehbaren Drängen der biblischen Schriften nach Unterscheidung und Entscheidung vereinbar ist.[7]
- Zusätzliche Brisanz gewinnt das Thema der »anderen« und »fremden« Religionen dadurch, dass man sich, gemessen an der traditionellen Dogmatik der verfassten Kirchen, fragen kann, ob nicht bereits die Mehrheit der bundesdeutschen Bevölkerung »anderen« Religionen zugewandt ist. So tritt an die Stelle eines persönlichen Gottes für viele eine übersinnliche, höhere Macht, an die Stelle des Auferstehungsglaubens eine Hoffnung auf Reinkarnation. Religionssoziologen beschreiben das religiöse Bewusstsein der Bundesbürger als ein synkretistisches Phänomen und sprechen davon, dass wir nach einer Entkirchlichung des Christentums nun vor einer Entchristlichung der Religiosität stehen.
- Positiv betrachtet, könnte man diesen Vorgang so beschreiben, dass Menschen in modernen Gesellschaften die Inhalte des Christentums nicht mehr als fertige Muster übernehmen, sondern sie sich ihrer Biographie und Subjektivität entsprechend individuell aneignen wollen.[8]

---

6 Hans Küng, Projekt Weltethos. München 1990. – Nähere Informationen sind erhältlich bei der Stiftung Weltethos in Tübingen: *www.uni-tuebingen.de / stiftung-weltethos*. – Zur Kritik am Projekt Weltethos aus protestantischer Sicht vgl. z. B. Ulrich H. J. Körtner, Evangelische Sozialethik. Göttingen 1999, S. 92ff, S. 168ff, S. 188ff.

7 Vgl. hierzu Karl Ernst Nipkow, Bildung in einer pluralen Welt. 2 Bände. Gütersloh 1998.

8 Vgl. dazu z. B. Wilhelm Gräb, Lebensgeschichten – Lebensentwürfe – Sinndeutungen. Eine praktische Theologie gelebter Religion. Gütersloh 1998.

Aus alldem müssten sich eigentlich grundlegende Konsequenzen für das Studium der Theologie ergeben. Das Studium sollte so angelegt sein, dass nicht nur die religionswissenschaftlichen Studienanteile verstärkt werden, sondern dass die Studentinnen und Studenten in jeder theologischen Disziplin die Inhalte des christlichen Glaubens im aktiven Dialog und in direkter Auseinandersetzung mit nichtchristlichen Positionen erarbeiten. Dabei wäre darauf zu achten, dass die Studierenden auch tatsächlich mit Vertreterinnen und Vertretern anderer Religionen und Weltanschauungen in Kontakt kommen und lernen, ihre eigene Glaubensgeschichte im Kontext anderer Perspektiven kritisch zu reflektieren und zu vertreten. Zentrale Themen der Theologen- und Religionslehrerausbildung wären dann »Identität und Verständigung«[9], oder vielleicht genauer: Identität *durch* Verständigung.

→ Ethikunterricht, → Jugend und Religion, → Konzeptionen des Evangelischen Religionsunterrichts, → Konzeptionen des Katholischen Religionsunterrichts, → Lebensgestaltung – Ethik – Religionskunde

Zur Diskussion gestellt

- Stellen Sie sich vor, es gäbe in einer Ostberliner Hochhaussiedlung, in der kaum mehr Kirchenmitglieder wohnen, ein »Christliches Zentrum«. Es dient Ihnen und anderen Christinnen und Christen als Gemeindezentrum und Gottesdienstraum. Eine Gruppe von Ethikstudenten der Universität Potsdam hat ihren Besuch angemeldet und bittet Sie, in etwa einer halben Stunde zu erläutern, woran Christinnen und Christen glauben. Anschließend will man in ein Gespräch eintreten ... Bereiten Sie sich auf diesen Besuch vor!
- Diskutieren Sie anhand von Mt 28,19f; Apg 4,12; Joh 14,6 und anderen Bibelstellen Ihrer Wahl, wie Sie zu folgenden Begriffen stehen: Mission – Dialog – Toleranz – Absolutheitsanspruch – Synkretismus. Visualisieren Sie das Ergebnis Ihrer Diskussion auf einer Overhead-Folie.
- Das Fach Ethik behandelt ebenso wie das Fach Religion die großen Weltreligionen Judentum, Islam, Hinduismus und Buddhismus. Erörtern Sie Gemeinsamkeiten und Unterschiede dieses Unterrichts. Inwieweit könnten Sie sich vorstellen, dass die Fächer Ethik und Religion gerade bei der Behandlung außerchristlicher Religionen kooperieren?

Literaturempfehlung

Ulrich Dehn, Religionstheologie in einer multireligiösen Welt, in: Materialdienst der Evangelischen Zentralstelle für Weltanschauungsfragen 1 / 2002, S. 1–18. – entwurf 1 / 2002: Themenheft »Fremde Religionen im christlichen Religionsunterricht«. – Johannes Lähnemann, Evangelische Religionspädagogik in interreligiöser Perspektive. Göttingen 1998. – Udo Tworuschka, Die Religionen der Welt. Gütersloh 1999. – Wolfram Weiße (Hg.), Wahrheit und Dialog. Theologische Grundlagen und Impulse gegenwärtiger Religionspädagogik. Münster u. a. 2002.

Peter Kliemann

9 Evangelische Kirche in Deutschland (Hg.), Identität und Verständigung. Standort und Perspektiven des Religionsunterrichts in der Pluralität. Eine Denkschrift. Gütersloh 1994.

Biblische Themen

Dass das Erschließen und Verstehen biblischer Texte eine der Hauptaufgaben des Evangelischen wie des Katholischen Religionsunterrichts ist, liegt aus theologischen wie pädagogischen Gründen nahe: Die Bibel ist Ur-Kunde, das Ursprungsdokument des christlichen Glaubens und für Christinnen und Christen unüberholbar gültig als dessen Quelle und Korrektiv. Daneben ist die Bibel auch das einigende Band, das die Kirchen der Ökumene zusammenhält.

Pädagogisch lässt sich der Einsatz der Bibel im Religionsunterricht in mehrfacher Weise begründen. *Kulturgeschichtlich:* Abendländische Kultur und Gesellschaft, unsere Normen und Werte sind bis in die Sprache hinein durch die biblische Überlieferung geprägt. Die Bibel ist ein herausragendes Werk der Weltliteratur, und wenigstens rudimentäre Kenntnisse wichtiger biblischer Texte gehören zum allgemeinen Bildungsgut. *Anthropologisch:* Die Bibel enthält Antworten auf die Lebensfragen der Menschheit und fordert zur Auseinandersetzung mit ihren Deutungen und Gestalten heraus. *Gesellschaftlich:* Zur Begründung christlicher Positionen in den verschiedenen gesellschaftlichen Gruppen wird auf Bibelaussagen Bezug genommen.

Dessen ungeachtet stößt die Bibel im Religionsunterricht heute bei vielen Jugendlichen auf Skepsis, ja auf Ablehnung. Als Gründe werden von den jungen Menschen selbst benannt, dass sie mit der Bibel etwas »sprachlich wie inhaltlich Unverständliches«, »Lebens- und Realitätsfernes«, »nicht oder nicht mehr Aktuelles« und / oder »Langweiliges« verbinden[1]. Hinzu kommt als eine weitere Erklärungsmöglichkeit, dass die religiöse Bildungsarbeit in Kindergarten, Grundschule und gemeindlicher Katechese oft stark biblisch überfrachtet ist. Mit dem Einsetzen der Reifephase kann somit Bibel geradezu negativen Symbolcharakter gewinnen: Das Bedürfnis Heranwachsender, sich von der Bibel als traditionell kindlichem Stoff zu distanzieren, ist nachvollziehbar, zumal die Inhalte auf den ersten Blick dem wachsenden Realitätssinn widersprechen und – mit autoritativem Anspruch vermittelt – dem wachsenden Bedürfnis nach Selbstbestimmung entgegenstehen. Solche Einstellungsbarrieren, die sich in unterschiedlichen Ausdrucksformen artikulieren, zu überwinden, stellt eine der schwierigsten hermeneutischen und religionspädagogischen Aufgaben dar, für die es kein gängiges Rezept, wohl aber Wegweisung gibt. Grundsätzlich gilt, dass in einer religionsunterrichtlichen Lerngruppe, die sich auch aus ungetauften oder der Kirche fern stehenden Jugendlichen zusammensetzt, biblische Texte anders betrachtet werden müssen als in der binnenkirchlichen Unterweisung oder Predigt.

Will heutiger Bibelunterricht schüler- wie sachorientiert sein, so hat er unterschiedliche Ziele zu verfolgen, aus denen sich wichtige Aufgabenfelder ergeben:[2]

---

1 Diese Umfrageergebnisse referiert Horst Klaus Berg, Grundriß der Bibeldidaktik. Konzepte – Modelle – Methoden. München / Stuttgart, 2. Aufl. 1999, S. 12–20.

2 Vgl. Günther Staudigl, Inhalte des Religionsunterrichts, in: Fritz Weidmann (Hg.), Didaktik des Religionsunterrichts. Neuausgabe. Ein Leitfaden. Donauwörth, 8., mehrfach neu bearbeitete und erweiterte Aufl. 2002, S. 217–219.

1. Zielfeld – Biblische Texte als Sprachdokument verstehen:
- Metaphorik religiöser und insbesondere biblischer Sprache verstehen und damit umgehen können.[3]
- Die in der Bibel verwendeten Sprachformen und literarischen Gattungen in ihrer Relevanz für das Textverständnis kennen lernen.
- Zentrale biblische Begriffe, Bilder, Motive und ihre Wirkungsgeschichte kennen.
- Text als textum (sprachliches Gewebe) und in der Mehrdimensionalität seiner Aussagen ernst nehmen.

2. Zielfeld – Biblische Texte in ihrer geschichtlichen Dimension verstehen:
- Biblische Realien (Umwelt, Geographie, Archäologie), geschichtliche Daten und zeitgeschichtliches Umfeld in Grundzügen kennen.
- Entstehungszeit und -geschichte biblischer Texte und Bücher kennen lernen.
- Wirkungsgeschichte biblischer Aussagen oder Texttopoi im Bereich des individuellen oder sozialen Verhaltens Einzelner oder einer Gruppe (z. B. Menschenrechte) oder auch der Literatur, Kunst etc. verstehen.

3. Zielfeld – Biblische Texte als theologische Texte, d. h. als Zeugnisse religiös gedeuteter Erfahrung und als Dokumente des jüdisch-christlichen Menschenbildes verstehen:
Formal heißt das:
- Bei der Frage nach der Wahrheit der Schrift beachten und anwenden lernen, dass sie Gotteswort in Menschenwort ist.
- Biblische Texte in ihrer verfassergemäßen Intention – d. h. zumeist als Auseinandersetzungsliteratur und nicht als historische Protokolle – deuten und verstehen können.
- Sich den Ursprungserfahrungen, die den Texten zu Grunde liegen, zu nähern versuchen (Unterscheiden lernen zwischen Wirklichkeits- und Textebene).
- Aussagen biblischer Texte auf ihre heutige existenzielle und gesellschaftliche Bedeutung hin zu interpretieren verstehen, d. h. Vergegenwärtigung des Schriftwortes zum lebendigen wirkenden Wort.

Die Anforderungen an den Religionsunterricht, die sich aus diesen Zielen ergeben, sind unterschiedlich. Die eigentliche religionspädagogische Herausforderung liegt im Bereich des 3. Zielfeldes, sollen biblische Texte sich als »ein Wort wie Feuer«[4] erweisen, das die Fragen nach Gott und dem Menschen offen und wach hält. Als Ansatzpunkt für Theorie und Praxis der Vermittlung bieten sich jene »Lernchancen für das Mensch- und Christsein« an, die Horst Klaus Berg in den alt- (erst-) wie neutestamentlichen Zeugnissen entdeckt:[5]
- Die Bibel lehrt Hoffnung und Widerstand im Blick auf scheinbar unabänderliche Verhältnisse.

---

3 Vgl. das Bemühen von Hubertus Halbfas um eine konsequente religiöse Sprachlehre, z. B. Hubertus Halbfas, Religionsunterricht in Sekundarschulen. Lehrerhandbuch 5. Düsseldorf 1992, S. 98–101.
4 Vgl. Horst Klaus Berg, Ein Wort wie Feuer. Wege lebendiger Bibelauslegung. München, 4. Aufl. 2000.
5 Horst Klaus Berg, Grundriß, a. a. O., S. 38–51.

- Die Bibel bietet Modelle gelingenden Lebens an (Gegenwelten als ermutigende Erinnerung und als prophetische Kritik).
- Die Bibel bewahrt heilvolle und heilende Erinnerungen, die auch heute wirksam werden können.
- Die Bibel vermittelt die Erkenntnis, dass der Mensch ein sündiges Geschöpf ist.
- Die Bibel hat eine kommunikative Grundstruktur; dem entsprechen kommunikative Verstehensprozesse.
- Die Bibel spricht ihre Leser und Hörer ganzheitlich an und bricht damit die Monokultur kognitiver Prozesse auf.

Die Beschäftigung mit biblischen Themen im Religionsunterricht muss heute wesentlich von dem Versuch gekennzeichnet sein, solche den Texten immanente Lernchancen zu nutzen. Die Bibel darf also nicht – wie in der Geschichte des Religionsunterrichts geschehen – verzweckt werden, weder zum Beleg eines Katechismusunterrichts noch allein zur religiös-sittlichen Erziehung. Vielmehr ist die entscheidende Aufgabe, biblische Botschaft und Grundfragen bzw. Grunderfahrungen heutiger Jugendlicher miteinander dialogisch ins Gespräch zu bringen, wobei das Problem nicht einfach auf Methodik reduziert werden darf. Die zentrale Frage, wie eine solche Verknüpfung gelingen kann, wird ausgehend von unterschiedlichen didaktischen Ansätzen zu beantworten versucht. Günther Staudigl verweist auf wesentliche Punkte, die korrelationsdidaktisch zu berücksichtigen sind:[6]

- »Es können nicht heutige Erfahrungen direkt mit dem Bibeltext konfrontiert werden. Es kann nur die damalige im Text vorausgesetzte Lebenssituation mit den damit verbundenen menschlichen Erfahrungen verglichen werden mit Situationen heute, in denen Menschen heute ähnliche Erfahrungen machen.«
- »Die existenzielle Bedeutung eines Bibeltextes kann nur erfasst werden, wenn Schüler / innen die fremde Lebenssituation mit einer vertrauten Situation aus ihrer Biographie und Lebenswelt verknüpfen können.«
- Darüber hinaus kommt es darauf an, »die im biblischen Text artikulierte Sinnperspektive (innerbiblische Korrelation) sorgfältig zu erfassen und ihre Sinn stiftende Bedeutung für die Identitätsfindung und Lebensorientierung heute aufzuzeigen.«
- »Für eine sach- wie altersgemäße Erschließung biblischer Texte ist auch die Kenntnis der Persönlichkeitsentwicklung der Adressaten nötig. Die Missachtung der Stufen der kognitiven, religiösen und moralischen Entwicklung führt zur Überforderung der Adressaten in Bezug auf den Vollzug der Korrelation.«

Korrelations- (und kontext-)didaktische Ansätze weiterdenkend und konkretisierend, entwickelt Horst Klaus Berg ein mögliches Instrumentarium, um biblische Überlieferung (Ursprungssituation) und Lebenssituation (Rezeptionssituation) miteinander zu verschränken.[7] Neu dabei ist die umfassendere Bestimmung des Kontextes von damaliger Vertextung und gegenwärtiger Rezeption: Die Situation der Textentstehung sieht Berg konstituiert durch folgende Größen: *Zeuge* (der Tradent, der eine Überlieferung in seiner Zeit weitergibt), *Situation* (geschichtliche Situation zur

6 Vgl. Günther Staudigl, a. a. O., S. 224.
7 Horst Klaus Berg, Grundriß, a. a. O., S. 127–143.

Zeit des Zeugen), *Text* und *Erinnerung* (der Maßstab des Zeugen, inhaltlich: die Befreiungs- und Gerechtigkeitstraditionen, auf die sich der Zeuge beruft, um seine Botschaft zu begründen). Die gegenwärtige Realität als Rezeptionssituation »muss durch kritische Analyse der Alltagserfahrungen als ›Kontext II‹ unter den gleichen Kriterien wie der ›Kontext I‹ rekonstruiert werden.« Als Transferschienen zwischen Tradition und Gegenwart dienen dann so genannte »Grundbescheide«, heilsgeschichtliche Abbreviaturen, die die wichtigsten Linien des alt- und neutestamentlichen Kerygmas aufzunehmen versuchen (»Gott schenkt Leben«, »Gott stiftet Gemeinschaft«, »Gott leidet mit und an seinem Volk«, »Gott befreit die Unterdrückten«, Gott gibt seinen Geist«, »Gott herrscht in Ewigkeit«).[8] Dabei wird eine Situation unter drei Fragerichtungen analysiert: In welchen Lebensbereichen und -situationen ist ein solcher Grundbescheid dringlich? Welche Verhältnisse und Einstellungen führen eine Verkümmerung oder Entstellung des Grundbescheids herbei? Welche Veränderungen stößt er an? Mit Hilfe dieses Analyseinstrumentariums gelingt es Berg – entweder von der biblischen Überlieferung ausgehend oder bei der gegenwärtigen Situation ansetzend –, überzeugende und reflektierte Verknüpfungen zwischen Tradition und Gegenwart zu erstellen, die Praxisrelevanz haben.[9]

So begründete Bibelarbeit wird vor allem differenziert angelegt sein müssen. Differenziert und mehrdimensional muss auch das Methodenrepertoire sein, das auf Grund didaktischer Überlegungen dann eingesetzt wird, damit sich für junge Menschen biblische Aussagen, Verhaltens- und Deutemuster im Kontext und in der Konfrontation mit konkreten individuellen und gesellschaftlichen Situationen als tragfähig und übernehmenswert erweisen. Hilfsmittel und Anregungen dafür stehen reichlich zur Verfügung,[10] doch ersetzt die Methodik nicht die grundlegende korrelations- oder kontextdidaktische Reflexion.

→ Bibliodrama / Szenisches Spiel, → Ganzheitlichkeit, → Korrelationsdidaktik, → Methoden, → Texte

8 A. a. O., S. 76–95.

9 Vgl. als praxisbezogene Fortschreibung der dargelegten Ideen: Horst Klaus Berg, Altes Testament unterrichten. Neunundzwanzig Unterrichtsentwürfe. München / Stuttgart 1999.

10 Neben den in der Literaturempfehlung genannten Titeln z. B. Sigrid Berg / Horst Klaus Berg, Biblische Texte verfremdet, 12 Bände, Stuttgart / München 1986ff. – Horst Klaus Berg, Methoden biblischer Texterschließung, in: Gottfried Adam / Rainer Lachmann (Hg.), Methodisches Kompendium für den Religionsunterricht. Göttingen, 4., überarbeitete Aufl. 2002, S. 163–207. – Lothar Knecht / Martin Knecht, Lebendige Bibelarbeit. Beispiele für Schule und Gemeinde. Freiburg 1992. – Helmut Kurz, Mehrdimensionale Schriftauslegung. Ein Überblick für Religionslehrer, in: Katechetische Blätter 1986, S. 576–590. – Wolfgang Langer (Hg.), Handbuch der Bibelarbeit, München 1987.

Zur Diskussion gestellt

- Überlegen Sie sich, welche Bedeutung biblische Texte für Sie haben. Gibt es für Sie ein oder zwei biblische Zentraltexte? Warum sind diese Texte so bedeutsam für Sie? Überlegen Sie umgekehrt: Was würde sich für Sie verändern, gäbe es die Bibel nicht?
- Welche Bibelstellen fallen Ihnen ein, wenn Sie an die Schule denken / an einen Streit denken / an Ihre 9. Klasse denken / an ein Kind denken, das von zu Hause ausgerissen ist / zu einem schweren Verkehrsunfall kommen / die drohende Überbevölkerung bedenken / die Geburt eines Kindes erleben / ein Liebespaar sehen / an eine Wanderung denken oder an einen Ausflug ...?
- Reflektieren Sie eine Ihnen exegetisch vertraute Bibelstelle (korrelations-) didaktisch und überlegen Sie sich Unterrichtsvorschläge. Tauschen Sie sich mit Kolleginnen und Kollegen aus.

Literaturempfehlung

Matthias Albani / Martin Rösel, Theologie kompakt: Altes Testament. Stuttgart 2002. – Ingo Baldermann, Einführung in die Biblische Didaktik, Darmstadt 1996. – Lukas Bormann, Theologie kompakt: Neues Testament. Stuttgart 2003. – Hubertus Halbfas, Die Bibel – erschlossen und kommentiert von Hubertus Halbfas. Düsseldorf 2001. – Rainer Lachmann / Gottfried Adam / Christine Reents (Hg.), Elementare Bibeltexte. Exegetisch – systematisch – didaktisch. Göttingen 2001. – Gerd Theißen, Zur Bibel motivieren. Aufgaben, Inhalte und Methoden einer offenen Bibeldidaktik. Gütersloh 2003. – Renate Wind, Die Bibel. Oberstufe Religion 11. Stuttgart 2002.

Georg Gnandt

Gott als Thema des Religionsunterrichts

Situation / Voraussetzungen

»Es gibt Hauptwörter, die meinen so gar keinen Gegenstand, dass jeder, der ein solches Wort gebraucht, sich gezwungen sieht, dazu zu sagen, was er unter diesem Wort versteht. Es ist überhaupt nicht sicher, ob es das Gemeinte gibt. Sicher ist nur, dass es das geben sollte. Dazu haben wir eben das Wort. Könnte man solche Wörter Soll – Wörter nennen im Gegensatz zu Haben – Wörtern? Sie drücken einen Mangel aus. Indem sie versuchen, dem Mangel abzuhelfen, weisen sie auch auf ihn hin. Oft sind es Hauptwörter, denen kein Tätigkeitswort entspricht: Gott, Treue, Freundschaft, Tod, Ewigkeit, Seele.«[1]

Die von Martin Walser beschriebene Verlegenheit des Redens von Gott ist auch die des Religionsunterrichts angesichts der Gottesfrage. Als Hauptwort, dem kein Tätigkeitswort entspricht, verweigert sich der Gottesname einer Behandlung, die bündig zu praktischen Folgerungen führt. Neben der von Walser aufgespießten Gefahr, sich bei der Rede von Gott in den Untiefen der »Unterbegriffe« zu verlieren, muss zudem mit der Indifferenz vieler Adressaten gerechnet werden, für die die Abwesenheit Gottes selbstverständlich geworden ist.

Gleichwohl wird der *Sollwert*, die Größe also, die den wahrgenommenen Mangel beschreibt, im Religionsunterricht hoch angesetzt. Karl Ernst Nipkow folgert im Anschluss an empirische Befunde, dass auch bei konfessionslosen ostdeutschen Jugendlichen, die am Religionsunterricht teilnehmen, die Gottesfrage die Lernenden erreicht und trotz ihrer mangelnden Wissensbasis auf Interesse stößt.[2] Für die Seite der Lehrenden stellt Rudolf Englert fest, dass dem Unterrichtsziel, die Frage nach Gott wach zu halten, eine hohe Priorität eingeräumt wird.[3]

Diese Priorität gilt ausdrücklich der *Frage* nach Gott. Die Betonung des Fragecharakters erscheint also sachdienlich für eine entsprechende Spurensuche. Denn die Tatsache, dass die meisten Jugendlichen zur Bewältigung krisenhafter Erfahrungen nicht mehr auf explizite religiöse Deutungsmuster zurückgreifen, darf nicht den Blick dafür verstellen, dass in den tatsächlichen subjektiven Theorien der Alltagsgestaltung, die an die Stelle der religiösen Muster getreten sind, höchst aufschlussreiche Antwortversuche auf diese Frage zu entdecken sind.

---

1 Martin Walser, Notizen betreffend G., in: Michael Kessler u. a. (Hg.), Fides quaerens intellectum. Beiträge zur Fundamentaltheologie. Tübingen / Basel 1992, S. 93–96.

2 Karl Ernst Nipkow, Bildung in einer pluralen Welt. Band 2: Religionspädagogik im Pluralismus. Gütersloh 1998, S. 190.

3 Rudolf Englert, Kinder zum Nachdenken bringen. Eine empirische Untersuchung zu Situation und Profil des katholischen Religionsunterrichts an Grundschulen. Stuttgart / Berlin / Köln 1999.

Erfahrungen im Heranwachsen

Psychoanalytische Einsichten sprechen dafür, dass unser Gottesbild mit verinnerlichten Mutter- und Vaterbildern zu tun hat. Um den Verlust der symbiotischen Mutter-Kind-Beziehung zu verarbeiten, kommt es demnach zu einer Idealisierung der Mutter, des Selbst oder eines dritten Objektes, meist des Vaters. Die Gottesvorstellung ermöglicht ein Festhalten an der Gewissheit des ursprünglichen Narzissmus. Ausdrucksformen des religiösen Lebens, wie Melodien, Riten, Gebete erinnern noch später an die Funktion der Übergangsobjekte (Stofftier, Schmusetuch), mit deren Hilfe die Trennung von der Mutter bewältigt werden konnte. Das Gottesbild wird diesem intermediären Raum zugeordnet, der zwischen Realität und Fiktion angesiedelt ist. Die Ambivalenz des Gottesbildes zeichnet die der Beziehung zu den Eltern nach. Entscheidend sind folglich die Erfahrungen, die mit Gott in der Kindheit in Beziehung gebracht worden sind.

In verschiedenen Ansätzen (Oser / Fowler) ist versucht worden, Phasen in der Entwicklung des individuellen Gottesbildes trennscharf voneinander zu unterscheiden. Diese Phasenmodelle bieten einen idealtypischen Orientierungsrahmen für die Entwicklung des Gottesbildes. Der Versuch, im konkreten Fall Einordnungen vorzunehmen, hat indessen mit großen hermeneutischen Schwierigkeiten zu rechnen.

Das Jugendalter ist gekennzeichnet durch eine Revision von Gottesbildern, für die Karl Ernst Nipkow vier Einbruchstellen ausweist:[4]

- die Enttäuschung über Gott als Helfer in der Not (Theodizeefrage)
- die Enttäuschung über Gott als Schlüssel zur Welterklärung
- die Enttäuschung über die mögliche Fiktivität der Gottesvorstellung (Projektionsverdacht)
- die Enttäuschung über das unglaubwürdige Verhalten einzelner Christen und der Kirche.

Für die Arbeit des Religionsunterrichts an der Gottesfrage ergeben sich daraus zwei Perspektiven. Zum einen hat sie eine Kritik der Bilder zu leisten, in denen Gott jeweils subjektiv Gestalt gewinnt, zum anderen hat sie sich in der Analyse und Kritik der Erfahrungen zu bewähren, die individuell mit Gott in Verbindung gebracht werden. Beide Aspekte weisen die Gottes*beziehung* als Aufgabengebiet religionspädagogischer Erschließung aus. In der Frage, wer Gott für uns ist, gewinnt sie für den Religionsunterricht ihre Pointe. In überkommenen und gegenwärtigen Erfahrungen und Bildern der Glaubenden findet diese Frage nach der Gottesbeziehung ein wirkmächtiges Zeugnis.

Gott und Bild

Die soziokulturelle und geschichtliche Bedingtheit der biblischen Gottesbilder verdeutlicht ihre Nähe zum Leben der Menschen, die in ihnen ihre Gotteserfahrungen auf den Punkt gebracht haben. Pluralität bedeutet hier indessen nicht Belie-

4 Vgl. Karl Ernst Nipkow, Erwachsenwerden ohne Gott? Gotteserfahrung im Jugendalter. Gütersloh, 5. Aufl 1997.

bigkeit. Im alttestamentlichen Bilderverbot (Ex 20,4; Dtn 5,6), das solche Bilderfülle nicht zuzulassen scheint, wird deutlich, woran diese sich messen lassen muss. Sie bleibt in ihrer Vielfalt authentisches Zeugnis, solange sie für die Erfahrung Gottes als des ganz Anderen Raum lässt. In der Krise bestimmter Gottesbilder gibt sich eine Diskrepanz zu erkennen, die für die Gottesbeziehung selbst grundlegend ist. Die Assoziation von Bildern, die sich in bestimmten Lebenssituationen einstellen, ist einerseits ein unverzichtbarer Zugang zur Wirklichkeit Gottes, weil diese sich im Nachdenken begrifflich nicht vollständig erschließt. Andererseits ist den vertrauten Bildern die bleibende Fremdheit Gottes gewissermaßen eingezeichnet. Seine Wirklichkeit ist nicht *unter* ein bestimmtes Gottesbild zu fassen, sondern gibt sich perspektivisch *in* Bildern zu erkennen.

Als prägnantes und theologisch hoch reflektiertes Gottesbild des AT verdeutlicht die Offenbarung des Gottesnamens (Ex 3,14) die Funktion der Bilder für die Gottesbeziehung: »Ich werde da sein, als der ich da sein werde« ist eine Antwort, durch die sich der biblische Gott zugleich zusagt und entzieht. Die zugesagte Geschichte Gottes mit den Menschen gewinnt erst Gestalt in den Geschichten der Menschen mit Gott, die sich in verschiedenen, sich wandelnden Gottesbildern konzentriert. Die Gegenwart seines Namens zeichnet dabei Spur und Richtschnur weiterer Namen und Bilder, in denen er sich in unterschiedlichen Kontexten menschlicher Erfahrung zur Erscheinung bringt.

Gott und Erfahrung

Die skizzierte Spannung, dass Gott sich einerseits zu erkennen gibt und andererseits verborgen bleibt, verdeutlicht die Art und Weise, in der er sich offenbart. Unser Sprachgebrauch weist in diese Richtung: »Das war für mich eine Offenbarung!«, heißt zum einen, ich habe etwas erkannt, auf das ich aus eigener Kraft nicht gestoßen wäre; es bezeugt zum anderen die große subjektive Bedeutung des Erkannten. Obwohl sich die Offenbarung aus der bisherigen Realität nicht offensichtlich ergibt, erschließt sich diese in ihrem Licht neu. Auch die bisherigen Erfahrungen, die die Deutung der Wirklichkeit auf den Punkt gebracht haben, verändern sich damit.

Für die Beziehung zwischen Gott und Menschen bedeutet dies zunächst, dass sich dieses Beziehungsgeschehen ganz der Initiative Gottes verdankt. Gleichwohl zielt sie auf die Teilhabe des Menschen. Sie betrifft den ganzen Menschen, denn Gott gibt nicht nur Informationen über sich preis, die den Kopf des Menschen betreffen, sondern er offenbart sich selbst. Jesus Christus ist die Offenbarkeit Gottes in Person. Durch seine Menschwerdung wird Gott in seiner Vertikalen, gewissermaßen von Kopf bis Fuß, für die Menschen zugänglich in seiner unbedingten Liebe. Gleichwohl bleibt die Gegenwart in seiner Selbsterschließung verborgene Gegenwart. Auf diese Weise werden menschliche Erfahrungen einerseits als Räume authentischer Gotteserfahrung ausgewiesen, andererseits wird der Interpretationsrahmen für menschliche Erfahrungen grundlegend verändert.

Offenbarung Gottes und menschliche Erfahrung sind damit andauernd aufeinander bezogen.

Offenbarung kann nicht aus Erfahrungen abgeleitet werden. Aber sie ist in und als Erfahrung auszuweisen. Als Gotteserfahrungen lassen sich nicht nur die menschlichen Erfahrungen von Heil und Befreiung qualifizieren. Obwohl der Glaube letztlich auf diese Erfahrungsdimensionen bezogen bleibt, ist er geschichtlich auch in den Erfahrungen zu vermuten, die sich mit der Verweigerung und dem Scheitern gelingenden Lebens verbinden. Indem Offenbarung die Prägung der Erfahrung annimmt, ist sie, wie alle Erfahrung, interpretationsfähig und -bedürftig. Sie bleibt damit, wie alle Interpretation, anfällig für Fehldeutungen. Gott bildet als Quelle der Offenbarung das Kriterium einer Arbeit am Sinn menschlicher Erfahrungen, die diese als Ausdruck authentischer Gotteserfahrung würdigen will. Die Suche nach dem Hauptwort »Gott«, dem unmittelbar kein Tätigkeitswort entspricht, hat damit immerhin Spuren entdecken lassen, die der Arbeit des Religionsunterrichts an der Gottesfrage die Richtung weisen.

Aufgaben des Religionsunterrichts

Das Thema »Gott« taucht in vielen Curricula des Religionsunterrichts als explizites Thema erst gegen Ende der Schullaufbahn, etwa im Kontext eines Halbjahreskurses »Gottesglaube – Atheismus« der Oberstufe auf. Gewicht gewinnt es aber darüber hinaus, auch in früheren Klassenstufen, als ein Fluchtpunkt für das, worauf der Religionsunterricht im Ganzen hinaus will. Von hier aus ergeben sich zwei Aufgaben, die nicht nur im Hinblick auf Gott als Thema einer Unterrichtseinheit bedenkenswert erscheinen:

- *Arbeit am Sinn der Bilder:* Religionsunterricht hat die Entstehung und den Wandel von Gottesbildern kritisch zu begleiten. Als Ansatz dient ihm dabei die aufgezeigte Erfahrung der Differenz zwischen den überkommenen Gottesbildern und den biographisch bzw. situationsbedingt anderen Erwartungen, die sich mit Gott verbinden. Diese Differenzerfahrung kann helfen, einen vermeintlichen Verlust des Glaubens als Krise eines bestimmten Gottesbildes verstehen zu lernen. Indem überkommene Gottesvorstellungen obsolet werden, stellt sich gleichzeitig neu die Frage nach den Entwürfen und Vorstellungen, die in der Deutung des eigenen Lebens tatsächlich wirksam sind. Neben der Deutung von Bildern zeichnet sich damit deren Stimulation als weitere Aufgabe des Religionsunterrichts ab. Die eigene Lebensgeschichte dient dabei gewissermaßen als Bildspenderin. Indem die tatsächlich wirksamen (Über-)Lebensstrategien sich in Bildern verdichten, können sie kritisch auf die Bilder bezogen werden, in denen die Tradition Gott bezeugt hat.
- *Arbeit am Sinn der Erfahrungen:* Weil Gotteserfahrung als menschliche Erfahrung Gestalt gewinnt, verpflichtet sich der Religionsunterricht auf die Arbeit am Sinn menschlicher Erfahrungen. Die Erfahrung Gottes wird er immer weniger als ausdrückliches Zeugnis der Schülerinnen und Schüler erwarten. Vielmehr wird er detektivisch versuchen, sie in denjenigen Erfahrungen zu entdecken und freizulegen, in denen die Frage nach dem eigenen Leben reflexiv verarbeitet wird. Wie schon erwähnt, sind hierbei nicht nur diejenigen Erfahrungen einschlägig, in denen Momente von Glück und Gelingen zur Sprache kommen. Erst ein Reden *über* Gott, das ihn auch für die Zwiespältigkeit menschlicher Erfahrungen ansprechbar macht, kann auf ein Reden *zu* Gott einstimmen, in dem die Ambivalenz menschlicher Erfahrung zwischen Glück und Scheitern in Dank, Bitte und Klage zur Sprache kommt.

→ *Bilder,* → *Jesus Christus als Thema des Religionsunterrichts,* → *Jugend und Religion,* → *Korrelationsdidaktik,* → *Religiöses Lernen,* → *Theorien religiöser Entwicklung*

Zur Diskussion gestellt

- Stellen Sie die Fragen, auf die das Wort »Gott« für Sie eine Antwort darstellt. Prüfen Sie dann die Antworten. Inwiefern enthalten diese Antworten bereits neue Fragen?
- Vergegenwärtigen Sie sich den Wandel des Gottesbildes im Laufe Ihrer eigenen Biographie. Können Sie Veränderungen und Umbrüche mit bestimmten Lebensereignissen und Erfahrungen in Verbindung bringen? Gibt es einen Aspekt des Gottesbildes, der Bestand hat?
- Welche Gottesvorstellungen der biblischen Tradition sind Ihnen vertraut? Lassen sie sich auf Etappen in der Entwicklung Ihres persönlichen Gottesbildes beziehen?

Literaturempfehlung

Anton A. Bucher u. a. (Hg.), Jahrbuch für Kindertheologie: »Mittendrin ist Gott«. Kinder denken nach über Gott, Leben und Tod. Stuttgart 2002. – kursbuch 149 (2002): »Gott ist tot und lebt«. – Merkur – Deutsche Zeitschrift für europäisches Denken, Sonderheft 1999: »Nach Gott fragen. Über das Religiöse«. – Gottfried Orth, Theologie kompakt: Systematische Theologie. Stuttgart 2002. – Jürgen Werbick, Bilder sind Wege. Eine Gotteslehre. München 1992.

Günter Ernst

Jesus Christus als Thema des Religionsunterrichts

Keine Frage, dass Gott und Jesus Christus im Religionsunterricht das Zentrum bleiben müssen, wenn sich christlicher Religionsunterricht nicht selbst aufgeben will.

Der historische Jesus steht in den Religionsbüchern der Sekundarstufe I und II im Mittelpunkt. Die Verkündigung der Reich-Gottes-Botschaft ist zentral im Leben Jesu. Sie wird unterschiedlich entfaltet, indem z. B. Gleichnisse und Wunder und / oder die Bergpredigt besonders thematisiert werden. In neueren Büchern wird Jesus über die Einordnung in das politische, religiöse und soziale Leben hinaus in der theologischen Perspektive des Judentums und des Islam dargestellt.

Da schon das Neue Testament verschiedene Christologien kennt, ist es didaktisch legitim, sich im Unterricht – entsprechend den Altersstufen[1] – in verschiedenen Perspektiven Jesus Christus zu nähern. Unterrichtsmaterialien orientieren sich an der Reich-Gottes-Botschaft Jesu, während von akademischer Seite unterschiedliche Korrelationsmöglichkeiten zwischen den Lebensfragen der Schülerinnen und Schüler und dem Bekenntnis zu Jesus Christus aufgezeigt werden, ohne allerdings den weiten Weg der unterrichtlichen Konkretisierung dieser Korrelationsvorschläge zu gehen.[2] In der religionspädagogischen Praxis kann daher tatsächlich vom »didaktischen Prae des historischen Jesus vor dem kerygmatischen Christus« gesprochen werden. Obwohl es schulisch zu diesen vielfältigen Zugängen über den historischen Jesus keine Alternative gibt, der verkündete Christus im Unterricht daher hinter den irdischen Jesus und seine Botschaft tritt, stellt die Beschäftigung mit Jesus auf der rein historischen Ebene einige Fragen:

- Bei Unterrichtenden bildet das eigene, über Jahre geprägte Jesusbild Inhalt und Ausgangspunkt jeder weiteren Beschäftigung mit Jesus. Zwar bleibt der biblische Jesus der normative Maßstab der subjektiven Beschäftigung, aber entsprechend dem eigenen Verständnishorizont können ganz unterschiedliche Grundzüge Jesu (z. B. tiefenpsychologisch, politisch, feministisch usw.) herausgearbeitet werden.

---

1 Religionspädagogisch besteht Ungewissheit darin, welches Jesusbild altersspezifisch vorherrscht. »Bedauerlicherweise hat sich die entwicklungspsychologische Forschung kaum darum bemüht, wie Kinder und Jugendliche Jesus auffassen.« (Friedrich Schweitzer / Karl E. Nipkow / Gabriele Faust-Siehl / Bernd Krupka, Religionsunterricht und Entwicklungspsychologie. Elementarisierung in der Praxis. Gütersloh, 2. Aufl. 1997, S. 189). – Vgl. neuerdings aber Gerhard Büttner, »Jesus hilft!« Untersuchungen zur Christologie von Schülerinnen und Schülern. Stuttgart 2002.

2 Eher traditionell unterscheidet Rudolf Englert als mögliche Stationen einer Jesusbegegnung u. a. »Jesus der Galiläer«, »Jesus, der Mann, der alle Schemata sprengt«, »Christus evolutor«, »Christus medicus«, »Christus, Lamm Gottes«; vgl. Rudolf Englert, Stationen der Jesusbegegnung, in: Diakonia 1992, S. 37–41. – Vgl. dagegen Folkert Rickers, Artikel »Jesus von Nazareth«, in: Norbert Mette / Folkert Rickers (Hg.), Lexikon der Religionspädagogik. Neukirchen-Vluyn 2001, S. 905–909. Er nennt im Kapitel »Lebensbezogene Rezeptionen Jesu als didaktische Impulse« »die feministische Sicht«, »die interreligiöse Sicht«, »die befreiungstheologische Sicht« als Schwerpunkte für den Unterricht. – Ganz anders z. B. Bernhard Nitsche, Menschliche Identitätssuche und gläubiges Christusbekenntnis; in: Katechetische Blätter 2001, S. 322–332. Er stellt Jesus in den Kontext der Identitätssuche von Jugendlichen und nennt als Korrelationsmöglichkeiten die »Spannungsfelder von Krankheit und Heilung, Spaß und Ernst bzw. Lust und Leid, individueller Zufriedenheit und global-sozialer Gerechtigkeit sowie von Frau- oder Mannsein« (S. 323).

Diese persönliche Sicht ist subjektiv authentisch, gerät aber in Gefahr, eine zu subjektive Auswahl von Jesusbildern zu bleiben.

- Bei den Schülerinnen und Schülern verschärft sich dieses Auswahlproblem noch. Sie entdecken an Jesus Züge, warum sie ihn » gut finden«, gleichzeitig ignorieren sie fremde Einstellungen und Haltungen. Sie basteln sich einen »Patchwork-Jesus« nach dem Motto: »Meinen Jesus suche ich mir selbst.« Aus etwas Jesus, etwas Buddha, etwas Ethik der Talkshows entsteht ein buntes Gemisch, das nicht festgelegt ist und festlegt. Dieses Mixtum kann so aussehen: Jesu Ethik im Einsatz für die Randexistenzen ist gut, aber seine radikalen Forderungen in der Bergpredigt sind nicht mehr praktikabel. Dass er so frei von Einflüssen lebte, verdient Bewunderung, aber dass nichts näher von seinen persönlichen Beziehungen erzählt wird, macht uns Jesus fremder. »Solche Menschen müssen nicht auferstanden sein, ich glaube ihnen auch so.«
- Schon auf der rein historischen Ebene stellt sich eine weitere Anfrage. Entspricht der sympathische, brüderliche Jesus, der es allen recht macht, dem biblischen Bild von Jesus? Ist nicht schon der irdische Jesus fremder? Seine harten Gerichtsworte, die Androhung des Zornes Gottes konfrontieren die Menschen mit der Ernsthaftigkeit der Entscheidung für die Botschaft Jesu. Die uns fremden Dämonenaustreibungen nehmen in den Evangelien einen breiten Raum seines Wirkens ein. Sie stellen ihn in die Auseinandersetzung mit der Macht des Bösen. »Die theologische Simplifizierung des Jesusbildes ist auch didaktisch bedenklich: Wo der ›Stachel der Fremdheit‹ beseitigt wurde, bleibt die Motivation, sich der Eigenart Jesu zu stellen, reduziert. Jesus wird zu einem, der es allen recht macht, der lediglich bestätigt, aber nicht verändert, kaum durch neue Perspektiven widerständig ist und deshalb uninteressant und unwichtig zu werden droht.«[3] Das ganze Neue Testament kann als ein Bemühen verstanden werden, die Fremdheit und Unableitbarkeit des Auftretens Jesu, sein unerwartetes Kommen und Gehen zu verstehen. Jesus lässt sich nicht festlegen auf den Zimmermannssohn, nicht auf den Rabbi und nicht auf den Wundertäter. Er bleibt der Andere und Fremde in seinem Gottesverhältnis und in seinem Verhältnis zu den Mitmenschen.[4] Darin liegt für jeden Unterricht eine grundsätzliche Korrelationsgrenze, aus der allerdings nicht gefolgert werden darf, doch gleich mit dem »kerygmatischen Christus« zu beginnen.

Untersuchungen zum Interesse an der Gestalt Jesu haben ergeben, dass bereits in frühen Jahren Fragen nach der »Göttlichkeit der Person Jesu« gestellt werden.[5] Jesus als »Christus« oder als »Sohn Gottes« nun im Unterricht in den Mittelpunkt zu

---

3 Roland Degen, Das Jesusbild in didaktischen Materialien, in: Jahrbuch für Religionspädagogik 15 (1999), S. 209. – Der gesamte Band bietet eine Fülle verschiedener religionspädagogischer Beiträge zur Christologie Jugendlicher.

4 Vgl. Franz W. Niehl, Der Fremde aus Nazareth. Ein Lesebuch, München 1993. Der Band enthält eine Sammlung meist kurzer Texte verschiedener Autoren, die diese Fremdheit Jesu in unterschiedlichen Perspektiven darstellen (z. B. »Der Mann aus Galiläa«, »Der Einfall Gottes« usw.).

5 Rainer Oberthür / Ragna Heisterkamp, Jesus in den Augen von Kindern, in: Katechetische Blätter 2001, S. 318–321. Aus der Befragung von 1435 Grundschülern wird gefolgert: »Die Ergebnisse der Untersuchung machen Mut, bereits im Religionsunterricht der Grundschule die paradoxe Wahrheit des christlichen Glaubens – Jesus als wahrer Mensch und wahrer Gott – direkt zu thematisieren.« (S. 321)

stellen, verkennt die für Schülerinnen und Schüler schwer nachvollziehbare theologische Komplexität dieser Titel. Daraus darf allerdings ebenso wenig gefolgert werden, die christologischen Fragen ganz aus dem Unterricht auszuklammern. So blieben trotz vieler Anknüpfungspunkte der historische Jesus und gleichermaßen der Christus des Glaubens dem Leben der Schülerinnen und Schüler fremd.

Der historische Jesus zeigt sich als ein unerschöpfliches Vorbild zur Motivation des Handelns oder als eine dauernde Korrektur gängiger Lebenseinstellungen. In einer Unterrichtseinheit zu »Jesus Christus« darf die persönliche Beziehung der Schülerinnen und Schüler zum Christus des Glaubens nicht aus dem Blick geraten, denn nur zum Christus des Glaubens kann eine persönliche, das Leben leitende Glaubensbeziehung gefunden werden. Wo sonst kann von einer persönlichen Beziehung gesprochen werden, wenn nicht bei diesem Thema? Doch ist es ein pastoraler und religionspädagogischer Glücksfall, wenn die Schülerinnen und Schüler durch Kinderkirche, Erstkommunion, Konfirmation, Firmung und durch den Religionsunterricht über die historisch-informierende Ebene hinaus in eine lebendige Beziehung zu Jesus Christus gelangen, die eine vage, unverbindliche Sympathie für Jesus überdauert. Gelingt diese Beziehung, ist sie anders als die Beziehung zu konkret lebenden Menschen. Es handelt sich immer um eine Beziehung zum abwesenden Christus, der anders anwesend ist als Eltern und Freunde. Eine persönliche Lebensorientierung an Jesus Christus kann durch den Unterricht höchstens angeregt und begleitet, aber unter schulischen Bedingungen nur schwer geschaffen werden. Außerdem setzt eine solche Lebensorientierung an Jesus Christus einen lebenslangen »Lernprozess« voraus. Keine religionspädagogische Konzeption kann von einem guten Religionsunterricht fordern, diese Beziehung schaffen zu müssen. Jesus Christus bleibt auch darin der Unverfügbare, dass er sich rein funktionalen – und sei es didaktischen – Ansprüchen entzieht.

Wie die Gottesbeziehung dämmert die Christusbeziehung nicht selten seit der Jugendzeit in ein deistisches Halbdunkel hinein und bleibt im Erwachsenenalter in dieser religiösen Grauzone. Gott und Jesus Christus werden zwar nicht bestritten, aber sie werden im persönlichen Leben und in der Geschichte der Menschen nicht mehr als gegenwärtig und lebensorientierend wahrgenommen. Die Untersuchungen von Fritz Oser und James Fowler bestätigen, dass in »Stufe 3« der religiösen Entwicklung Gott und Welt auseinander treten. »Jugendliche des Sekundarstufenbereiches werden dagegen jeweils die dritte Stufe beider Modelle einnehmen. Sie werden Gott und Welt weit auseinander halten, mit der Folge, nicht genau zu wissen, wie sie sich Gottes Wirken in der Welt vorstellen sollen und welchen Sinn Religion überhaupt macht.«[6]

Trotz dieser häufig fehlenden Beziehung kann der Religionsunterricht nicht darauf verzichten, die Erfahrungen der Schülerinnen und Schüler mit der Botschaft und Person Jesu in der Hoffnung zu konfrontieren, dass mit Jesus diese Erfahrungen geortet, geordnet und dadurch eindeutiger gemacht werden können. Maßstab, diese Erfahrungen zu orten und zu ordnen, bleiben Jesu Zuwendung zu den Menschen, seine Liebe und seine Zuwendung zu Gott, seinem Vater. Ein Unterricht, der den historischen Jesus in den Mittelpunkt stellt und der eine existenzielle Beziehung der

6 Lothar Kuld, Religiöse Entwicklung in Kindheit, Jugend und frühem Erwachsenenalter, in: Notizblock 26 (1999), S. 57.

Schülerinnen und Schüler nicht aus dem Blick verliert, kann diese Grundverankerung Jesu als Zentrum seines Lebens nicht ignorieren, sondern sollte diese »zweifache Transzendenz« selbst zum Zentrum machen.

»Seine Sensibilität für Gott treibt Jesus in die Solidarität mit den Menschen ... Der Gott, der sich als Vater zu erkennen gibt, tut eben darin kund, dass er ein Gott der Menschen sein will, dass er eine Leidenschaft für die Menschen hat, dass er auf des Menschen Menschlichkeit bedacht ist und sich um seine Zukunft sorgt, kurzum, dass er ein menschenfreundlicher Gott ist. So ist Jesus in eins das Gleichnis Gottes und des Menschen. Nur wer diese zweifache Transzendenz in Jesu Leben und Wirken festhält, hat seine Person und Botschaft wahrhaft erfasst. Jesus empfängt sich ganz und gar von Gott und gibt sich ganz und gar an die Menschen hin.«[7]

Es kann an dieser Stelle nicht weiter der Frage nachgegangen werden, inwieweit in dieser radikalen Zuwendung Jesu zu den Mitmenschen nicht auch eine bleibende Differenz und damit Fremdheit zu unserem Bemühen um Mitmenschlichkeit liegt. Auch darin ist Jesus anders, d. h. so radikal menschlich nahe, dass wir diese Nähe oft nicht wahrnehmen.

Wenigstens drei religionspädagogische Folgerungen können aus diesen Überlegungen gezogen werden:

- Das Gottesverhältnis Jesu, in dem er sich getragen weiß, kann für Jugendliche selbst zu einer Beziehung werden, in dem sie sich gehalten wissen können. Im Blick auf das Leben Jesu dürfen sie glauben, dass ihr Leben wie das Leben Jesu von Gott getragen bleibt.
- Neben dem historischen Jesus der Menschenfreundlichkeit sollte immer mehr auch die Fremdheit des irdischen Jesus zur Sprache kommen. Er wird niemals »verbraucht« in und mit den bekannten Perikopen. Wie ferne Länder und fremde Kulturen Jugendliche anziehen können, so kann der fremde Jesus Schülerinnen und Schüler ansprechen. Nicht immer können und müssen Korrelationen zwischen den Lebenserfahrungen und Jesus gesucht werden.
- Jedes Jesusbild von der Grundschule bis zum Abitur muss offen bleiben für einen Überstieg auf die größere Menschlichkeit Jesu und Gottes. Größer ist diese Menschlichkeit, weil sie selbstloser und dadurch anders ist als unsere Menschlichkeit.

Jesus als den Weg, die Wahrheit und das Leben zu glauben, setzt Lebenserfahrung voraus. Der Religionsunterricht kann diesen Glauben selten stiften, sondern nur den Raum dafür eröffnen.

→ Bibliodrama / Szenisches Spiel, → Biblische Themen, → Gott als Thema des Religionsunterrichts, → Jugend und Religion, → Korrelationsdidaktik, → Theorien religiöser Entwicklung

7 Heinz Zahrnt, Jesus aus Nazareth. Ein Leben. München, 3. Aufl. 1997, S. 74f.

Zur Diskussion gestellt

- Versuchen Sie sich Ihr eigenes Jesusbild vor Augen zu stellen. Wählen Sie eine Jesusdarstellung aus, die Sie anspricht, malen Sie ein Bild oder schreiben Sie einen Text.
- Angenommen, Sie könnten Jesus heute befragen: Welche Fragen würden Sie ihm stellen? Welche Fragen würden Ihre Schülerinnen und Schüler stellen?
- Stellen Sie sich vor, Sie müssten einem Nichtchristen erklären, warum Jesus für Christinnen und Christen eine zentrale Rolle spielt. Welche Gründe fallen Ihnen ein? Welche Formulierungen würden Sie wählen? Welche Gründe gibt es für Ihre Schülerinnen und Schüler?

Literaturempfehlung

Gerhard Büttner, »Jesus hilft!« Untersuchungen zur Christologie von Schülerinnen und Schülern. Stuttgart 2002. – Helmut Hanisch, »Ganz normal und trotzdem König«. Jesus Christus im Religions- und Ethikunterricht. Stuttgart 2002. – Wolfgang Stegemann / Bruce J. Malina / Gerd Theißen, Jesus in neuen Kontexten. Stuttgart 2001. – Manfred Tiemann, Jesus comes from Hollywood. Religionspädagogisches Arbeiten mit Jesus-Filmen. Göttingen 2002. – Gerd Theißen / Annette Merz, Der historische Jesus. Ein Lehrbuch. Göttingen 2001.

Albrecht Rieder

Ethische Themen

Was soll ich tun? Was ist ein glückliches Leben? Was ist Gottes Wille? Mit diesen Fragen haben es die philosophische und die theologische Ethik zu tun. Es sind deshalb auch Grundfragen, wenn darüber nachgedacht werden soll, welche ethischen Themen im Religionsunterricht zu behandeln sind und wie sie behandelt werden sollen.

Wer die Berichterstattung über die aktuellen Probleme und die jüngsten ethischen Debatten im Blick hat, dem fallen sogleich eine ganze Reihe von Reiz- und Alarmwörtern ein: Gentechnik, Präimplantationsdiagnostik, Menschenzüchtung, Armut, Zweidrittelgesellschaft, Ozonloch, Klimaveränderung, rechte Gewalt, Ausländerfeindlichkeit, Anerkennung gleichgeschlechtlicher Lebensgemeinschaften ...

Alle diese Stichwörter benennen ernste Probleme, Fragen, Herausforderungen. Mit ihnen muss sich auch der Religionsunterricht befassen, weil er ein Versuch ist, mit jungen Menschen in ein ernsthaftes Gespräch über das Leben und den christlichen Glauben einzutreten.

Die Fülle und die Unterschiedlichkeit dieser Alarmwörter und Reizthemen macht jedoch zugleich die Gefahr deutlich, in der sich Religionslehrerinnen und -lehrer befinden, wenn sie unbedacht auf diese Themen eingehen. Eine erste Gefahr: Sie könnten zu dilettantischen Moralaposteln werden, denn bisweilen fehlt die fachliche Kompetenz, um qualifiziert auf das jeweilige Problem einzugehen. Eine zweite Gefahr: Sie könnten vor lauter aktueller Geschäftigkeit und Geschwätzigkeit versäumen, ernsthaft darüber nachzudenken, welche Herausforderungen sich vom Evangelium her heute stellen.

Wer verantwortlich über ethische Themen im Religionsunterricht nachdenken will, sollte zuerst eine Bestandsaufnahme machen. Welches sind die zentralen Herausforderungen und Probleme? *(Sehen)* Was sind unsere eigenen Quellen und Wurzeln, welches könnte / müsste unser Beitrag für die gegenwärtige ethische Diskussion sein? *(Urteilen)*

Aus diesen beiden Überlegungen wären in einem dritten Schritt Konsequenzen für den Religionsunterricht zu ziehen. *(Handeln)*

Herausforderungen

Je länger wir über die oben angedeuteten Reizwörter der gegenwärtigen ethischen Diskussion nachdenken, umso deutlicher wird, dass wir uns in einem gesellschaftlichen und kulturellen Umbruch befinden, dessen Ausmaß wir noch nicht in vollem Umfang begriffen haben. Dies soll an einigen Stichworten verdeutlicht werden.

Die dunkle Seite des Menschen

Als sich die Menschen im November 1989 beim Fall der Berliner Mauer in den Armen lagen, hätte es niemand für möglich gehalten, dass sich schon kurze Zeit später mitten in Europa ein Rückfall in tiefe Barbarei ereignen würde. Die Kriege im früheren Jugoslawien haben gezeigt, wie dünn der Firnis menschlicher Zivilisation ist. Und wer sich immer noch beruhigt im Sessel zurücklehnt, weil wir schließlich nicht auf dem Balkan leben, wird durch die hasserfüllte rechtsextreme Gewalttätigkeit in Deutschland eines Besseren belehrt.

Der 11. September 2001 hat in vieler Hinsicht die Verwundbarkeit westlicher Zivilisation aufgezeigt.

Entfesselter Kapitalismus

Zehn Jahre nach dem Ende des Staatssozialismus wird spürbar, dass manche Züge der sozialen Marktwirtschaft, wie wir sie in den 60er, 70er und 80er Jahren kannten, heute eigenartig romantisch wirken. Globaler Wettbewerb im Zeichen des Shareholder-Value hat das Arbeitslosigkeitsproblem verschärft und das soziale Netz löchriger gemacht. Zugleich mit ins Abseits geraten scheinen einige der Grundideen der katholischen Soziallehre, die die soziale Marktwirtschaft der alten Bundesrepublik wesentlich mitgeprägt haben (Freiheit des Individuums und Solidarität, Subsidiarität und Allgemeinwohl). Nun soll es der globale Markt allein richten, es ist aber nirgends eine politische Kraft zu sehen, die weltweit soziale Mindeststandards etablieren und durchsetzen könnte.

Armut und Reichtum

Die Schere zwischen Armen und Reichen ist weltweit weiter auseinander gegangen. Während ein ungelernter Arbeiter in Deutschland 1000 US-Dollar im Monat verdienen kann, kommt er in Polen nur auf 100 Dollar und in der Ukraine nur auf 10 Dollar monatlich. Das ökonomische Schicksal der Ukraine teilen im besten Falle alle Länder Afrikas und viele Länder Südamerikas und Asiens. Und auch innerhalb unserer Gesellschaft wird die Kluft zwischen Arm und Reich immer größer. Der Mittelstand schwindet zunehmend. Wohin die Reise gehen könnte zeigt das Beispiel der USA, wo zwar nahezu Vollbeschäftigung herrscht, wo es aber – überspitzt formuliert – nur noch zwei Klassen von Jobs zu geben scheint: Manager, Managerin oder Putzfrau, Dienstbote.

Umweltzerstörung

Ozonloch, Waldsterben, Luftverschmutzung, Erderwärmung, Klimaveränderung: Diese Probleme sind angesichts der sozialen Probleme in den Hintergrund gerückt. Sie sind aber nicht gelöst, sondern nur weitgehend verdrängt. Weiterhin gilt, dass die Erde es nicht verkraften würde, wenn die Gesellschaften in Indien und China die gleiche Autodichte und den gleichen Energieverbrauch pro Kopf hätten, wie er in Nordamerika und in der Europäischen Union »normal« ist.

Internet

Wir beginnen erst langsam zu ahnen, wie grundlegend die neue Informationstechnologie unser Leben verändern wird. Die vernetzte Welt ist zu einem »global village« geworden. Informationen, E-Mails, E-Commerce: In Sekundenschnelle sind wir weltweit dabei. Und jede, jeder kann selbst zu Wort kommen, und seine, ihre Homepage ins Netz stellen.

Allerdings werden auch erste Probleme deutlich: Werden wir nicht zugemüllt mit Reklame? Wie können wir noch unterscheiden zwischen wichtig und belanglos, zwischen seriöser und unseriöser Information? Wie ist kriminellen Machenschaften (Kinderpornografie; rechtsradikalem Hass) zu begegnen?

Auch wenn diese Probleme noch ungelöst sind: Mit dem weltweiten Informationsnetz sind wir nicht nur theoretisch, sondern auch praktisch Mitglieder einer weltweiten Kommunikationsgemeinschaft. Stabile, abgesonderte Milieus (z. B. das »katholische Milieu« der 50er und 60er Jahre) wird es in Zukunft vermutlich noch weniger geben. Die Auseinandersetzung, der Dialog zwischen verschiedenen Kulturen und Religionen wird intensiver werden müssen, wenn wir nicht schweigen oder »den Markt« alles regeln lassen wollen.

Individualismus

Unterstützt durch die Medien hat die Bindungskraft traditioneller Institutionen wie der Kirchen, der Parteien nachgelassen. Privates wird in Talkshows öffentlich zelebriert und scheint unter dem Diktat eines krankhaft gesteigerten Exhibitionismus zu stehen. Alles ist möglich. Alles kann ausgelebt werden. Über alles kann öffentlich gesprochen werden.

Das bedeutet für den Einzelnen zunächst einen Zuwachs an Freiheit. Er wird z. B. in der Gestaltung seines Sexuallebens von keiner öffentlichen Moral mehr reglementiert. Die Kehrseite dieser Medaille ist freilich eine wachsende Beliebigkeit und Orientierungslosigkeit. Wenn ich mir nicht selbst Grenzen setze, Regeln gebe, Werte heilig halte, wird es niemand sonst für mich tun.

Schöne neue Welt

Das kommende Jahrhundert soll das der Biologie / Biotechnologie werden. Hier werden ethische Fragen und Probleme zur Entscheidung anstehen, die ans Grundsätzliche, Prinzipielle rühren. Auch wenn das menschliche Genom zu nahezu 100 Prozent dechiffriert ist, werden wir noch lange nicht begriffen haben, wie die interaktiven biochemischen Prozesse der Proteinsynthese in ihrer Gesamtheit funktionieren. Doch die großen Fragen, die sich mit dieser Entwicklung stellen, werden bereits hinreichend deutlich. Wo genau verläuft die Grenze zwischen Therapie von Krankheiten einerseits und Züchtung andererseits? Werden wir der Versuchung widerstehen, auf den Menschen das anzuwenden, was wir Tieren seit langem antun? Wer hat eigentlich das Recht zu entscheiden, was besser ist oder schlechter, »gesund« oder »krank«? Wie gehen wir mit Kranken und Behinderten um?

Nachchristliche Philosophie

Wie die Frage möglicher Menschenzüchtung zeigt, geht die biotechnologische Entwicklung in eine Richtung, die die Frage aufwirft, wie weit der Mensch Gott spielen darf. Anders als vor 25 Jahren, als die philosophischen Diskurse um praktische (ethische) Fragen dominiert wurden von den Ideen eines »Apriori der Kommunikationsgemeinschaft« (Karl Otto Apel), eines »Herrschaftsfreien Diskurses« (Jürgen Habermas), der Sicherung von Systemen durch die »Reduktion von Komplexität« (Niklas Luhmann), zeigte die »Elmauer Rede« des Philosophen Peter Sloterdijk, dass im Gefolge von Nietzsche und Heidegger auch »nachchristlich« über die Frage der »Menschenzüchtung«, der »Regeln für den Menschenpark« nachgedacht werden kann. Nun wäre es unredlich, Habermas, Apel und Luhmann nachträglich zu christlichen Philosophen zu erklären. Unverkennbar ist jedoch, dass die beiden Ersteren an einem kantisch vermittelten Begriff von »Vernunft« festhielten und mit ihm am Begriff des Menschen als »Person«. Diese Grundlage kann man für

Philosophen, für die Philosophie heute, offenbar nicht mehr ohne weiteres voraussetzen.

Quellen und Wurzeln christlicher Ethik

Die 10 Gebote
Die prophetische Tradition
Die Seligpreisungen der Bergpredigt
Das Doppelgebot der Gottes- und Nächstenliebe
Die Botschaft vom anbrechenden Gottesreich
Das Gleichnis vom barmherzigen Samariter
Die Rede vom Weltgericht

Die (griechisch vermittelte) Philosophie der Kirchenväter (z. B. Augustinus) und Kirchenlehrer (z. B. Thomas v. Aquin)
Die Zwei-Reiche-Lehre
Die katholische und evangelische Soziallehre
Die Wiederentdeckung der Befreiungstheologie: Option für die Armen
Der Konsens der Konziliaren Bewegung: Frieden, Gerechtigkeit, Bewahrung der Schöpfung

Wer sich die Liste der angegebenen biblischen Quellentexte anschaut, kann nicht umhin, eine klare Linienführung zu erkennen, die sich der Beliebigkeit entzieht. Das gilt, obwohl die biblischen Texte von christlichen Theologinnen und Theologen nicht als unmittelbare und wortwörtliche Offenbarung angesehen werden, sondern als Gotteswort in Menschenwort, das noch der hermeneutischen Vermittlungsarbeit bedarf: Wie und unter welchen Umständen sind die Texte entstanden? Was war ihr genauer Sinn, ihr Sitz im Leben? Welche Auslegungsgeschichte haben diese Texte erfahren? Was sagen sie uns heute?

Wie auch immer: Leitmotive sind in der ethischen Botschaft der Bibel unübersehbar: »Weg mit dem Lärm deiner Lieder! Dein Harfenspiel will ich nicht hören, sondern Recht ströme wie Wasser, die Gerechtigkeit wie ein nie versiegender Bach« (Am 5,23f).

Wie ein roter Faden zieht sich die Forderung nach (mehr) Recht und Gerechtigkeit durch die gesamte prophetische Tradition von Amos bis zum Konziliaren Prozess, der die Forderung christlicher Ethik für heute auf den Nenner brachte: Frieden, Gerechtigkeit, Bewahrung der Schöpfung.

Und neben der Forderung nach Gerechtigkeit ist ein zweites Leitmotiv in der biblischen Tradition unübersehbar: Erbarmen, Barmherzigkeit. Das Erbarmen Gottes mit seinem Volk, mit uns. Und die Verpflichtung für Mitmenschen in Leid und Not. Allein das Gleichnis vom barmherzigen Samariter belegt das auf eindrückliche Weise.

Werden beide Leitmotive und Grundwerte zusammengenommen, ergeben sich für viele der eingangs genannten Reizthemen und Alarmwörter klare Impulse. Für Arbeitslosigkeit ebenso wie für Armut und Reichtum. Und dabei spielt es zunächst einmal keine Rolle, ob wir von »Verteilungsgerechtigkeit« sprechen oder von »Beteiligungsgerechtigkeit«. Denn wer keine Arbeit hat, ist arm und nicht beteiligt.

Wird die Macht der Vernunft in der Welt geleugnet bzw. als humanistische Illusion abgetan, dann erscheint der Mensch als Übermensch, Gesetzgeber, Gott. Doch das ist gefährlich. Ist es doch die *Vernunft*, als deren Teilhaber der Mensch nach Kant jederzeit Zweck an sich selbst und nicht nur Mittel ist. Wird die Vernunft als überholte humanistische Illusion diskreditiert, ist vermutlich der Weg nicht mehr lang, bis die ersten Menschen nicht mehr als Zweck (als Personen mit dem Recht auf Selbstbestimmung), sondern als Mittel (Menschenmaterial) betrachtet und behandelt werden.

Freiheit und Menschenwürde sind die Wirkung des Glaubens an Gott im jüdisch-christlichen Sinn. Dieser Gott duldet keine Götter neben sich und lässt sich nicht in Bildern, die sich Menschen von ihm machen, »einfangen« und somit domestizieren.

Freiheit: Es ist ganz und gar unerlaubt und unmöglich, eine innerweltliche Größe zu verabsolutieren und zu vergöttlichen. Das wäre Götzendienst. Nichts und niemand in der Welt ist Gott: nicht der Staat, nicht die Kirchen, nicht die Partei, nicht der Markt, nicht der Konsum, nicht der Philosoph, der »Regeln für den Menschenpark« aufstellt.

Menschenwürde: Weil der Mensch, jeder Mensch, Ebenbild Gottes ist, eignet ihm eine unaufhebbare Würde. Weil zu ihm Ja gesagt wurde, kann er sich selbst bejahen und annehmen. Weil auch der Mitmensch bejaht und angenommen wurde, ist es Anmaßung und Sünde, ihn zu verneinen.

Damit sind die komplizierten Fragen der Gentechnik und ihrer ethischen Bewertung im Einzelnen nicht beantwortet. Um das zu können, braucht es Sachverstand und Kompetenz. Aber *die menschliche Perspektive* stimmt wieder. Titanen können die menschliche Perspektive leicht aus dem Blick verlieren.

Konsequenzen für den Religionsunterricht

Welche ethischen Fragen und Probleme soll der Religionsunterricht behandeln? Zunächst einmal alle Fragen und Themen, die von den Schülerinnen und Schülern an den Religionslehrer, die Religionslehrerin herangetragen werden. Wenn Religionsunterricht der Versuch ist, mit jungen Menschen in ein ernsthaftes Gespräch über das Leben und den christlichen Glauben einzutreten, dann sind alle Fragen, die in den Unterricht eingebracht werden, ernst zu nehmen. Darüber hinaus werden Religionslehrerinnen und -lehrer aber auch selbst darüber nachdenken, welches die zentralen Herausforderungen sind, vor denen wir gegenwärtig stehen. Und sie werden diese Themen von sich aus in den Unterricht einbringen, auch wenn das Interesse auf Schülerseite eher gering ist.

Wichtig dabei ist, dass die unterschiedlichen Entwicklungsstufen moralischer Urteilsbildung berücksichtigt werden, so dass die Schülerinnen und Schüler weder über- noch unterfordert werden (vgl. Jean Piaget und Lawrence Kohlberg und der Einsatz so genannter »Dilemmageschichten«).

Orientieren wird sich der Religionsunterricht natürlich auch an den Themen, die sich bisher bewährt haben, denn die meisten ethischen Fragen sind ja nicht neu, sondern betreffen altbekannte Probleme und Herausforderungen oder Grundfragen des Menschseins und Erwachsenwerdens, z. B. Themenfelder wie Solidarität und Gerechtigkeit, Aggression und Gewalt, Sexualität, Menschenwürde und Menschenrechte.

Wichtig erscheint hierbei auch die Frage nach Werten, die für das Individuum und die Gemeinschaft, in der er / sie lebt, wichtig sind, nach Werten, die weitergegeben werden sollen.[1]

Wie können ethische Themen im Religionsunterricht behandelt werden? Religionslehrerinnen und -lehrer sollten vermeiden, als moralisierende Dilettanten aufzutreten. Sie werden keine fachwissenschaftlichen Kompetenzen (etwa auf dem Gebiet der Gentechnologie) vortäuschen, die sie nicht besitzen, und sie werden der Versuchung widerstehen, fachliche Kompetenzlücken durch moralischen Nachdruck zu kompensieren.

Sie besinnen sich auf die eigenen Wurzeln und versuchen, ihre biblischen Quellen unverbraucht zur Sprache zu bringen. Gerechtigkeit und Erbarmen, Freiheit und Menschenwürde werden sich dabei als Leitmotive herausstellen.

Das Herzstück biblischer Existenz ist das Bezogensein auf und das Ringen mit Gott. Hier ist naiver Zuckerguss (Gotteskitsch) abzubauen, damit Glauben als eine ernsthafte Möglichkeit denkbar und erfahrbar werden kann. Vor allem von jüdischen Denkerinnen und Denkern kann gelernt werden, dass die Wahrnehmung des Anderen als Anderer hierfür keine Nebensache ist.

Philosophisch werden sie sich der europäischen Tradition der Vernunft verpflichtet fühlen, weil ihnen zunehmend bewusst wird, dass die Idee der Menschenwürde (sofern nicht biblisch) sich philosophisch nur von der Vernunft her begründen lässt. Nur als Bürger des »mundus intelligibilis« (Kant) bzw. als Mitglied der »universellen Kommunikationsgemeinschaft« (Habermas / Apel) ist der Mensch selbstbestimmtes Subjekt, nicht Mittel.

Religionslehrerinnen und -lehrer haben keine Probleme damit, sich mit Ethikbzw. Philosophielehrerinnen und -lehrern sowie Vertretern anderer Religionen über die ethischen Herausforderungen auszutauschen, vor denen wir stehen. Sie werden sich über Gemeinsamkeiten freuen, aber auch Differenzen nicht verschweigen.

Sie werden schließlich mit einem neuen unaufgeregten Selbstbewusstsein auftreten, weil sie, nachdem sie das wirkliche Ausmaß der Entkirchlichung unserer Gesellschaft wahrgenommen haben, wissen, dass sie die Pflicht haben, die menschenfreundliche Seite der biblischen Tradition nicht in Vergessenheit geraten zu lassen.

→ *Ethikunterricht,* → *Lebensgestaltung – Ethik – Religionskunde,* → *Philosophische Themen,* → *Unterrichtsgespräch*

1 Vgl. Wolfgang Edelstein / Fritz Oser / Peter Schuster, Moralische Erziehung in der Schule. Weinheim / Basel 2001 sowie Hartmut von Hentig, Ach, die Werte! Ein öffentliches Bewusstsein von zwiespältigen Aufgaben. Über eine Erziehung für das 21. Jahrhundert. Weinheim / Basel 2001.

Zur Diskussion gestellt

- *»Die Würde des Menschen ist unantastbar.« (Art. 1 GG)*
  a) Ergründen Sie mit Ihren Schülerinnen und Schülern die Bedeutung des Wortes »Würde«. Meist ist es einfacher, sich einem Phänomen von der negativen Seite her zu nähern. Also: Wodurch wird die Würde eines Menschen verletzt?
  b) Wie müsste dann positiv formuliert werden, was »Würde« ist?
- *Die 10 Gebote als Sicherung menschlicher Freiheit.*
  Gebote werden in der Regel als Einschränkung empfunden. Es lässt sich aber zeigen, dass Menschen nur so lange frei sein können, wie sich alle an bestimmte Grundregeln halten:
  – Du sollst nicht töten!
  – Du sollst nicht sexuell missbrauchen!
  – Du sollst nicht stehlen!
  – Du sollst nicht verleumden!
  Arbeiten Sie mit Ihren Schülerinnen und Schülern heraus, welche Freiheiten verloren gehen, wenn diese Gebote außer Kraft wären.
- *»Gottebenbildlichkeit«*
  Lesen Sie mit Ihren Schülerinnen und Schülern die Rede von Jürgen Habermas zur Verleihung des Friedenpreises des Deutschen Buchhandels (ders., Glauben und Wissen. Frankfurt / M. 2001). Rekonstruieren Sie den Zusammenhang von Humanität und Gottebenbildlichkeit, wie Habermas ihn sieht.

Literaturempfehlung

Gottfried Adam / Friedrich Schweitzer (Hg.), Ethisch erziehen in der Schule. Göttingen 1996. – Markus Düwell u. a. (Hg.), Handbuch Ethik. Stuttgart / Weimar 2002. – Stephan Ernst / Ägidius Engel, Christliche Ethik konkret. Werkbuch für Schule, Gemeinde und Erwachsenenbildung. München 2001. – Johannes Fischer, Theologische Ethik. Grundwissen und Orientierung. Stuttgart 2002. – Ulrich Körtner, Evangelische Sozialethik. Göttingen 1999. – Fernando Savater, Tu, was du willst. Ethik für die Erwachsenen von morgen. Weinheim / Basel 2001.

Bernhard Bosold

Kirchengeschichte

Nicht erst die 13. Shell-Jugendstudie 2000 belegt die Kirchenferne heutiger Jugendlicher. Die Kirche hat kaum Chancen, »unter den derzeitigen Bedingungen und in den bisherigen Formen Einfluss auf die junge Generation zu gewinnen.«[1] Zwischen den jungen Menschen und der alten Kirche liegt eine große Distanz.

Berücksichtigt man dabei auch noch die Tatsache, dass in den Lehrplänen viele (kirchen)historische Themen der Sekundarstufe I Wahleinheiten sind und nur einen kleinen Ausschnitt des gesamten Religionsunterrichts ausmachen, dann wird die Randstellung des kirchengeschichtlichen Unterrichts klar.

Obwohl Erinnerungen an den eigenen Geschichtsunterricht eher negativ geprägt sind, wird die Notwendigkeit eines Geschichtsunterrichts von Studierenden der Theologie nicht bestritten.[2] Argumente für einen kirchengeschichtlichen Unterricht dürften dabei leicht zu finden sein. Aus einem multikausalen Begründungsspektrum sollen an dieser Stelle jeweils nur ein zentrales gesellschaftliches, anthropologisches und theologisches Argument genannt werden.

Gesellschaftlich: Kirchengeschichte bildet ein unerschöpfliches Potenzial, um die Kirchen zu kritisieren. Dabei werden häufig Einzelthemen aus ihrem historischen Zusammenhang genommen und gegen die Kirche gewendet (z. B. Hexenverfolgung, Inquisition). Unbestritten bleibt die negative Beurteilung dieser historischen Vorgänge, problematisch bleibt allerdings deren jeweilige Verwendung und die oft historisch einseitig angewendete Kategorie der Beurteilung dieser dunklen Seiten der Kirchengeschichte.

Anthropologisch: Wenn christliches Leben in verschiedenen Epochen aufgezeigt wird, kann der eigene Standort als Christ geklärt werden und ein Potenzial an Perspektiven für die einzelne Lebensgeschichte zur Verfügung gestellt werden.

Theologisch: Gestalt und Botschaft Jesu haben immer eine historische Dimension, sie bleiben geschichtlich in und außerhalb der Kirche vermittelt. Diese sichtbaren Vermittlungen des Christentums durch Kirchen, Kreuze, Bilder usw. sind Teil eines humanen Gedächtnisses unserer Kultur.

Jeder Kirchengeschichtsdidaktik liegt ein Begriff von Kirchengeschichte zu Grunde, der einen Maßstab zur Beurteilung und Einordnung kirchengeschichtlichen Handelns darstellt. Ohne ausführlich auf die Diskussion um das Verständnis der Kirchengeschichte eingehen zu können, sei an dieser Stelle kurz auf einige unterschiedliche Interpretationen des Selbstverständnisses von Kirchengeschichte hingewiesen. »Kirchengeschichte verstanden als Wirkungsgeschichte des Evangeliums oder als Geschichte der Auslegung der Heiligen Schrift findet sich in unterschiedlichen Brechungen in den didaktischen Ansätzen auf evangelischer Seite (Ernst Schering, Erdmann Sturm).«[3]

---

1 Deutsche Shell (Hg.), Jugend 2000. Band 1. Opladen 2000, S. 21.

2 Vgl. Heidrun Dierk, Kirchengeschichte – unverändert ein Randphänomen im Religionsunterricht, in: entwurf 3 / 1999, S. 3. – Der Beitrag wertet eine Umfrage unter PH-Studierenden im Fach Evangelische Theologie zum Kirchengeschichtsunterricht aus.

3 Godehard Ruppert, Artikel »Kirchengeschichte, Kirchendidaktik«, in: Norbert Mette / Folkert Rickers (Hg.), Lexikon der Religionspädagogik. Neukirchen-Vluyn 2001, S. 1044.

Das ökumenisch konzipierte Buch von Herbert Gutschera und Jörg Thierfelder versteht Kirchengeschichte als »Geschichte des Evangeliums und seiner Wirkungen in der Welt« unter Berücksichtigung »sozio-ökonomischer Faktoren, gesellschaftlicher Verhältnisse, Ideologien usw. ... Damit wird einerseits ein Maßstab vorgelegt, an dem die Kirchengeschichte zu messen ist: Das Evangelium von Jesus Christus, zum anderen die eher fatale Trennung von Profan- und Kirchengeschichte überwunden.«[4] Ansgar Philipps und Bernhard Jendorff auf katholischer Seite z. B. verstehen den Kirchengeschichtsunterricht »als Geschichte des Volkes Gottes«. Kirchengeschichte und kirchengeschichtlicher Unterricht erinnern an das Ursprungsgeschehen in Jesus, sind »gefährliche Erinnerungen« und verdeutlichen so, »wie die Ursprungsintention sich allen gegenläufigen Tendenzen und späteren Manipulationen entgegen bewahren ließ, weil so deutlich wird, wie auch in Situationen scheinbarer Hoffnungslosigkeit und Ohnmacht Zukunftsfähigkeit zu sichern ist. Die Kirchengeschichte leistet diesen Erinnerungsprozess für die Kirche.«[5]

Neben dem bestimmenden Kirchengeschichtsbegriff sind für den kirchengeschichtlichen Unterricht besonders didaktische Leitlinien und die entsprechenden Methoden zu berücksichtigen.

Vier zentrale *didaktische Leitlinien* sollen genannt werden:

- Der kirchengeschichtliche Unterricht kann schon zeitlich keinen chronologisch orientierten Geschichtsdurchgang bieten. Er muss »exemplarische Zeit – Raum – Inseln« (Bernhard Jendorff) herausgreifen und damit auf Vollständigkeit verzichten. Dazu eignet sich das Verfahren der » Fallanalyse«. Ein Verfahren wird hier verstanden als schwerpunktmäßig gewählte Blickrichtung eines historischen Sachverhaltes. Das ausgewählte Beispiel bündelt wie in einem Brennspiegel wichtige Entwicklungslinien. Geeignete Themen einer solchen Fallanalyse sind z. B. die Reformation in einer Stadt oder die Funktion eines bestimmten Klosters. Das Fallbeispiel entspricht zwar der Forderung nach Anschaulichkeit und Wirklichkeitsnähe, kommt aber andererseits dem »Bedürfnis nach einem kirchengeschichtlichen Überblick und Grundwissen« nicht entgegen. Es bleibt dies ein kaum zu lösendes Dilemma. »Exemplarische Themen müssen in einen größeren Kontext eingeordnet werden, d. h. man braucht – allen praktischen Umsetzungsproblemen zum Trotz – ein grobes Raster der letzten 2000 Jahre, damit einzelne Ereignisse oder Epochen nicht wie Inseln in einem geschichtsleeren Raum bleiben.«[6] Ob die vorgeschlagene Erstellung einer Zeitleiste diesem Dilemma abhelfen kann, sei dahingestellt.
- Aus der Fallanalyse ergibt sich die Notwendigkeit, Kirchengeschichte lokal und regional zu verorten. Gerade hier kann die »Perspektive der kleinen Leute«, Geschichte von unten, zur Sprache gebracht werden. Durch den Besuch von Kirchen, Betrachtung von Bildern und Kreuzen in der Nähe oder durch die Begegnung mit Zeitzeugen vor Ort wird Kirchengeschichte fassbar und vorstell-

4 Herbert Gutschera / Jörg Thierfelder, Brennpunkte der Kirchengeschichte. Lehrerkommentar. Paderborn 1978, S. 7.

5 Godehard Ruppert, Zugang zur Kirchengeschichte. Entwurf einer elementaren Propädeutik für Religionspädagogen. Hannover 1990, S. 128.

6 Heidrun Dierk, a. a. O., S. 4.

bar. Die Schülerinnen und Schüler werden motiviert, eigene historische Erkundungen vorzunehmen, da sie Bezüge zur eigenen Lebenswirklichkeit erkennen können. Nicht bei allen Themen (z. B. Kreuzzüge, Franz von Assisi) lässt sich dieser unmittelbare Bezug herstellen, aber er sollte so oft wie möglich gesucht werden.

- Neuere kirchengeschichtliche Darstellungen bemühen sich, Kirchengeschichte aus ökumenischer Perspektive darzustellen.[7] Kirchengeschichte bleibt nicht nur auf die eigene Kirche bezogen, sondern öffnet sich den anderen christlichen Kirchen und zunehmend der Geschichte der anderen Religionen. Dass katholische Oberstufenschülerinnen und -schüler bei der Lösung der sozialen Frage im 19. Jahrhundert nie etwas von Wichern und der Inneren Mission und evangelische Schülerinnen und Schüler nie etwas von Bischof Ketteler gehört haben, sollte bald der Vergangenheit angehören. Ähnliche gegenseitige Unkenntnisse ließen sich bei der Thematik der Kirchen im Nationalsozialismus aufzeigen.
- Die aktuelle Diskussion um die »Methodenkompetenz« kann auch am kirchengeschichtlichen Unterricht nicht vorbeigehen. »Das Ziel, historisches Denken zu fördern und das Unterscheidungsvermögen des Geschichtsbewusstseins zu entwickeln oder: Geschichtsbewusstsein zwanglos sich bilden zu lassen, führt folgerichtig zu der Forderung, dass historisches Lernen weitgehend und möglichst selbstbestimmtes Lernen sein soll, das Spaß machen, reizvolle Entdeckungen ermöglichen und gestalterische Möglichkeiten bieten soll.«[8] Je stärker ein Thema an einem Ort erarbeitet werden kann, desto leichter werden solche handlungsorientierten Zugänge möglich sein, durch die die Schülerinnen und Schüler eigenständig und selbstbestimmend lernen können. Schon in einem Lernzirkel kann historisches Material eigenständig verarbeitet und kritisch bewertet werden. Dass sich dabei die Rolle der Unterrichtenden verändert, braucht nicht eigens ausgeführt werden.

Von diesen *didaktischen Prinzipien* sind die für den kirchengeschichtlichen Unterricht geeigneten historischen *Methoden* zu unterscheiden. Er benutzt grundsätzlich keine anderen Methoden als der Geschichtsunterricht.

Der kirchengeschichtliche Unterricht wurde über viele Jahre von der *Geschichtserzählung* (Lehrervortrag) dominiert. Gegen diese Methode wurden folgende Bedenken vorgebracht: Eine zu starke Emotionalisierung ist damit verbunden, die Jugendlichen können dadurch besonders leicht manipuliert und indoktriniert werden, außerdem hängt diese Methode zu sehr von der Erzählkunst des Lehrers ab. Die Lehrererzählung neigt dazu, Leben und Wirken von Personen in den Mittelpunkt zu stellen. Der Streit der Geschichtswissenschaft unter dem Stichwort »Personalisierung« ist auch für den kirchengeschichtlichen Unterricht von Interesse, da z. B. Einzelpersönlich-

---

7 Z. B. Herbert Gutschera / Joachim Maier / Jörg Thierfelder, Geschichte der Kirchen. Ein ökumenisches Sachbuch mit Bildern. Mainz Stuttgart 1992; – Edith Verweyen-Hackmann / Bernd Weber, »Wahres Christentum ist seinem Stifter folgen ...« Kirchengeschichte als kritische Erinnerung. Kevelaer 1997. – Bernhard Böttge, Wo Schatten ist, muss doch auch Licht sein. 2000 Jahre Christentum und Kirche. Bausteine für Stationenlernen (9.–11. Schuljahr), in: forum religion 3 / 2000, S. 4–19.

8 Klaus Bergmann, Geschichtsdidaktik. Beiträge zu einer Theorie historischen Lernens. Schwalbach / T. 1998, S. 129.

keiten wie Heilige, wichtige Reformatoren oder Widerstandskämpfer oft als vorbildliche, »lebendige Modelle« des Christseins vorgestellt wurden. Personen wie Franz von Assisi , Martin Luther, die Geschwister Scholl oder Dietrich Bonhoeffer werden auch weiterhin einen wichtigen Platz im kirchengeschichtlichen Unterricht einnehmen.

An diesem personalisierenden Ansatz wird kritisiert, dass durch die Personen nur eine individuelle Lebensgeschichte zur Sprache kommt und dabei vom sozialgeschichtlichen Beziehungsgeflecht abgesehen wird.

Für diesen personalisierenden Ansatz spricht allerdings die Erfahrung, dass dadurch die Kirchengeschichte erst anschaulich und menschlich nahe erlebt wird. Historische Persönlichkeiten ermöglichen ein Lernen an Vorbildern oder zeigen eine Gegenbildfunktion zu bestimmten modernen Haltungen. Insgesamt kann heute der Grundsatz von Godehard Ruppert gelten: »Personalisierungen sind zu vermeiden, d. h. Personen sollten so dargestellt werden als *in* Geschichte verstrickt, nicht als Träger von Geschichte.«

Unbestritten bleibt die Methode der Erzählung anschaulich konkret, sie kann komplexe Zusammenhänge vereinfachen, die Erzählerin / der Erzähler ist selbst emotional beteiligt und kann damit die Schülerinnen und Schüler eher für den Stoff sensibilisieren. Dabei muss genau überlegt werden, was unter welcher Perspektive erzählt wird. Eine Reflexionsphase sollte das Erzählte aufarbeiten und bewerten. Stunden, in denen nur erzählt wird, bleiben der Kritik besonders ausgesetzt.

Ein besonderer Aspekt der Geschichtserzählung besteht darin, multiperspektivisch Geschichte zu erzählen. Nicht nur große Persönlichkeiten, sondern auch das »Leben der kleinen Leute« gerät in den Blick. Damit öffnet sich die Perspektive auf die Leidenden und Opfer der Geschichte. Eventuell gibt es sogar die Chance, den Blick für die Not unserer Zeit zu öffnen und aktiv gegenwärtiges Leid zu mildern.

Den gleichen Rang wie die Erzählung nimmt heute die *Quellenarbeit* im kirchengeschichtlichen Unterricht ein. Trotz der nicht selten erlebten methodischen und kognitiven Überforderung der Schülerinnen und Schüler mit Quellenarbeit kann er nicht mehr auf Text- und Bildquellen verzichten. Quellenarbeit ist eine Form entdeckenden Lernens, d. h. es wird kein Wissen geübt oder gefestigt. Quellen sind authentische Zeugnisse der Zeit, obwohl sie auch aus einer bestimmten Perspektive geschrieben sind. Diese Arbeit mit Quellen nimmt in der Sekundarstufe II einen breiteren Platz ein als in der Sekundarstufe I.

Als weitere Methode des kirchengeschichtlichen Unterrichts eignet sich die *Oral History*. Es handelt sich dabei um eine »Erzählung in Gesprächsform«, um ein Interview mit Zeitzeugen. Aber nicht jede Erzählung der Großeltern kann als historisches Interview bezeichnet werden, denn diese Form setzt voraus, dass der Gesprächspartner auf Fragen eingehen kann, die im Unterricht als didaktisch zentral erkannt wurden. Außerdem ist jede erzählte Geschichte subjektiv gedeutet. Sind diese Schwierigkeiten erkannt, dann kann das historische Interview das Lokal- und Regionalprinzip umsetzen und Verständnis zwischen alten und jungen Menschen fördern.[9]

Das *historische Spiel* vergegenwärtigt historische Vorgänge und kann Lebenswirklichkeiten wie Machthunger, Verfolgung, Freiheitsstreben, Kampf gegen Unrecht in

9 Gute Hinweise bei Günther Gugel, Methoden-Manual II: Neues Lernen. Weinheim / Basel 1998, S. 148–162.

Ansätzen erschließen helfen. Es kann sich nicht allein auf Quellen stützen, wenn es kreativ sein will, sondern muss auch erfunden werden. Diese Erfindungen dürfen nicht zur reinen Fiktion werden, sondern sollten dem Prinzip »Kann es so gewesen sein?« folgen. Geht es im kirchengeschichtlichen Unterricht auch um Gewissenserziehung, dann liegt im historischen Spiel eine Möglichkeit. Historische Spielszenen könnten z. B. sein: ein Prozess gegen die Christen während der Christenverfolgung, Szenen aus dem Leben Luthers, Kriegsdienstverweigerung im Nationalsozialismus.

Dass mit einem Besuch der Ortskirche, einem Museumsbesuch oder mit dem Besuch eines Archivs Unmittelbarkeit, Anschaulichkeit und Authentizität der Kirchengeschichte zu erreichen ist, braucht nicht eigens ausgeführt zu werden.

Im kirchengeschichtlichen Unterricht geht es heute nicht in erster Linie um hehre Ziele wie die »Konstituierung von Geschichtsbewusstsein als wesentlichen Faktor christlich menschlicher Identität« (Godehard Ruppert), sondern bescheidener formuliert Gudrun Münch-Labacher ein Ziel: «Angesichts eines Pluralismus, der Gefahr läuft, jegliche Wertmaßstäbe zu verlieren und im Extremfall zu einer Vereinsamung aller Standpunkte zu führen, scheint mir die wichtigste Aufgabe von Kirchengeschichte im Religionsunterricht heute darin zu bestehen, um es einmal plakativ auszudrücken, die letzten Spuren von Kirchlichkeit in unserer Gesellschaft zu sichern.«[10]

→ Bibliodrama / Szenisches Spiel, → Erzählen, → Fächerverbindender Unterricht, → Korrelationsdidaktik, → Projektunterricht, → Räume und Zeiten, → Unterrichtsgespräch

Zur Diskussion gestellt

- Angenommen, Sie hätten in der Oberstufe die Möglichkeit gehabt, Geschichte abzuwählen. Aus welchen Gründen hätten Sie dieses Fach abgewählt oder weiterhin belegt?
- Diskutieren Sie mit Kolleginnen und Kollegen, warum Sie kirchengeschichtliche Themen besonders interessieren / besonders abschrecken.
- Suchen Sie im Lehrplan (kirchen)historische Situationen, die in einem szenischen Spiel umgesetzt werden können. Arbeiten Sie mit Ihren Schülerinnen und Schülern eine solche Szene aus.

Literaturempfehlung

Peter Biehl, Die geschichtliche Dimension religiösen Lernens. Anmerkungen zur Kirchengeschichtsdidaktik, in: Jahrbuch der Religionspädagogik 18 (2002), S. 135–143. – entwurf 3 / 1999: Themenheft »Kirchengeschichte«. – Herbert Gutschera / Joachim Maier / Jörg Thierfelder, Geschichte der Kirchen. Ein ökumenisches Sachbuch mit Bildern. Mainz / Stuttgart 1992. – Stephan Kotzula, Kirchengeschichte in Daten und Fakten. Leipzig 2002. – Manfred Sitzmann / Christian Weber, Übersichten zur Kirchengeschichte. Göttingen 2001.

Albrecht Rieder

10 Gudrun Münch-Labacher, Kirchengeschichtsdidaktik. Überlegungen zur Aktualisierung der Diskussion, in: Religionspädagogische Beiträge 34 / 1994, S. 115. Der ganze Beitrag skizziert den Forschungsstand zum Kirchengeschichtsunterricht seit 1970 und macht Vorschläge zu einer Didaktik der Kirchengeschichte. – Vgl. auch Bernhard Jendorff, Kirchengeschichtsdidaktische Grundregeln, in: rhs – Religionsunterricht an höheren Schulen 5 / 1995, S. 282–290.

Philosophische Themen

Ein spannungsvolles Verhältnis

Spannungsfrei war es nie, das Verhältnis von Philosophie und Theologie – mit den entsprechenden Auswirkungen dieser Spannung in Lehre, Verkündigung, Ausbildung und nicht zuletzt im Religionsunterricht.

Als sich das junge Christentum zunächst im östlichen Mittelmeerraum und schließlich in ganz Europa ausbreitete, traf es auf Kulturräume, die von der griechischen Philosophie geprägt waren. Sollte es sich als neue geistige Macht radikal absetzen oder die geistigen Schätze integrieren? Ging und geht es um ein »Gegeneinander«, ein »Miteinander« oder um ein unverbundenes »Nebeneinander« von theologischen und philosophischen Denk- und Deutemodellen?

Eine zentrale Rolle in der verzwickten Beziehungsgeschichte von Philosophie und Theologie spielt die Verhältnisbestimmung von menschlicher Vernunft und Glauben und damit natürlich auch das Spannungsverhältnis von Glauben und Wille, Wille und Gnade.

»Ergo intellige ut credas, crede ut intelligas«, formuliert Augustinus und beschreibt ein dialogisches Geschehen vom Glaubensakt zu einer immer tieferen Durchdringung – und umgekehrt. Bei Augustinus (und später sehr konsequent bei Anselm von Canterbury) ist die subjektive Vernunftfähigkeit des Menschen und damit die Berechtigung einer philosophisch-rationalen Annäherung an das Gottesgeheimnis vorausgesetzt.

Doch schon sehr früh melden sich Bedenken gegen eine solche Vermischung. Das Mysterium der göttlichen Erlösung in Inkarnation, Kreuzestod und Auferweckung übersteige jede menschliche Vernunft. Tertullian kann somit fragen: »Was hat Athen mit Jerusalem zu tun?« und formulieren: »Credo quia absurdum«.

Die Angst davor, dass sich die Philosophie und ihr Rekurs auf menschliche Rationalität als quasi »zweiten Heilsweg« und eine Art Selbsterlösungstheorie etablieren könne, spielte im 20. Jahrhundert in der Kontroverse zwischen Karl Barth einerseits und Rudolf Bultmann, Emil Brunner und Paul Tillich andererseits eine zentrale Rolle.

Hatte sich die Theologie – so Karl Barth – auf das »*Was*« der Glaubensbotschaft zu konzentrieren und damit die Transzendenz Gottes radikal ernst zu nehmen, oder hatte sie sich in konkreter »Übersetzungsarbeit« auch um ein angemessenes »*Wie*« der Vermittlung ihrer Inhalte im Hier und Heute zu bemühen (so Rudolf Bultmann und Paul Tillich)? Und durfte diese »Übersetzung« in Sprache und Methodik gängiger Philosophie geschehen?

Heutige Theologie (und auch die vorherrschenden religionspädagogischen Ansätze) scheinen sich auf die Seite Paul Tillichs geschlagen zu haben, der menschliche Erfahrung in der jeweiligen konkreten Zeitsituation in einem fruchtbaren Spannungsverhältnis zur ewigen Wahrheit, der der Mensch sich zu nähern versucht, sieht.[1]

---

1 Paul Tillich, Systematische Theologie Band I. Stuttgart 1955, S. 9. – Vgl. Karl Ernst Nipkow,

Also »Waffenstillstand« zwischen den beiden »feindlichen Schwestern«? Wohl eher »Funkstille« mit daraus resultierender Dialogunwilligkeit bis hin zur Dialogunfähigkeit.[2]

Auf der einen Seite vergräbt sich die durch Plausibilitätskrisen verschiedenster Art geschüttelte Theologie in exklusive, um sich selbst kreisende Sprachspiele (mit Auswirkungen bis in die schulischen Lehrpläne), andererseits charakterisiert Peter Sloterdijk[3] die auffallende Abstinenz postmoderner Philosophie im Hinblick auf Fragen der Transzendenz und »Chancen im Ungeheuren« als »Hyperimmanenz«. Liegt in diesem Rückzug auf das unangreifbare und somit ungefährliche Verfügungswissen nicht der Verzicht darauf, orientierungswissenschaftliche Unterscheidungs- und Bewertungskriterien im Hinblick auf menschliche Lebensprobleme anzubieten?[4]

Dieses für beide Seiten unverbindliche, undialogische und unfruchtbare Nebeneinander brächte ebenso wenig für die theologische Ausbildung und Praxis in Verkündigung, Lehre und Unterricht wie für die Philosophie in ihren jeweiligen Vermittlungsbereichen.

Michael Eckert[5] plädiert daher für eine Gleichberechtigung von Philosophie und Theologie als Gesprächspartner, »die die Brennpunkte einer Ellipse bilden, deren Bahn die gemeinsame, wechselvolle Geschichte und Tradition ... darstellt.« Und er folgert: »So drängt sich ein von Kant entlehntes Kriterium ... geradezu auf: Theologie als Wissenschaft droht blind zu werden ohne Philosophie, und Philosophie droht leer zu werden ohne Theologie.«

Braucht die Schule philosophische Themen?

Neuere bildungstheoretische Ansätze betonen die Bedeutung und Notwendigkeit philosophischer Themen in der Schule.[6]

Schließlich geht es in der schulischen Bildung – durchaus noch immer oder wieder neu im Gefolge des Humboldt'schen Bildungsideals – um eine Formung des ganzen Menschen über die Aufsplitterung in Einzelfächer hinaus.

Bei zunehmender Spezialisierung und Ausdifferenzierung der Einzelfächer fehlt so etwas wie die allumfassende »Klammer«. Philosophisches Denken und Reden soll hier einen »roten Faden« bereitstellen. Es geht um die Einübung von Sprachspielen, die im Denken Zusammenhänge schaffen und es ermöglichen, sich in einer zuneh-

---

Bildung in einer pluralen Welt. Band 2: Religionspädagogik im Pluralismus. Gütersloh 1998, S. 483.

2 Michael Eckert, Fackel oder Schleppe? Wider die Zerrissenheit der ehrwürdigen Tradition von Philosophie und Theologie, in: Theologische Quartalsschrift 1998, S. 167–169.

3 Peter Sloterdijk, Vorwort, in: William James, Die Vielfalt religiöser Entfaltung. Eine Studie über die menschliche Natur. Frankfurt / M. 1997, S. 11; 20; 29.

4 Michael Eckert, a. a. O., S. 168f.

5 Ders., a. a. O., S. 169.

6 Vgl. Udo Müller, Wieviel Philosophie braucht das Gymnasium? in: Lehren und Lernen 5 / 1999, S. 3–12, sowie dort auch Annette Schavan, Ethische Sprachfähigkeit und kulturelle Verständigung, S. 12 und dort auch dies., Erwartungen an die Philosophie in Lehrerausbildung und Unterricht, S. 39.

mend pluralistischen und fragmentarisierten Gesellschaft über ethnische, kulturelle und religiöse Grenzen hinweg vernünftig, tolerant und respektvoll zu begegnen und miteinander zu kommunizieren.

Philosophie als »Thema« des Religionsunterrichts

Angelehnt an Immanuel Kants Grundfragen der Philosophie – »Was kann ich wissen?« »Was soll ich tun?« »Was darf ich hoffen?«, die alle münden in die Frage »Was ist der Mensch?« – ist es offensichtlich, dass philosophische Themen Gegenstand des Religionsunterrichts, vor allem in der Oberstufe des Gymnasiums, sind. Als Beispiele seien genannt die Gottesbeweise, die Theodizeefrage, Ansätze der Religionskritik, naturphilosophische Fragen wie die nach der Stellung des Menschen im Kosmos, Fragen der Ethik, der Eschatologie, Deutemodelle geschichtlich-gesellschaftlicher Wirklichkeit (Marxismus, Nihilismus, Positivismus) usw.

Diese Themen werden nicht exklusiv im Religionsunterricht, sondern auch im Ethik- und Philosophieunterricht behandelt. Wie soll die Verschränkung philosophischer und theologischer Themen geschehen? Was ist dabei das Spezifikum des Religionsunterrichts, welche Kompetenzen werden hier vermittelt?

»Theologie und Philosophie stellen sich Grundfragen menschlicher Existenz, die auch Fragen von Kindern und Jugendlichen sind. Die Antworten der Philosophie sind den Schülerinnen und Schülern jedoch weithin unbekannt und erwecken darum Neugier und Hoffnung, zu einem differenzierteren Verständnis dieser Grundfragen zu gelangen. Philosophische Probleme und Positionen werden erarbeitet, ihre Methoden der Wahrheitsfindung untersucht, ihre Wirkungsgeschichte bedacht und mit Aussagen des christlichen Glaubens und christlicher Theologie kritisch verglichen.«[7]

Diese und in anderen Bundesländern wohl ähnliche Leitlinien implizieren folgendes methodisches Vorgehen und folgende Problemanzeigen:

- Grundfragen menschlicher Existenz werden aufgezeigt. (Ist deren Existenz und Relevanz Schülern wirklich selbstverständlich?)
- Anhand ausgewählter philosophischer Texte werden Antworten auf diese Fragen vorgestellt. (Geht es hier lediglich um das »Nachbuchstabieren« philosophischer Positionen wie sonst um die Reproduktion theologischer Sachverhalte oder auch um eigenständige Denkbemühungen?)
- Diesen philosophischen Antworten werden Antworten aus der christlichen Glaubenstradition gegenübergestellt und kritisch verglichen. (Besteht bei dieser Reduktion auf Alternativen nicht wieder die Gefahr des alten Streites darüber, wer denn nun intellektuelle »Fackelträgerin« sei – Philosophie oder Theologie?)

Philosophisches (und theologisches!) Denken fasziniert Schülerinnen und Schüler nur dann, wenn es etwas mit ihrer Lebenswirklichkeit zu tun hat, wenn es ihnen auch neue und überraschende Deutemöglichkeiten von Wirklichkeit eröffnet und dabei vielleicht auch alte Selbstverständlichkeiten in Frage stellt. Sich gegenseitig

7 Bildungsplan für das Gymnasium Baden-Württemberg 1994, S. 601.

befruchtend, können beide Disziplinen neue Denkhorizonte eröffnen. Dies erfordert eine – institutionalisierte – Zusammenarbeit aller orientierungs- und wertevermittelnden Fächer an der Schule ohne Berührungsängste und falsche Exklusivitätsansprüche. Diese Kooperation ist schon im Rahmen der Lehrerausbildung nötig.

Bei der Beschäftigung mit philosophischen Themen im Religionsunterricht wird den Schülerinnen und Schülern Hilfe zur individuellen Orientierung gegeben und die Entwicklung von Handlungskompetenzen in der Flut von Identitäts- und Sinnangeboten ermöglicht.

Das Sprachvermögen der Schülerinnen und Schüler wird entwickelt. Sie lernen, existenzielle Fragen zu formulieren und Antwortversuche kritisch zu hinterfragen.

Die notwendige Vermittlung der Sprachwelten des christlichen Glaubens geschieht dann durch die Brechung mit philosophischen Denkmodellen nicht mehr im Rückzug auf eine theologische Sondersprache, sondern ermöglicht das – vielleicht überraschende – Aufdecken und Zulassen religiöser Bedürfnisse und religiös geprägter Orientierungsmuster.

→ Bildung, → Ethikunterricht, → Ethische Themen, → Konzeptionen des Evangelischen Religionsunterrichts, → Konzeptionen des Katholischen Religionsunterrichts, → Lebensgestaltung – Ethik – Religionskunde, → Methoden, → Texte

Zur Diskussion gestellt

Charles M. Schulz

Literaturempfehlung

Philip Cam, Sterben Äpfel auch? Philosophische Nachdenkgeschichten für Kinder und Jugendliche. Mülheim a. d. Ruhr 1996. – Luise Dreyer u. a. (Hg.), Das Wechselspiel von Mythos und Logos. Die Dialektik der griechischen Aufklärung als europäisches Paradigma. Lesebuch für den Philosophieunterricht in Europa. Frankfurt / M. 1998. – Hans Gerhard Neugebauer / Norbert Diesenberg, Unterrichtsideen. Textarbeit im Philosophieunterricht der Sekundarstufe II. Stuttgart 1996. – Wolfgang G. Esser, Philosophische Gottessuche. Von der Antike bis heute. München 2002. – Ekkehard Martens, Philosophieren als Kulturtechnik. Methodik des Ethik- und Philosophieunterrichts. München 2002.

Iris Bosold

Schulseelsorge

Der Begriff »Schulseelsorge« hat seinen Ursprung im Bereich der konfessionellen, vor allem der katholischen, Bekenntnisschule und umfasste bis in die 60er Jahre alle pastoralen Bemühungen, Kinder und Jugendliche zur religiös-kirchlichen Praxis zu führen.[1] Damals war oder schien die konfessionelle Welt noch in Ordnung, das Miteinander von Schule und Kirchengemeinde, von Unterricht und Seelsorge selbstverständlich. Mit dem Wegbrechen eines tragfähigen konfessionellen Milieus und einer zunehmenden Distanzierung der Menschen von den Kirchen war dieses Konzept fragwürdig geworden.

Die Frage war jetzt nicht mehr: »Was haben wir eigentlich von der Schule?«, sondern »Was können wir als Kirchen für Schülerinnen und Schüler, deren Eltern und für Lehrerinnen und Lehrer im Lebensraum einer pluralen Schule tun?«[2]

Die Entwicklung neuer Konzepte geschah und geschieht nicht ohne Reibungsverluste. Besonders Religionslehrerinnen und -lehrer befürchteten, als »verlängerter Arm des Pfarrers« angesehen und instrumentalisiert zu werden, als letzte Bastion des Erfassungs- und Betreuungsdenkens der Kirchen.[3] Seelsorger favorisierten meist pfarrliche Jugendarbeit und gemeindliche Katechese und beargwöhnten nicht selten die Religionslehrerschaft und deren Unterricht – auch auf die Gefahr hin, dass religiös-spirituelle Angebote nur noch im Binnenmilieu der Kirchengemeinde versandeten.[4] Auch bei neueren Konzeptionen der Schulpastoral ist eine gewisse Rivalität zwischen Religionsunterricht und Schulseelsorge nicht zu übersehen. Schulseelsorge fungiert dabei als eine Art »Plus-Modell« gegenüber dem Religionsunterricht:

»Während der Religionsunterricht mit wesentlichen Elementen des Religiösen, vor allem mit der Wirklichkeit christlichen Glaubens und der Botschaft, die ihm zu Grunde liegt, vertraut macht, öffnet Schulseelsorge religiöse Erlebnis- und Erfahrungsräume und gilt allen, indem sie zur Humanisierung des Schulklimas beiträgt und die Schulkultur bereichert.«[5]

Da liegt es nahe, für diese anspruchsvolle Aufgabe nicht Religionslehrerinnen und -lehrer ehrenamtlich zu rekrutieren, sondern (kirchliche) Hauptamtliche mit mehr Zeit und spezifisch pastoraler Kompetenz zu installieren.[6] Der Faktor »Zeit« ist sicher ein Problem bei einem Lehrauftrag von 24 oder mehr Wochenstunden. Vielleicht ist der Kontakt mit einer Schulseelsorgerin oder einem Schulseelsorger als einer Person, die nicht diszipliniert und Noten verteilt, erfrischend neu und attraktiv.

---

1 Vgl. Jan Heiner Schneider, Artikel »Schulseelsorge« in: Norbert Mette / Folkert Rickers (Hg.), Lexikon der Religionspädagogik Band 2. Neukirchen-Vluyn 2001, S. 1959–1961.

2 A. a. O., S. 1960.

3 Jan Heiner Schneider, Lehrer und Lehrerinnen in der Schulseelsorge, in: Katechetische Blätter 1995, S. 319–327.

4 A. a. O., S. 320.

5 Achim Linsen, Schulseelsorge – ein pastorales Arbeitsfeld? In: Katechetische Blätter 1995, S. 668–672; dort S. 668.

6 Vgl. Ursula Dirmeier, Schulseelsorge. Gemeinde in der Schule oder Schule als Gemeinde? In: Katechetische Blätter 1993, S. 687–690, und Bruno Welter, Pastoraltheologinnen in der Schule. Ein Pilotprojekt der Schulpastoral, in: Katechetische Blätter 1993, S. 690–693.

Die freundlich-amüsierte Überheblichkeit mancher Schulseelsorgerinnen und -seelsorger gegenüber den im starren, lebensfeindlichen System Schule gefangenen Religionslehrerinnen und -lehrern, die eben nicht wie sie selbst offen und kreativ Wegbegleiter, Berater, Freund und Vertrauensperson sein können, wird allerdings oft als unangebracht empfunden.

Der Anspruch, »... mit jungen Menschen eine Kultur der Gemeinschaft und Partizipation einzuüben, eine an der Praxis Jesu orientierte Schulkultur zu entwickeln ...«[7], ist hoch. Gelingen wird dies nur bei einer »Vernetzung der Lernorte des Glaubens«[8], bei einer Kooperation aller am Schulleben beteiligten Kräfte, der Schülerinnen und Schüler, der Lehrerinnen und Lehrer, der Eltern, der Mitarbeiterinnen und Mitarbeiter in Beratung und Schulsozialarbeit sowie der außerschulischen Träger von Jugendarbeit.

Schulpastoral folgt dem Grundraster der vier Wesensvollzüge der Kirche, nämlich der *diakonia, martyria, leiturgia* und *koinonia*. Sie versteht sich dabei weder als Verlängerung der Gemeindeseelsorge in den Raum der Schule hinein noch als Fortsetzung oder gar Ersatz des schulischen Religionsunterrichts mit anderen Mitteln.[9] Die Praxisfelder der Schulpastoral sind vielfältig. Breiten Raum nimmt das Feld gottesdienstlicher und spiritueller Angebote für Schüler, aber auch für Lehrer sowie für Eltern ein (Schulgottesdienste, religiöse Orientierungstage, Schülerbibelkreise etc.).[10] Besonders hier gilt es, Angebote nicht »von oben herab« und ohne Kooperation mit den Adressatengruppen zu machen, die sonst zu Objekten schulpastoraler Betreuung degradiert würden.

Wenn in Schulgottesdiensten, bei denen ein mehr oder weniger milder Zwang zur Teilnahme besteht, Karten gespielt und Walkmen eingestöpselt werden, zeigt dies nicht nur eine große Entfremdung von Kindern und Jugendlichen vom liturgischen Raum Kirche und ein mangelhaftes Rollenverhalten dort, sondern auch eine verständliche Reaktion auf die Fremdheit spirituell-liturgischer Bemühungen, die mit ihren konkreten Lebensbereichen nichts mehr zu tun haben. Nur bei aktiver Mitgestaltung durch die Schülerinnen und Schüler bieten Schulgottesdienste eine Gelegenheit, tief verwurzelte Vorurteile zu korrigieren und behutsam mit dem pädagogischen Lernort »Kirche« vertraut zu werden.[11]

Ein anderer Schwerpunkt ist die schulpastorale Arbeit mit diakonischem Akzent im Sinne der Krisenintervention und der Sozialarbeit (die natürlich auch besondere Ausbildungs- und Qualifikationsakzente erfordert).[12] Dieses Konzept versteht sich durchaus als kritisches Korrektiv einseitig religiös-kirchlicher Modelle von Schulpastoral. Bei allen Modellen und Konzepten gilt, dass nicht die Menge der Angebote, sondern ihre Qualität überzeugen wird.

7 Ursula Dirmeier, a. a. O., S. 688.

8 Vgl. Peter Orth, Anfragen an Theorie und Praxis der Schulpastoral, in: Katechetische Blätter 1995, S. 678–682.

9 Vgl. Sekretariat der Deutschen Bischofskonferenz (Hg.), Schulpastoral – der Dienst der Kirche an den Menschen im Handlungsfeld Schule. Bonn 1996.

10 Ein attraktives Repertoire bietet Franz Keil / Beate Thalheimer (Hg.), echt klasse. Werkstattbuch zur Schulseelsorge. Ostfildern 1995.

11 Stefan Klotz, Die Einstellung zum Schulgottesdienst muss sich ändern. Ein Praxisbericht, in: Katechetische Blätter 1990, S. 490–492.

12 Helmut Demmelhuber, Sozialarbeit und Seelsorge in der Schule – neue Wege der Kirche. Oberried, 3. Aufl. 1999.

In manchen evangelischen Landeskirchen wird der Religionsunterricht – anders als in der katholischen Kirche – zu einem großen Teil durch Pfarrerinnen und Pfarrer erteilt, die sich oft in besonderer Weise als »Seelsorgerinnen« und »Seelsorger« verstehen. Die evangelische Kirche versucht so, ihren schon von den Reformatoren formulierten allgemeinen Bildungsauftrag wahrzunehmen, Verbindungen zwischen öffentlichem Schulwesen und Gemeindeleben herzustellen, Pfarrerinnen und Pfarrer auch mit Personen außerhalb der Kerngemeinde zu konfrontieren; aber auch die Frage staatlicher Ausgleichzahlungen spielt eine wichtige Rolle. In einem modernen Schulwesen bringt dieses Modell des Pfarrers im öffentlichen Schuldienst nicht selten ganz erhebliche Schwierigkeiten mit sich: Pfarrerinnen und Pfarrer haben im Unterschied zu anderen Lehrerinnen und Lehrern nur eine sehr kurze, schulartunspezifische religionspädagogische Ausbildung erhalten. Arbeiten sie ganz im Schuldienst, stellen sie die Schulleitung als Ein-Fach-Lehrer vor erhebliche organisatorische Probleme und wollen dementsprechend oft fachfremd in einem anderen Fach eingesetzt werden. Erteilen sie nur wenige Stunden Religionsunterricht, sind sie oft nur schlecht in das Lehrerkollegium integriert und haben neben ihren zahlreichen anderen pfarramtlichen Terminen auch Mühe, genügend Zeit für die Unterrichtsvorbereitung zu investieren.

Stellt man in diesem Rahmen die Frage nach dem Verständnis als Seelsorger, gerät man schnell in Aporien: Versteht man Seelsorge in einem weiten Sinn als Lebensberatung, als Offenheit für die persönlichen Probleme der Schülerinnen und Schüler, so konkurrieren Pfarrerinnen und Pfarrer mit Klassenlehrern, Beratungslehrern und Verbindungslehrern, die es auf Grund ihrer Fächerkombinationen oft viel leichter haben, intensivere Kontakte zu den Kindern und Jugendlichen aufzubauen. Versteht man Seelsorge aber im engeren Sinn als Deutung menschlicher Situationen in der Perspektive des christlichen Glaubens, erscheint diese Art der Zuwendung schnell als vereinnahmend, missionierend und dem Kontext eines öffentlichen Schulwesens nicht immer angemessen. Auch wäre gerade aus protestantischer Sicht stets zu überlegen, ob nicht im Sinne des allgemeinen Priestertums aller Gläubigen alle Christinnen und Christen – als etwa auch eine Physiklehrerin oder ein Französischlehrer, die sich als Christen verstehen – zur Seelsorge verpflichtet sind.

→ *Jugend und Religion*, → *Religionslehrer(in)*, → *Religiöses Lernen*, → *Räume und Zeiten*, → *Sozialpraktikum*

Zur Diskussion gestellt

- Wann haben Sie zum letzten Mal einen gelungenen Schulgottesdienst erlebt? Welche thematischen Akzente setzte er, wer war an Vorbereitung und Durchführung beteiligt?
- Können Sie sich vorstellen, mit einer Ihrer Lerngruppen (z. B. Klasse 10 oder Jahrgangsstufe 12 oder 13) einen oder mehrere »Tag(e) der Orientierung« zu planen und durchzuführen?
- Haben Sie manchmal selbst das Bedürfnis nach spiritueller Anregung? Gibt es in Ihrem Umfeld Möglichkeiten, diesem Bedürfnis nachzukommen?
- Stichwort »Seelsorge«: Was versteht man darunter? Konsultieren Sie einschlägige Lexika und befragen Sie Pfarrerinnen und Pfarrer, Pastoralreferentinnen und Pastoralreferenten.

Literaturempfehlung

Gerhard Büttner, Seelsorge im Religionsunterricht. Pastoralpsychologische Untersuchungen zum Zusammenhang von Thema und Interaktion in der Schulklasse. Stuttgart 1991. – Hans-Günther Heimbrock, Evangelische Schulseelsorge auf dem Weg zu »gelebter Religion«, in: Wilhelm Gräb (Hg.), Religionsunterricht jenseits der Kirche? Neukirchen-Vluyn 1996, S. 48–68. – Gundo Lames, Schulseelsorge als soziales System. Ein Beitrag zu ihrer praktisch-theologischen Grundlegung. Stuttgart 2000. – Helmut Demmelhuber, Sozialarbeit und Seelsorge in der Schule – neue Wege der Kirche. Oberried, 3. Aufl. 1999. – Franz Keil / Beate Thalheimer (Hg.), echt klasse. Werkstattbuch zur Schulseelsorge. Ostfildern 1995.

Iris Bosold

Autorinnen und Autoren

Ulrich Baader, Oberstudienrat mit den Fächern Katholische Religionslehre, Deutsch und Geschichte am Justus-Knecht-Gymnasium in Bruchsal, Fachberater für das Fach Katholische Religionslehre, Lehrbeauftragter für das Fach Katholische Religionslehre am Staatlichen Seminar für Schulpädagogik (Gymnasien) in Karlsruhe

Anton Binder, Studiendirektor und Fachleiter für Katholische Religionslehre am Staatlichen Seminar für Schulpädagogik (Gymnasien) in Stuttgart, unterrichtet am Hölderlin-Gymnasium in Nürtingen die Fächer Gemeinschaftskunde, Geschichte und Katholische Religionslehre

Bernhard Bosold, Schuldirektor der Diözese Rottenburg-Stuttgart, unterrichtete die Fächer Katholische Religionslehre, Deutsch und Philosophie am Johannes-Kepler-Gymnasium in Reutlingen

Iris Bosold, Studiendirektorin mit den Fächern Katholische Religionslehre und Englisch am Isolde-Kurz-Gymnasium in Reutlingen, Fachberaterin für das Fach Katholische Religionslehre, Lehrbeauftragte für das Fach Katholische Religionslehre am Staatlichen Seminar für Schulpädagogik (Gymnasien) in Tübingen

Paul Erdmann arbeitete bis zu seiner Pensionierung als Professor und Fachleiter für Evangelische Religionslehre an den Staatlichen Seminaren für Schulpädagogik (Gymnasien und Berufliche Schulen) in Stuttgart

Dr. Günter Ernst, Studienrat mit den Fächern Katholische Religionslehre und Deutsch am Johannes-Kepler-Gymnasium in Reutlingen

Georg Gnandt, Diplomtheologe, Studiendirektor mit den Fächern Katholische Religionslehre und Hebräisch am Deutsch-Französischen Gymnasium in Freiburg i. Br., Fachberater für das Fach Katholische Religionslehre, Lehrbeauftragter am Staatlichen Seminar für Schulpädagogik (Gymnasien) in Freiburg

Hartmut Greiling, Kirchenrat im Oberkirchenrat der Evangelischen Landeskirche in Baden

Friedrich Grüner, Studiendirektor und Fachleiter für Katholische Religionslehre am Staatlichen Seminar für Schulpädagogik (Gymnasien) in Weingarten, unterrichtet am Pestalozzi-Gymnasium in Biberach die Fächer Französisch und Katholische Religionslehre

Ralf Heinrich, Fortbildungsreferent am Institut für Religionspädagogik der Erzdiözese Freiburg und Pädagogischer Referent am Landesmedienzentrum-BW in Karlsruhe

Volker Huwendiek, Professor und Fachleiter für Pädagogik, Direktor des Staatlichen Seminars für Schulpädagogik (Gymnasien) in Karlsruhe, unterrichtete am Justus-Knecht-Gymnasium in Bruchsal die Fächer Evangelische Religionslehre, Deutsch und Psychologie

Wolfgang Kasper, Pfarrer und Oberstudienrat mit dem Fach Evangelische Religionslehre am Hölderlin-Gymnasium in Heidelberg, Lehrbeauftrager für das Fach Evangelische Religionslehre am Staatlichen Seminar für Schulpädagogik (Gymnasien) in Heidelberg

Dr. Peter Kliemann, Professor und Fachleiter für Evangelische Religionslehre am Staatlichen Seminar für Schulpädagogik (Gymnasien) in Tübingen, unterrichtet am Uhland-Gymnasium Tübingen die Fächer Evangelische Religionslehre und Deutsch

Margarete Knödler-Pasch, Studiendirektorin mit den Fächer Ethik, Englisch und Deutsch am Kepler-Gymnasium in Tübingen, Fachberaterin für das Fach Ethik beim Oberschulamt Tübingen, wissenschaftliche Mitarbeiterin am Zentrum für Ethik in den Wissenschaften Tübingen

Helmut Kurz arbeitete bis zu seiner Pensionierung als Professor und Fachleiter für Katholische Religionslehre am Staatlichen Seminar für Schulpädagogik (Gymnasien) in Tübingen und unterrichtete am Kepler-Gymnasium in Tübingen die Fächer Katholische Religionslehre und Deutsch; Vorstandsmitglied des Instituts für Gestaltpädagogik in Erziehung, Seelsorge und Beratung Baden-Württemberg e.V.

Franz Martin, Professor und Fachleiter für Katholische Religionslehre am Staatlichen Seminar für Schulpädagogik (Gymnasien) in Freiburg i. Br., unterrichtet am Goethe-Gymnasium in Freiburg die Fächer Deutsch und Katholische Religionslehre

Dr. Wolfgang Michalke-Leicht, Diplomtheologe, Dozent am Religionspädagogischen Institut der Erzdiözese Freiburg, unterrichtet am Lessing-Gymnasium in Karlsruhe das Fach Katholische Religionslehre

Christiane Müller, Studiendirektorin und Fachleiterin für das Fach Evangelische Religionslehre am Staatlichen Seminar für Schulpädagogik (Gymnasien) in Heidelberg, unterrichtet die Fächer Evangelische Religionslehre und Englisch am Helmholtz-Gymnasium in Heidelberg

Cornelia Patrzek-Raabe, Studienrätin mit den Fächern Katholische Religionslehre, Deutsch und Psychologie am Philipp-Matthäus-Hahn-Gymnasium in Leinfelden-Echterdingen, Lehrbeauftragte für das Fach Katholische Religionslehre am Staatlichen Seminar für Schulpädagogik (Gymnasien) in Stuttgart

Albrecht Rieder, Studiendirektor mit den Fächern Katholische Religionslehre und Geschichte am Graf-Eberhard-Gymnasium in Bad Urach, Fachberater für das Fach Katholische Religionslehre, Lehrbeauftrager für das Fach Katholische Religionslehre am Staatlichen Seminar für Schulpädagogik (Gymnasien) in Tübingen

Martin Uwe Schmidt, Oberstudienrat mit den Fächern Evangelische Religionslehre und Deutsch am Hölderlin-Gymnasium in Lauffen / Neckar, Lehrbeauftragter für das Fach Evangelische Religionslehre am Staatlichen Seminar für Schulpädagogik (Gymnasien) in Heilbronn

Eberhard Schwefel, Studiendirektor mit den Fächern Katholische Religionslehre und Deutsch am Schönborn-Gymnasium in Bruchsal, Fachberater für das Fach Katholische Religionslehre, Lehrbeauftragter für Katholische Religionslehre am Staatlichen Seminar für Schulpädagogik (Gymnasien) in Karlsruhe

Friedrich Spaeth, Studiendirektor mit den Fächern Evangelische Religionslehre, Deutsch und Psychologie am Zeppelin-Gymnasium in Stuttgart, Fachberater für Evangelische Religionslehre, Lehrbeauftragter für Evangelische Religionslehre am Staatlichen Seminar für Schulpädagogik (Gymnasien) in Stuttgart

Christel Zeile-Elsner, Studienrätin mit den Fächern Evangelische Religionslehre und Deutsch am Goldberg-Gymnasium in Sindelfingen, Lehrbeauftragte für das Fach Evangelische Religionslehre am Staatlichen Seminar für Schulpädagogik (Gymnasien) in Stuttgart